Platon

/

Phaidros
Menon
Lysis
Laches
Charmides
Euthyphron
Euthydemos
Menexenos

플라톤전집 II
파이드로스 / 메논 / 뤼시스 / 라케스 / 카르미데스 /
에우튀프론 / 에우튀데모스 / 메넥세노스
–
제1판 1쇄 2019년 4월 20일
제1판 2쇄 2022년 9월 20일
–
지은이 – 플라톤
옮긴이 – 천병희
펴낸이 – 강규순
–
펴낸곳 – 도서출판 숲
등록번호 – 제406–2004–000118호
주소 – 경기도 파주시 돌곶이길 108–22
전화 – (031) 944–3139 팩스–(031) 944–3039
E–mail – book_soop@naver.com
–

ISBN 978–89–91290–83–9 93100
값 32,000원
–
디자인–씨디자인
–

–
이 도서의 국립중앙도서관 출판시도서목록(CIP)은 서지정보유통지원시스템 홈페이지(http://seoji.nl.go.kr)와 국가자료공동목록시스템(http://www.nl.go.kr/kolisnet)에서 이용하실 수 있습니다. (CIP제어번호: CIP2019012448)

플라톤전집 II

/

Phaidros
Menon
Lysis
Laches
Charmides
Euthyphron
Euthydemos
Menexenos

파이드로스
메논
뤼시스
라케스
카르미데스
에우튀프론
에우튀데모스
메넥세노스

플라톤 지음 / 천병희 옮김

옮긴이 서문

플라톤(기원전 427년경~347년)은 관념론 철학의 창시자로 소크라테스(Sokrates), 아리스토텔레스(Aristoteles)와 더불어 서양의 지적 전통을 확립한 철학자이다. 아버지 쪽으로는 아테나이(Athenai)의 전설적인 왕 코드로스(Kodros)로, 어머니 쪽으로는 아테나이의 입법자 솔론(Solon)으로 거슬러 올라가는 부유한 명문가에서 태어난 그는 당시 다른 귀족 출신 젊은이들처럼 정계에 입문할 작정이었다.

그러나 펠로폰네소스(Peloponnesos)전쟁(기원전 431~404년)에서 아테나이가 패하면서 스파르테(Sparte)가 세운 '30인 참주'의 폭정이 극에 달하고, 이어서 이들을 축출하고 정권을 잡은 민주정체 지지자들의 손에 스승인 소크라테스가 기원전 399년에 사형당하는 것을 본 28세의 플라톤은 큰 충격을 받는다. 정계 진출의 꿈을 접고 철학을 통해 사회 병폐를 극복하기로 결심을 굳힌 그는 철학자가 통치가가 되거나 통치자가 철학자가 되기 전에는 사회가 개선될 수 없다는 확신을 갖게 된다.

이 사건이 있은 뒤 이집트, 남이탈리아, 시칠리아 등지로 여행을 떠났다가 아테나이로 돌아온 플라톤은 기원전 387년경 영웅 아카데모스(Akademos)에게 바쳐진 원림(園林) 근처에 서양 대학교의 원조라고 할 아카데메이아(Akademeia) 학원을 개설한다. 그리고 시칠리아에 있는 쉬라쿠사이(Syrakousai) 시를 두 번 더 방문해 그곳 참주들을 만난 것 이외에는 다른 외부 활동을 하지 않고 연구와 강의와 저술 활동에 전념하다가 기원전 347년 아테나이에서 세상을 떠난다.

플라톤은 50년이 넘는 기간 동안 소크라테스가 대담을 주도하는 30편 이상의 철학적 대화편과 소크라테스의 변론 장면을 기술한 『소크라테스의 변론』(*Apologia Sokratous*)을 출간했는데, 이것들은 모두 지금까지 전해온다. 그 밖에도 13편의 편지가 있지만 그중 일부는 플라톤이 썼는지 확실치 않다. 플라톤의 저술은 편의상 초기, 중기, 후기 대화편으로 구분된다. 『소크라테스의 변론』, 『카르미데스』(*Charmides*), 『크리톤』(*Kriton*), 『에우튀프론』(*Euthyphron*), 『힙피아스 I』(*Hippias meizon*), 『이온』(*Ion*), 『라케스』(*Laches*), 『뤼시스』(*Lysis*), 『프로타고라스』(*Protagoras*)로 대표되는 초기 대화편에서는 소크라테스가 대화를 이끌며 대담자들이 제시한 견해들을 검토하고 폐기하지만 대안을 제시하지 못할 때가 많다. 그래서 이들 대화편은 '소크라테스식 대화편들'(Socratic dialogues)이라 불린다. 『고르기아스』(*Gorgias*), 『메논』(*Menon*), 『메넥세노스』(*Menexenos*), 『에우튀데모스』(*Euthydemos*), 『파이돈』(*Phaidon*), 『파이드로스』(*Phaidros*), 『국가』(*Politeia*), 『향연』(*Symposion*), 『테아이테토스』(*Theaitetos*) 등으로 대표되는 중기 대화편에서는 소크라테스가 여전히 대화를 이끌지만 플라톤이 혼불멸론과 이데아론 같은 자신의 견해를 제시하며 소크라테스의 견해를 해석하고 부연한다. 『크라튈로스』(*Kratylos*), 『파르메니데스』(*Parmenides*), 『크리티아스』(*Kritias*), 『필레보스』(*Philebos*), 『소피스트』

(*Sophistes*), 『정치가』(*Politikos*), 『티마이오스』(*Timaios*), 『법률』(*Nomoi*) 등으로 대표되는 후기 대화편에서는 소크라테스와 함께 혼불멸론과 이데아론이 뒷전으로 물러나고 철학적·논리적 방법론에 관심이 집중된다.

이 플라톤 전집은 영국 옥스퍼드 대학교 출판부에서 나온 옥스퍼드 고전 텍스트(Oxford Classical Texts) 중 버넷(J. Burnet)이 교열한 *Platonis Opera*, 5 vols., Oxford 1900~1907을 완역한 것으로, 『소크라테스의 변론』, 34편의 대화편, 13편의 편지와 고대에 이미 위작(僞作)으로 간주된 저술들을 포함하고 있다. 다른 텍스트를 사용한 경우에는 '일러두기'에서 밝혀두었다.

참고로 플라톤 저술들의 진위와 관련해 『소크라테스의 변론』, 『카르미데스』, 『에우튀데모스』, 『에우튀프론』, 『고르기아스』, 『크라튈로스』, 『크리티아스』, 『크리톤』, 『라케스』, 『뤼시스』, 『메논』, 『법률』, 『파르메니데스』, 『파이돈』, 『파이드로스』, 『필레보스』, 『국가』, 『정치가』, 『프로타고라스』, 『소피스트』, 『향연』, 『테아이테토스』, 『티마이오스』는 플라톤이 쓴 것이라는 데, 『알키비아데스 II』, 『연인들』, 『악시오코스』, 『미덕에 관하여』, 『용어 해설』, 『데모도코스』, 『에뤽시아스』, 『정의에 관하여』, 『미노스』, 『시쉬포스』는 플라톤의 위작이라는 데 모든 학자가 동의한다. 그러나 『힙피아스 II』, 『이온』, 『메넥세노스』는 아마도 플라톤이 쓴 것 같고, 『알키비아데스 I』, 『에피노미스』, 『힙파르코스』, 『힙피아스 I』, 『클레이토폰』, 『테아게스』는 플라톤의 위작인 것 같다. 끝으로 편지 중에서 여섯 번째~여덟 번째는 플라톤이 쓴 것 같고 두 번째, 세 번째는 위작인 것 같으며, 나머지는 위작이다. 그러나 이런 진위 판단은 주관적이다. 이 플라톤 전집에서 위작까지 다 옮긴 것은 위작도 플라톤의 철학 체계를 이해하는 데 도움이 될 것이라고 믿기 때문이다.

20세기 영국 철학자 화이트헤드(A. N. Whitehead)는 플라톤이 서양 철학사에 지속적으로 큰 영향을 미친 것을 두고, 서양 철학사는 플라톤 철학에 대한 각주의 역사라 해도 과언이 아니라는 취지의 말을 한 적이 있는데,[1] 그의 이런 주장에 이의를 제기할 사람은 없는 것 같다.

플라톤의 저술들이 2천 년이 넘는 시간 동안 모두 살아남을 수 있었던 것은 물론 그의 심오한 사상 덕분이겠지만, 이런 사상을 극적인 상황 설정, 등장인물에 대한 흥미로운 묘사, 소크라테스의 인간미 넘치는 역설적 언급 등으로 재미있고 생동감 있게 독자에게 전하기 때문일 것이다. 플라톤이 그리스 최고의 산문작가 중 한 사람으로 평가받는 것 또한 그 때문일 것이다.

2019년 3월

천병희

1 A. N. Whitehead, *Process and Reality An Essay in Cosmology*, "The safest general characterization of the European philosophical tradition is that it consists of a series of footnotes to Plato.", Corrected Edition (New york Free Press 1985), p. 39.

주요 연대표

(이 연대표의 연대는 모두 기원전)

469년	소크라테스 태어나다
451년	알키비아데스 태어나다
450년경	아리스토파네스 태어나다
445년경	아가톤 태어나다
431년	아테나이와 스파르테 사이에 펠로폰네소스전쟁이 발발하다
427년경	플라톤 태어나다
424년	델리온에서 아테나이군이 패하다
423년	소크라테스를 조롱하는 아리스토파네스의 희극『구름』이 공연되다
404년	펠로폰네소스전쟁이 끝나고 스파르테가 지원하는 '30인 참주'가 아테나이를 통치하다
403년	'30인 참주'가 축출되고 아테나이에 민주정체가 부활하다
399년	소크라테스가 재판을 받고 사형당하다
387년경	플라톤이 아카데메이아 학원을 창설하다
384년	아리스토텔레스 태어나다
367년	아리스토텔레스가 아카데메이아에 입학하다
347년	플라톤 죽다

차례

일러두기

1. 이 번역서 중 『파이드로스』, 『메논』, 『뤼시스』, 『라케스』, 『카르미데스』, 『에우튀데모스』, 『메넥세노스』의 대본으로는 옥스퍼드 고전 텍스트(Oxford Classical Texts) 중 J. Burnet이 교열한 *Platonis Opera*, 5 vols., 1900~1907을, 『에우튀프론』의 대본으로는 옥스퍼드 고전 텍스트(Oxford Classical Texts) 중 E. A. Duke, W. F. Hicken, W. S. M. Nicoll, D. B. Robinson이 교열한 플라톤 전집 1권을 사용했다.
2. 주석은 H. Junis, C. J. Lowe, R. W. Sharples의 것을 참고했다.
3. 현대어 번역 중에서는 B. Jowett, C. J. Lowe, R. Hackforth, R. Waterfield, A. Nehamas/ P. Woodruff, H. N. Fowler, W. R. M. Lamb, A. Long, G. M. A. Grube, A. Beresford의 영어 번역과 F. Schleiermacher, Otto Apelt의 독일어 번역과 박종현, 강철웅, 조대호, 김주일, 이상인의 한국어 번역을 참고했다.
4. 플라톤에 관한 자세한 참고문헌은 R. Kraut(ed.), *The Cambridge Companion to Plato*, Cambridge University Press 1992, 493~529쪽과 C. Schäfer(Hrsg.), Platon-Lexikon, Darmstadt 2007, 367~407쪽을 참고하기 바란다.
5. 본문의 좌우 난외에 표시한 227a, b, c 등은 이른바 스테파누스(Stephanus, Henricus 프랑스어 이름 Henri Estienne 16세기 프랑스 출판업자) 표기를 따른 것으로 아라비아 숫자는 쪽수를, 로마자는 문단을 나타낸다. 플라톤의 그리스어 텍스트와 주요 영역, 독역, 불역 등에서는 이 표기가 사용되고 있어, 이 표기가 없는 텍스트나 역서는 위치를 확인할 수 없어 참고 서적으로서의 가치가 거의 없다고 해도 과언이 아니다.
6. 설명이 필요하다고 생각되는 부분에는 주석을 달았다.

파이드로스

대담자

소크라테스, 파이드로스[1]

서두의 대화_ 일리소스 강변의 풍경 (227a ~ 230e)

227a **소크라테스** 여보게 파이드로스, 어디에서 와서 어디로 가는 중인가?

파이드로스 소크라테스 선생님, 케팔로스의 아들 뤼시아스[2]와 함께 있다가 교외로 산책 나가는 길이에요. 이른 아침부터 오랜 시간 그곳에 앉아 있었거든요. 선생님의 친구이자 내 친구인 아쿠메노스[3]의 조언에 따라

b 시골길을 산책하는 거예요. 그가 주장하길, 주랑(柱廊)을 거니는 것보다 그게 더 원기를 회복시켜준대요.

소크라테스 여보게, 그의 말이 맞네. 한데 뤼시아스가 도성[4]에 와 있었던 모양이구먼.

파이드로스 네, 에피크라테스[5]의 집에 와 있었어요. 올림포스[6]의 주신(主神) 제우스 신전 근처에 있는 전에 모뤼코스[7]가 살던 집 말이에요.

1 파이드로스는 『향연』(*Symposion*, 특히 176d~180b)과 『프로타고라스』(*Protagoras*, 315c)에도 나온다.

2 뤼시아스(Lysias 기원전 440년경~380년)는 아테나이(Athenai)의 10대 연설가 중 한 명으로 그의 연설문 가운데 35편이 남아 있다. 당시 그는 아테나이의 외항(外港) 페이라이에우스(Peiraieus)에 있는 그의 아버지 케팔로스(Kephalos 『국가』 1권 328b~331d 참조)의 집에서 살고 있었다. 『국가』(*Politeia*)의 대담 장소는 케팔로스의 집이다.

3 아쿠메노스(Akoumenos)는 기원전 5세기 초 아테나이에 살았던 의사이다. 역시 의사인 그의 아들 에뤽시마코스(Eryximachos)는 『향연』(특히 185c~189b)에서 대담자로 나온다.

4 아테나이.

5 에피크라테스(Epikrates)는 기원전 5세기 말에서 4세기 초에 활동한 아테나이의 정치가이다.

6 올륌포스(Olympos)는 그리스 본토 북쪽의 텟살리아(Thessalia) 지방과 마케도니아(Makedonia) 지방의 경계를 이루는 산맥 동쪽 끝에 있는, 그리스에서 가장 높은 산이다. 고대 그리스인들은 깎아지른 듯 솟아 죽 이어진, 이 웅장한 산의 봉우리에 그들의 가장 중요한 12신이 살고 있는 것으로 믿었다. 12라는 수는 일찍부터 정해졌으나 12신에 포함되는 신들은 조금씩 바뀌기도 한 것으로 생각된다. 아테나이의 아크로폴리스(Akropolis)에 있는 파르테논 신전(Parthenon 기원전 447~438년)의 동쪽 프리즈(friez) 중앙에 보이는 신들은 제우스(Zeus), 헤라(Hera), 포세이돈(Poseidon), 아테나(Athena), 아폴론(Apollon), 아르테미스(Artemis), 아프로디테(Aphrodite), 헤르메스(Hermes), 데메테르(Demeter), 디오뉘소스(Dionysos), 헤파이스토스(Hephaistos), 아레스(Ares)이다. 그러나 참주(僭主) 페이시스트라토스(Peisistratos 기원전 약 600~527년) 일족이 아테나이의 아고라(agora 공회장 겸 장터)에 세운 12신의 제단에는 헤스티아(Hestia) 여신이 포함된 것으로 보아, 원래는 헤스티아가 12신에 포함되었지만 훗날 디오뉘소스에게 자리를 내준 것으로 여겨진다. 이와 이름이 비슷한 올륌피아(Olympia)는 기원전 776년부터 4년마다 제우스를 기리는 축제 경기가 열리던 펠로폰네소스(Peloponnesos)반도 북서부에 위치한 소도시인데, 올륌포스 산에서 남쪽으로 275킬로미터쯤 떨어져 있다.

7 모뤼코스(Morychos)는 식도락과 사치로 악명 높던 아테나이인이다. 아리스토파네스(Aristophanes), 『아카르나이 구역민들』(*Acharnes*) 887행, 『평화』(*Eirene*) 1008~1009행, 『벌』(*Sphekes*) 506행 참조.

소크라테스 그런데 무얼 하며 시간을 보냈는가? 분명 뤼시아스가 자네들에게 말잔치를 벌였겠지?

파이드로스 선생님께서 함께 걸으시면서 들으실 여가가 있다면 전해드릴게요.

소크라테스 뭐라 했는가? 나는 자네와 뤼시아스가 어떻게 시간을 보냈는지 핀다로스의 말처럼 '설령 여가가 없다 하더라도'[8] 듣고 싶은데, 자네는 그런 생각이 들지 않는가?

c **파이드로스** 그럼 앞장서세요.

소크라테스 들려주게.

파이드로스 소크라테스 선생님, 사실 그 주제는 선생님께서 들으시기에 안성맞춤이에요. 우리가 시간을 보내며 나눈 이야기는 어떤 의미에서는 사랑[9]에 관한 것이니까요. 뤼시아스는 한 미소년이 어떻게 유혹받는지 묘사하는 글을 썼는데, 그 유혹자는 사랑에 빠진 사람[10]이 아니라는 거예요. 그의 기발한 점은 바로 사랑에 빠진 사람보다는 사랑에 빠지지 않은 사람의 청을 들어주어야 한다는 거지요.

소크라테스 훌륭하도다! 부자보다는 가난한 사람의, 젊은이보다는 노인
d 의, 그러니까 나 같은 보통 사람의 청을 들어주어야 한다고 그가 덧붙이기만 한다면 좋으련만. 그러면 그의 연설은 세련되고 공익에도 기여할 텐데. 아무튼 나는 듣고 싶은 생각이 굴뚝 같네. 그래서 설령 자네가 메가라[11]까지 산책 가서 헤로디코스[12]의 권유에 따라 그곳 성벽을 밟고 돌아온다 해도 나는 결코 뒤처지지 않을 생각이네.

파이드로스 소크라테스 선생님, 대체 무슨 말씀을 하시는 거예요? 선생

님께서는 요즘 사람 가운데 글짓기에 가장 능한 뤼시아스가 시간 여유 228a
를 두고 오랫동안 작성한 것을 나 같은 문외한이 기억만으로 그의 수준에 맞춰 제대로 다시 이야기할 수 있다고 생각하세요? 어림없어요. 설령 내가 큰 부자가 되는 것보다 그럴 수 있기를 더 원한다 해도 말이에요.

소크라테스 파이드로스, 내가 파이드로스를 모른다면 나 자신을 잊어버린 것이겠지. 그러나 이 둘 중 어느 것도 사실이 아닌 만큼 나는 잘 알고 있네. 분명 파이드로스는 뤼시아스의 연설을 한 번 듣고 만 것이 아니라
되풀이해서 말해주기를 거듭 요청했고, 그러자 뤼시아스도 그 청을 기 b
꺼이 들어주었네. 그것도 성에 차지 않아 파이드로스는 마지막에는 책을 빌려 특히 마음에 드는 부분들을 검토하기 시작했네. 그는 아침 내내 앉아서 책을 읽다가 지치자 산책을 나갔네. 개에 걸고 맹세하건대,[13] 특별히 길지 않은 한 연설을 통째로 다 외우고 나서 말일세. 그리하여

8 핀다로스, 『이스트모스 제전의 우승자들을 위한 송가』(*Isthmionikai*) 제1가(歌) 2행. 핀다로스(Pindaros 기원전 518~446년 이후)는 테바이 근처에서 태어난 그리스 서정시인으로, 그리스 4대 제전에서 우승한 자들을 위해 써준 승리의 송시(epinikion)들이 유명하다.

9 『향연』 177d, 198c~d에서도 소크라테스는 사랑에 정통한 인물로 나온다.

10 고대 그리스에서 남자끼리의 동성애에서 능동적 역할을 하는 연상의 파트너인 erastes('연인'으로 옮겼다)를 말한다. 수동적 역할을 하는 연하의 소년인 ta paidika는 연동(戀童)으로 옮겼다.

11 메가라(Megara)는 아테나이에서 서쪽으로 40킬로미터쯤 떨어진 도시이다.

12 헤로디코스(Herodikos)는 기원전 5세기 중엽 트라케(Thraike) 지방에 살던 의사로 원래는 메가라 출신이라고 한다. 『국가』 406a 이하에서 그는 엄격한 섭생을 강조한다. 메가라까지 먼 길을 산책하라는 다소 과장된 권유도 그런 맥락에서 이해할 수 있다.

파이드로스는 그 연설을 암송하려고 교외로 산책을 나갔네. 그때 연설을 듣고 싶어 안달이 난 사람을 우연히 만난 그는 자기처럼 연설에 미친 사람을 발견했다 싶어 그 사람을 보고 기뻐하며 앞장서라고 요청했네.

c 그러나 연설을 좋아하는 사람이 그에게 연설을 읊어보라고 부탁하자 그는 그럴 마음이 없는 것처럼 짐짓 딴청을 피웠네. 아무도 듣고 싶어하지 않더라도 결국에는 억지로라도 듣게 할 것이면서 말일세. 그러니 파이드로스, 어차피 곧 하려던 일을 지금 당장 해보라고 그에게 부탁 좀 해보게나.

파이드로스 아닌 게 아니라 내가 할 수 있는 데까지 말씀드리는 것이 상책인 듯하네요. 이렇게든 저렇게든 내가 말씀드리기 전에는 선생님께서 결코 놓아주지 않으실 것 같으니 말이에요.

소크라테스 자네가 내 의도를 제대로 알아맞혔네그려.

d **파이드로스** 그럼 그래볼게요, 소크라테스 선생님. 사실 나는 그 연설을 한 자 한 자 다 기억하지는 못해요. 하지만 사랑에 빠진 사람과 사랑에 빠지지 않은 사람의 차이점에 관해 그가 말한 것들을 차례차례 열거하며 그 취지를 하나하나 요약해볼게요.

소크라테스 하지만 여보게, 먼저 자네가 옷소매 안에 감추고 있는 왼손에 든 것을 보여주게나. 자네는 연설문 자체를 갖고 있는 것 같구먼 그려. 내 말이 맞다면 명심해두게. 내 비록 자네를 좋아하지만, 뤼시아

e 스[14]도 이곳에 와 있는 터에 자네 연설을 위해 연습 상대가 될 생각은 추호도 없네. 자, 보여주게.

파이드로스 (연설문을 꺼내 보이며) 그만하면 됐어요, 소크라테스 선생

님. 선생님께서는 선생님을 연습 상대로 삼으려던 내 희망을 물거품으로 만드셨어요. 자, 어디 앉아 읽고 싶으세요?

소크라테스 이곳을 떠나 일리소스[15] 강을 따라 걷도록 하세. 그러면 아무 데나 자네 마음에 드는 조용한 곳에 앉을 수 있을 걸세. 229a

파이드로스 그렇다면 마침 맨발로 오길 잘한 것 같네요. 선생님께서는 언제나 맨발이시지만요. 강물을 따라 걸어 내려가는 일은 식은 죽 먹기죠. 특히 1년 중 이 계절[16] 이 시간에는 즐겁기까지 하니까요.

소크라테스 자네가 앞장서서 걸으며 우리가 앉을 만한 장소를 찾아보게.

파이드로스 저기 우뚝 선 플라타너스 나무가 보이세요?

소크라테스 보이고말고.

파이드로스 그곳에는 그늘도 있고, 바람도 알맞게 불고, 앉을 자리는 물론이고 원한다면 누울 자리도 있어요. b

소크라테스 앞장서게나.

파이드로스 소크라테스 선생님, 말씀해주세요. 보레아스[17]가 일리소스

13 당시 그리스인들은 대개 제우스에 걸고 맹세했지만, 맹세할 때 신의 이름을 함부로 부르는 것을 피하려고 플라타너스나 양배추 따위의 식물이라든가 거위, 개, 양 따위의 동물에 걸고 맹세하기도 했다.

14 뤼시아스의 연설문.

15 일리소스(Ilisos 또는 Ilissos)는 앗티케 지방에서 가장 큰 강으로, 아테나이 시 동쪽에 있는 휘멧토스(Hymettos) 산에서 발원해 아테나이 시의 남쪽을 지나 남서쪽 방향으로 흐른다.

16 여름. 그리스는 겨울이 우기(雨期)이고 여름이 건기(乾期)여서, 유량이 적은 여름에는 강물을 따라 하류로 걸어 내려가기가 그리 힘든 일이 아닐 것이다.

강에서 오레이튀이아[18]를 납치해갔다는 곳이 이 근처 어디가 아닌가요?

소크라테스 그렇다고들 하더군.

파이드로스 바로 여기였을까요? 강물이 사랑스럽고 깨끗하고 맑아서, 소녀들이 강가에서 놀기에 안성맞춤이네요.

c **소크라테스** 그곳이 아니고, 두세 스타디온[19]쯤 아래쪽일세. 사람들이 아
그라[20]에 있는 신전으로 가려고 강을 건너는 곳 말일세. 그 근처 어딘가
에 보레아스에게 바친 제단이 있지.

파이드로스 저는 금시초문인데요. 그런데 소크라테스 선생님, 제우스에 맹세코, 말씀해주세요. 선생님께서는 이 동화 같은 이야기가 사실이라고 믿으세요?

소크라테스 만약 지혜로운 사람들[21]처럼 그런 이야기를 믿지 않는다면,
나는 별난 사람이 아니겠지. 그럴 경우 나는 그들의 지혜를 이용해, 북
풍이 세차게 불어와서 파르마케이아[22]와 놀고 있던 오레이튀이아를 근
처 바위에서 내던졌다고, 그녀가 그렇게 죽은 까닭에 사람들은 그녀가
보레아스에게 납치당했다고 말하는 것이라고 주장할 수 있을 걸세. 아
d 니면 아레이오스 파고스[23]에서 납치되었다고 말할 수도 있겠지. 일설에
따르면 그녀는 여기가 아니라 그곳에서 납치되었다고 하니까. 하지만 파
이드로스, 그런 것들은 매력적이라고 생각되면서도, 별로 운이 좋지 못
한 지나치게 영리하고 부지런한 사람이나 내세울 이론인 것 같네. 무엇
보다도 그는 그다음에는 켄타우로스[24]의 이데아에 이어 키마이라[25]의
이데아를 합리적으로 설명해야 할 테고, 그런 종류의 다루기 어렵고 이
e 상한 괴물을 다 열거할 것도 없이 고르고[26]와 페가소스[27] 같은 전설 속

괴물이 떼 지어 그에게 몰려들 테니 말일세. 그런 것들을 믿지 않는 사람이 어설픈 지식으로 그런 것들을 일일이 그럴듯하게 설명하려면 많은 시간이 필요할 거야. 그런데 나는 전혀 그럴 여가가 없네. 여보게, 그 이유는 이렇다네. 델포이의 명문(銘文)[28]이 지시하듯 나는 아직도 나 자신을 알지 못하는데, 내가 그것도 모르면서 다른 일들을 고찰한다는 것은 우스운 일이라고 생각되기 때문일세. 그래서 나는 지금 그런 것들에 230a

17 보레아스(Boreas)는 북풍(北風)의 신이다.

18 오레이튀이아(Oreithyia)는 아테나이의 전설적 왕 에렉테우스(Erechtheus)의 딸로 북풍의 신 보레아스의 아내가 되었다.

19 1스타디온(stadion)은 올륌피아(Olympia)에서는 192미터이고, 앗티케 지방에서는 177미터이다.

20 아그라(Agra) 또는 아그라이(Agrai)는 앗티케 지방의 174개 구역(demos) 중 하나이다. 그곳에는 아르테미스(Artemis) 여신의 신전이 있었다고 한다.

21 hoi sophoi. 여기서는 신화를 합리적으로 또는 우의적으로 해석하려 한 소크라테스 이전 철학자들과 소피스트를 포함한 당대 지식인들을 가리키는 말이다.

22 파르마케이아(Pharmakeia)에 관해서는 달리 알려진 것이 없다.

23 아레이오스 파고스(Areios pagos 라/Areopagus '아레스의 언덕')는 아테나이의 아크로폴리스의 정문 맞은편에 있는 바위 언덕이다.

24 켄타우로스(Kentauros 또는 Hippokentauros)는 상반신은 인간이고 하반신은 말인 괴물이다.

25 키마이라(Chimaira)는 사자 머리에 암염소의 몸통, 뱀의 꼬리를 가진 괴물로 입에서 불을 내뿜었다.

26 고르고(Gorgo)는 머리카락이 뱀인지라 보는 이를 돌로 변하게 한다는 괴물이다.

27 페가소스(Pegasos)는 하늘을 나는 날개 달린 말이다.

28 델포이(Delphoi) 시의 아폴론 신전 전면에 새겨져 있었다는 "너 자신을 알라!"(gnothi sauton)는 문구를 말한다. '인간으로서 네 한계를 알라!'는 뜻이다.

관심을 두지 않고 그에 대한 통념을 받아들이면서, 방금 말했듯이 그런 것들이 아니라 나 자신을 고찰한다네. 내가 사실은 튀폰[29]보다 더 복잡하고 더 사나운 짐승인지, 아니면 신적이고 조용한 품성을 타고난 더 온순하고 더 단순한 동물인지 알아내기 위해서 말일세. 그건 그렇고, 여보게, 이것이 우리가 말한 그 나무가 아닌가?

b **파이드로스** 맞아요. 바로 그 나무예요.

소크라테스 헤라[30]에 맹세코, 정말 멋진 쉼터로구먼. 이 플라타너스는 둘레가 썩 넓고 키가 크며, 그늘을 드리우는 키 큰 모형(牡荊)[31] 나무는 더없이 아름다운 데다 이제 한창 꽃 필 때여서 주위를 진한 향기로 가득 채우는구나. 플라타너스 밑에서는 아주 시원한 물이 솟아오르고 있네. 내 발이 증언해주는군. 입상과 봉헌물을 보아하니 여기는 요정[32]들
c 이나 하신(河神) 아켈로오스[33]에게 바쳐진 성소(聖所) 같네. 이곳의 이 신선한 공기, 얼마나 반갑고 상쾌한가! 그리고 여름 매미들의 쩌렁쩌렁 울리는 저 합창 소리! 금상첨화라더니 완만하게 경사진 비탈에 풀까지 무성하게 자라서 머리를 편안히 누이기에 그야말로 안성맞춤일세. 여보게 파이드로스, 자네는 길라잡이 노릇을 제대로 해냈네그려.

파이드로스 선생님, 선생님이야말로 정말 별난 분 같으세요. 선생님께서는 이곳 토박이가 아니라 길라잡이가 필요한 이방인인 것처럼 말씀하시
d 네요. 사실 선생님께서는 도성을 떠나 국경을 넘으신 적도 없고, 내 생각에 도대체 성벽 밖으로 나가신 적이 없는 것 같은데 말이에요.

소크라테스 여보게, 용서하게! 나는 배우기를 좋아하는데, 시골과 나무들은 내게 아무것도 가르쳐주려 하지 않지만, 도성 안 사람들은 가르쳐

줄 수 있네. 그러나 자네는 나를 도성 밖으로 끌어낼 묘책을 찾아낸 것 같네. 마치 사람들이 잎이나 열매가 달린 나뭇가지를 흔들며 굶주린 동물을 유인하듯이, 자네는 지금 연설이 담긴 책자를 내밀어 앗티케[34] 지 e
방 전역은 물론이고 자네가 원하는 곳 어디로든 나를 끌고 다니게 생겼으니 말일세. 어쨌거나 지금 여기까지 왔으니, 나는 우선 누울 생각이네. 자네도 읽기 가장 편안하다고 생각되는 자세로 읽어보게나.

파이드로스 그럼 들어보세요.

뤼시아스의 연설 (230e ~ 234c)

자네[35]는 내 입장이 어떤 것인지 알고 있네. 나는 그런 일[36]이 일어나면

29 튀폰(Typon, Typaon, Typhoeus 또는 Typhos)은 타르타로스(Tartaros)와 가이아(Gaia)의 아들로 상반신은 인간이고 하반신은 뱀인 거대한 괴물이다. 그는 산보다 키가 크고 머리는 가끔 하늘에 닿았으며 양팔을 뻗으면 동쪽 끝과 서쪽 끝에 닿았다고 한다. 그는 손가락 대신 100개의 용의 머리를 가졌고 몸에는 날개가 달렸으며 눈에서는 화염을 내뿜었다. 신들은 그가 올림포스를 공격하자 이집트로 도망쳐 동물들로 둔갑했고, 오직 제우스와 아테나만이 대항했다. 제우스는 처음에는 고전했으나 다시 기운을 되찾아 벼락을 던지며 튀폰을 공격했는데, 튀폰이 바다를 건너 시칠리아로 도망칠 때 아이트네(Aitne 라/Aetna) 산을 던져 그를 박살냈다. 아이트네 산의 화염은 이때 튀폰이 쏟은 화염이라고도 하고 제우스가 그에게 내리친 벼락들의 잔재라고도 한다.

30 헤라는 제우스의 누이이자 아내로 올림포스 12신 중 한 명이다.

31 agnos.

32 nymphe.

33 아켈로오스(Acheloios)는 그리스 중서부 지방의 강이다.

34 앗티케(Attike 라/Attica)는 그리스 반도 동남단에 있는 지방으로, 수도는 아테나이이다.

우리에게 유리할 것으로 생각한다고 이미 자네에게 말했으니까. 아무
231a 튼 나는 내가 자네의 연인(戀人)이 아니라는 이유만으로 내 요구가 거
절당해서는 안 된다고 주장하네. 연인들은 욕구가 사라지고 나면 자기
들이 호의를 베푼 것을 후회하지만, 연인 아닌 자는 후회할 까닭이 없
네. 이들은 강요에 의해서가 아니라 자진해서 자신에게도 유익하도록
능력에 맞춰 봉사하니까. 또한 연인은 사랑의 봉사로 인한 손익을 따지
b 면서 여태까지 고생한 것까지 가산해 이미 오래전에 연동의 호의에 충
분히 보답했다고 생각하지. 반면 연인 아닌 자는 사랑 때문에 자기 일을
소홀히 했다고도, 고생을 했다고도, 친족들과 말다툼을 했다고도 주
장할 수 없네. 이런 골칫거리에서 벗어났으니 그들에게 남은 일은 상대
방을 기쁘게 해줄 만한 일들에 열성을 다하는 것뿐일세. 그 밖에도 연
c 인이 높이 평가받는 까닭은 그들이 연동을 남달리 아끼고 남의 미움을
사는 한이 있더라도 말과 행동으로 연동을 기쁘게 해줄 용의가 있기 때
문이라고 사람들은 말하지. 만약 이 말이 사실이라면 연인은 분명 오늘
의 연동보다는 내일의 연동을 더 높이 평가할 것이며, 새 연동이 요청하
면 틀림없이 옛 연동을 해코지할 것이네. 겪어본 사람조차 감히 거스를
엄두가 나지 않는 그런 불행에 시달리는 자들[37]에게 그런 귀중한 것[38]을
d 함부로 주어버린다면 이를 어찌 온당하다 할 수 있겠는가? 연인은 자기
들이 정신이 온전하지 않고 병들어 있다고, 또 자기들이 제정신이 아니
라는 것을 알면서도 자제할 수 없다고 스스로 인정하니 말일세. 그러면
그들이 제정신이 들 때,[39] 이러한 상태[40]에서 내린 결정들을 어떻게 옳
은 것이라고 동의할 수 있겠는가? 게다가 만약 연인 중에서 가장 훌륭

한 사람을 고른다면 자네는 소수 가운데서 고르겠지만, 다른 사람 중에 e
서 고른다면 다수 가운데서 고를 걸세. 그러니 자네는 더 많은 사람 중
에서 고르는 만큼 자네 우정에 걸맞은 사람을 고를 가능성이 한층 높아
질 것이네.

그리고 사람들이 알게 되면 비난받을까 봐 자네가 관습을 두려워한
다고 가정해보게. 사랑하는 자는 자신들도 부러워하듯 남들도 부러
워할 것이라고 생각하고는 십중팔구 자신들의 노력이 헛되지 않았다 232a
고 누구에게나 자랑스럽게 떠벌릴 것이네. 반면 사랑하지 않는 자는 자
제력이 있는지라 사람들 사이의 명성보다는 가장 훌륭한 것[41]을 선택
할 것이네. 또한 사랑하는 자는 일 삼아 연동들을 쫓아다니므로 많은
사람이 그들을 보고 듣기 마련인지라, 그들이 대화를 나누는 것을 보
면 사람들은 그들이 욕구를 이미 충족시켰거나 아니면 충족시키려고 b
함께 있는 것이라고 생각할 걸세. 반면 사랑하지 않는 자는 함께 있어
도 사람들이 나쁘게 보지 않을 것이네. 우정을 위해서건 다른 즐거움
을 위해서건 서로 이야기를 나누어야 한다는 것을 알기 때문이지. 또한

35 여기에서 '자네'란 대개 연인(戀人 erastes)의 상대인 연하의 연동(戀童 eromenos)을 말한다. 당시 그리스 지식인들 사이에서는 동성애가 유행했다.

36 육체관계.

37 연인들.

38 주 36 참조.

39 더이상 사랑에 빠져 있지 않을 때.

40 사랑에 빠져 제정신이 아닐 때.

41 주 36 참조.

우정은 지속되기 어렵다는 생각이나 사람들이 다른 이유로 사이가 나
c 빠지면 그 불행은 양쪽 모두의 몫이지만 자네가 가장 소중하게 여기는
것[42]을 이미 넘겨준 경우에는 자네가 더 큰 피해를 입을 것이라는 생각
에 놀란 적이 있다면, 자네는 당연히 연인을 더 두려워해야 할 것이네.
연인은 툭하면 괴로워하고, 모든 일이 자기들을 해코지하기 위해 일어
난다고 생각하기 때문일세. 그래서 연인은 자기 연동이 다른 사람들과
사귀지 못하게 하는데, 재산가는 그들이 돈으로 자신을 능가할까 봐 교
양 있는 사람은 그들이 학식에서 자기보다 더 나을까 두려워한다네. 그
래서 연인은 다른 이점이 있는 사람들의 영향력을 항상 경계한다네. 그
d 리하여 연인들은 자네가 그런 경쟁자들의 미움을 사도록 설득함으로써
자네를 친구 없는 외돌토리로 만든다네. 반대로 자네가 심사숙고하여
자기 이익을 챙기는 데서 그들보다 더 영리하게 처신한다면 자네는 그들
과 사이가 나빠질 것이네. 반면 연인이 아니며, 자기가 원하는 것을 미
덕[43]으로 획득한 사람은 자네와 함께하는 사람들을 시기하기는커녕 자
네와 함께하려 하지 않는 사람들을 미워할 것이네. 후자에게는 무시당
e 하지만, 전자에게는 도움을 받는다고 여기기 때문이지. 그리하여 연동
들에게는 이런 관계를 통해 적이 아니라 친분이 생길 가능성이 훨씬 높
아지겠지.
또한 연인들은 대부분 자네 성격을 알고 그 밖의 다른 특성과 친숙
해지기도 전에 몸을 요구하기 때문에, 욕구가 가시고 난 뒤에도 여전히
233a 자네 친구가 되려고 할지는 불확실하네. 반면 연인 아닌 자는 관계 맺
기 전에도 친구였으니 무슨 혜택을 받든 그것은 양쪽의 우정을 약화시

키는 대신 오히려 앞으로 있을 더 많은 혜택을 보증하는 추억거리로 남
을 걸세. 또한 자네는 더 나은 사람이 되려면 연인보다는 내 말을 들어
야 하네. 연인들은 일부는 자네에게 미움을 살까 봐, 일부는 욕구로 인
해 의견이 흐려져 자네 언행이 최선의 것에 반하더라도 칭찬을 아끼지 b
않을 테니 말일세. 사랑의 힘은 다음과 같이 드러난다네. 말하자면 사
랑은, 사랑에 실패한 연인들은 남에게는 고통을 주지 않는 것을 괴로운
것으로 여기게 만들고, 사랑에 성공한 연인들은 즐거워할 것이 못 되는
것에 찬사를 보내도록 강요한다네. 그래서 연인들의 연동들은 부러움
이 아니라 오히려 연민의 대상이 되어야 한다는 것이네. 반면 자네가 내
말을 따른다면, 나는 우선 우리의 교제가 당장 자네에게 즐겁도록 해줄
뿐더러 자네의 장래 이익도 보살필 걸세. 나는 사랑에 굴복하지 않고 나 c
자신을 억제할 것이며, 사소한 문제로 심한 적대감을 품지 않고 큰 문제
가 생겨도 서서히 분노를 삭일 것이며, 자네의 본의 아닌 실수는 용서하
고 자네의 고의적 실수는 막으려 애쓸 것이네. 이런 것들이 오래오래 지
속될 우정의 징표이니까. 그렇지만 자네가 육체적 사랑 없이는 끈끈한
우정도 생겨날 수 없다고 생각한다면, 명심해두게. 그럴 경우 우리는 자 d
식도 부모도 소중하게 여기지 않게 되고 믿음직한 친구도 갖지 못하게
될 걸세. 믿음직한 친구란 그런 육체적 사랑이 아니라 다른 행동방식의
산물이기 때문이네.

42 명예.

43 arete.

또한 마땅히 가장 필요한 사람에게 호의를 베풀어야 한다면, 우리는 다른 상황에서도 가장 훌륭한 사람이 아니라 가장 궁핍한 사람을 도와야 할 것이네. 이들은 가장 심한 고통에서 벗어나면 은인을 누구보다도
e 고맙게 여길 테니까. 이를테면 사비로 잔치를 벌일 때는 친구들이 아니라 거지들과 허기진 사람을 초대하는 것이 옳네. 그들이야말로 은인을 좋아하고 시중들고 문 앞에 몰려와 크게 기뻐하며 심심한 사의를 표할 것이고, 은인이 복 많이 받기를 기도할 것이네. 하지만 바람직한 것은 매우 궁핍한 사람이 아니라 은혜를 가장 잘 갚을 수 있는 사람에게 호
234a 의를 베푸는 것이지. 자네가 호의를 베풀어야 하는 대상은 단순히 청하기만 하는 자가 아니라 받을 자격이 있으며, 자네의 젊음을 즐기려는 자가 아니라 자네가 더 늙어도 자신의 좋은 것을 나눠줄 자라네. 또 바라던 목적을 달성한 뒤에는 공명심에 사로잡혀 남에게 떠벌리고 다닐 자가 아니라 얌전하게 어느 누구에게도 발설하지 않을 자이며, 잠시 동안 자네에게 헌신하는 자가 아니라 평생토록 한결같은 친구로 남을 자이며, 욕구가 가시자마자 자네와 다툴 핑계만 찾는 자가 아니라 자네의 청
b 춘의 꽃이 지고 나면 스스로 미덕을 입증해 보일 자란 말일세. 자네는 지금 내가 하는 말을 명심해두게. 연인들은 처신을 잘못한다는 이유로 친구들에게 충고를 받지만, 연인 아닌 자들은 그들의 이해에 반하는 결정을 내렸다는 이유로 가족 가운데 어느 누구에게도 꾸지람을 들은 적이 없다네.

자네는 혹시 내가 연인 아닌 모든 사람에게 자네가 호의를 베풀기를
c 권하는 건 아닌지 묻겠지. 하지만 아마 연인도 자네가 모든 연인에게 호

의를 베풀기를 요구하지 않을 걸세. 그럴 경우 수혜자는 자네에게 그다지 감사할 필요가 없다고 여길 테고, 자네도 여러 명과의 관계를 서로 모르게 비밀에 부치기 쉽지 않을 테니까. 호의를 베푸는 일은 해가 되어서는 안 되며 양쪽 모두에게 덕이 되어야 하네. 나는 이상으로 할 말을 다 했다고 생각하네만, 내 논의에서 미진한 점이 있다면 질문해주게.

뤼시아스의 연설에 대한 비판 (234c ~ 237b)

파이드로스 소크라테스 선생님, 선생님께서는 이 연설을 어떻게 생각하세요? 다른 점들도 그렇지만 언어 구사가 탁월하지 않나요?

소크라테스 여보게, 정말 놀랄 정도라네. 그래서 완전히 넋을 잃었네. 파 d
이드로스, 이게 다 자네 덕일세. 보아하니 자네는 읽고 있는 연설에 희열을 느끼는 것 같았네. 그래서 이런 일들은 자네가 나보다 더 잘 이해한다고 믿고는 자네가 이끄는 대로 따라갔고, 따라가다 보니 나도 자네처럼 무아지경에 빠졌단 말일세.

파이드로스 그만하세요. 선생님께서는 지금 농담하시는 거죠?

소크라테스 자네에게는 내 말이 진담이 아니라 농담으로 들리는 겐가?

파이드로스 소크라테스 선생님, 농담하지 마시고 우정의 신인 제우스에 e
걸고 사실대로 말씀해주세요. 선생님께서는 같은 주제에 관해 더 인상적이고 더 알찬 연설을 작성할 수 있는 사람이 헬라스[44]에 또 있다고 생

44 헬라스(Hellas)는 그리스의 그리스어 이름이다.

각하세요?

소크라테스 어떤가? 자네와 내가 연설을 칭찬해야 한다면, 작가의 표현이 명확하고 잘 손질되고 단어 하나하나가 정확하게 다듬어졌기 때문만이 아니라, 상황이 요구하는 말을 작가가 하고 있기 때문인가? 그렇다면 나는 자네의 판단을 따르겠네. 나는 무식해서 그 점에 유념하지 못
235a 했네. 나는 연설의 수사학적 측면에만 정신을 쏟았는데, 그런 측면에서는 뤼시아스 자신도 이 연설에 만족하지 못하리라고 생각하네. 파이드로스, 물론 자네는 동의하지 않겠지만, 내가 보기에 그는 같은 말을 두 번 세 번 하는 듯했네. 그는 하나의 주제에 관해 많은 것을 말하는 일이 쉽지 않다고 여겼거나, 그런 것에는 별 관심이 없었을 수도 있겠지. 그래서 그는 같은 것을 이렇게도 말하고 저렇게도 말하되 두 번 다 더없이 훌륭하게 말할 수 있는 자신의 능력을 과시하려는 젊은이처럼 보였네.

b **파이드로스** 소크라테스 선생님, 그건 말도 안 돼요. 선생님께서 말씀하시는 바로 그 점이 이 연설의 최대 장점이니까요. 뤼시아스는 주제와 관련해 언급할 가치가 있는 것은 사실상 하나도 빠뜨리지 않았어요. 그러니 그가 말한 것보다 더 알차고 더 가치 있는 것을 덧붙일 수 있는 사람은 아무도 없을 거예요.

소크라테스 그 점에 관해서는 자네에게 동의할 수 없네. 내가 자네에게 호의를 보이기 위해 동의한다면, 이 주제에 관해 말하거나 글을 쓴 지혜로운 옛 남자들과 여자들이 나에게 반박할 테니 말일세.

c **파이드로스** 그들이 누구지요? 선생님께서는 이 연설보다 더 좋은 것을 어디서 들으셨나요?

소크라테스 지금 당장 말할 수는 없네. 하지만 분명 누구에게서 듣기는 들었네. 그것이 아름다운 삽포[45]인지, 지혜로운 아나크레온[46]인지, 아니면 산문 작가인지는 몰라도. 내가 무슨 근거로 이런 말을 하느냐고? 여보게, 나는 왠지 가슴이 벅차오르며 이에 못지않은 다른 말을 할 수 있을 것 같은 느낌이 드네. 하지만 그중 어느 것도 내 발상이 아니라는 사실은 알고 있네. 내가 무식하다는 것을 나는 잘 아니까.[47] 그러니까 빈 항아리에 물이 차듯 귀를 통해 내가 다른 사람이 부운 물줄기로 가 d
득 찼다고 생각할 수밖에 없네. 비록 내가 투미하여 누구한테서 어떻게 들었는지 잊어버렸지만 말일세.

파이드로스 더없이 고매하신 소크라테스 선생님, 참으로 멋진 말씀을 하시는군요. 설령 내가 부탁하더라도 선생님께서는 누구한테 어떻게 들었는지 말씀하지 마시고, 선생님께서 말씀하신 바로 그것을 들려주세요. 선생님께서는 방금 이 책자에 들어 있는 것은 한마디도 되풀이하지 않고 더 나은 다른 것을 더 짧지 않게 말해주겠다고 약속하셨어요. 그렇게만 해주신다면 나도 9명의 아르콘[48]들이 하는 것처럼 사람과 같은 크기의 황금 입상을 내 것뿐 아니라 선생님 것도 델포이에 봉헌하겠다 e
고 약속할게요.

소크라테스 파이드로스, 자네야말로 진국이자 정말로 황금 같은 친구

45 Sappho. 기원전 7세기 말 레스보스(Lesbos) 섬에서 태어난 그리스 여류 서정시인.

46 아나크레온(Anakreon)은 기원전 570년경 소아시아 이오니아 지방의 해안 도시 테오스(Teos)에서 태어난 그리스 서정시인이다.

47 『소크라테스의 변론』 20d~23b 참조.

로구먼. 뤼시아스의 것은 완전 실패작이고, 나는 그가 말한 것과는 전
혀 다른 것을 말할 수 있다는 뜻으로 내 말을 이해한다면 말일세. 가장
열등한 작가에게도 그런 일은 일어날 수 없을 것이네. 이를테면 이 연설
의 주제와 관련해 자네는 연인 아닌 자의 지혜를 칭찬하고 연인의 어리
236a 석음을 비난하지 않고도 연인보다는 연인 아닌 자가 더 선호되어야 한
다고 주장하고, 이런 필요불가결한 쟁점들을 생략하고도 뭔가 다른 것
을 주장할 사람이 있을 거라고 생각하는가? 천만의 말씀. 우리는 그런
주장들을 허용해야 하며 그런 주장을 하는 사람을 용서해줘야 한다고
나는 생각하네. 그리고 필요불가결한 쟁점들의 경우 칭찬받아 마땅한
것은 발견이 아니라 구성이지만, 발견하기 어려운 필요불가결하지 않은
쟁점들의 경우에는 구성 못지않게 발견도 칭찬받아 마땅하네.

파이드로스 선생님 말씀에 동의해요. 선생님 말씀에 일리가 있는 것 같
으니까요. 그래서 이렇게 할까 해요. 나는 선생님께서 연인은 연인 아닌
b 자보다 더 불건전하다는 전제에서 출발하는 것은 허용할게요. 그리고
나머지 쟁점들과 관련해 선생님께서 뤼시아스의 연설과 다르되 더 알차
고 더 훌륭하게 말씀하신다면, 황금을 두들겨 펴서 만든 선생님 입상이
올륌피아에 있는 큅셀로스[49]가(家)의 봉헌물들 옆에 세워질 거예요.

소크라테스 파이드로스, 나는 자네를 놀리느라 자네 연동인 뤼시아스를
비판했을 뿐인데 자네는 진지하게 받아들였나보군. 자네는 내가 정말
로 뤼시아스의 재능을 능가하는 더 교묘한 다른 연설을 하리라고 생각
하는가?

파이드로스 선생님, 이번에는 선생님께서 걸려드셨어요. 선생님께서는

최선을 다해 연설하세요. 그러지 않으면 우리는 어쩔 수 없이 저질 희극 c
배우처럼 서로 상대방의 말꼬리를 물고 늘어질 수밖에 없어요. 선생님께서는 제가 이렇게 말하지 않도록 조심하세요. "소크라테스 선생님, 제가 소크라테스 선생님을 모른다면 나 자신을 잊어버린 것이겠지요" 또는 "그분은 말하고 싶으면서도 짐짓 딴청을 피웠지."[50] 명심해두세요. 선생님께서 '가슴'[51]에 품은 것을 말씀하시기 전에 우리는 여기를 떠나

48 아르콘(archon '통치자')은 아테나이를 포함하여 대부분의 그리스 도시국가에서 사법권과 행정권을 가진 최고 관리에게 주어진 이름이다. 기원전 11세기경 왕정이 끝나면서 아테나이에서는 귀족계급에서 선출된 3명의 아르콘이 정부를 맡았다. 이들의 임기는 처음에는 10년이었으나 기원전 683년부터는 1년이었으며, 기원전 487년부터는 추첨으로 임명되었다. 그중 아르콘 에포뉘모스(eponymos '이름의 원조')는 수석 아르콘으로 그의 임기에 해당하는 해는 당시에 널리 쓰이는 연호가 없어 '아무개가 아르콘이었던 해'라는 식으로 그의 이름에서 연호를 따온 까닭에 그렇게 불렸다. 그는 주로 재산과 가족의 보호에 관한 광범위한 권한을 행사하며 판아테나이아 제(Panathenaia)와 디오뉘소스 제(Dionysia)를 주관했다. 기원전 7~6세기에는 이 관직을 차지하려고 정파끼리 치열한 각축전을 벌였지만, 기원전 487년부터는 야심가들도 더이상 이 관직을 탐내지 않았다. 아르콘 바실레우스(basileus '왕')는 왕정 시대에 왕들이 주관한 여러 종교적 임무를 수행했는데, 각종 비의와 레나이아 제(Lenaia) 등을 관장했으며 아레이오스 파고스 회의도 주관했다. 아르콘 폴레마르코스(polemarchos '장군' '대장')는 원래 군대를 지휘하는 일을 맡아보았지만, 기원전 487년부터는 군 지휘권이 장군(strategos)에게 넘어가면서 주로 아테나이 시민이 아닌 사람들에 관한 사법 업무를 맡아보았다. 기원전 7세기 들어 3명의 아르콘에 6명의 테스모테테스(thesmothetes '입법관')가 추가되었는데 이들은 주로 각종 소송 업무를 주관했다. 기원전 6세기 초 솔론은 아르콘의 관직을 상위 두 재산등급에게만 개방했으나, 기원전 457년부터는 세 번째 재산등급에게도 개방되었다. 퇴직 아르콘들은 아레이오스 파고스 회의체의 종신회원이 되었지만 나중에는 그들도 추첨으로 임명되면서 정치적 영향력을 상실했다.

49 킵셀로스(Kypselos)와 그의 아들 페리안드로스(Periandros)는 기원전 657년경부터 587년까지 코린토스(Korinthos)의 참주였다.

지 않을 거예요. 이 인적 드문 곳에 우리 둘뿐인데, 내가 더 힘이 세고
d 더 젊어요. 사정이 이러하니 선생님께서는 "내 말뜻을 알아차리시고"[52] 제가 강요하기 전에 자진해서 말씀하세요.

소크라테스 하지만 여보게, 파이드로스. 문외한인 내가 같은 주제를 놓고 그 방면의 전문가에 맞서 즉흥 연설을 하려다가는 웃음거리가 되고 말 텐데.

파이드로스 제발 날 좀 그만 놀리세요. 선생님께서 말씀하시도록 강요할 수 있는 말이 내게는 또 있어요.

소크라테스 그렇다면 그런 말은 하지 말아주게.

파이드로스 아니, 말할래요. 제 말은 맹세가 될 거예요. 저는 선생님께
e 맹세해요. 그런데 누구의 이름으로, 어떤 신의 이름으로 맹세할까요? 여기 이 플라타너스 나무에 걸고 맹세할까요? 만약 선생님께서 이 플라타너스 나무 앞에서 제게 연설을 하지 않으신다면, 저는 맹세코 어떤 작가의 연설이든 다시는 선생님께 음송하거나 전해드리지 않을래요.

소크라테스 에끼, 이 고약한 사람 같으니라고! 말을 좋아하는 사람에게 자네 뜻대로 강요할 방법을 잘도 찾아내는구먼.

파이드로스 그러면 왜 자꾸 요리조리 빠져나가려 하세요?

소크라테스 자네가 그렇게 맹세했으니, 더는 그러지 않겠네. 그런 말잔치[53]도 없이 내가 무슨 낙으로 살겠나!

237a **파이드로스** 그럼 말씀하세요.

소크라테스 자네는 내가 어떻게 하려는지 알겠나?

파이드로스 무엇을 말인가요?

소크라테스 말하기 전에 먼저 얼굴을 가리겠네. 내가 자네를 보고 부끄러워서 당황하는 일 없이 내 연설을 최대한 빨리 마치도록 말일세.

파이드로스 말씀이나 하세요. 다른 것들은 선생님께서 좋으실 대로 하시고요.

소크라테스 오오, 청아한 노랫소리의 무사 여신[54]들이시여! 그대들의 그런 별명이 그대들의 노래에서 유래했건, 음악을 좋아하는 리귀스족[55]에서 유래했건, 여기 이 더없이 훌륭한 친구가 말하도록 강요하는 이야기를 내가 할 수 있게 도와주시어 그의 친구[56]가 전에도 그에게 지혜로워 b

50 228a~c 참조.

51 235c 참조.

52 핀다로스, 단편 105a(Race, Loeb Classical Library).

53 227b 참조.

54 무사(Mousa 복/Mousai) 여신들은 제우스와 므네모쉬네(Mnemosyne '기억') 여신의 딸들로 시가(詩歌)의 여신들이다. 그들의 수는 3명, 7명 또는 9명이라고 하는데 고전시대(古典時代 기원전 480~323년)에는 9명으로 정립되었다. 로마 시대 후기에 그들은 저마다 한 가지 기능을 맡게 되는데, 칼리오페(Kalliope)는 서사시를, 클레이오(Kleio 라/Clio)는 역사를, 에우테르페(Euterpe)는 피리와 피리가 반주하는 서정시를, 멜포메네(Melpomene)는 비극을, 테릅시코레(Terpsichore)는 가무(歌舞)를, 에라토(Erato)는 뤼라(lyra)와 뤼라가 반주하는 서정시 또는 연애시를, 폴륌니아(Polymnia 라/Polyhymnia)는 찬신가(讚歌)와 나중에는 무언극(無言劇)을, 우라니아(Ourania 라/Urania)는 천문학을, 탈레이아(Thaleia 라/Thalia)는 희극과 목가(牧歌)를 관장하는 것으로 여겨졌다.

55 리귀스족(Ligys)은 이탈리아 북서부 해안지대인 지금의 리구리아(Liguria)에 살던 부족이다. 여기서 플라톤은 '청아한 노랫소리의'라는 뜻의 그리스어 ligys와 부족 이름인 ligys의 발음이 같은 것을 가지고 언어유희를 하고 있다.

보였지만 앞으로는 더 지혜로워 보이게 해주소서.[57]

소크라테스의 첫 번째 연설: 사랑에 대한 정의 (237b ~ 238c)

예전에 썩 잘생긴 아이가, 아니 소년이 있었는데, 그에게는 연인이 아주 많았네. 연인 중에는 약삭빠른 자가 한 명 있어서, 누구 못지않게 소년을 사랑하면서도 자기는 소년을 사랑하지 않는다고 믿게 만들었네. 그래서 그는 한번은 소년에게 구애하며 연인보다는 연인 아닌 자에게 호의를 베풀어야 한다고 소년을 설득하려 했네. 그는 이렇게 말했네.

여보게, 무슨 일이든지 훌륭한 결정을 내리려면 출발점은 하나밖에
c 없네. 그것은 무엇에 관해 결정하려는 것인지 알아야 한다는 것이야. 그렇지 않으면 완전히 엉뚱한 곳을 헤맬 수밖에 없지. 그러나 대부분의 사람들은 자신들이 개개 사물의 실체가 무엇인지 모른다는 사실을 모르네. 그래서 그들은 안다고 가정하고 논의를 시작하기에 처음부터 합의에 이르지 못할뿐더러, 논의가 진척된 뒤에는 당연히 대가를 치르기 마련이네. 말하자면 그들은 자신들과도 상호 간에도 합의에 이르지 못한다네. 그러니 자네와 나는 우리가 남에게 흉이 되는 일이 우리 자신에게 일어나지 않도록 하세. 한데 우리는 연동이 연인을 선호해야 하는가, 연인 아닌 자를 선호해야 하는가 하는 문제를 논의해야 하는 만큼, 먼저 사랑이 무엇이며 어떤 능력이 있는지 사랑에 대한 정의(定義)에 합의하
d 고 나서 그것을 바라보고 참고하며 사랑이 유익한 것인지 해로운 것인지 고찰하도록 하세. 사랑이 일종의 욕구라는 것은 누구에게나 분명하

네. 또한 사람들은 사랑하지 않더라도 아름다운 것을 욕구한다는 것을 우리는 아네. 그러면 우리는 무엇을 근거로 연인과 연인 아닌 자를 구별할 것인가? 우리는 저마다 두 원칙의 지배를 받으며, 그것들이 인도하는 곳이면 어디든 따라가야 한다는 사실을 알아야 하네. 그중 하나는 쾌락을 얻고자 하는 선천적 욕구이고, 다른 하나는 최선의 것을 추구하는 후천적 의견[58]이네. 이 둘은 우리 안에서 화목할 때도 있고, 다툴
때도 있네. 그럴 경우 어떤 때는 그중 한쪽이, 어떤 때는 다른 쪽이 우위 e
를 차지한다네. 의견이 이성을 통해 최선의 것으로 우리를 인도하며 우위를 차지하면 그러한 우위는 절제라 불리지만, 욕구가 우리를 비이성
적으로 쾌락 쪽으로 끌어당기며 우리 안에서 지배하면 그것의 지배는 238a
방종[59]이라 불린다네. 방종은 이름이 여럿인데, 지체가 여럿이고 이데아가 여럿이기[60] 때문일세. 그리고 이들 이데아 가운데 어느 것이 두드러지면 그것은 그 소유자에게 자기 이름을 부여하는데, 아름답지도 않거니와 획득할 가치도 없는 이름이라네. 예컨대 최선의 것을 추구하는
이성과 다른 욕구들을 지배하는 것이 음식에 대한 욕구일 때는 탐식(貪 b
食)이라 불리고, 그 소유자는 탐식가라고 불리지. 또한 음주에 대한 욕

56 뤼시아스.

57 『일리아스』(*Ilias*) 와『오뒷세이아』(*Odysseia*)의 첫머리를 패러디하고 있다.

58 doxa.

59 hybris.

60 버넷(Burnet)의 "polymeles …… kai polymeres"('지체가 여럿이고 …… 부분이 여럿이다') 대신 슈토바에우스(B. Stobaeus)에 따라 "polymeles …… kai polymeides"로 읽었다.

구가 폭군이 되어 그 소유자를 음주 쪽으로 이끈다면, 그가 어떻게 불릴지는 자명하네. 비슷한 욕구에 속하는 비슷한 이름들도 마찬가지여서, 그때그때 어떤 욕구가 지배하느냐에 따라 그 당사자는 거기에 걸맞은 이름으로 불릴 것이 분명하네. 그것 때문에 이 모든 것이 말해진 욕구가 어떤 것인지는 사실상 분명하지만, 그래도 말해진 것이 말해지지 않은 것보다는 언제나 더 분명한 법이라네. 말하자면 비이성적인 욕구
c 가 올바른 것을 지향하는 의견보다 우위에 선 다음 아름다움의 쾌락 쪽으로 이끌리다가 자신과 친족관계에 있는 다른 욕구들에서 육신의 아름다움을 추구할 새로운 힘을 얻어 모든 것을 정복한다면, 그런 욕구는 바로 이 힘[61]에서 이름을 얻어 에로스[62]라고 불린다는 말일세.

소크라테스가 자신의 첫 번째 연설을 끝맺다(238c ~ 241d)

소크라테스 여보게 파이드로스, 자네도 나처럼 내가 신들렸다고 생각하는가?

파이드로스 물론이지요, 소크라테스 선생님. 선생님께서는 여느 때보다 더 유창하게 말씀하셨어요.

소크라테스 그러면 조용히 내 말을 들어보게. 아닌 게 아니라 이곳에는
d 신령이 깃든 것 같아. 그러니 내가 이야기를 하면서 점점 신들린다 해도 놀라지 말게. 나는 벌써부터 디튀람보스[63] 투로 말하고 있으니 말일세.

파이드로스 지당한 말씀이에요.

소크라테스 이게 다 자네 탓일세. 하지만 나머지도 들어보게. 우려한 현상이 사라질지도 모르니까. 그러나 그것은 신의 뜻에 달려 있고, 우리

가 할 일은 소년에게 다시 말을 거는 것일세.

자, 여보게! 우리는 결정해야 하는 것이 실제로 무엇인지 이미 말하
고 정의했으니, 거기에 주목하면서 앞으로는 연동이 호의를 베풀 경우
연인과 연인 아닌 자에게 각각 어떤 이익과 손해가 예상되는지 논의하 e
도록 하세. 욕구의 지배를 받아 쾌락의 노예가 된 자는 연동이 자기에
게 최대한 쾌락을 제공하게 만들 수밖에 없을 걸세. 그런데 마음이 병
든 사람은 자기에게 반항하지 않는 것은 좋아하지만, 자기보다 더 강하
거나 자기와 대등한 것은 미워하기 마련이네. 그러니 연인은 할 수만 있 239a
다면 연동이 자기보다 더 강해지거나 자기와 대등해지도록 내버려두지
않고, 언제나 연동이 더 약해지고 더 열등해지게 만들 것이네. 그런데
무지한 자는 지혜로운 사람보다 열등하고, 겁쟁이는 용감한 사람보다
열등하며, 말재주가 없는 사람은 웅변가보다 열등하고, 이해가 느린 사
람은 총명한 사람보다 열등하네. 이런 모든 정신적 결함과 그 밖의 다른
결함을 연동이 선천적으로 타고나면 연인은 당연히 좋아할 것이며, 타
고나지 않았을 경우 연동이 그런 결함들을 갖도록 할 것이네. 그러지 않
으면 연인은 눈앞의 쾌락을 놓칠 테니까. 연인은 필연적으로 질투할 수 b

61 rhome.

62 eros. 플라톤은 여기서 eros('사랑')라는 단어가 마치 erromenos rhostheisa('새로운 힘을 얻어')와 rhome('힘')이라는 말에서 유래한 것처럼 나름대로 어원을 밝히고 있다.

63 디튀람보스(dithyrambos)는 주신(酒神) 디오뉘소스(Dionysos)에게 바치는 합창서정시이다.

밖에 없는지라, 연동이 자신을 대장부로 만들어주고 무엇보다도 지혜롭게 만들어줄 많은 사람과 유익한 교제를 하지 못하게 막음으로써 연동에게 큰 해악을 끼치겠지. 연동을 지혜롭게 만들어줄 것은 신적인 철학인데, 연인은 필연적으로 연동이 철학에 접근하지 못하게 막을 것이라는 말일세. 연동에게 멸시받을까 두려워서 말일세. 그래서 연인은 연동이 완전한 무식꾼이 되어 전적으로 연인에게 의존하게 만들 것이네. 연동이 연인에게는 최대의 쾌락을 제공하되 스스로는 가장 큰 피해를
c 입도록 말일세. 그러니 정신적인 측면에서 연인은 결코 유익한 수호자나 동반자가 아닐세.

다음에 우리가 고찰해야 할 것은, 좋은 것[64] 보다는 쾌락을 추구할 수밖에 없는 사람이 자기 손안에 있는 연동의 몸 상태를 어떻게 관리하고 유지하느냐 하는 것일세. 그런 사람이 쫓아다니는 연동은 분명 남성적이지 않고 여성적일 것이며, 햇살이 밝게 내리쬐는 곳이 아니라 얼룩덜룩한 나무 그늘에서 자랐을 것이며, 남자들이 하는 힘든 일을 하느라
d 땀 흘린 적 없고 부드럽고 여성적인 생활방식에 익숙할 것이며, 자기 색깔이 없기에 남의 색깔과 장신구로 자신을 치장할 것이며, 대체로 말해서 이런 모든 것이 암시하는 생활을 하겠지. 이런 것들은 너무나 분명해서 더이상 열거할 필요가 없으니, 우리는 요점을 간단히 정리하고 나서 다음 주제로 넘어갈 수 있을 것이네. 말하자면 그런 몸을 가진 자는 전쟁이나 그 밖의 다른 위기에 처했을 때 적군에게는 사기를 북돋워주지만 친구들은 물론이고 연인조차 두려움에 떨게 할 것이네.

이 점은 자명하니 제쳐두기로 하고 다음에 고찰해야 할 문제는, 연인

과의 교제나 연인의 보호가 재산과 관련해 연동에게 어떤 이익 또는 어 e
떤 손해를 주느냐 하는 것일세. 누구에게나 그렇지만 특히 연인에게 분
명한 것은, 연인은 연동이 가장 사랑하고 가장 아끼는 신처럼 여기는 재
산을 잃기를 무엇보다 바란다는 것이네. 연인은 연동과의 더없이 즐거
운 교제를 방해하고 비난할까 봐 연동이 부모와 친척과 친구들을 여의 240a
기를 바랄 테니 말일세. 또한 연동이 황금이나 그 밖의 형태로 재산을
소유하고 있으면 연인은 연동을 붙잡기도 어렵거니와 붙잡아도 다루기
어렵다고 생각할 것이네. 따라서 연인은 필연적으로 연동이 재산을 소
유하면 시기하고, 재산을 잃으면 좋아하겠지. 또한 연인은 연동이 가능
한 한 오래 처자도 없고 집도 없이 지내기를 바랄 수도 있다네. 자기 입
맛에 맞는 달콤한 열매를 가능한 한 오래 따먹고 싶은 마음 때문이지.

그 밖에 다른 해악들도 있지만, 어떤 신이 그것들 대부분에 순간의
쾌락을 섞어놓았네. 이를테면 아첨꾼은 무서운 짐승이고 큰 해악을 끼 b
치지만 자연은 그에게 시가(詩歌)의 쾌락을 섞어놓았네. 마찬가지로 창
녀나 그와 비슷한 직업에 종사하는 인간들도 해롭다고 비난받을 수 있
지만 당장에는 적잖은 쾌락을 제공하지. 그러나 연인은 연동에게 해로
울 뿐 아니라, 함께 지내기에는 가장 불쾌한 존재라네. 또래끼리 어울 c
려야 재미있다는 옛말도 있지 않은가. 나이가 같으면 같은 쾌락을 좇고,
같은 것을 좇다 보면 친구가 되기 때문이겠지. 하지만 또래도 같이 있는

64 '여성의 선'을 말한다.

것이 싫증나기 마련이지. 더욱이 어떤 상황에서도 강요당하는 것은 누구에게나 부담스러운 법인데, 연인은 연동과 같지 않을뿐더러 연동에게 가장 심하게 강제력을 행사한다네. 연상의 연인은 밤이나 낮이나 연
d 하의 연동에게 매달리며 연동을 놓아주려 하기는커녕, 연동을 보고 듣고 만지는 등 감각을 총동원해 향유하는 쾌락에 꼼짝없이 코가 꿰어 끌려다니면서 연동에게 자진하여 종노릇을 한다네. 그런데 연인이 연동에게 무슨 위안과 쾌락을 줄 수 있을까? 함께하는 긴 세월이 연동에게는 지긋지긋하지 않을까? 연동이 이미 꽃이 진 연인의 얼굴을 보고, 실제로 늘 함께하도록 강요당하는 것은 고사하고 남이 말하는 것조차 듣
e 기 싫은 그 후속 결과들을 본다면 말일세. 그리고 누구와 교제하든 연동이 언제나 의심하는 눈초리로 감시당하며 터무니없이 과장된 칭찬을 들어야 하고, 연인이 취하지 않아도 참기 힘든데 술에 취해 되는 소리 안 되는 소리 가리지 않고 마구 늘어놓을 때는 참기 힘들 뿐 아니라 역겹기까지 한 터무니없는 꾸지람을 듣는다면 말일세.

그리고 연인은 사랑하는 동안에는 유해하고 불쾌하지만, 사랑이 끝나면 더는 믿지 못할 사람이 된다네. 연인은 전에는 약속을 남발하고 자꾸 사정을 하고 맹세를 함으로써 미래의 이익이라는 희망으로 그때
241a 도 괴로운 교제를 견디도록 연동을 간신히 붙잡아둘 수 있었네. 그러나 약속한 것을 이행할 때가 되자 자기 안에 사랑과 광기라는 옛 지배자 대신 이성과 절제라는 새 지배자를 앉힌 연인은 딴사람이 되네. 하지만 연동은 그런 줄 모르고 마치 같은 사람에게 말을 걸듯 전에 한 일들과 말들을 상기시키며 자기가 전에 베푼 것에 보답할 것을 요구하지. 한편 연

인은 수치심에 자기가 딴사람이 되었다고는 감히 말도 못하고, 이제야
이성과 절제를 되찾은 터라 어리석음이 지배하던 이전에 약속한 것들 b
을 이행할 방도를 찾지 못하네. 연인은 자신이 이전처럼 행동할 경우 이
전의 자신으로 되돌아갈까 봐 겁이 나서 이번에는 도망자가 되어 어쩔
수 없이 이전의 약속들을 부도내고 줄행랑을 친다네. 그리하여 이제는
상황이 달라져 이전의 연인은 역할을 바꿔 도주하고, 연동은 화가 나서
욕설을 퍼부으며 연인을 뒤쫓지 않을 수 없지. 연동은 처음부터 아예
몰랐으니까. 비이성적일 수밖에 없는 연인이 아니라, 연인 아닌 이성적
인 사람에게 자기가 호의를 베풀었어야 한다는 것을 말일세. 그러지 않 c
으면 필연적으로 믿을 수 없고 까다롭고 질투심 많고 불쾌하고 재산을
축내고 건강에 해로우며, 특히 신과 인간들의 눈에 그보다 더 가치 있
는 것은 있지도 않고 있을 수도 없는 인성 계발에 가장 해로운 인간에게
자신을 맡길 수밖에 없다는 것을 말일세. 그러니 여보게, 자네는 이 점
을 명심하고, 연인의 우정은 호감에서 생겨나는 것이 아니라 식욕과도
같이 충족되기 위한 것임을 알아야 하네. 연인이 연동을 사랑하는 것 d
은 늑대가 새끼양을 사랑하는 것과 같다네.

이것이 내가 말하려던 바일세, 파이드로스. 자네는 내게서 한마디도 더 는 듣지 못할 테니 이것으로 내 연설은 끝난 것으로 해주게.

막간 대화_ 소크라테스의 두 번째 연설 (241d ~ 243e)

파이드로스 선생님께서는 연설을 절반밖에 하지 않으셨어요. 연인 아닌

자에 대해서도 그 정도는 말씀하시며 그의 장점을 열거하시고 그가 선호되어야 한다는 취지의 말씀을 하셔야 될 것 같아요. 그런데 소크라테스 선생님, 어째서 도중에 말씀을 중단하세요?

e **소크라테스** 여보게, 자네는 알아차리지 못했는가? 나는 연인을 비판하는 것만으로도 이미 디튀람보스를 넘어서서 서사시[65]를 읊은 셈이라네. 만약 연인 아닌 자를 칭찬하기 시작한다면 내게 어떤 일이 벌어질 것이라고 생각하는가? 자네는 의도적으로 나를 요정들에게 내맡겼는데, 그럴 경우 내가 그녀들에게 완전히 사로잡히리라는 걸 모르겠는가? 그러니까 한마디로 말하면, 연인 아닌 자는 우리가 연인에게서 발견한 나쁜 점들에 대립되는 온갖 좋은 점을 갖고 있네. 굳이 긴말이 필요할까? 나는 양쪽을 두고 할 말은 다 했네. 그러니 내 이야기는 제 운명에 맡기고,
242a 나는 자네에게 더 고약한 일을 강요받기 전에 이 강을 건너 돌아가겠네.

파이드로스 소크라테스 선생님, 더위가 한풀 꺾이거든 가세요. 보이지도 않으세요? 지금은 사람들 말마따나 해가 멈춰 선 한낮이에요. 그러니 여기에 머무르며 앞서 말한 것에 관해 논의하다가 서늘해지면 바로 돌아가도록 해요.

소크라테스 파이드로스, 논의에 관한 한 자네는 초인적일세. 한마디로 놀라울 따름이네. 자네가 살아 있는 동안 생겨난 논의 가운데 자네가
b 직접 말했건 남에게 말하도록 자네가 강요했건 자네보다 더 많이 제안한 사람은 아마 없을 걸세. 테바이 사람 심미아스[66] 말고는. 그 누구보다 자네가 앞서네. 그런데 잠시 전에 말했듯이, 자네는 나로 하여금 또 다른 논의를 시작하게 만드는구먼.

파이드로스 선전포고를 하시는 것은 아니군요. 한데 왜 그러시는 거예요? 그리고 다른 논의라니, 어떤 걸 말씀하시는 건가요?

소크라테스 여보게, 내가 강을 건너려고 했을 때, 수호신[67]과 늘 나를 찾아오곤 하는 신호[68]가 내게 나타났는데, 그것은 나타날 때마다 번번이 c 내가 하려던 것을 못하게 말리곤 했네. 그리고 내가 신에게 지은 죄를 속죄하기 전에는 이곳을 떠나지 말라는 그것의 목소리가 들리는 듯했네. 그러니 나는 지금 예언자일세. 썩 뛰어난 예언자는 아니지만, 쓰기와 읽기에 서툰 사람들 말마따나 그 정도면 나에게는 충분하네. 그래서 나는 이제 내 잘못이 무엇인지 잘 아네. 여보게, 마음[69]에도 예언의 능력 같은 것이 있는 것 같아. 조금 전에 나는 말하는 내내 이뷔코스[70]의 d 말처럼 "인간에게 존경받는 대가로 신들에게 뭔가 죄를 짓는 것이 아닌지"[71] 마음이 꺼림칙했으니 말일세. 그러다가 이제야 내 죄가 무엇인지 알았네그려.

파이드로스 무슨 말씀이신지요?

소크라테스 파이드로스, 자네가 가져온 것도 무서운 연설이지만, 자네

65 서사시는 디튀람보스보다 훨씬 분량이 많다.

66 심미아스(Simmias)는 소크라테스의 문하생 가운데 한 명이다. 『파이돈』(*Phaidon*) 85c 이하 참조.

67 daimonion. 『소크라테스의 변론』 31c 이하 참조.

68 semeion.

69 psyche.

70 이뷔코스(Ibykos)는 기원전 6세기에 활동한 그리스 서정시인이다.

71 이뷔코스, 단편 24(Bergk).

의 강요에 못 이겨 내가 말한 것도 무서운 연설이었네.

파이드로스 어째서 그렇지요?

소크라테스 그것은 어리석고 다소 불경스러운 것이지. 그보다 더 무서운 연설이 어디 있겠는가?

파이드로스 어디에도 없겠지요. 선생님 말씀이 사실이라면 말이에요.

소크라테스 어떤가? 자네는 에로스[72]가 아프로디테의 아들이며 신이라고 믿지 않는가?

파이드로스 사람들이 그렇다고 하더군요.

소크라테스 하지만 뤼시아스의 연설에서도, 자네가 마법을 걸어 내 입
e 에서 나오게 한 자네의 연설에서도 그렇지 않았네. 에로스가 과연 신이나 신적인 존재라면 결코 사악할 수 없네. 그런데 조금 전 두 연설에서는 그분을 사악하다고 했네. 그래서 에로스에게 그 연설들은 죄를 지었네. 게다가 그 연설들의 어리석음은 매우 세련된 것이었네. 건전하거
243a 나 진실한 것은 아무것도 말하지 않으면서 혹여 몇몇 불쌍한 인간을 속여 그들에게 칭찬받으면 그것이 무슨 대단한 일인 것처럼 우쭐대니 말일세. 그러니 여보게, 나는 나 자신을 정화해야 하네. 신들에 관한 이야기를 잘못 전하는 죄를 짓는 자에게는 오래된 정화 방법이 있는데, 호메로스는 그것을 몰라도 스테시코로스[73]는 알았지. 스테시코로스는 헬레네[74]에 대해 나쁘게 말했다가 시력을 잃자 호메로스와는 달리[75] 그 원인을 알아냈네. 그는 무사 여신들의 진정한 추종자인지라 그 원인을 알고 당장 시를 지었지.

나의 그 이야기는 사실이 아닙니다.
그대는 훌륭한 갑판으로 덮인 함선을 타고 항해하지도
않았고, 트로이아의 성채에 도착하지도 않았습니다.[76] b

이른바 철회시(撤回詩)[77]를 완성하자 그는 곧 시력을 되찾았네. 이 점과 관련하여 나는 스테시코로스와 호메로스보다 더 지혜로운 조치를 취하겠네. 에로스에 대해 나쁘게 말해 벌을 받기 전에 나는 에로스에게 철회시를 지어 바치겠다는 말일세. 이번에는 아까처럼 부끄러워서 얼굴을 가리지 않고 맨얼굴로 말일세.[78]

파이드로스 소크라테스 선생님, 듣던 중 반가운 말씀이에요.

소크라테스 여보게 파이드로스, 자네도 알다시피 내가 한 연설도 자네 c
가 책에서 읽은 연설도 둘 다 염치없는 것이었네. 고상하고 점잖은 사람이 역시 그런 성격의 연동을 사랑하거나 그런 성격의 연인에게 사랑받

72 에로스(Eros)는 사랑의 신으로, 사랑과 여성미의 여신인 아프로디테(Aphrodite)의 아들이다.

73 스테시코로스(Stesichoros)는 기원전 6세기 전반에 활동한 그리스 서정시인이다.

74 헬레네(Helene)는 제우스와 레다(Leda)의 딸인데, 절세미인인 그녀가 트로이아 왕자 파리스(Paris)에게 납치됨으로써 트로이아 전쟁이 일어났다고 한다.

75 호메로스도 헬레네를 전쟁의 원인이라고 말한 까닭에 눈이 멀었는데, 왜 자기가 눈이 멀었는지 몰라 평생토록 장님이었다는 뜻이다.

76 스테시코로스, 단편 32 (Bergk).

77 palinodia.

78 237a 참조.

은 적이 있다고 가정해보게. 만약 그런 사람이 연인은 사소한 일로 심한
적개심을 품으며 연동을 질투하고 해코지한다는 우리 주장을 듣는다
면, 그는 틀림없이 우리가 무지렁이 사이에서 자라났기에 자유민다운
사랑을 본 적이 없다고 생각하지 않겠는가? 그래서 우리가 에로스를 비
d 방하는 것을 받아들이기를 거부하지 않을까?

파이드로스 제우스에 맹세코 그럴 것 같아요, 소크라테스 선생님.

소크라테스 그래서 나는 그 사람 앞에 면목이 없고 에로스가 두려워 내 입에서 나온 쓰디쓴 것들[79]을 건전한 연설로 씻어낼까 하네. 그리고 뤼시아스에게도 연인 아닌 자보다는 오히려 연인에게 받은 호의에 보답하도록 촉구하는 글을 되도록 빨리 쓰라고 충고하는 바이네.

파이드로스 걱정 마세요. 그렇게 될 거예요. 선생님께서 연인을 찬양하
e 는 말씀을 하셨으니, 나로서는 뤼시아스도 같은 주제에 관해 글을 쓰도
록 강요할 수밖에 없으니까요.

소크라테스 자네가 그러리라고 믿네. 자네가 변하지 않는 한.

파이드로스 그러니 선생님께서는 걱정 마시고 말씀하세요.

소크라테스 내가 말을 건넸던 연동은 어디 있는가? 그는 이 말도 들어야 하네. 그러지 않으면 그는 우리가 말리기도 전에 연인 아닌 자에게 호의를 베풀 테니 말일세.

파이드로스 선생님께서 원하실 때마다 그 연동은 언제나 선생님 바로 곁에 있을 거예요.[80]

소크라테스가 두 번째 연설을 시작하다_ 신들림의 세 가지 유형

(243e ~ 245c)

소크라테스 연동이여, 알아두게. 앞의 연설은 뮈르리누스[81] 구역 출신으로 퓌토클레스[82]의 아들인 파이드로스의 것이고, 내가 지금 하려는 연설은 히메라[83] 출신으로 에우페모스[84]의 아들인 스테시코로스의 것이라네. 내가 하려는 연설은 이런 것이네. 연인이 있어도 오히려 연인 아닌 자에게 호의를 베풀어야 하는데, 그 이유는 연인은 광기에 사로잡혀 있고 연인 아닌 자는 정신이 온전하기 때문이라고 주장한다면 그것은 참말이 아니라는 것이네. 만약 광기는 나쁘다는 것이 불변의 진리라면 그것은 옳은 말이겠지. 하지만 광기는 그것이 신의 선물일 경우에는 우리에게 더없이 큰 혜택을 안겨준다네. 델포이의 예언녀와 도도네[85]의 예언녀들은 광기에 사로잡힐 때는 사적인 일이나 공적인 일에서 헬라스를 위해 좋은 일을 많이 해내지만, 정신이 온전할 때는 조금밖에 또는 전

244a
b

79 소크라테스의 첫 번째 연설.

80 파이드로스 자신이 연동 역할을 하겠다는 뜻이다. 그러나 소크라테스와 파이드로스가 동성애를 나눈 증거는 어디에도 없다.

81 뮈르리누스(Myrrhinous)는 앗티케 지방의 174개 구역 중 하나이다.

82 Pythokles.

83 히메라(Himera)는 시칠리아 북쪽 기슭에 있는 도시이다.

84 Euphemos.

85 도도네(Dodone)는 그리스 북서부 에페이로스(Epeiros) 지방의 마을인데, 그곳에 있는 오래된 제우스 신전의 사제들은 참나무 잎이 바람에 살랑거리는 소리를 듣고 신의 뜻을 풀이했다고 한다.

혀 해내지 못하지. 그리고 만약 우리가 시빌라[86]와 그 밖에 신이 지펴 수
많은 사람에게 많은 것을 예언함으로써 미래와 관련하여 올바른 길로
이끈 다른 사람들에 관해서도 말한다면, 누구나 다 아는 일로 장광설
을 늘어놓는 셈이지. 그러나 한 가지 일러둘 것은, 옛날에 우리 말을 지
어낸 사람들은 광기를 부끄러운 것으로도 비난받아 마땅한 것으로도
c 여기지 않았다는 것이지. 그렇지 않다면 그들은 미래를 예견하는 가장
위대한 기술을 광기[87]라는 단어와 결부시켜 '마니케'[88]라 부르지 않았
겠지. 옛날 사람이 그렇게 부른 이유는 신이 내리는 광기는 좋은 것이라
고 생각했기 때문이지. 그러나 요즘 사람들은 무미건조하게 T[89]를 끼워
넣어 '만티케'[90]라 부르지. 또한 옛날 사람은 정신이 온전한 사람이 새와
다른 전조를 이용해 미래를 점치는 것은 '오이오노이스티케'[91]라 불렀는
데, 그것은 그것들이 인간 사고[92]에 대한 이해와 정보[93]를 합리적으로
d 제공하기 때문이네. 하지만 요즘 사람은 장음 O[94]를 사용해 거창하게
'오이오니스티케'[95]라 부르네. 그러니 옛날 사람은 만티케가 오이오니스
티케보다 겉으로나 실제에서나 더 우월한 만큼 신에게서 유래하는 광
기가 인간에게서 유래하는 온전한 정신보다 더 우월하다는 것을 증언
해주고 있네. 둘째로, 묵은 죄과 때문에 역병과 격심한 고통이 어떤 가
e 문을 덮치면 광기가 나타나 예언자 노릇을 하며 기도에 의지하고 신들
을 공경함으로써 거기에서 벗어날 방편을 찾아주네. 그 결과 정화 의식
이 치러져 고통받던 자는 지금도 나중에도 위기에서 벗어나네. 그리하
여 광기는 올바로 광기에 사로잡혀 신들린 사람을 고통에서 해방시켜준
245a 다네. 세 번째 신들림과 광기는 무사 여신들에게서 유래한다네. 이 신

들림은 부드럽고 순결한 혼을 사로잡아 특히 서정시에서 격정적인 표현으로 옛사람들의 숱한 행적을 기림으로써 후세 사람에게 가르침을 주네. 전문기술[96]이 훌륭한 시인을 만들어주는 줄 알고 무사 여신들의 광기 없이 시에 입문한다면, 그도 온전한 정신에서 나온 그의 시도 광기에 사로잡힌 자들의 시에 빛이 바래 설 자리를 잃을 것이네.

더 열거할 수 있지만, 이런 것들이 신에게서 유래하는 광기의 업적이 b
라네. 그러니 우리는 이 점을 두려워 말고, 동요하는 자보다는 정신이 온전한 자를 친구로 삼아야 한다고 주장하는 사람을 만나더라도 흔들리거나 겁내지 않기로 하세. 그의 주장이 이기려면 그는 사랑은 연인과 연동에게 이익을 주려고 신이 보낸 것이 아니라는 점도 증명해야 할 것이네. 반대로 우리는 그런 광기는 우리에게 더없이 큰 행운을 베풀려고 신이 보냈음을 증명해야 하네. 그리고 우리의 증거를 영리한 자는 믿지

86 시빌라(Sibylla)는 전설적 예언녀로 여러 시대에 걸쳐 여러 곳에 등장하며, 나중에는 예언녀의 대명사가 되었다.

87 mania.

88 manike.

89 그리스어에서는 '타우'라고 읽는다.

90 mantike.

91 oionoistike.

92 oiesis.

93 noun te kai historian.

94 그리스어에서는 '오메가'라고 읽는다.

95 oionistike. 그러나 이 단어는 사실 oionos('맹금' '새점')에서 유래한 것이다.

96 techne.

c 않아도, 지혜로운 자는 믿겠지. 그러면 우리는 먼저 신적이며 인간적인 혼이 어떻게 행동하고 반응하는지 고찰함으로써 혼의 본성에 관한 진실을 알아야 하네. 우리의 증명은 이렇게 시작되네.

혼의 불멸성 (245c ~ 246a)

모든 혼은 불멸하네. 언제나 움직이는 것은 사멸하지 않기 때문이네. 하지만 다른 것을 움직이게 하거나 다른 것에 의해 움직이는 것은 움직이기를 멈추면 삶도 멈추네. 따라서 스스로 움직이는 것만이 자신을 버려두지 않기에 움직이기를 중단하지 않네. 또한 스스로 움직이는 것은 움직이는 다른 사물에게는 운동의 원천이자 제1원리라네. 그런데 제1원
d 리는 생성되는 것이 아니라네. 생성되는 모든 것은 제1원리에서 생성되어야 하지만, 제1원리는 어떤 것에서도 생성될 수 없기 때문이네. 만약 제1원리가 어떤 것에서 생성된다면, 제1원리는 더이상 제1원리일 수 없네. 또한 제1원리는 생성되지 않는 것이기에 필연적으로 소멸하지도 않지. 왜냐하면 만약 제1원리가 소멸한다면, 제1원리는 어떤 것에서도 생성될 수 없고 어떤 것도 제1원리에서 생성될 수 없기 때문이네. 모든 것이 제1원리에서 생성되는 것이라면 말일세. 그래서 스스로 움직이는 것
e 이 운동의 제1원리라네. 또한 그것은 소멸할 수도 생성될 수도 없네. 그렇지 않으면 모든 천체와 생성되는 모든 것은 붕괴되고 멈춰 서서 사물들이 움직이고 생성될 원천을 다시는 갖지 못하겠지. 스스로 움직이는 것은 죽지 않는다는 것을 알아낸 만큼, 우리는 바로 이것[97]이 혼의 본질이자 원리라고 거리낌없이 말해도 좋을 것이네. 자기 바깥에 운동의 원

천을 갖는 모든 물체는 혼이 없지만, 자기 안에 자기로부터 운동의 원천을 갖는 물체는 혼이 있기 때문이네. 그것이 혼의 본성이니까. 만약 스스로 움직이는 것은 혼 이외의 다른 것일 수 없다는 것이 사실이라면, 246a
혼은 필연적으로 생성될 수도 사멸할 수도 없을 걸세.

혼의 신화_ 마부와 말 두 필_ 혼들의 행렬 (246a ~ 247c)

혼의 불멸성에 관해서는 이상으로 충분히 말했네. 그러나 혼의 이데아[98]에 관해서는 다음과 같이 말해야겠지. 혼이 어떤 것인지 설명하려면 그야말로 초인적 능력이 필요한 긴 이야기가 되겠지만, 혼이 무엇을 닮았는지는 인간도 간단하게 표현할 수 있다고. 그러니 우리는 나중 방식으로 논의하도록 하세. 그러면 우리는 혼을 날개 달린 한 쌍의 말과 마부가 하나로 결합된 것에 비유해보세. 그런데 신들의 말들과 마부들은 훌륭하고 혈통이 좋지만, 다른 종족의 말들과 마부들은 뒤섞여 있네. 우리 인간의 경우 첫째, 마부가 모는 것은 한 쌍의 말이며 둘째, 그 b
중 한 필은 고상하고 훌륭하지만 다른 한 필은 혈통도 본성도 그와 정반대일세. 그래서 우리 마부의 업무는 어렵고 까다로울 수밖에 없지. 이번에는 어째서 어떤 생명체는 필멸의 존재라 불리고, 어떤 생명체는 불멸의 존재라 불리는지 논의해야 하네. 모든 혼은 혼이 없는 모든 것을 돌보며 때로는 이런 이데아로 때로는 저런 이데아로 온 우주를 떠돌아다

97 자발적 운동.
98 idea.

c 닌다네. 그런데 혼은 날개가 온전할 동안에는 높이 날며 온 우주를 지
배하지만, 날개를 잃으면 추락하다가 딱딱한 것에 앉게 되고 거기에 정
착해 지상의 몸을 취한다네. 지상의 몸은 혼의 힘 때문에 스스로 움직
이는 것처럼 보이고, 혼과 몸이 하나로 결합된 전체는 생명체라고 불리
며 필멸의 존재라 일컬어지네. 그런 결합체가 불멸의 존재라 불리는 것
은 결코 논리에 맞지 않네. 그런데 우리는 본 적도 없고 충분히 인지한
d 적도 없지만 신이야말로 혼과 몸이 영원히 하나로 결합된 불멸의 존재
라고 상상한다네. 그러나 이런 문제들과 그에 관한 우리 논의는 신의 뜻
에 맡기도록 하고, 우리는 왜 혼이 날개를 잃는지 그 이유를 고찰하도록
하세. 그것은 다음과 같다네.

날개는 본래 무거운 것을 들어올려서 신들의 종족이 거주하는 곳으
로 이끄는 힘을 갖고 있으며, 따라서 몸에 속하는 것 중에서 신적인 것
에 가장 많이 관여한다네. 그런데 신적인 것은 아름답고 지혜롭고 훌륭
하고 그런 종류의 자질을 모두 구비해서 이런 것들에 의해 혼은 날개가
e 무럭무럭 자라고 커지지만, 추함과 사악함 같은 그와 반대되는 자질 때
문에 혼의 날개는 오그라들고 사라지게 된다네. 하늘에서는 위대한 지
도자 제우스가 날개 달린 말들이 끄는 마차를 몰고 앞장서서 나아가며
만물을 질서 있게 다스리고 돌본다네. 그 뒤를 신들과 수호신[99]들 무리
247a 가 11개 부대로 나뉘어 따른다네. 헤스티아[100] 여신만이 신들의 거처에
남고, 12신 가운데 나머지 11신은 저마다 자기에게 배속된 부대를 이끌
고 대오를 지어 나아가는 것이지. 하늘 안쪽에는 복된 광경이 많이 보이
고 이리저리 통로가 많이 나 있는데, 축복받은 신들의 종족은 그 통로

들을 오가며 저마다 자기가 맡은 바 임무를 수행하지. 그리고 그러기를 원하고 그럴 능력이 있는 자는 누구든 그 뒤를 따른다네. 질투는 신들의 무리에서는 설 자리가 없으니까. 그러나 그들이 연회와 잔치 자리에 갈 때는 하늘의 둥근 천장으로 가파르게 올라가는데, 신들의 마차들은 b
이때 말들이 균형이 잘 맞고 제어하기가 쉬워 쉽게 나아가지만, 다른 마차들은 간신히 나아간다네. 마부가 잘못 훈련시키면 본성이 나쁜 말이 몸이 무거워져서 자신의 무게로 마부를 아래로 끌어당기기 때문이지. 그곳에서 혼은 마지막 시련과 어려움을 겪지. 그러나 불멸이라 칭하는 혼들[101]은 정상에 이르자마자 바깥으로 나가 하늘의 등에 자리잡고 서네. 그러면 그들은 곧바로 하늘의 회전운동에 따라 돌면서 하늘 바깥 c
에 있는 것들[102]을 관조한다네.

혼의 실체 관조_ 혼의 추락과 화신 (247c ~ 248e)

하지만 아직 지상의 어떤 시인도 하늘 위의 영역을 제대로 찬양한 적이 없으며, 앞으로도 그럴 일은 없을 것이네. 그러나 그것은 다음과 같네. 내가 굳이 사실을 말하는 까닭은 특히 논의의 주제가 진리일 때는 우리가 용기를 내어 진리를 말해야 하기 때문이라네. 이 영역을 차지하고 있

99 daimon.
100 헤스티아는 화로와 화덕의 여신이다.
101 신들.
102 이데아의 세계.

는 것은 색깔도 없고 형태도 없고 만질 수도 없고 혼의 키잡이인 지성에
d 의해서만 볼 수 있으며 모든 참된 지식이 관여하는, 진정한 실체일세.
신의 마음은 지성과 순수 지식에서 영양분을 섭취하는데, 그 점은 자기
에게 맞는 것을 받아들이고 싶어하는 모든 혼의 경우도 마찬가지라네.
그리하여 혼은 한동안 실재를 보고 진리를 관조하며 흐뭇해하는 가운
데 영양분을 섭취하고 행복감을 느끼다가 결국 하늘의 회전운동에 따
라 한 바퀴 돌아 제자리로 돌아온다네. 혼은 회전운동에 따라 같이 돌
며 정의 자체와 절제 자체와 지식 자체를 보는데, 이 지식은 시작이 있으
며 우리가 여기서 실재라고 부르는 것 중 어느 것과 관련되느냐에 따라
e 달라지는 그런 지식이 아니라, 진실로 실재하는 것에 관한 진정한 지식
이라네. 그리고 혼은 다른 실체들도 모두 보고 즐긴 뒤 다시 하늘 안으
로 내려와 집으로 돌아온다네. 집에 도착하면 마부는 말들을 구유 옆
에 세우고는 암브로시아[103]를 던져주고 곁들여 넥타르[104]를 마시게 한
다네.

248a 이것이 신들의 삶이지. 다른 혼들의 경우, 신을 가장 잘 따라가고 신
을 가장 닮은 혼은 바깥 영역으로 마부의 머리를 쳐든 채 하늘의 회전
운동에 따라 같이 돈다네. 말들 때문에 산만해져서 실체를 간신히 보
기는 하지만 말일세. 또 다른 혼은 오르락내리락하며, 말들이 억지를
부리는 탓에 어떤 것들은 보고 어떤 것들은 보지 못하지. 나머지 혼들
은 모두 고지에 도달하기를 열망하며 뒤따라가지만 능력이 부족해 하
b 늘 아래에서 함께 맴돌며 서로 앞지르려다가 서로 짓밟고 충돌한다네.
그리하여 한바탕 소동이 벌어지고 경쟁하느라 진땀을 흘리는 가운데

마부들의 능력 부족에 많은 혼이 불구가 되고, 많은 혼이 날개가 모두 꺾인다네. 그리하여 그들은 아무리 애써도 실체는 보지도 못한 채 떠나고, 그런 뒤에는 의견[105]에서 영양분을 섭취하지.[106] 그런데 혼들이 진리의 들판을 보기를 그토록 열망하는 이유는 혼의 가장 훌륭한 부분에 걸맞은 먹을거리가 그 초원에서 나고, 거기에서 영양분을 섭취하는 것이 혼을 들어올리는 날개들의 본성이기 때문이네. 아드라스테이 c
아[107]의 법칙은 이러하네. 어떤 혼이든 신의 행렬을 따라가서 진리 가운데 어떤 것을 보면 다음 주기까지 해를 입지 않네. 그리고 만약 혼이 언제나 그럴 수 있다면 언제나 해를 입지 않는다네. 그러나 혼이 따라갈 능력이 없어 진리를 아무것도 보지 못한다면, 어떤 불운에 의해 망각과 결함으로 가득 차서 무거워지고 또한 무거워진 나머지 날개를 잃고 땅으로 추락한다면, 그런 혼은 첫 번째 생(生)에서는 야수의 몸으로 들어 d
가지 않는 것[108]이 법칙이라네. 그보다는 오히려 가장 많은 것을 본 혼은 지혜를 사랑하거나, 아름다움을 사랑하거나, 무사 여신들과 에로스에 헌신할[109] 사람의 씨 안으로 들어갈 것이네. 두 번째로 많이 본 혼은

103 암브로시아(ambrosia)는 신들이나 신들의 말이 먹는 음식이다.
104 넥타르(nektar)는 신들이 마시는 음료이다.
105 doxa.
106 신의 마음이 지성과 순수 지식에서 영양분을 섭취하는 것과는 다르다는 말이다.
107 아드라스테이아(Adrasteia '피할 수 없는 여자')는 여기서는 응보의 여신 네메시스(Nemesis)를 달리 부르는 이름이 아니라, '필연' 또는 '운명'과 동의어로 쓰이는 것 같다.
108 그런 혼은 인간으로서 첫 번째 생을 산 뒤에야 야수의 몸으로 들어간다는 뜻이다.

법을 준수하는 왕이나 전사나 통치자의 씨 안으로 들어가고, 세 번째로 많이 본 혼은 정치가나 사업가나 장사꾼의 씨 안으로 들어가고, 네 번째로 많이 본 혼은 운동선수나 체육 교사나 의사의 씨 안으로 들어가고, 다섯 번째로 많이 본 사람은 예언자나 비의에 정통한 사제의 삶을
e 살 걸세. 여섯 번째로 많이 본 혼에게는 시인이나 다른 모방 예술가의 삶이, 일곱 번째로 많이 본 혼에게는 장인이나 농부의 삶이, 여덟 번째로 많이 본 혼에게는 소피스트[110]나 민중 선동가의 삶이, 아홉 번째로 많이 본 혼에게는 참주의 삶이 걸맞네.

혼의 화신과 최종 해방_ 철학자의 특권 (248e ~ 249d)

이 모든 종류 중에서 올바르게 살아가는 사람의 운명은 더 나은 것으로 바뀌고, 불의하게 살아가는 사람의 운명은 더 못한 것으로 바뀌네.
249a 혼은 1만 년 뒤에야 떠나온 곳으로 돌아가기 때문이네. 그만큼 긴 세월이 경과하기 전까지는 혼에 다시 날개가 생기지 않으니까. 하지만 사심 없이 지혜를 사랑했거나 연동을 향한 사랑을 지혜를 향한 사랑과 결합시킨 사람의 혼은 예외일세. 그런 혼들은 천 년 주기가 세 번 도는 동안 그런 삶을 잇달아 세 번 선택하면 다시 날개가 생겨 3천 년 뒤에는 훌쩍 떠난다네. 그러나 나머지 혼들은 첫 번째 생을 마감한 뒤 심판을 받지. 심판을 받은 뒤 어떤 혼들은 지하 감옥으로 가서 벌을 받고, 다른 혼들은 정의의 여신[111]에 의해 하늘의 한 영역으로 들어올려져 그곳에서
b 인간으로서 산 전생에 걸맞은 삶을 산다네. 그리고 천 년 뒤에 이 두 집단의 혼은 제비뽑기를 하려고 한데 모여 저마다 자기가 원하는 두 번째

삶을 선택한다네.[112] 그때는 사람의 혼이 짐승의 삶으로 들어가기도 하
고, 전에 사람이던 혼이 짐승을 떠나 다시 사람 안으로 들어가기도 한
다네. 한 번도 진리를 본 적이 없는 혼은 사람의 이데아로 들어갈 수 없
으니까. 왜냐하면 인간은 수많은 감각이 이성적 추론에 따라 하나로 통
합된 이데아들의 언어를 이해해야 하기 때문이지. 그리고 이러한 이해 c
는 우리 혼이 전에 신과 함께 여행하며 지금 우리가 존재한다고 생각하
는 것은 무시하고 실제로 존재하는 것을 응시할 때 본 것들의 상기(想
起)일세. 따라서 철학자의 혼에만 날개가 생기는 것은 당연하네. 철학자
의 혼은 그런 것들을 가까이함으로써 신이 신적인 존재가 되는 그런 것
들을 상기를 통해 최대한 가까이하기 때문이지. 그래서 인간이 그런 상
기 수단을 제대로 이용해 완전한 비의(秘儀)에 항상 입문한다면, 그만
이 가장 완전해질 것이네. 그는 인간의 관심사에서 비켜서서 신적인 것 d
에 다가갈 것이네. 그러면 대중은 그가 신들린 줄 모르고 미쳤다고 여기
고는 그를 비난한다네.

109 여기서는 '지혜를 사랑하는 사람', 즉 철학자의 여러 모습 중 하나를 달리 부르는 말이므로 긍정적 의미를 내포하고 있다.

110 소피스트(sophistes)라는 말은 원래 특수한 기술이 있는 지자(知者)라는 뜻이다. 기원전 5세기에 이 말은 보수를 받고 지식을 가르쳐주는 순회 교사를 의미했다. 그들이 가르친 과목은 지리, 수학, 문법 등 다양했으나 출세를 위해 젊은이들에게 주로 수사학을 가르쳤다. 그들은 진리의 상대성을 주장한 까닭에 '궤변학파'라고 불리기도 한다.

111 디케(Dike).

112 『국가』 10권 617d~620d 참조.

이상적인 아름다움에 대한 혼의 상기 (249d ~ 250d)

이상이 네 번째 광기에 대한 나의 논의일세. 그것은 지상의 아름다움을
보고 진정한 아름다움을 상기하는 가운데 날개가 자라나는 것을 느끼
고는 날아오르기 위해 날개를 펼치려 하지만 그럴 수 없어 새처럼 위를
쳐다보며 아래에 있는 것들은 소홀히 하는 사람의 광기라네. 그런 사람
e 은 그런 연유에서 미치광이로 간주되지. 그렇지만 이런 광기는 모든 신
들림 중에서 거기에 사로잡히거나 그것과 함께하는 사람에게 가장 훌
륭한 것이며 가장 고귀한 것에서 비롯된다네. 또한 아름다운 것들을 사
랑하는 사람이 연인이라고 불리는 것도 이런 광기와 함께할 때라네. 앞
서도 말했듯이, 인간의 모든 혼은 본성적으로 실재하는 것을 보았고,
250a 보지 않았다면 인간이라는 생명체 안으로 들어오지 못했을 테니 말일
세. 그러나 모든 혼이 지상에 있는 것들을 보고 그런 존재들을 상기하
기란 쉽지 않네. 전에 그런 존재들을 잠시밖에 보지 못한 혼에게도 쉽
지 않고, 대지로 떨어진 뒤 불행히도 나쁜 교제를 통해 불의 쪽으로 향
하여 그때 본 신성한 것들을 잊어버린 혼에게도 그렇다네. 그래서 그때
본 것들을 충분히 상기할 수 있는 혼은 얼마 되지 않는다네. 그리고 이
들도 여기서 그곳에 있는 것들을 닮은 것들을 보면 놀라서 자제력을 잃
b 으며, 충분히 식별할 능력이 없어서 자기에게 무슨 일이 일어나는지 모
른다네. 그런데 지상에서 정의나 절제나 혼에게 소중한 그 밖의 다른 것
들을 닮은 것들에는 광휘(光輝)가 없어서, 소수만이 희미한 감각기관
을 통해서나마 모상(模像)에 다가가 그것이 모방하는 원형의 본성을 가
까스로 본다네. 그러나 그들은 전에는 아름다움이 환히 빛나는 것을

볼 수 있었지. 우리는 제우스의 행렬을 따르고 다른 자들은 다른 신들을 따르며 축복받은 일행과 함께 놀라운 광경을 보면서 가장 경이롭다고 해야 할 비의에 입문했을 때 말일세. 그런 비의에 참가했을 때 우리 c
자신도 온전한 존재였고 나중에 우리를 기다리던 온갖 악과도 무관했으며, 우리가 황홀해하며 관조한 것도 온전하고 단순하고 흔들리지 않고 축복받은 광경들이었네. 그때 우리는 순수한 빛에 둘러싸였고, 스스로 순수했으며, 지금 우리가 걸치고 다니는 '몸'이라는 무덤 안에 껍데기 속 조개처럼 갇혀 있지도 않았네.

이 모든 말은 기억에 바치기로 하세. 지금 나는 기억 덕분에 과거를 그리워하며 이야기를 길게 늘어놓았으니 말일세. 다시 아름다움으로 돌아가, 앞서 말했듯이 아름다움은 그곳의 같은 부류들 사이에서 환히 빛났으며, 우리가 지상으로 내려온 지금은 우리의 가장 분명한 감각기관 d
을 통해 아름다움이 가장 선명하게 반짝인다는 것을 알아냈네. 시각이야말로 감각기관 중에서 가장 예민하니까. 그러나 우리는 시각으로 지혜는 보지 못하네. 사랑의 다른 대상도 모두 마찬가지지만, 만약 지혜가 자신의 영상을 보는 것을 우리에게 허용한다면, 우리로 하여금 엄청난 사랑의 감정을 느끼게 할 테니까. 그래서 아름다움에게만 가장 선명하게 보이고 가장 사랑받는 특권이 주어졌다네.

사랑은 혼에 다시 날개가 자라나게 해준다 (250e ~ 252c)

비의에 입문한 지 오래거나 타락한 자는 이곳에서 아름답다고 불리는 e
것을 볼 때 아름다움 자체를 보기 위해 이곳에서 그곳으로 재빨리 옮겨가지 못하네. 그래서 그는 이곳에서 아름답다는 것을 보고도 경외감을 느끼기는커녕 쾌락에 빠져 네발짐승 모양으로 거기에 올라타고 자식을 낳으려 하며, 방종이 몸에 밴 탓에 본성에 어긋나는 쾌락을 좇으면서
251a 도 두려하지도 부끄러워하지도 않는다네. 그러나 비의에 입문한 지 얼마 안 되고 그때 실체를 많이 본 사람은 아름다움을 잘 모방한 신과 같은 얼굴이나 어떤 몸매를 보면, 처음에는 전에 느끼던 두려움 같은 것을 느끼다가 마치 자기가 보는 것이 신인 양 경외감을 느낄 것이고, 완전히 미친 사람처럼 보일까 두려워하지 않는다면 마치 신상(神像)에게 그러듯 자신의 연동에게 제물을 바칠 것이네. 그가 연동을 본 뒤에는 다음과 같은 변화가 일어나네. 전율이 지나고 나면 그는 땀을 흘리며 이상
b 한 열기에 시달린다네. 눈을 통해 흘러 들어온 아름다움이 그를 데워주며 그의 날개가 자라나도록 물을 주기 때문이지. 그리고 그가 뜨거워지면서 아무것도 자랄 수 없도록 오랫동안 굳어져 깃대의 생장을 막고 있던 날개의 뿌리들이 녹기 시작하지. 이어서 영양분이 흘러 들어오면서 날개의 깃촉들이 부풀어 오르며 혼 전체에 걸쳐 뿌리에서부터 자라나
c 기 시작하네. 전에는 혼 전체에 날개깃이 나 있었기 때문이지. 이 과정에서 혼 전체가 욱신거리고 팔딱거리며, 이가 나기 시작하는 아이의 잇몸 주위가 욱신거리고 근질근질하듯, 혼도 날개가 돋기 시작할 때 똑같은 느낌을 경험한다네. 날개가 돋기 시작하면서 혼은 부풀어 오르고 욱신거리고 간지러우니 말일세. 그러나 혼이 소년의 아름다움을 보며 거기에서 흘러나오는 작은 알갱이들을 ―그래서 그런 알갱이들은 그리움이라고 불리지[113]―받아들이면 축축해지고 따뜻해지는 가운데 고통이

멎고 환희로 가득 찬다네. 그러나 혼이 혼자 떨어져 있고 물기가 마르면 d 깃대가 밀고 나오던 통로들의 입구가 메말라 막힌다네. 그러면 날개의 새싹들은 그리움과 함께 그 안에 갇혀 마치 핏줄이 부풀어오르듯 저마다 제 통로를 찔러대니, 혼 전체가 욱신거리며 괴로워 미칠 지경이지. 그러다가 소년의 아름다움이 생각나 혼은 다시 기뻐한다네. 이 두 감정이 혼재하니 혼은 이런 이상한 상태에 몹시 불안해하고 당황해하다가 정 e 신에 이상이 생긴 나머지 광기에 사로잡혀, 밤에도 잠 못 이루고 낮에도 한곳에 가만있지 못하고 그리움이 사무쳐 아름다움을 간직한 소년을 볼 수 있는 곳이라면 어디든 달려간다네. 마침내 그런 소년을 보면 혼은 전에는 닫혀 있던 그리움의 수문을 활짝 연다네. 그러면 혼은 한숨을 돌리고 욱신거리는 고통에서 해방되어 잠시나마 다시 한 번 가장 달콤한 쾌락을 맛본다네. 그러니 혼은 결코 혼자 떨어져 있으려 하지 않을 252a 것이며, 어느 누구도 미소년보다 더 높이 평가하지 않을 것이네. 오히려 혼은 어머니도 형제도 친구도 완전히 잊고 소홀히 하다가 재산을 잃어도 개의치 않을 것이네. 그리고 전에는 자랑스럽게 지키던 예의범절도 무시한 채 기꺼이 종노릇을 하며 연동에게 되도록 가까이 다가갈 수 있는 곳이면 아무 데서나 잠을 잘 것이네. 혼은 아름다움을 간직한 소년을 존경할 뿐 아니라, 그가 자신의 가장 큰 고통을 치유해줄 유일한 의 b

113 플라톤은 여기서 '그리움' 의 그리스어 himeros가 어원으로 따지면 '흘러나오다'의 그리스어 epionta와 rheonta, '작은 알갱이들'의 그리스어 mere에서 유래한 것으로 보고 있다.

사라는 것을 알아챘기 때문이네. 내가 지금 말을 건네고 있는 미소년이여, 이런 경험을 사람들은 에로스[114]라고 부르지만, 신들이 어떻게 부르는지 들으면 자네는 나이가 젊으니 아마도 웃음이 나오겠지. 몇몇 호메로스의 제자들[115]이 잘 알려지지 않은 시 중에서 에로스에 관한 이행시를 인용했는데, 두 번째 행은 아주 주제넘고 운율에도 잘 맞지 않네. 그 이행시는 이렇게 에로스를 찬미한다네.

인간들은 그분을 날개 달린 에로스라 부르지만,
신들은 날개 신[116]이라고 부른다네. 날개[117]가 자라나게 하니까.

c 자네가 이 말을 믿거나 말거나, 연인들의 경험과 그 원인은 아무튼 내가 말한 대로일세.

연인의 여러 유형 (252c ~ 253c)

그런데 에로스의 포로가 된 자가 제우스의 추종자에 속한다면 그 날개 달린 이[118]의 무게를 차분하게 견뎌낼 수 있지. 그러나 아레스[119]의 추종자로 그와 함께 하늘을 돌던 자가 에로스의 포로가 되고 연동이 조금이라도 자기에게 잘못한다 싶으면 살의를 품고는 자신도 연동도 제물
d 로 바치려 든다네. 이 점은 다른 신들의 추종자도 마찬가지라네. 그들은 저마다 타락하지 않고 지상에서 첫 번째 삶을 살아가는 동안 전에 자기가 추종한 신을 최대한 모방하고 존경하며, 연동과 다른 사람에게도 그렇게 행동하고 처신하니 말일세. 그래서 그들은 저마다 성향에 따라 미

소년 중에서 연동을 골라 마치 연동이 자기 신인 양 경의를 표하고 숭배 e
하기 위해 연동을 신상처럼 꾸미고 장식한다네. 그런데 제우스의 추종
자들은 자기들 연동의 혼이 제우스 같기를 원한다네. 그래서 그들은 철
학자와 지도자의 자질을 타고난 사람을 찾고, 일단 그런 자질을 찾아내
연동으로 삼으면 온 힘을 다해 연동을 그런 사람으로 만들려 하지. 만
약 그들이 전에 그런 경험이 없다면, 배울 수 있는 데서는 배우되 스스 253a
로도 방법을 찾아내며 그 일에 착수하지. 그리고 그들이 자신 안에 있
는 자기들 신의 본성의 자취를 찾아내려고 열심히 노력하면, 그 신에게
시선을 집중해야 하는 만큼 반드시 성공할 것이네. 그리고 기억을 통해
신에게 이르러 신에게서 영감을 받으면, 그들은 인간이 신과 함께할 수
있는 범위 내에서 최대한 신에게서 습관과 생활방식을 받아들인다네.
그러면 그들은 이 모든 것이 연동 덕분이라고 여기고 연동을 전보다 더
사랑하며, 박코스[120]의 여신도들처럼 제우스에게서 영감의 물을 뽑아
올리면 그것을 연동 위에 부어 연동이 최대한 자신들의 신을 닮도록 만
드네. 한편 헤라[121]의 추종자들은 왕의 자질을 타고난 연동을 찾으며, b

114 eros.
115 Homeridai. 원래는 자신들이 호메로스의 후예라고 주장하는 키오스(Chios) 섬의 음유시인 단체이다.
116 프테로스. Pteros.
117 혼의 날개.
118 에로스.
119 아레스는 전쟁의 신이다.
120 박코스(Bakchos)는 주신(酒神) 디오뉘소스를 달리 부르는 이름이다.

일단 그런 연동을 찾아내면 마찬가지로 연동을 위해 어떤 일이든 다 한다네. 아폴론과 그 밖의 다른 신들의 추종자들도 자신들의 신과 같은 길을 걸으며 자신들과 품성이 같은 연동을 찾는데, 그런 연동을 찾아내면 스스로 신을 모방하면서 연동을 설득하고 가르침으로써 각자 힘닿는 데까지 연동을 신의 생활방식과 본성으로 인도하지. 그들은 연동에
c 게 질투를 하거나 자유민답지 못한 악의를 품지 않으며, 연동이 자신들과 자신들이 숭배하는 신과 모든 점에서 닮게 하려고 최선을 다한다네. 따라서 만약 진정한 연인이 내가 말한 방식대로 소원을 성취한다면, 그들의 소원과 비의 입문은 아름다운 것이며, 사랑의 광기에 사로잡힌 연인에게서 연동에게로 행복이 옮아간다네. 만약 연동이 붙잡힌다면 말일세. 그리고 붙잡히는 자는 다음과 같이 붙잡히네.

육체적 욕망의 정복_ 사랑과 맞사랑 (253c ~ 256e)

이 이야기의 첫머리에서 우리는 각각의 혼을 세 부분으로 나누고, 그중 두 부분은 말과 같으며 셋째 부분은 마부와 같다고 했는데, 이런 구분
d 은 그대로 유지하도록 하세. 우리는 말 두 마리 가운데 한 마리는 훌륭하지만 다른 한 마리는 그렇지 않다고 말하고, 훌륭한 말의 미덕은 무엇이고 나쁜 말의 악덕은 무엇인지 논의하지 않았는데 이제는 논의해야겠네. 둘 중 오른쪽에 있는 말은 꼿꼿하고 늘씬하고 목이 길고 약간 콧날이 오똑하고 털은 희고 눈은 검으며 명예와 자제와 겸손을 사랑하며 진정한 영광의 친구이며 채찍이 필요 없으며 말로 하는 명령에만 따
e 르네. 다른 말은 구부정하고 뚱뚱하고 지체가 아무렇게나 맞추어져 있

고 목이 굵고 짧으며 납작코에 살갗은 검고 눈은 잿빛에 핏발이 서 있고
방종과 거만함의 친구이며 귓가에 털이 많아 귀가 어두우며, 채찍과 가
시 막대기를 함께 사용해도 말을 잘 듣지 않지. 그런데 마부가 먼저 연
동을 보면, 혼 전체가 뜨거워지면서 마부는 그리움의 가시 막대기에 찔
려 온몸이 욱신거리고 쑤신다네. 그러면 마부의 말을 잘 듣는 말은 여 254a
느 때처럼 수치심에 제동이 걸려 연동에게 뛰어오르기를 삼가지만, 다
른 말은 마부의 채찍이나 가시 막대기는 아랑곳하지 않고 세차게 앞으
로 내달아 동료 말과 마부에게 온갖 어려움을 안겨주며 이들이 연동에
게 다가가서 성적 쾌락을 상기하도록 강요하네. 처음에 이들 둘은 자신 b
들이 도리에 어긋나는 끔찍한 짓을 하도록 강요받는다고 생각하고는
화를 내며 저항하지만, 어려움이 끝없이 계속되면 결국 양보하고 나쁜
말이 시키는 대로 하기로 동의한다네. 그래서 그들은 연동에게 다가가
서 별처럼 빛나는 그의 얼굴을 본다네. 마부가 연동의 얼굴을 보자 아
름다움의 본성을 본 기억이 되살아나면서 아름다움이 절제와 함께 신
성한 좌대(座臺) 위에 서 있는 것을 다시 보게 되네. 이를 보는 순간 마
부는 두려움과 경외심에서 뒤로 넘어지면서 고삐를 힘껏 잡아당겨 말
두 마리가 엉덩방아를 찧도록 하는데, 한 마리는 반항하지 않고 기꺼이 c
따르지만 제멋대로 하는 말은 몹시 못마땅해하며 마지못해 따른다네.
그래서 그들이 조금 뒤로 물러나면 훌륭한 말은 부끄럽기도 하고 놀랍

121 헤라는 제우스의 누이이자 아내로, 여신들의 여왕이라고 할 수 있다.

기도 하여 혼이 온통 땀에 젖지만, 나쁜 말은 재갈과 엉덩방아로 인한 고통이 멎으면 채 한숨을 돌리기도 전에 화가 나서 욕설을 퍼부으며, 비겁하게도 남자답지 못하게 약속을 어기고 대열에서 이탈했다고 마부와
d 동료 말을 두고두고 나무라지. 나쁜 말은 내키지 않는 마부와 훌륭한 말을 다시 나아가도록 강요하는데, 이들이 뒤로 미루기를 요구하면 가까스로 양보하지. 그리고 약속된 시간이 다가오면 이들 둘은 잊은 체하지만 나쁜 말은 이들에게 약속을 상기시키면서 떼를 쓰고 울부짖고 끌어당기며 이들이 또다시 연동에게 다가가 전과 같은 제의를 하도록 강요한다네. 그리고 그들이 연동에게 가까이 가면 나쁜 말은 고개를 숙이고
e 꼬리를 치켜들고는 재갈을 입에 문 채 염치없이 달려들지. 그러나 마부는 전보다 더 후회되어 함정을 피하려는 듯 몸을 뒤로 젖히며 오만방자한 말의 이빨에서 재갈을 더욱 힘껏 잡아당김으로써 나쁜 말을 혀와 턱이 피투성이가 되게 하며 제 사지와 엉덩이 위에 주저앉혀 고통에 시달리게 한다네. 이런 일을 거듭해서 당하면 나쁜 말은 오만방자함을 버리고 겸손해져 어느새 마부의 선견지명을 따르며 미소년을 보기만 해도
255a 기겁을 하고 놀라지. 그 결과 연인의 혼은 경외심을 품고 두려움을 느끼며 미소년을 따른다네. 그리하여 연인이 연동을 신처럼 대하며 온갖 방법으로 받들어 섬기면, 연인은 가식이 아니라 진심으로 사랑하고 연동은 자기를 섬기는 사람에게 자연스럽게 호감을 품기 마련인지라, 설령 연동이 전에 학우나 다른 사람들한테서 연인과 사귀는 것은 수치스러운 짓이라는 말을 듣고 그릇된 선입관에 사로잡혀 연인의 접근을 막은 적이 있다 해도 세월이 흘러 철이 난 지금은 필연에 이끌려 연인을 동반

자로 받아들인다네. 악인은 악인의 친구가 되어도 선인은 선인의 친구 b
가 되지 못한다면 이는 분명 운명의 뜻이 아니기 때문일세. 그리하여 연
동이 연인을 받아들여 대화를 나누며 가까이 지내면 연동은 연인의 호
의를 가까이에서 경험하며 놀라움을 금치 못하는데, 다른 친구와 친척
의 우정을 다 합쳐도 이 신들린 친구의 우정에 견주면 아무것도 아니라
는 것을 알기 때문이지. 연인이 한동안 호의를 보이며 사귀다가 체육관
이나 사람들이 모이는 그 밖의 다른 장소에서 연동과 신체적으로 접촉
하면, 그때는 제우스가 가뉘메데스[122]를 사랑했을 적에 '그리움'이라 부 c
른 그 흐름의 원천이 연인에게 세차게 쏟아져 일부는 그의 안에 스며들
지만 그에게 가득 차고 나면 일부는 그의 밖으로 흘러나가지. 그리고 마
치 바람의 입김이나 메아리가 매끈하고 단단한 물체에 부딪혀 그것이
생겨난 곳으로 돌아가듯, 아름다움의 흐름도 되돌아가 미소년의 눈으
로 다시 들어간다네. 그리하여 그것은 눈이라는 자연스러운 경로를 거
쳐 혼에 이르러 혼에 새로운 활력을 불어넣고 날개의 뿌리에 물을 대주 d
어 날개가 자라나게 하면서 연동의 혼을 사랑으로 가득 채우지. 그래서
연동은 사랑을 하지만 무엇을 사랑하는지 모른다네. 연동은 자기에게
무슨 일이 일어났는지 모르고 설명할 수도 없지. 다른 사람한테서 눈
병을 옮은 사람처럼 연동은 원인을 설명하지 못하는데, 연인이 거울인
양 연인 안에서 자신을 보면서도 그것을 모르기 때문이네. 그래서 연인

122 가뉘메데스(Ganymedes)는 트로이아의 미소년 왕자인데, 제우스가 독수리를 시켜 하늘로 납치해가서 신들에게 술을 따르는 시종으로 삼았다.

이 곁에 있으면 연동도 고통이 멎고, 연인과 떨어져 있으면 그리움의 대
e 상인 연동도 그리워하게 된다네. 연동은 연인의 사랑의 영상인 맞사랑을 느끼기 때문이지. 연동은 그것을 사랑보다는 우정이라 생각하고는 우정이라 부르기는 하지만 말일세. 연동도 강도가 약하긴 하지만 연인과 똑같이 보고, 만지고, 입 맞추고, 잠자리를 같이하고픈 욕구를 느끼며, 자네도 예상할 수 있듯이 그런 욕구를 느끼면 곧 실행에 옮긴다네. 그리하여 둘이 함께 누우면 연인의 무절제한 말[馬]은 마부에게 무슨 말을 해야 하는지 아는지라 오랜 노고에 대한 보답으로 잠시 재미 좀 볼
256a 수 있게 해달라고 요구한다네. 한편 연동의 무절제한 말은 무슨 말을 해야 하는지 모르지만 흥분하여 어쩔 줄 몰라 하며 연인을 포옹하고 입 맞추며 그의 큰 호의를 반긴다네. 또한 둘이 함께 누울 때마다 연동의 무절제한 말은 연인이 무엇을 요구하든 들어줄 각오가 되어 있지. 그러나 다른 말과 마부는 이성과 수치심에 호소하며 이런 일에 반대하지. 만약 그들의 마음[123]의 더 나은 부분들이 이겨서 그들을 질서 있는 생활
b 과 지혜 사랑하기로 이끌면, 그들은 이 세상에서 자신을 억제하고 절도를 지키며 행복하고 조화로운 삶을 산다네. 그들은 혼에 악덕을 들여보내는 부분은 노예로 만들고, 혼에 미덕을 들여보내는 부분은 해방시켰으니까. 그리고 그들이 생을 마감하면 무게가 가벼워지고 날개가 자라난다네. 그들은 이 진정한 올림피아 경기[124]에서 세 판 가운데 한 판을 이겼으니, 인간의 지혜도 신적 광기도 이보다 더 큰 이익을 줄 수는 없
c 네. 그러나 그들이 지혜 사랑하기보다 명예[125]에 전념하는 더 저급한 삶을 산다면, 술을 마시거나 그 밖에 주의를 소홀히 하는 순간 그들 안에

있는 무절제한 말 두 마리는 자신들의 혼이 무방비 상태에 있는 것을 발견하고는 그들을 결합시키며 대다수가 가장 행복하다고 여기는 것[126]을 선택해서 실행에 옮기게 되지. 한번 그러고 나면 차후에도 계속 그러겠지만 자주 그러지는 못할 것이네. 그들이 하는 짓은 마음 전체의 승인을 받지 못하기 때문일세. 이 한 쌍도 비록 지혜 사랑하기에 전념하는 한 쌍만큼 절친하지는 않지만 서로 사랑할 때도, 사랑이 지나간 뒤에도 d
서로 친구로서 살아가네. 그들은 철석같은 맹세를 주고받았는데, 서로 적이 되어 맹세를 어기는 것은 죄를 짓는 것이라 여기기 때문이네. 생을 마감하면 그들은 날개 없이 몸을 떠나지만, 날개를 가지려는 충동은 있기에 연인의 광기에서 적잖은 보답을 받는다네. 이미 하늘 아래에서 여행을 시작한 자들은 지하의 어두운 길로 돌아가는 법은 결코 없으니까. 대신 그들은 찬란한 축복의 삶을 살며 함께 거닐 것이고, 언젠가 때가 되면 그들 모두 사랑 덕분에 날개가 자라날 것이네. e

소크라테스가 연설을 끝맺다_뤼시아스와 파이드로스를 위한 기도
(256e ~ 257b)

여보게, 이런 것들이 연인과의 우정이 자네에게 안겨줄 참으로 신적인

123 dianoia.
124 고대 그리스의 4대 제전 중 가장 규모가 컸으며, 펠로폰네소스반도 서북부에 있는 올림피아에서 4년마다 한 번씩 열렸다. 근대 올림픽 경기의 전신이다.
125 '명예'의 그리스어 time에는 '관직' '벼슬자리'라는 뜻도 있다.
126 육체관계.

축복이라네. 반면 연인 아닌 자와의 친분은 세속적 지혜로 희석되어, 그것이 가져다주는 보답은 세속적이고 미미하네. 그리고 그것은 친구의 혼 안에 비열함을 낳는데, 대중은 이 비열함을 미덕이라 칭찬하지만
257a 친구의 혼이 9천 년 동안[127] 대지 주위와 대지 아래를 정신없이 떠돌게 한다네.

친애하는 에로스여, 이상이 내가 파이드로스의 강요에 못 이겨[128] 시어(詩語)를 구사하며 속죄하는 뜻에서 최선을 다해 그대에게 지어 바치는 가장 아름답고 가장 훌륭한 철회시입니다. 부디 내 먼젓번 연설을 용서해주시고, 이번 연설을 흔쾌히 받아주소서. 그리고 호의와 자비를 베푸시어 그대가 내게 준 사랑의 기술[129]을 홧김에 빼앗거나 무기력하게
b 만들지 마시고, 아름다운 사람들에게 내가 지금보다 더 존경받게 해주소서. 만약 앞서 파이드로스와 내가 한 말이 그대 귀에 거슬린다면, 그런 논의의 장본인인 뤼시아스를 나무라시어 뤼시아스가 이런 종류의 논의는 그만두고 그의 형 폴레마르코스[130]처럼 철학으로 전향하게 하소서. 그러면 여기 있는 뤼시아스의 연인[131]도 뤼시아스가 지금 그러듯 더이상 양다리를 걸치지 않고 일편단심으로 사랑과 철학적 담론을 위해 살아갈 것입니다.

연설문 작성에 관한 예비 고찰 (257b ~ 258e)

파이드로스 소크라테스 선생님, 그러는 것이 뤼시아스와 나에게 더 낫다
c 면 그렇게 되기를 저도 선생님과 함께 기원하겠어요. 선생님의 이번 연설은 진작부터 매우 인상적이며, 첫 번째 연설보다 훨씬 짜임새가 있어

요. 만약 뤼시아스가 선생님과 경쟁하려고 또 연설문을 쓰겠다고 한다면 나는 그가 오히려 망신당하지 않을까 걱정돼요. 선생님, 실제로 일전에 어떤 정치가가 그의 그런 점을 비난하면서, 그러는 내내 계속해서 그를 '연설문 작성자'[132]라고 불렀어요. 그는 아마 명성을 지키기 위해서라도 더이상 연설문은 작성하지 않을 거예요.

소크라테스 여보게 젊은이, 말이 되는 소리를 해야지. 자네 친구가 그렇게 쉽게 주눅 들 것이라고 여긴다면 자네는 그를 한참 잘못 아는 거네. d
그런데 자네는 그를 비난한 정치가가 진심에서 그런 말을 했다고 생각하는 것 같구먼.

파이드로스 소크라테스 선생님, 제게는 그렇게 보였어요. 선생님께서도 아시다시피, 가장 힘 있고 가장 명망 있는 정치가들은 연설문을 작성하거나 문서 남기기를 꺼려요. 소피스트라고 불릴까 봐 후세 사람의 평판이 두려워서겠지요.

소크라테스 파이드로스, 자네는 '감미로운 팔꿈치'[133]라는 표현이 네일로스[134]의 큰 굴곡부에서 유래한 것을 모르는구먼. '팔꿈치'에 관해서 e

127 248e~249a 참조.

128 234c 참조.

129 사랑에 관해 지금처럼 말할 수 있는 능력.

130 Polemarchos.

131 파이드로스.

132 logographos.

133 glykys ankon. 아직도 의견이 분분하지만 '짐짓 속셈과는 다른 말을 하는 것'이라는 뜻인 듯하다.

뿐 아니라, 자네는 가장 도도한 정치가들은 연설문을 작성하고 문서 남기기를 좋아한다는 것도 모르는구먼. 아무튼 그런 정치가들은 남에게 칭찬받기를 좋아해서 연설문을 작성할 때마다 그 첫머리에 연설문을 칭찬하는 사람들의 이름을 적는다네.

파이드로스 무슨 말씀인가요? 저는 모르는 이야기인데요.

258a **소크라테스** 자네는 정치가가 작성한 문서의 첫머리에 칭찬하는 사람의 이름이 맨 먼저 기재된다는 것도 모르는가?

파이드로스 어째서 그렇지요?

소크라테스 작성자는 "이것은 평의회[135]에서 결의되었다" "민중에 의해 결의되었다" 또는 "평의회와 민중에 의해 결의되었다" 그리고 "아무개가 발의했다"고 말하는데, '아무개'란 작성자가 잘난 체하며 근엄하게 자신을 가리키는 말이라네. 그러고 나서 그는 자기를 칭찬하는 사람들에게 자신의 지혜를 과시하며 때로는 장문의 문서를 작성하지. 자네에게는 그런 것이 글로 쓴 연설이 아니라 다른 것으로 보이는가?

파이드로스 다른 것으로는 보이지 않아요.

b **소크라테스** 그러고 나서 문서가 남으면[136] 그 작가는 기뻐하며 극장을 떠나지만,[137] 문서가 지워져서[138] 그 작가가 연설문 작성자가 되고 작가로 인정받을 기회를 놓치면 그 자신도 친구들도 상심한다네.

파이드로스 물론이지요.

소크라테스 그들이 그러는 까닭은 분명 그런 활동을 경멸해서가 아니라, 오히려 경탄하기 때문일 것이네.

파이드로스 그렇고말고요.

소크라테스 어떤가? 그가 뤼쿠르고스나 솔론이나 다레이오스[139]의 힘을 가
질 만큼 훌륭한 정치가나 왕이 되고 자기 나라에서 불멸의 연설문을 쓰 c
게 된다면, 그는 살아생전에도 자기가 신들과 대등하다고 여기지 않을
까? 그리고 후세 사람도 그가 작성한 연설문을 보면 그에 관해 같은 생
각을 하지 않을까?

파이드로스 물론 그러겠지요.

소크라테스 그런데 그런 사람 가운데 어떤 사람이든 설령 뤼시아스에게 악의를 품는다 해도 연설문 작성자라는 이유로 뤼시아스를 비난할 것이라고 자네는 생각하는가?

파이드로스 선생님 말씀에 따르면, 그럴 것 같지 않네요. 그러면 그는 자신의 야망을 비난하는 셈이 될 테니까요.

소크라테스 그러면 연설문을 작성하는 것 자체는 수치스러운 일이 아니 d
라는 것이 누구에게나 자명하네.

파이드로스 그렇고말고요.

소크라테스 내 생각에, 정말로 부끄러운 일은 아름답게 말하거나 쓰지

134 Neilos. 나일 강의 그리스어 이름이다.

135 boule.

136 '법안이 통과되면'이라는 말이다.

137 경연에서 우승한 드라마 작가처럼. '극장'이란 여기서 회의장을 말한다.

138 '법안이 통과되지 않아'라는 말이다.

139 뤼쿠르고스(Lykourgos)는 스파르테의 입법자이고, 솔론(Solon)은 아테나이의 입법자이며, 다레이오스(Dareios)는 페르시아의 왕이다.

않고 수치스럽고 나쁘게 말하거나 쓰는 것이네.

파이드로스 분명히 그래요.

소크라테스 그런데 좋은 글쓰기 방식과 나쁜 글쓰기 방식은 무엇인가? 파이드로스, 우리는 이에 관해 뤼시아스나 또는 공적인 청중이나 사적인 청중을 위해 운문이나 산문으로 글을 써보았거나 앞으로 쓸 사람에게 물어볼 필요가 있을까?

e **파이드로스** 선생님께서는 우리가 물어볼 필요가 있느냐고 물으시는 거예요? 솔직히 말해 그런 즐거움도 없다면 무슨 재미로 살겠어요? 육체와 관련된 즐거움이 대부분 그러하듯—그래서 그런 즐거움은 노예적인 즐거움이라 부르는 게 마땅해요—고통이 선행되는 즐거움[140]을 위해 우리가 사는 것은 아닐 테니까요.

막간 대화_ 매미 신화 (258e ~ 259d)

소크라테스 우리가 서두를 필요는 없는 것 같네. 또한 우리의 머리 위에서는 매미들이 땡볕에서 노래를 부르고 대화를 나누며 우리도 내려다
259a 보는 것 같네. 만약 대부분의 사람이 그러하듯 마음이 게으른 탓에 매미들에게 홀려 대화는 나누지 않고 꾸벅꾸벅 조는 우리를 본다면, 매미들은 노예 두 명이 자신들의 안식처에 와서 양떼처럼 샘물가에서 낮잠을 자는 줄 알고는 당연히 우리를 비웃을 것이네. 그러나 우리가 대화를 나누며 매미들이 부르는 세이렌[141]들의 노래에 홀리지도 않고 매미들 옆을 지나가는 모습을 보면, 매미들은 아마 마음이 흐뭇해져서 인간
b 에게 주라고 신들에게 받은 선물을 우리에게 줄 것이네.

파이드로스 그게 어떤 선물인가요? 저는 금시초문인데요.

소크라테스 무사 여신들을 섬기는 사람이 그런 이야기도 들어보지 못했다니 한참 잘못됐구먼. 전해오는 이야기에 따르면, 이들 매미는 먼 옛날 무사 여신들[142]이 태어나기 전에는 사람이었다는군. 그리고 무사 여신들이 태어나며 노래가 등장하자 당시 사람 중 일부는 노래의 즐거움에 빠져 먹고 마시는 일도 잊어버리고 죽는 줄도 모르고 죽었다네. 훗날 c
이들에게서 매미 족속이 생겨나자, 무사 여신들은 매미들이 일단 태어나면 먹을 필요 없이 태어나서 죽을 때까지 먹지도 마시지도 않고 노래만 하게 해주었다네. 이게 무사 여신들이 매미에게 준 선물이라는 거야. 죽은 뒤 매미들은 무사 여신들에게 가서 지상의 인간 가운데 누가 무사 여신 중 어느 분에게 경의를 표하는지 보고한다네. 매미들은 테릅시코레에게는 가무(歌舞)로 이 여신에게 경의를 표하는 자들의 이름을 대서 이들이 여신에게 더 사랑받도록 해주고, 에라토에게는 연애로 이 여 d
신에게 경의를 표하는 자들의 이름을 댄다네. 매미들은 다른 무사 여신들에게도 각각의 직분에 따라 그렇게 보고한대. 그러나 매미들은 맏이인 칼리오페와 둘째인 우라니아에게는 지혜를 사랑하면서 살아가고 이 두 여신에게 속하는 시가(詩歌)에 경의를 표하는 자들의 이름을 댄대.

140 육체적 즐거움은 진정한 즐거움이 아니라 고통의 중단에 불과하다는 것에 대해서는 『파이돈』 60b, 『국가』 9권 583c~d 참조.

141 세이렌(Seiren 복/Seirenes)은 지나가는 선원들을 노래로 유혹해서 난파당하게 한다는 요정이다. 『오뒷세이아』 12권 39~54행 참조.

142 주 54 참조.

그런데 이 두 여신은 모든 무사 여신들 가운데 하늘에 그리고 신과 인간의 담론에 가장 관심이 많으며, 이분들의 목소리보다 더 고운 소리는 없다는 거야. 그러니 우리가 한낮에 낮잠을 자지 않고 대화해야 할 이유는 한두 가지가 아닐세.

파이드로스 그렇다면 대화를 나눠야지요.

수사학과 전문기술 (295e ~ 261a)

e **소크라테스** 그렇다면 잠시 전에 우리가 제시한 주제를 고찰해야겠구먼. 그것은 어떻게 하면 훌륭하게 말하고 훌륭하게 글을 쓰는지, 어떻게 하면 그렇지 않은 게 되는지 고찰하는 것이었네.

파이드로스 확실해요.

소크라테스 그런데 누가 훌륭하고 아름답게 말하려면, 말하려는 주제에 관해 마음속으로 진실을 알고 있어야 하지 않을까?

260a **파이드로스** 친애하는 소크라테스 선생님, 그와 관련하여 저는 다음과 같이 들었어요. 연설가가 되려는 사람이 반드시 배워야 하는 것은, 실제로 올바른 것이 아니라 배심원이 될 대중에게 올바른 것처럼 보이는 것이라고. 마찬가지로 실제로 좋거나 아름다운 것이 아니라, 좋거나 아름다운 것처럼 보이는 것이라고. 전자보다는 후자가 더 설득력 있기 때문이라고 말이에요.

소크라테스 파이드로스, 지혜로운 사람들이 하는 말은 '결코 버릴 말이 아니니,'[143] 우리는 그 말이 옳은지 살펴보아야 할 걸세. 특히 방금 자네가 한 말도 지나쳐서는 안 될 것이네.

파이드로스 옳은 말씀이에요.

소크라테스 그렇다면 자네가 한 말을 다음과 같이 고찰해보도록 하세.

파이드로스 어떻게요?

소크라테스 내가 자네에게 말을 사서 타고 적군을 막으라고 설득하려 하는데, 나도 자네도 말이 무엇인지 도대체 모르고, 내가 자네에 관해 아는 것은 파이드로스는 말이 귀가 가장 큰 길들여진 동물 가운데 하나라고 믿고 있다는 게 전부라고 가정해보게나. b

파이드로스 소크라테스 선생님, 그렇다면 우습겠지요.

소크라테스 아직은 아닐세. 그러나 내가 당나귀를 찬양하는 연설문을 작성해서 당나귀를 말이라고 부르며 당나귀는 타고 싸우기도 좋고 짐 운반하기도 좋고 다른 쓸모도 많은 만큼 집에서도 전장에서도 엄청난 가치가 있는 동물이라고 주장한다고 가정해보게. c

파이드로스 그렇다면 정말 우습겠지요.

소크라테스 그런데 가소로운 친구가 영리한 적보다 오히려 낫지 않을까?[144]

파이드로스 그런 것 같아요.

소크라테스 그렇다면 좋고 나쁨에 관해 무지한 어떤 연설가가 역시 무지한 어떤 국가에서 권력을 장악하고는 불쌍한 당나귀가 말이라고 찬사를 늘어놓는 것이 아니라 나쁜 것이 좋은 것처럼 보이게 함으로써 그 국

143 『일리아스』 2권 361행.

144 호의를 품은 사람이 눈에 띄게 가소로운 실수를 저지르는 것이 악의를 품은 사람이 실수를 저지르고도 몰라서 그랬다고 핑계를 대는 것보다 더 낫다는 뜻이다.

가를 설득하려 한다고 가정해보게. 그리고 그가 대중의 의견을 세심하게 연구하여 대중이 좋은 일 대신 나쁜 짓을 하도록 설득하는 데 성공한다고 가정해보게. 그럴 경우 수사학이 그렇게 뿌린 씨앗에서 훗날 무
d 엇을 수확할 것이라고 자네는 생각하는가?

파이드로스 썩 좋은 수확은 아니겠지요.

소크라테스 여보게, 말하는 기술을 우리가 필요 이상으로 거칠게 비판했나? 말하는 기술은 다음과 같이 대답하겠지. "여보시오들, 말이 되는 소리를 해야지요. 나는 진실도 모른 채 말하는 법을 배우라고 누구에게도 강요하지 않아요. 오히려 내 조언은 만약 내 조언이 도움이 된다면 먼저 진실을 알고 나서 나를 붙잡으라는 것이라오. 아무튼 내 자랑거리는, 나 없이는 진실을 아는 사람이라도 체계적으로 설득할 능력이 전혀 없다는 것이오."

e **파이드로스** 말하는 기술이 그렇게 말한다면 그 주장은 옳겠지요?

소크라테스 그렇겠지. 만약 수사학을 공격하는 주장들이 수사학이 기술이라는 수사학의 주장을 지지한다면 말일세. 수사학은 거짓말이며 기술이 아니라 비체계적인 요령이라고 공격하고 항의하는 말을 내가 들은 것 같기에 하는 말일세. 라코니케식으로 말해서,[145] 진실을 파악하지 못하면 진정한 의미의 말하는 기술은 존재하지도 않고 앞으로도 존재하지 않을 것이네.

261a **파이드로스** 소크라테스 선생님, 우리에게 필요한 것은 그런 논의들이에요. 자, 그런 주장들을 이리로 끌어내 그것들이 무엇을 어떤 취지로 말하는지 심문하세요.

소크라테스 고귀한 짐승들아, 이리 나와서 훌륭한 자식들[146]의 아버지인 파이드로스를 설득해보아라. 그가 철학에 전념하지 않으면 그 어떤 주제에 관해서도 제대로 말할 수 없을 것이라고. 그리고 파이드로스가 너희들에게 답변하게 하라.

파이드로스 자, 물어들보라.

유사점과 차이점에 관한 지식 (261a ~ 264e)

소크라테스/논의들 수사학이란 일반적으로 법정이나 다른 공적인 모임에서뿐 아니라 사적인 모임에서 말을 통해 혼을 인도하는 기술[147]이 아닐까? 그것은 사소한 주제를 다루든 중대한 주제를 다루든 똑같은 기술이고, 제대로 사용되면 큰 주제를 다룬다고 해서 사소한 주제를 다룰 b
때보다 더 가치 있는 그런 것은 아닐세. 어떤가, 자네는 수사학에 관해 그런 말을 들은 적이 있는가?

파이드로스 제우스에 맹세코, 그런 말은 들어본 적이 없어요. 말하기 기술과 글쓰기 기술은 주로 법정에서 사용되며, 물론 대중연설에서도 사용되겠지요. 그러나 그 이상의 용도가 있다는 말은 들어본 적이 없어요.

소크라테스/논의들 자네는 네스토르와 오뒷세우스[148]가 일리온[149]에서

145 '간단히 말해서'. 라코니케(Lakonike)는 스파르테 주변의 영토인데, 여기서는 스파르테와 동의어이다. 스파르테인들은 간결한 표현을 좋아했다고 한다.

146 여기서 '자식들'이란 논의들을 말한다. 242a~b 참조.

147 techne psychagogia.

여가 시간에 쓴 수사학 편람에 대해서만 들어보고, 팔라메데스[150]가 쓴 수사학 편람은 들어보지 못했단 말이지.

c **파이드로스** 제우스에 맹세코, 네스토르의 것에 대해서도 들어본 적이 없어요. 선생님께서 말씀하시는 네스토르가 고르기아스이고, 선생님께서 말씀하시는 오뒷세우스가 트라쉬마코스나 테오도로스[151]라면 몰라도.

소크라테스/논의들 그럴지도 모르지. 아무튼 그들은 내버려두기로 하세. 그렇지만 자네는 소송 당사자들이 법정에서 무엇을 하는지 말해줄 수는 있겠지? 그들은 서로 반론을 펴겠지? 아니면 우리는 그들이 뭘 한다고 말할까?

파이드로스 선생님께서 말씀하신 대로 반론을 펴겠지요.

소크라테스/논의들 옳은 것과 옳지 못한 것에 관해서 반론을 펴겠지?

파이드로스 네.

소크라테스/논의들 그런데 그런 일에 능한 사람은 마음먹기에 따라 똑같
d 은 것이 같은 사람들에게 어떤 때는 옳게, 어떤 때는 그 반대로 보이게 할 수 있을까?

파이드로스 물론이지요.

소크라테스/논의들 그렇다면 그는 대중연설을 할 때 똑같은 것이 공동체에 어떤 때는 좋게, 어떤 때는 그 반대로 보이게 할 수도 있겠지?

파이드로스 그렇지요.

소크라테스/논의들 우리가 알기에, 엘레아[152]의 팔라메데스[153]는 언변에 능해 같은 것들이 청중에게 같으면서 같지 않고, 하나이면서 다수이고,

정지해 있으면서 운동하는 것처럼 보이게 할 수 있지 않은가?

파이드로스 물론이지요.

소크라테스/논의들 그렇다면 반론을 펴는 기술은 법정과 대중연설에 국한되지 않네. 모든 발언에는 공통된 한 가지 기술이 있는 것 같네. 그것 e
도 기술이라면 말일세. 다름 아니라 누가 자신은 어떤 것과 같아 보일 수 있는 것이라면 무엇이든 그것이 같아 보일 수 있는 모든 것과 같아 보이게 만들면서, 남이 무엇을 다른 것과 같아 보이게 만들면서 그것을 감추려 하면 폭로하는 기술 말일세.

파이드로스 어째서 그렇다는 거죠?

소크라테스/논의들 다음과 같은 방법으로 고찰하면 분명해질 걸세. 우리

148 네스토르(Nestor)는 트로이아 전쟁 때 그리스군에게 훌륭한 조언을 해주던 노장이고, 오뒷세우스(Odysseus)는 목마를 제작하여 트로이아를 함락시킨 지장이다.

149 일리온(Ilion)은 트로이아의 다른 이름이다.

150 팔라메데스(Palamedes)는 오뒷세우스가 트로이아 원정에 참가하기 싫어 일부러 미친 척할 때 이를 폭로한 그리스군 지장이다. 문맥상 네스토르와 오뒷세우스의 수사학 편람은 공석에서의 연설에 관한 것인 데 반해 팔라메데스의 수사학 편람이란 사석에서의 연설에 관한 것인 듯하다.

151 고르기아스(Gorgias 기원전 480년경~376년)는 시칠리아 레온티노이(Leontinoi) 시 출신의 소피스트로 특히 수사학의 대가였다. 트라쉬마코스(Thrasymachos)는 소아시아 칼케돈(Chalkedon) 시 출신의 수사학자로 기원전 5세기 말에 활동했으며 『국가』 1권에도 등장한다. 테오도로스(Theodoros)는 기원전 5세기에 활동한 뷔잔티온(Byzantion) 시 출신의 수사학자인데, 그에 관해서는 별로 알려진 것이 없다.

152 엘레아(Elea)는 남이탈리아의 도시이다.

153 '엘레아의 팔라메데스'란 여기서 철학자 파르메니데스(Parmenides)의 제자로 기원전 5세기 중엽에 활동한 엘레아 출신의 그리스 철학자 제논(Zenon)을 말한다.

가 속는 것은 두 사물 사이에 차이가 클 때인가, 미세할 때인가?

262a **파이드로스** 미세할 때예요.

소크라테스/논의들 그런데 자네가 한 사물에서 그 반대되는 사물로 옮겨갈 경우 발걸음을 크게 옮기기보다는 작게 옮겨야 눈에 덜 띌 것이네.

파이드로스 어찌 안 그렇겠어요?

소크라테스/논의들 그렇다면 남을 속이되 자신은 속지 않으려는 자는 반드시 실재들의 유사점과 차이점을 정확하게 알아야 하네.

파이드로스 반드시 그래야겠지요.

소크라테스/논의들 그런데 그가 개개의 사물이 실제로 무엇인지 모른다면 다른 사물이 그가 모르는 사물과 많이 닮았는지 적게 닮았는지 알 수 있을까?

b **파이드로스** 그건 불가능해요.

소크라테스/논의들 그렇다면 사람들이 사실과 배치되는 의견을 갖게 되어 속임을 당하는 것은 분명 이런저런 유사성이 있다고 착각하기 때문일세.

파이드로스 그런 것 같아요.

소크라테스/논의들 그렇다면 개개의 사물이 실제로 무엇인지 모르는 사람이 유사성을 이용해 그때그때 사람들이 실재로부터 그 반대쪽으로 조금씩 옮겨가게 하거나, 아니면 자신은 그런 일을 당하는 것을 피하는 기술을 가질 수 있을까?

파이드로스 그건 있을 수 없는 일이에요.

c **소크라테스/논의들** 그렇다면 여보게, 진리를 모르면서 의견만 쫓아다니

는 사람은 아마 기술이라고도 할 수 없는 가소로운 수사학을 우리에게 제공할 것이네.

파이드로스 그런 것 같군요.

소크라테스 그렇다면 자네는 자네가 갖고 있는 뤼시아스의 연설과 아까 내가 한 두 연설에서 우리가 기술이라고 부르는 것과 기술이 아니라고 부르는 것의 특징을 살펴보기를 원하는가?

파이드로스 제가 가장 바라는 바예요. 적절한 예를 충분히 제시하지 않아서 우리 논의는 다소 추상적이니까요.

소크라테스 게다가 우연히도 두 연설[154]에는 진리를 아는 사람이 연설 도 d
중 말장난으로 청중을 오도하는 방법을 보여주는 실례가 포함되어 있네. 파이드로스, 그건 내가 보기에 이 지역의 수호신들 탓인 것 같아. 우리 머리 위에서 노래하는 무사 여신들의 대변인들[155]이 우리에게 영감을 불어넣었는지도 모르지. 나는 말하기 기술이 전혀 없는 사람이니 말일세.

파이드로스 선생님께서 말씀하신 대로라고 치고, 선생님의 말뜻을 설명해주세요.

소크라테스 자, 뤼시아스 연설문의 첫머리를 읽어주게.

파이드로스 "자네는 내 입장이 어떤 것인지 알고 있네. 나는 그런 일이 일 e

154 '두 연설'을 각각 뤼시아스의 연설과 소크라테스의 연설을 가리킨다고 보는 이들도 있고, 소크라테스의 두 연설을 가리킨다고 보는 이들도 있다.
155 매미들.

어나면 우리에게 유리할 것으로 생각한다고 자네에게 이미 말했으니까. 아무튼 나는 내가 자네의 연인이 아니라는 이유만으로 내 요구가 거절당해서는 안 된다고 주장하네. 연인은 욕구가 사라지고 나면 자신들이 호의를 베푼 것을 후회하지만……."

소크라테스 그만! 우리는 그가 무슨 잘못을 저지르고 있으며, 어디서 기술이 부족함을 드러내는지 지적해야 하네. 그렇지 않은가?

263a **파이드로스** 네, 그래요.

소크라테스 우리가 그런 것들 가운데 어떤 것과는 의견을 같이하지만 어떤 것에는 의견을 달리한다는 것은 누구에게나 분명하지 않은가?

파이드로스 무슨 말씀인지 알 듯하지만 더 자세히 설명해주세요.

소크라테스 누가 '쇠' 또는 '은'이라는 말을 하면 우리는 모두 같은 것을 마음에 떠올리지 않을까?

파이드로스 당연하지요

소크라테스 '정의' 또는 '좋음'이라는 말을 하면 어떨까? 우리는 의견이 갈려 토론할 뿐 아니라, 우리 자신과도 토론하지 않을까?

파이드로스 물론이지요.

소크라테스 그렇다면 우리는 어떤 경우에는 의견을 같이하고, 어떤 경우에는 그러지 못하네.

파이드로스 그래요.

b **소크라테스** 그렇다면 우리는 둘 중 어느 경우에 더 쉽게 속임을 당하고, 어느 경우에 수사학이 더 큰 힘을 발휘할까?

파이드로스 분명 우리가 헷갈리는 경우겠지요.

소크라테스 그렇다면 수사학을 공부하려는 사람은 먼저 대중이 헷갈리게 되어 있는 것과 그렇지 않은 것을 체계적으로 나눈 뒤, 이 두 종류의 특징이 각각 무엇인지 파악해야 하네.

파이드로스 소크라테스 선생님, 그것을 파악한다면 그는 대단한 것을 이해한 셈이에요. c

소크라테스 둘째, 그는 개별 주제에 모르고 다가가서는 안 되고, 자기가 논의하려는 것이 두 종류 가운데 어디에 속하는지 예의 주시해야 하네.

파이드로스 물론이지요.

소크라테스 그런데 우리는 사랑에 관해 무엇이라고 말할 텐가? 사랑은 사람들이 의견을 달리하는 종류에 속하는가, 아니면 그렇지 않은 종류에 속하는가?

파이드로스 분명 사람들이 의견을 달리하는 종류에 속해요. 그렇지 않다면 선생님께서 아까 말씀하셨듯이, 사랑은 연동에게도 연인에게도 해롭다고 했다가, 곧바로 사랑은 최고선이라고 할 수 있을까요?

소크라테스 아주 좋은 말일세. 내가 신이 들린 탓에 전혀 기억나지 않아서 그러는데, 자네는 내가 연설의 첫머리에서 사랑을 정의했는지도 말해주게. d

파이드로스 제우스에 맹세코, 아주 훌륭하게 정의하셨어요.[156]

소크라테스 좋아. 자네 말은 하신(河神) 아켈로오스[157]의 딸들인 요정들

156 237b~238c 참조.

157 Acheloios. 그리스 중서부 지방의 강.

과 헤르메스 신의 아들 판[158] 신이 케팔로스의 아들 뤼시아스보다 수사
학에 더 능하다는 뜻이로구먼. 아니면 내 말이 틀렸나? 뤼시아스도 사
랑에 관한 연설 첫머리에서 우리가 사랑을 그가 원하는 의미를 지닌 하
나의 실재로 받아들이도록 강요하며, 자신이 나중에 말한 모든 것을 시
e 종일관 그 의미에 맞도록 정돈했을까? 그의 연설 첫머리를 우리가 다시
읽어볼까?

파이드로스 "자네는 내 입장이 어떤 것인지 알고 있네. 나는 그런 일이 일
어나면 우리에게 유리할 것으로 생각한다고 자네에게 이미 말했으니까.
아무튼 나는 내가 자네의 연인이 아니라는 이유만으로 내 요구가 거절
264a 당해서는 안 된다고 주장하네. 연인은 욕구가 사라지고 나면 자신들이
호의를 베푼 것을 후회하지만……."

소크라테스 그는 분명 우리가 구하고 있는 것과는 거리가 먼 짓을 하는
것 같아. 시발점이 아닌 종착점에서 출발하며 연설이 흐름을 거슬러 배
영(背泳)하게 하고 있으니 말일세. 그의 첫 번째 말들은 연인이 연설을
끝내며 연동에게 할 법한 말이라는 것일세. 아니면 내 말이 틀렸나, 귀
염둥이 파이드로스?

b **파이드로스** 소크라테스 선생님, 그가 말하고 있는 것은 확실히 연설의
끝부분이에요.

소크라테스 연설의 나머지 부분은 어떤가? 모든 것이 아무렇게나 내던
져진 것처럼 보이지 않는가? 아니면 자네는 두 번째 것이 두 번째 자리
에 있고, 다른 것들도 지금 그 자리에 있을 타당한 이유가 있다고 생각
하는가? 내가 무지한 탓인지 작가는 너그럽게도 마음에 떠오르는 대로

말한 것 같아. 자네는 혹시 그가 이런 발상들을 지금 이런 식으로 배열하게 된 모종의 글쓰기 원칙을 알고 있는가?

파이드로스 선생님께서는 그렇게 한 이유를 제가 정확하게 알 것이라고 생각하시다니, 마음이 흐뭇하네요. c

소크라테스 그러나 나는 자네가 모든 연설은 말하자면 제 몸을 가진 살아 있는 생명체처럼 구성되어야 하며 머리와 발이 없어서는 안 된다는 점에는 동의하리라 믿네. 연설은 당연히 중간뿐 아니라 시작과 끝이 있어야 하며, 모든 부분은 서로 잘 어울리고 전체와도 잘 어울리게 작성되어야만 하네.

파이드로스 어찌 안 그렇겠어요?

소크라테스 그렇다면 자네 친구의 연설이 그런지 그렇지 않은지 살펴보게. 그러면 자네는 친구의 연설이 일설에 따르면 프뤼기아 왕 미다스[159]의 묘비에 새겨졌다는 경구(警句)와 다르지 않다는 점을 발견하게 될 걸세.

파이드로스 그 경구는 어떤 것이고, 그 경구의 무엇이 문제인가요? d

소크라테스 그 경구는 다음과 같네.

158 Hermes. Pan.

159 미다스(Midas)는 소아시아 프뤼기아(Phrygia) 지방의 왕인데, 그가 만지는 것은 무엇이든 황금으로 변했다고 한다.

나는 청동의 처녀로 미다스의 무덤 위에 서 있노라.
강물이 흐르고 나무가 무럭무럭 자라는 동안
나는 여기 많은 사람이 애도한 무덤을 지키며
지나는 길손들에게 알리리라. 미다스가 여기 묻혀 있다고.[160]

e 아마 자네도 알겠지만, 이 경구에서는 어느 부분이 맨 먼저 나오건 맨 나중 나오건 아무 차이도 없네.

파이드로스 소크라테스 선생님, 선생님께서는 뤼시아스와 내 연설을 조롱하시는군요.

앞선 연설들에 나타난 문답법적 방법 (264e ~ 266b)

소크라테스 나는 자네 기분을 상하게 하고 싶지 않으니 그 연설은 더이상 언급하지 말기로 하세. 그렇지만 그 연설에는 되도록 덜 모방하려고만 한다면 유익한 본보기들이 많이 들어 있는 것 같네. 하지만 다른 연설들[161]로 넘어가세. 그 연설들에는 내가 보기에 수사학을 공부하려는 사람들이 눈여겨봐야 할 점들이 들어 있으니 말일세.

265a **파이드로스** 무엇을 두고 그렇게 말씀하시는 거죠?

소크라테스 그 연설들은 어떤 의미에서는 상반된 주장을 하고 있다는 거지. 하나는 연인의 청을 들어주어야 한다고, 다른 하나는 연인 아닌 자의 청을 들어주어야 한다고 주장하니 말일세.

파이드로스 그것도 아주 용감하게 주장하고 있어요.

소크라테스 나는 자네가 '광기에 사로잡혀'라고 말할 줄 알았네. 그건 사실이니까. 그것은 또한 내가 찾던 것이기도 하다네. 우리는 사랑이 일종의 광기라고 주장하지 않았던가? 그렇지 않은가?

파이드로스 네, 그랬어요.

소크라테스 또한 광기에는 두 종류가 있는데, 하나는 인간의 질병에 의해 유발되고, 다른 하나는 신의 영감을 받아 평상시의 습관에서 벗어날 때 나타난다고 했네.

파이드로스 확실히 그랬어요. b

소크라테스 또한 우리는 신적인 광기를 네 가지 유형으로 구분해 네 분신에게 귀속시키면서, 예언자의 광기는 아폴론에게, 비의적인 광기는 디오뉘소스에게, 시인의 광기는 무사 여신들에게, 네 번째 유형은 아프로디테와 에로스에게 속한다고 주장했네.[162] 또한 우리는 사랑의 광기가 가장 훌륭한 것이라고 말하며 사랑의 경험을 묘사하기 위해 모종의 비유를 들었는데, 거기에는 아마 일리도 있겠지만 우리를 헷갈리게 하는 측면도 있었네.

아무튼 우리는 조금은 믿음이 가는 연설을 꿰맞추며 나와 자네의 주 c
인이자 미소년들의 수호자인 에로스를 위해 장난삼아 그러나 적절하고 경의를 표하는 방식으로 이야기조의 찬신가를 불렀네,[163] 파이드로스.

160 이 경구는 일설에 따르면 고대 그리스의 일곱 현인 가운데 한 명인 린도스(Lindos)의 클레오불로스(Kleoboulos)가 지은 것이라고 한다.

161 소크라테스의 두 연설.

162 244b~245a 참조.

163 246a~256e 참조.

파이드로스 저로서는 참 듣기 좋았어요.

소크라테스 그렇다면 연설이 어떻게 하여 비판에서 칭찬으로 넘어갈 수 있었는지 살펴보기로 하세.

파이드로스 정확히 무엇을 두고 그렇게 말씀하시는 거죠?

소크라테스 내가 보기에, 우리 찬신가는 다른 점에서는 일종의 유희였던
것 같네. 그러나 거기서 우리는 우연히 두 가지 과정을 암시한 바 있는
d 데, 우리가 그것들의 의미를 체계적으로 파악할 수 있다면 매우 유익할
걸세.

파이드로스 어떤 과정들 말씀인가요?

소크라테스 첫 번째 과정은 종합적으로 고찰함으로써 여기저기 흩어져 있는 것들을 하나의 이데아[164]로 모으는 것인데, 그 목적은 주어진 사물을 정의하고 그때그때 설명하고자 하는 주제를 분명히 하는 데 있네. 조금 전 사랑에 관해 논의한 것이 그런 것이지. 사랑에 대한 정의가 옳고 그르고를 떠나 그런 과정 덕분에 논의는 어쨌든 분명하고 일관성을 유지할 수 있었네.

파이드로스 소크라테스 선생님, 선생님께서 말씀하시는 두 번째 과정은 뭔가요?

e **소크라테스** 그것을 타고난 마디에 따라 이데아별로 다시 나눌 수 있는
능력인데, 이때 서투른 푸주한처럼 조각내려고 해서는 안 되네. 마치 조
266a 금 전에 내 두 연설이 마음의 비합리적인 부분을 하나의 이데아로 포착
했듯이, 마치 자연이 한몸에서 이름이 같은 지체를 이중으로 만들어내
어 왼쪽, 오른쪽이라 불리게 하듯, 내 두 연설도 광기를 인간에게 내재

하는 단일한 이데아로 포착하되, 첫 번째 연설은 왼쪽으로 쪼개진 부분을 계속 나누어 그 나뉜 부분 사이에서 '왼쪽 사랑'[165]이라 불릴 수 있는 것을 찾아내어 당연하게도 비난했네. 한편 나의 다른 연설은 우리를 오른쪽에 있는 광기로 이끌어 다른 사랑과 이름은 같지만 신성한 사랑을 찾아내 보여주며 그것이 우리에게 주어지는 가장 큰 혜택들의 원인이라 b
고 칭찬했네.

파이드로스 지당하신 말씀이에요.

소크라테스 파이드로스, 나는 이런 나눔과 모음에 반했는데, 내가 훌륭하게 말하고 생각할 수 있기를 바라기 때문이네. 그래서 나는 다른 사람이 하나와 여럿을 볼 수 있는 능력을 타고났다 싶으면 그가 신인 양 그 뒤를 바싹 따라다닌다네. 내가 그럴 능력이 있는 사람들에게 붙인 이름이 옳은지 그른지는 신만이 알겠지만, 아무튼 나는 그들을 지금까지 문답법 전문가[166]들이라고 불렀네.

현존 수사학의 기법 (266c ~ 269c)

소크라테스 지금 뤼시아스와 자네에게 가르침을 받고 있는 내가 그들을 c
뭐라 불러야 하는지 말해주게. 아니면 내가 말하고 있는 바로 이것이, 그것에 힘입어 트라쉬마코스도 다른 자들도 스스로 탁월한 연설가가

164 idea.
165 옳지 못한 사랑.
166 dialektikos.

되었을 뿐 아니라, 마치 왕에게 바치듯 자신에게 선물을 들고 오면 누구든 그리 되게 만들어주는 바로 그 수사학인가?

파이드로스 그들은 왕처럼 행세하지만, 분명 선생님께서 말씀하시는 지식을 갖고 있지는 않아요. 제가 보기에, 그런 과정을 선생님께서 문답법적인 과정이라고 하신다면 옳게 부르시는 것 같아요. 그러나 우리는 수사학이 무엇인지는 여전히 밝혀내지 못한 것 같아요.

d **소크라테스** 무슨 말을 하는가? 모음과 나눔이라는 과정을 생략하고도 체계적으로 파악할 수 있는 값진 것이 과연 존재할 수 있을까? 그런 것이 있다면 자네와 나는 당연히 존중하되 수사학의 나머지 부분[167]이 무엇인지도 설명해야겠지.

파이드로스 소크라테스 선생님, 그런 것은 아주 많아요. 수사학에 관한 저술들에 잔뜩 적혀 있지요.

소크라테스 제때에 잘 상기시켜주었네. 첫째, '머리말'로 연설을 시작하라는 지시가 있는 것 같네. 이런 것들이 혹시 자네가 말하는 수사학적인 장식인가?

e **파이드로스** 네.

소크라테스 둘째, '서술'이라는 것이 있고, '증언'이 그 뒤를 바싹 따르네. 셋째, '증거'가 있고, 넷째, '개연성'이 있네. 또한 뷔잔티온 출신의 걸출한 연설 달인은 '확증'과 '추가 확증'에 관해서도 말하고 있는 것 같네.

파이드로스 훌륭한 테오도로스[168] 말씀인가요?

267a **소크라테스** 물론이지. 그는 또한 고발하는 경우든 변론하는 경우든 '논박'과 '추가 논박'을 하라고 권하지. '은밀한 암시'와 '간접 칭찬'을 처음

창안한 감탄할 만한 파로스인 에우에노스[169]는 우리 논의에서 제외할 까? 일설에 따르면 그의 연설에는 기억하기 좋게 운문으로 쓴 간접 비난도 포함된다는군. 그는 역시 영리한 사람이니까. 테이시아스[170]와 고르기아스[171]는 잠을 자도록 내버려둘까? 개연성이 진실보다 더 존중되어야 한다고 보았는데도? 그들은 또한 언어의 힘으로 사소한 것이 중대한 것으로, 중대한 것이 사소한 것으로 보이게 하고, 새로운 것이 예 b
스럽게, 옛것이 새롭게 들리게 하며, 주제가 무엇이든 간결한 연설을 하거나 아니면 한없이 긴 연설을 하는 기법을 알아냈네. 그런데 프로디코스[172]는 내가 이런 말을 하자 웃으면서 연설 기법을 알아낸 것은 자기뿐이라며, 필요한 것은 긴 연설도 짧은 연설도 아닌 적정 길이의 연설이라고 했네.

파이드로스 오오, 가장 영리한 프로디코스여!

소크라테스 우리는 힙피아스[173]는 언급하지 않고 지나갈 텐가? 내 생각에,

167 문답법 말고.

168 주 151 참조.

169 에우에노스(Euenos)는 기원전 5세기 말경에 활동한 파로스(Paros) 섬 출신의 소피스트로, 그의 작품은 단편만 일부 남아 있다. 그는 『소크라테스의 변론』 20b, 『파이돈』 60d에서도 언급되고 있다.

170 테이시아스(Teisias)는 기원전 5세기 전반기에 활동한 시칠리아 쉬라쿠사이(Syrakousai) 출신의 수사학자인데, 스승인 코락스(Korax)와 더불어 시칠리아 수사학파를 창설했다고 한다.

171 주 151 참조.

172 프로디코스(Prodikos)는 기원전 5세기 말에 활동한 케오스(Keos) 섬 출신의 소피스트로, 비슷한 낱말들을 엄격히 구분하여 정확히 사용할 것을 강조했다.

엘리스 출신의 그 이방인도 프로디코스에게 찬성표를 던질 것 같은데.

파이드로스 물론 그러겠지요.

소크라테스 폴로스[174]가 '거듭해서 말하기' '격언 인용하기' '비유로 말하
c 기' 같은 유식한 용어를 모아놓은 것에 대해서는, 또한 뤼킴니오스[175]가 말을 바르게 사용하는 데 도움이 되도록 그에게 선물한 사전에 대해서는 우리가 무엇이라고 말해야 하나?

파이드로스 하지만 소크라테스 선생님, 프로타고라스[176]가 실제로 그런 저술들을 집필하지 않았나요?

소크라테스 그렇다네, 소년이여.『바른 어법』말고도 탁월한 저술을 많이 썼지. 노년과 가난을 비탄하는 연설을 길게 늘어놓는 기법의 대가는, 내가 보기에, 강력한 칼케돈인[177]인 것 같네. 그는 또한 그의 말에 따르
d 면 군중을 동시에 분노하게 하다가 군중이 분노하면 언어의 마법으로 다시 진정시키는 데 능하네. 그리고 그 출처가 어디든 남을 모함하거나 남의 모함을 막아내는 데 그를 당할 자는 없네. 연설을 끝맺는 방법에는 다들 의견이 완전히 일치하는 것 같네. 더러는 '요약'이라 하고, 다른 사람들은 다른 이름으로 부르지만 말일세.

파이드로스 결말에 이르러 요점들을 정리하며 앞서 한 말을 청중에게 일깨워주는 것 말씀인가요?

소크라테스 내가 말하는 것은 바로 그것일세. 그러나 말하는 기술과 관련해 자네가 더 보탤 말이 있다면 보태게나.

파이드로스 사소해서 말할 가치도 없는 것들인데요.

268a **소크라테스** 사소한 것들은 내버려두기로 하세. 오히려 우리가 이미 말한

것들을 더 자세히 관찰하면서 그들의 수사학이 언제 어떤 힘을 발휘하는지 살펴보도록 하세.

파이드로스 소크라테스 선생님, 대중 집회에서 그들의 수사학은 큰 힘을 발휘해요.

소크라테스 맞아. 그렇지만 여보게, 내게는 그들이 짠 수사학의 직물에 몇 군데 구멍이 나 있는 것처럼 보이는데, 자네에게도 그렇게 보이는지 면밀히 살펴봐주게.

파이드로스 그런 구멍이 어디 있는지 보여주세요.

소크라테스 말해보게. 누가 자네 친구 에뤽시마코스나 그의 아버지 아쿠메노스[178]를 찾아가 이렇게 말한다고 가정해보게. "나는 내가 원한다면 사람들의 체열이 오르거나 내리게 하며, 내가 적절하다고 판단하면 사람 b
들이 토하거나 대변을 보게 하는 법을 알고 있소. 나는 그런 것들을 알고 있기에 내가 의사라고 생각하며, 또한 이런 지식을 전수(傳授)하여 남을 의사로 만들 수 있다고 주장하오." 자네는 그들이 그런 말을 듣고 뭐라고

173 힙피아스(Hippias)는 기원전 5세기 말에 활동한 펠로폰네소스반도 엘리스(Elis) 지방 출신의 박학다식한 소피스트이다.

174 폴로스(Polos)는 고르기아스의 제자이다. 『고르기아스』 448c, 471a~c 참조.

175 뤼킴니오스(Lykimnios)는 키오스(Chios) 섬 출신의 수사학 교사이자 디튀람보스 작가이다.

176 프로타고라스(Protagoras)는 기원전 5세기 활동한 가장 저명한 소피스트로, 대화편 『프로타고라스』에서 그의 사고의 세계를 엿볼 수 있다.

177 트라쉬마코스. 그에 관해서는 주 151 참조.

178 아쿠메노스와 그의 아들 에뤽시마코스에 관해서는 주 3 참조.

대답할 것 같은가?

파이드로스 그들은 그에게 어떤 환자에게 언제, 얼마 동안 그런 처방을
해야 하는지도 아느냐고 묻겠지요.

소크라테스 만약 그가 "그건 몰라요. 하지만 내게서 그런 처방을 배운 사
c 람들은 당신이 묻는 것들을 스스로 해낼 수 있다고 생각해요"라고 말
한다면?

파이드로스 그들은 아마 다음과 같이 말하겠지요. "의술에 관해서는 아
무것도 모르면서 남이 책 읽는 것을 듣고 귀동냥으로 배우거나 우연히
흔해빠진 치료약을 알았다고 해서 자신이 의사가 되었다고 생각하다
니, 제정신이 아니구먼."

소크라테스 이번에는 누가 소포클레스나 에우리피데스[179]를 찾아가 자기
는 사소한 주제에 관해 아주 긴 연설을, 중요한 주제에 관해 아주 짧은
연설을 쓸 수 있고, 마음먹기에 따라 비통한 연설이나 두려움에 떨게 하
d 는 위협적인 연설 등을 쓸 수 있다며, 자기는 이런 것들을 남들에게 가르
침으로써 비극 작시법을 전수하고 있다고 주장한다고 가정해보게.

파이드로스 소크라테스 선생님, 만약 누가 비극이란 그런 연설이 서로
간에도 전체와도 잘 어울리도록 배열하는 것이 아니라 다른 것이라고
생각한다면 그들도 아마 비웃을걸요.

소크라테스 하지만 그들은 그런 사람을 아마 거칠게 야단치지는 않을 걸
세. 한 음악가가 현악기의 현으로 최고음과 최저음을 내는 법을 안다고
e 해서 자신이 화성법의 전문가라고 생각하는 사람을 만났다고 가정해
보게. 음악가는 "멍청하기는! 당신은 제정신이 아니구먼" 하며 퉁명스

럽게 꾸짖지 않고, 음악가인지라 더 점잖게 말하겠지. "이것 보시오, 화성법의 대가가 되려면 당신이 말하는 것들을 반드시 알아야 하는 것은 사실이오. 그러나 당신이 아는 만큼 아는 사람도 화성법에 관해서는 아무것도 모를 수 있소. 당신이 알고 있는 것은 화성법의 예비지식이지 화성법 자체는 아니라오."

파이드로스 지당하신 말씀이에요.

소크라테스 그렇다면 소포클레스도 자신과 에우리피데스에게 자기과시 269a
를 하려는 자에게 그가 알고 있는 것들은 비극의 예비지식이지 비극 자체는 아니라고 말할 것이며, 아쿠메노스도 자기과시를 하려는 자에게 그가 알고 있는 것들은 의술의 예비지식이지 의술 자체는 아니라고 말할 걸세.

파이드로스 전적으로 동의해요.

소크라테스 어떤가? 만약 '목소리가 꿀처럼 달콤한' 아드라스토스[180]나 페리클레스[181]가 우리가 잠시 전에 언급하며 밝은 불빛 아래에서 검토해봐야 한다고 한 '간결하게 말하기' '비유로 말하기' 등등의 온갖 놀라운 기법에 관해 듣는다면, 그들은 나와 자네처럼 그런 기법으로 글을 b
쓰거나 그런 기법이 수사학인 것처럼 가르치는 사람들에게 화를 내며

179 소포클레스(Sophokles)와 에우리피데스(Euripides)는 그리스의 3대 비극작가이다.

180 아드라스토스(Adrastos)는 아르고스(Argos)의 전설적인 왕으로, 이른바 '테바이를 공격한 일곱 장수'의 우두머리이다.

181 페리클레스(Perikles 기원전 495년경~429년)는 아테나이의 탁월한 정치가이며, 기원전 450년경부터 역병에 걸려 죽을 때까지 아테나이를 실질적으로 통치했다.

험한 말을 하게 될까? 아니면 그들은 우리보다 더 영리한지라 우리를 나무라며 다음과 같이 말할까? "파이드로스와 소크라테스여, 그런 사람들은 문답법을 몰라서 수사학을 정의할 수 없는 만큼 그대들은 화를 낼 것이 아니라 용서해주어야 하오. 이런 무지 탓에 그들은 수사학에 필요한 예비지식들을 배웠을 뿐인데도 수사학 자체를 알아냈다고 생각하는
c 것이라오. 그래서 그들은 이런 예비지식들을 제자들에게 가르치며 수사학을 완벽하게 가르쳤다고 생각한다오. 또한 그들은 그것들 하나하나를 설득력 있게 사용하거나 연설 전체에 엮어 넣는 것은 사소한 일로, 제자들이 연설을 작성할 때 알아서 처리할 일이라고 믿는다오."

철학과 수사학_ 페리클레스가 아낙사고라스에게 빚진 것 (269c ~ 272b)

파이드로스 소크라테스 선생님, 그런 선생과 저술가가 수사학이라고 여기는 것은 그런 것인 듯해요. 아무튼 저는 선생님 말씀이 옳다고 생각해요. 하지만 진정한 수사학자나 설득력 있는 연설가의 기술은 어디서
d 어떻게 구할 수 있나요?

소크라테스 파이드로스, 이 분야에서 완벽한 전문가가 되기 위해 그런 능력을 갖추는 일은 아마도, 아니, 반드시 다른 영역에서 전문가가 되는 데 필요한 것과 같은 요인들에 달려 있네. 자네가 연설가의 자질을 타고난 경우 타고난 자질을 지식과 연습으로 보완한다면, 자네는 유명 연설가가 될 걸세. 그러나 만약 이 세 가지 중에 한 가지라도 부족하다면 자네는 그 점에서 불완전할 것이네. 하지만 수사학의 기술에 관한 한 뤼

시아스와 트라쉬마코스가 선택한 접근 방법은 내가 보기에 옳은 것 같지 않네.

파이드로스 그렇다면 그들은 어떤 접근 방법을 택해야 하나요?

소크라테스 여보게, 페리클레스가 가장 완벽한 연설가가 된 것은 결코 e
놀랄 일이 아닌 것 같네.

파이드로스 왜 그렇지요?

소크라테스 모든 위대한 기술에는 자연에 관한 한담과 고답적인 사변
이 필요하네. 정신의 고양과 사고의 철저한 실천은 오직 거기에서 올 270a
수 있기 때문일세. 그래서 바로 그것으로 페리클레스는 자신의 타고난 재능을 보완한 것이라네. 페리클레스는 그런 일에 적격인 아낙사고라스[182]를 만나 고답적인 사변으로 충만해지고, 아낙사고라스가 많이 논의하곤 하던 지성과 마음의 본성을 이해하게 됨에 따라 거기에서 적합한 것을 뽑아 말하기 기술에 적용했으니 말일세.

파이드로스 무슨 말씀이신지요?

소크라테스 수사학에서 쓰는 방법은 의술에서 쓰는 방법과 같은 것이라네. b

파이드로스 어째서 그렇지요?

소크라테스 둘 다 뭔가의 본성을 규정해야 하네. 의술은 몸의 본성을, 수사학은 혼의 본성을 규명해야 한다는 말일세. 만약 자네가 약과 영양분

182 아낙사고라스(Anaxagoras)는 기원전 5세기에 활동하던 '소크라테스 이전 철학자들' 중 한 명으로, 소아시아 클라조메나이(Klazomenai)에서 태어나 오랫동안 아테나이에 머물며 페리클레스와 가까이 지냈다.

으로 몸에 건강과 힘을 넣어주고, 말과 행동규칙으로 자네가 원하는 신념과 미덕을 혼에 심어주기 위해 경험과 요령에만 의존하지 않고 전문가가 되고자 한다면 말일세.

파이드로스 소크라테스 선생님, 그런 것 같아요.

c **소크라테스** 자네는 전체[183]의 본성을 모르는 사람이 혼의 본성을 제대로 이해할 수 있을 것이라고 생각하는가?

파이드로스 만약 아스클레피오스의 후예[184]인 힙포크라테스[185]의 말이 믿을 만한 것이라면, 그런 과정 없이 몸을 이해한다는 것은 불가능해요.

소크라테스 여보게, 그의 말은 옳네. 하지만 우리는 힙포크라테스에게만 의존하지 말고 그의 주장이 과연 사실에 부합하는지 검토해봐야지.

파이드로스 동의해요.

소크라테스 그렇다면 사물의 본성에 관해 힙포크라테스와 참된 논의가 말하는 것이 도대체 무엇인지 고찰해보게. 사물의 본성을 고찰할 때는
d 다음과 같이 해야 하지 않을까? 첫째, 어떤 대상에서 스스로 전문가가 되고 남들을 전문가로 만들 수 있기를 바란다면, 우리는 그 대상이 단순한지 복합적인지 살펴야 하네. 둘째, 그 대상이 단순하다면 그것이 영향을 주는 타고난 능력은 무엇이고 무엇에 영향을 주는지, 그것이 영향을 받는 타고난 능력은 무엇이며 무엇에서 영향을 받는지 살펴야 하네. 그리고 그 대상이 복합적이면, 그 부분들을 세어보고 나서 개개의 부분과 관련하여 대상이 단순할 때 그랬듯이 그것이 타고난 능동적인 능력은 무엇이며, 수동적인 능력은 무엇인지 살펴야 하네.

파이드로스 소크라테스 선생님, 그래야 할 것 같아요.

소크라테스 아무튼 그런 절차 없이 앞으로 나아간다는 것은 장님이 길을 가는 것과 같네. 반대로 무엇인가를 전문적으로 탐구하는 사람은 결코 장님이나 귀머거리에 비유되어서는 안 되네. 오히려 연설하는 법을 기술에 근거해 남에게 가르치려는 사람은 분명 자신의 제자가 연설로 겨냥하는 것—그것은 자네도 알다시피 혼이겠지—의 진정한 본성을 정확하게 제시할 걸세. e

파이드로스 물론이지요.

소크라테스 따라서 연설가의 모든 노력은 혼에 집중되네. 그가 확신을 심어주려는 것은 혼이니까. 그렇지 않은가? 271a

파이드로스 네, 그래요.

소크라테스 그렇다면 분명 트라쉬마코스와 그 밖에 수사학을 진지하게 가르치는 사람은 첫째, 혼을 아주 정확하게 기술해서 우리로 하여금 혼이 본래 하나이며 똑같은 것인지 아니면 몸이 그러하듯 복합적인 것인지 볼 수 있게 할 것이네. 우리는 그런 것을 두고 본성을 밝힌다고 말하니까 말일세.

파이드로스 전적으로 동의해요.

소크라테스 둘째, 그는 혼이 어떤 부분에 의해 어떤 것에 어떤 영향을 끼

183 우주?

184 의사. 아스클레피오스(Asklepios)는 의술의 신이다.

185 힙포크라테스(Hippokrates)는 코스(Kos) 섬 출신의 유명 의사이자 의술 이론가로 기원전 5세기에 활동했다.

치며, 어떤 부분에 의해 어떤 것에서 어떤 영향을 받는지 보여줄 것이네.

파이드로스 물론이지요.

b **소크라테스** 셋째, 그는 연설의 여러 종류와 혼의 여러 종류 외에도 혼이 영향을 받는 여러 가지 방법을 분류하고 나서 각각 그 원인을 설명할 것이네. 그런 다음 각종 혼을 그것에 걸맞은 연설과 결합시키며, 어째서 어떤 종류의 혼은 어떤 종류의 연설에 의해 반드시 설득되는 데 반해 다른 종류의 혼은 설득되지 않는지 그 이유를 설명해줄 것이네.

파이드로스 그렇게 하는 것이 가장 좋을 것 같아요.

소크라테스 아닌 게 아니라 여보게, 지금의 우리 주제에 관해서든 그 밖의 다른 주제에 관해서든 다른 방법으로는 시범 연설이든 실제 연설이
c 든 기술에 맞게 말해지거나 글로 씌어질 수 없을 것이네. 그러나 자네가 들은 요즘 수사학 편람 저자들은 혼에 관해 속속들이 알면서도 모르는 체하는 교활한 부류라네. 그러니 그들이 다음과 같은 방법으로 연설하거나 글을 쓰기 전에는 기술에 근거해 글을 쓴다는 그들의 주장을 믿지 않기로 하세.

파이드로스 어떤 방법 말인가요?

소크라테스 수사학 전문용어로 말하기란 쉽지 않지만, 최대한 기술에 맞게 연설문을 작성하려면 어떻게 써야 하는지 내 한번 말해보겠네.

파이드로스 말씀해주세요.

d **소크라테스** 연설의 힘은 혼을 인도하는 데 있으니까, 수사학 전문가가 되려는 사람은 반드시 혼의 유형이 얼마나 많은지 알아야 하네. 혼은 유형도 성질도 여러 가지인지라, 어떤 사람은 이렇고 다른 사람은 저렇다

네. 혼의 유형이 구분된다면 그에 맞춰 연설도 여러 유형이 있는데, 제
각각 성질이 다르겠지. 어떤 부류의 사람들은 어떤 이유에서 어떤 연설
에 의해 어떤 의견을 가지도록 쉽게 설득당하지만, 다른 부류의 사람
들은 다른 이유 때문에 쉽게 설득당하지 않네. 연설가가 되려면 이 모
든 것을 제대로 이해해야 하며, 그런 다음 이 모든 것이 실제 행위에서
실천에 옮겨졌을 때 어떻게 되는지 관찰하되 예의 주시해야 하네. 그러 e
지 않으면 전에 학교에서 들은 논의에서는 얻어지는 게 없네. 그러나 그
가 어떤 유형의 사람이 어떤 유형의 연설에 의해 설득당하는지 말할 수
있고, 나아가 이런저런 사람을 보고는 "지금 내 앞에 있는 이 사람이 전 272a
에 내가 학교에서 들었던 바로 그런 사람이고 그런 성격이로구나. 그를
이렇게 설득하기 위해 이런 연설을 이렇게 해야지"라고 자기에게 말할
수 있을 때, 그가 이 모든 것을 할 수 있고 나아가 말할 때와 침묵할 때
를 알고 간결하게 말하기, 애처롭게 말하기, 과장해서 말하기 등 자기
가 배운 다양한 화술을 써먹기에 적절한 때와 적절하지 못한 때를 구별
할 수 있을 때, 그가 수사학을 제대로 완벽하게 터득했다고 할 수 있겠
지만, 그러기 전에는 터득했다고 할 수 없다네. 그러나 누가 말하거나 b
가르치거나 글을 쓸 때 이 중 한 가지에라도 부족한 점이 있는데도 자기
가 전문 연설가라 주장한다면 믿지 않는 것이 정답일세. 아마 우리의 저
자[186]는 다음과 같이 말하겠지. "어때요? 파이드로스와 소크라테스여,

186 모범적인 수사학 편람을 쓰려는 가상적인 저자.

그대들도 동의하시오? 아니면 우리는 수사학에 관한 다른 설명을 받아들여야 하나요?"

파이드로스 소크라테스 선생님, 다른 설명은 받아들일 수 없어요. 하지만 선생님 말씀대로 하기도 쉽지는 않겠어요.

수사학의 올바른 방법_그것의 어려움과 정당성 (272b ~ 274b)

소크라테스 자네 말이 옳네. 그래서 우리는 우리가 지금까지 논의한 모든 것을 철저히 검토하면서 혹시 수사학에 이르는 더 쉬운 지름길이 있
c 는지 살펴봐야 하네. 평탄한 지름길을 갈 수 있는데 공연히 길고 험난한 길을 갈 필요가 없도록 말일세. 그런데 자네가 뤼시아스나 다른 사람한테서 들은 것 중에 우리에게 도움이 될 만한 것이 있으면 기억을 되살려 말해보게나.

파이드로스 하려고 해서 되는 일이라면 그렇게 하지요. 하지만 지금 당장은 도와드릴 수가 없네요.

소크라테스 그럼 내가 이 분야의 몇몇 전문가에게 들은 것을 말해도 될까?

파이드로스 물론이지요.

소크라테스 파이드로스, 속담에 이르기를, 늑대의 말도 들어보는 것이 옳다고 하지 않는가!

d **파이드로스** 선생님께서도 그렇게 하세요.

소크라테스 그들의 주장에 따르면, 허장성세를 일삼거나 먼 길을 에돌며 그런 것들을 하늘 높이 치켜세울 필요가 없다는구먼. 이 논의의 첫머리[187]에서 말했듯이, 유능한 연설가가 되려는 자는 무엇이 올바르거나

훌륭한 행위인지, 본성에 의해서든 교육에 의해서든 누가 올바르거나 훌륭한 사람인지 전혀 진실을 알 필요가 없기 때문이래. 법정에서는 아무도 이런 것들에 관한 진실에는 관심이 없고 다들 그럴듯한 것에만 관
심이 있는데, 그럴듯한 것은 개연성이 있는 것인 만큼 수사학의 대가가 e
되려는 자는 개연성 있는 것에 주목해야 한대. 고소할 경우든 변호할 경우든 때로는 실제로 일어난 일도 개연성이 없으면 말해서는 안 되고, 대신 개연성 있는 것을 말해야 한대. 어떤 종류의 연설을 하건 진실을 외
면하는 한이 있더라도 개연성 있는 것을 추구해야 한대. 연설할 때 시종 273a
일관 개연성 있는 것에 집착하다 보면 수사학은 저절로 터득된대.

파이드로스 소크라테스 선생님, 선생님께서는 자칭 수사학 전문가들이 하는 말을 정확하게 재현하시는군요. 제가 기억하기에, 우리는 잠시 전에[188] 이 문제를 간략하게 언급했는데, 전문가들에게는 이 문제가 아주 중요한가 봐요.

소크라테스 자네는 테이시아스를 철저히 연구했으니, 테이시아스로 하여금 그가 말하는 '개연성 있는 것'이란 대중이 그렇다고 여기는 것과
다른 것인지 말하도록 해주게. b

파이드로스 다른 것이 아니겠지요.

소크라테스 테이시아스가 다음과 같은 글을 쓴 것은 이런 영리하고도 교묘한 기교를 발견했을 때인 것 같네. "약하지만 용감한 자가 강하지만

187 260a 이하 참조.

188 259e 참조.

비겁한 자를 치고 외투나 그 밖의 것을 빼앗았다는 이유로 법정에 끌려 온다면, 어느 쪽도 진실을 말해서는 안 된다. 겁쟁이는 용감한 자 혼자 자기를 친 것이 아니라고 말해야 하고, 용감한 자는 그곳에 둘밖에 없었
c 다고 우기며 잘 알려진 논리에 호소해야 한다. '나 같은 사람이 어떻게 저런 사람을 공격할 수 있지요?' 그러면 겁쟁이는 자기가 비겁했음을 인정하지 않고 거짓말을 지어내려 함으로써 용감한 자에게 반박의 빌미를 제공하게 될 것이다." 다른 경우에도 '기술에 맞게' 말한다는 것은 이런 것이 될 걸세. 그렇지 않은가, 파이드로스?

파이드로스 물론입니다.

소크라테스 좋네. 그렇다면 테이시아스나 누군가는 그가 어떤 사람이고 누구 제자라[189] 불리기를 원하든 놀랍도록 은밀하게 숨어 있던 기술을 찾아낸 것 같네. 하지만 여보게, 우리는 그에게 말할까, 말하지 말까?

d **파이드로스** 무엇을 말한다는 거죠?

소크라테스 이렇게 말일세. "테이시아스, 사실은 그대가 나타나기 오래 전에 우리는 개연성이 대중의 마음에 뿌리를 내리는 까닭은 그것이 진실과 유사하기 때문이며, 방금 전에는 어떤 경우든 진실을 아는 사람들이 유사성을 가장 잘 찾아낼 수 있다는 결론을 내린 바 있소. 그러니 수사학에 관해 그대가 뭔가 다른 것을 말한다면 우리는 기꺼이 귀를 기울이겠지만, 그러지 않는다면 잠시 전에 우리가 내린 결론을 고수할 것이오. 우리의 결론이란, 누군가 자신의 연설을 듣게 될 청중의 다양한 성
e 격을 헤아리는 한편 사물들을 이데아별로 분류하고 개별 사물들을 하나의 이데아에 포함시킬 능력이 없다면, 그는 인간으로서 가능한 범위

안에서 가장 훌륭한 수사학 전문가가 될 수 없을 것이라는 것이오. 하
지만 그는 엄청난 노력 없이는 결코 그런 능력을 갖추지 못할 것이오. 한
데 현명한 사람은 세상 사람들과 말하고 거래하기 위해서가 아니라, 신
들을 기쁘게 해주는 말을 하고 무엇을 행하든 신들을 최대한 기쁘게 해
주는 방법으로 행할 수 있기 위해 그런 노력을 기울여야 하는 법이오.
왜냐하면 테이시아스, 그대도 알다시피, 우리보다 더 지혜로운 사람들
의 말에 따르면, 지각 있는 사람들은 부차적인 관심사로 삼는다면 몰라
도 동료 노예들[190]의 호감을 사는 일이 아니라, 훌륭하고 혈통이 좋은
주인들[191]의 호감을 사는 일에 마음을 써야 하기 때문이오. 그러니 그 274a
대는 우리가 먼길을 에돌더라도 놀라지 마시오. 그대가 생각하는 목표
들이 아니라 중대한 목표들에 도달하기 위해서는 먼길을 에돌아야 하
기 때문이오. 그러나 우리의 주장에 따르면, 그대가 생각하는 목표들도
더 중대한 목표를 추구할 태세를 갖추고 있을 때 가장 성공적으로 달성
되는 법이라오."

파이드로스 소크라테스 선생님, 더없이 훌륭한 말씀인 것 같아요. 누가 실행에 옮길 수만 있다면 말이에요.

소크라테스 누가 아름다운 것들을 시도하기만 해도 그것은 결과 여하를
떠나 아름다운 일일세. b

189 테이시아스의 스승은 코락스(Korax)인데 '까마귀'라는 뜻이다.

190 인간들.

191 신들. 246a 참조.

파이드로스 물론이지요.

소크라테스 그러면 수사학의 기술과 기술의 결여에 관해서는 이쯤 해두세.

파이드로스 네, 그래요.

말이 글에 우선한다_ 문자 발명의 신화 (274b ~ 278b)

소크라테스 그렇다면 이제 남은 문제는 글쓰기가 바람직한 것인가 바람직하지 않은 것인가, 무엇이 글쓰기를 바람직한 것으로 만들고 무엇이 글쓰기를 바람직하지 않은 것으로 만드는가 하는 것일세. 그렇지 않은가?

파이드로스 네, 그래요.

소크라테스 그렇다면 자네는 수사학에 이론적으로나 실천적으로 접근할 때 어떻게 해야 신을 가장 기쁘게 해줄 수 있는지 아는가?

파이드로스 저는 몰라요. 선생님께서는 아시나요?

c **소크라테스** 나는 우리 선조 때부터 전해오는 이야기를 전해줄 수는 있네. 그것이 진실인지는 그분들만이 알고 있네. 하지만 우리 스스로 그것을 알아내야 한다면, 우리가 인간의 상상 따위에 여전히 관심을 기울일까?

파이드로스 선생님께서는 우스운 질문을 하시는군요. 그래도 선생님께서 들으셨다는 것을 말씀해주세요.

소크라테스 내가 들은 이야기는 다음과 같네. 아이귑토스[192]의 옛 신들 가운데 한 명이 그곳의 나우크라티스[193]에 살고 있었는데, 이비스[194]라는 신성한 새의 주인인 그 신의 이름은 테우트[195]였대. 이 신이 처음으로
d 로 수와 산수, 기하학과 천문학, 장기나 주사위 같은 놀이와 무엇보다도 문자를 발명했대. 그때는 상부 지역의 수도에 살던 타무스[196]가 아

이컵토스 전체의 왕이었는데, 헬라스[197]인들은 이 도시를 아이컵토스의 테바이[198]라 부르고, 타무스[199]를 암몬[200]이라 부른대. 테우트가 타무스를 찾아가서 자기가 발명한 기술들을 보여주며 그것이 아이컵토스 전역에 전파되어야 한다고 말하자, 타무스는 각각의 기술이 어떤 이점이 있는지 물었대. 그래서 테우트가 설명하자, 타무스는 틀렸다 싶으 e
면 나무라고 맞다 싶으면 칭찬했대. 전해오는 이야기에 따르면, 매 기술마다 타무스는 찬반 두 가지 견해를 장황하게 늘어놓았는데, 그것을 일일이 이야기하자면 시간이 꽤 걸릴 것이네. 그러나 문자가 대화의 주제가 되자 테우트가 말했대. "왕이시여, 이 기술을 익히면 아이컵토스인들은 더 지혜로워지고 기억력이 향상될 것입니다. 이 기술은 기억력과 지혜의 영약으로 발명되었으니까요." 그러자 타무스가 다음과 같이 대답했대. "최고의 기술자 테우트여, 한 사람에게 기술을 발명할 능력이 있다면, 그 기술을 이용하려는 사람들에게 그 기술이 어느 정도 유해하거나 유익한지 판단하는 것은 다른 사람의 몫이라오. 지금 그대는 문자 275a

192 아이컵토스(Aigyptos)는 이집트의 그리스어 이름이다.
193 나우크라티스(Naukratis)는 밀레토스인들이 건설한 하부 이집트의 도시.
194 ibis.
195 Theuth.
196 Thamous.
197 그리스.
198 Thebai.
199 '신'(theon)이라고 읽지 않고 '타무스'(Thamous)라고 읽었다.
200 암몬(Ammon)은 이집트의 최고신이다.

의 창안자로서 문자를 향한 애정에 이끌려 사실과 상반되는 것을 그 효과라고 말했소. 문자는 실은 그것을 익히는 사람들이 건망증에 걸리게 할 것이오. 그들은 글로 씌어진 것을 믿기에 기억력을 활용해 내부로부터 자력으로 기억하려 하는 대신 남이 만든 표시들에 의해 외부에서 기억하려고 하니 말이오. 그러니 그대가 발명한 것은 기억의 영약이 아니라 상기(想起)의 영약이오. 그대가 제자들에게 주는 것은 지혜가 아니라 지혜처럼 보이는 것이오. 그대의 제자들은 그대 덕분에 제대로 가르침을 받지 않고도 많은 것을 읽을 수 있어 대개는 아무것도 모르면서 자
b 신이 많이 알고 있는 것처럼 보일 테니 말이오. 또한 그들은 실제로 지혜로운 대신 지혜롭게 보이기만 하므로 함께하기가 어려울 것이오."[201]

파이드로스 소크라테스 선생님, 선생님께서는 아이귑토스 이야기든 선생님께서 원하시는 다른 곳 이야기든 잘도 지어내시는군요.

소크라테스 여보게, 도도네[202]에 있는 제우스 신전의 사제들에 따르면, 최초의 예언은 참나무에서 들려왔대. 당시 사람들은 자네 같은 젊은이들처럼 지혜롭지 못하고 순진한 나머지 진실을 말해주기만 하면 나무
c 나 바위[203]에도 기꺼이 귀를 기울였다네. 하지만 자네는 화자가 누구이며 어느 나라 출신인지 가리는 것 같구먼. 자네는 그의 말이 맞는지 아닌지에는 관심이 없으니 말일세.

파이드로스 선생님에게 비난받아 마땅해요. 제가 보기에, 문자에 관한 테바이 왕[204]의 말이 옳은 것 같아요.

소크라테스 그렇다면 수사학 편람을 글로 남기는 사람이나, 뭔가 확실하고 믿음직한 것을 제공하리라고 믿고 그런 저술을 받아들이는 사람은

순진하기 짝이 없으며, 암몬의 예언적인 발언을 이해하지 못하고 있음
에 틀림없네. 그렇지 않다면 어떻게 글로 적은 말들이 그 저술의 주제를 d
이미 알고 있는 사람들에게 알고 있는 것을 상기시켜주는 것 이상의 역
할을 할 수 있다고 생각할 수 있겠는가?

파이드로스 지당하신 말씀이네요.

소크라테스 파이드로스, 글은 다음과 같은 특성이 있으며, 그런 점에서
그림과도 같네. 그림으로 그려놓은 것들은 마치 살아 있는 것처럼 거기
에 있지만, 누가 질문을 하면 아주 근엄하게 침묵을 지킨다네. 글도 마
찬가지일세. 자네는 글이 지성을 갖추고 있는 것처럼 말한다고 생각하
겠지만, 글이 말하는 것 가운데 어떤 것에 관해 더 알고 싶어 질문을 하
면 글은 매번 한 가지 정보만 제공한다네. 일단 글로 적힌 것은 사방으 e
로 떠돌아다니면서 그것을 이해하는 사람뿐 아니라 그것과 무관한 사
람의 손으로도 굴러들어가며, 누구에게 말을 걸어야 하는지 누구에게
말을 걸어서는 안 되는지 전혀 분간하지 못한다네. 그리고 푸대접을 받
거나 모욕당하면 그것은 자신을 지킬 수도 자신을 도울 수도 없는지라,
언제나 아비[205]의 도움이 필요하다네.

파이드로스 역시 지당하신 말씀이네요.

201 테우트와 타무스 이야기는 매미 신화와 마찬가지로 플라톤이 지어낸 이야기 같다.

202 주 85 참조.

203 『오뒷세이아』 19권 162~163행 참조.

204 타무스.

205 저자.

276a **소크라테스** 어떤가? 우리는 글로 쓴 연설의 적출(嫡出) 형인 다른 연설에 관해, 그것이 어떻게 생겨나며, 본성적으로 아우보다 얼마나 더 훌륭하고 얼마나 더 능력이 있는지 살펴볼까?

파이드로스 그게 무엇이며, 어떻게 생겨나는 거죠?

소크라테스 그것은 배우는 사람의 혼에 씌어진, 지식과 함께하는 연설로, 자신을 지킬 줄도 알고, 누구에게 말하고 누구에게 침묵해야 하는지도 안다네.

파이드로스 죽은 연설이 아니라 지성인의 살아 있는 연설 말씀이군요. 우리는 글로 쓴 연설은 그것의 영상에 불과하다고 말해도 좋겠지요.

b **소크라테스** 물론이지. 다음 질문에도 대답해주게. 씨앗들을 돌보며 거기에서 열매 맺기를 바라는 지각 있는 농부라면 한여름에 씨앗들을 진지하게 아도니스의 정원[206]에 뿌려놓고 8일 만에 씨앗들이 결실을 맺는 것을 보고 기뻐할까? 농부가 그렇게 한다면 그것은 축제일의 흥을 돋우기 위해서가 아닐까? 진지한 목적을 위해서라면 자신의 농사기술을 이용해 씨앗들을 알맞은 토양에 뿌려놓고 그 씨앗들이 8개월 만에 결실을 맺는 것을 보고 흐뭇해하지 않을까?

c **파이드로스** 그럼요, 소크라테스 선생님. 선생님 말씀처럼 그는 둘 중 한쪽은 진지하게 행하고, 다른 쪽은 건성으로 하겠지요.

소크라테스 그렇다면 우리는 무엇이 올바르고 아름답고 훌륭한지 아는 사람이 자기가 뿌릴 씨앗에 대해 농부보다 더 지각이 없다고 말할 텐가?

파이드로스 물론 그렇지 않겠지요.

소크라테스 그렇다면 그는 물로, 우리가 잉크라고 부르는 검은 물로 그런

것들을 적느라, 자신을 변호할 수도 진리를 충분히 가르칠 수도 없는 말
들을 펜으로 뿌리느라 시간과 노력을 낭비하지는 않을 걸세.

파이드로스 분명 그럴 것 같지는 않아요.

소크라테스 결코 그렇게 하지는 않겠지. 그가 글을 쓴다면 자신이 늙어 d
서 건망증이 심해질 때를 대비해 자신을 위해, 자신과 같은 길을 가는
사람을 위해 상기시켜주는 것들을 쌓아두려고 재미 삼아 문자의 정원
에 씨를 뿌리며 정원에 꽃이 만발하는 것을 보고 흐뭇해할 것이네. 다른
사람들이 다른 놀이에 빠져 술잔치 따위로 자신에게 물을 대줄 때, 그
는 아마도 술잔치 대신 내가 방금 말한 소일거리로 시간을 보낼 것이네.

파이드로스 소크라테스 선생님, 정의나 선생님께서 언급하신 주제들에 e
관해 이야기하며 말로 즐거운 시간을 보낼 수 있다면, 그것은 다른 사람
들의 하찮은 소일거리에 견주어 정말 멋진 소일거리겠네요.

소크라테스 여보게 파이드로스, 자네 말이 맞네. 하지만 그런 주제들은
진지하게 다루는 것이 훨씬 더 아름다운데, 그것은 문답법 전문가가 걸
맞은 혼을 선택해 그 혼 안에 스스로 지킬 수 있고 자신을 심어준 사람
도 지켜줄 수 있는 말들을 심고 씨 뿌릴 때 가능하다네. 그런 말들은 결
실을 맺지 못하기는커녕 씨앗을 품고 있고, 그 씨앗으로부터 다른 토양 277a
에서 다른 씨앗들이 자라난다네. 그리고 이런 과정을 통해 본디 씨앗은
영원한 생명을 얻고, 씨앗을 가진 사람은 인간으로서 가능한 범위 안에

206 속성 재배용 화분.

서 최대한 행복을 누리게 된다네.

파이드로스 그래요, 선생님께서 말씀하시는 것이 훨씬 더 아름다워요.

소크라테스 파이드로스, 우리는 이런 점들에 합의했으니, 다른 점들에 대해서도 판단할 수 있을 걸세.

파이드로스 어떤 점들 말인가요?

소크라테스 우리가 지금의 결론에 도달하기 전에 고찰하려 했던 것들 말
일세. 우리는 연설문 작성과 관련하여 뤼시아스에게 가해진 비난을 검
b 토하고, 어떤 연설이 기술에 맞게 작성된 것이고 어떤 연설이 기술에 어
긋나게 작성된 것인지 알아보려 했네. 그런데 무엇이 기술에 맞고, 맞지
않는지는 우리가 충분히 밝혀낸 것 같네.

파이드로스 저도 그렇게 생각해요. 하지만 우리가 어떻게 해서 그렇게 했는지 다시 상기시켜주세요.

소크라테스 첫째, 자네는 말이나 글의 주제에 관해 진실을 알아야 하네.
주제 전체를 정의할 수 있어야 하고, 그렇게 정의한 다음에는 주제를 더
이상 나눌 수 없을 때까지 분류할 수 있어야 한다는 말일세. 둘째, 자네
c 는 똑같은 방법으로 혼을 구분하여 개개의 혼에 맞는 연설을 찾아내 자
네의 연설들을 그에 맞게 정리 정돈한 다음 복잡한 혼에게는 복잡하고
포괄적인 연설을, 단순한 혼에게는 단순한 연설을 제공해야 하네. 이런
조건이 충족되기 전에는 가르치기 위해서든 설득하기 위해서든 가능한
범위 안에서 최대한 전문기술에 맞게 연설한다는 것은 불가능할 걸세.
우리가 앞서 논의한 것은 모두 그런 취지였네.

파이드로스 네, 그래요. 우리가 보기에는 분명 그런 것 같았어요.

소크라테스 어떤가? 연설을 하거나 작성하는 것이 고상한 일이냐 수치스 d
러운 짓이냐, 어떤 경우에는 비난받아 마땅하고 어떤 경우에는 그렇지
않느냐 하는 우리의 다른 문제로 되돌아가서, 이 문제는 잠시 전에 우리
가 말한 것[207]에 의해 밝혀진 것 같네그려.

파이드로스 무엇이 밝혀졌다는 거죠?

소크라테스 만약 뤼시아스나 다른 어떤 사람이 사적이거나 공적인 일로
과거나 미래에 연설문을 쓰면서, 이를테면 법안을 제의하는 등 정치가
로서 연설문을 작성하면서 거기에 영구불변의 진리가 내포되어 있다고
생각한다면, 그 작성자는 남이 실제로 비난하건 비난하지 않건 비난받
아 마땅하다는 것 말일세. 왜냐하면 깨어 있건 잠들어 있건 정의와 불
의, 좋은 것과 나쁜 것에 대해 무지하다는 것은 설령 대중이 이구동성 e
으로 찬동하다 해도 정말이지 비난을 면할 수 없기 때문일세.

파이드로스 면할 수 없겠지요.

소크라테스 그와는 달리 누가 이렇게 생각한다고 가정해보게. 어떤 주제
에 관해 글로 쓴 연설에는 필연적으로 재미를 위한 것들이 많이 포함되
기 마련이며, 운문이나 산문으로 쓴 어떤 연설도 진지하게 주목할 만한
가치는 없다. 그 점은 문제를 제기하거나 가르치려 하지 않고 설득만을
노리는 음유시인들의 음송도 마찬가지이다. 실제로 가장 훌륭한 연설 278a
도 기껏해야 이미 알고 있는 것을 상기시켜줄 뿐이다. 정의와 아름다움

207 274b~277a 참조.

과 좋은 것에 관해 설명하고 가르치기 위해 진실로 듣는 사람의 혼 안에
쓴 말들만이 명료하고 완전하며 주목받을 가치가 있는 것이다. 이런 종
류의 말들은 그의 적자(嫡子)들이라고 불리어 마땅한데, 첫째, 그의 내
b 부에 그런 것이 발견된다면 그의 내부의 말들이 그렇고, 둘째, 그의 내
부의 말들의 자식과 형제들로서 다른 사람들의 혼 안에 바르게 자란 말
들이 그렇다. 그는 다른 종류의 말들에는 등을 돌릴 것이다. 그렇게 생
각하는 사람이 있다면, 파이드로스, 그런 사람이야말로 자네와 내가
본받기를 원하는 사람일 것이네.

파이드로스 그것이야말로 진실로 제 소원이자 바람이에요.

뤼시아스와 이소크라테스에게 전하는 말 (278b ~ 279c)

소크라테스 그렇다면 우리는 이로써 연설에 관해 충분히 환담을 나누었
네. 이제 자네는 뤼시아스에게 가서 전하게. 우리 둘이 강물을 따라 요
정들의 샘과 무사 여신들의 신전이 있는 곳으로 내려갔다가 그곳에서
다음과 같이 전하라는 말을 들었노라고. 우리더러 뤼시아스를 비롯한
c 연설문 작성자에게, 호메로스를 비롯하여 반주음악의 유무를 떠나 시
를 짓는 다른 사람에게, 셋째, 솔론을 비롯하여 법안 제출이라는 이름
으로 정치 연설문을 작성하는 사람에게 말하라고. 만약 그가 진실을
알고 글을 썼고 외부의 도전을 받을 때 자신이 쓴 글을 지킬 수 있으며
자신이 쓴 글이 하찮은 것 같다고 자기 입으로 말할 수 있다면, 그는 이
d 러한 글들에서 유래한 명칭[208]이 아니라, 그의 진지한 활동을 가리키는
명칭으로 불려야 한다고 말일세.

파이드로스 그렇다면 선생님께서는 그에게 어떤 명칭을 부여하시겠어요?

소크라테스 파이드로스, 그를 '지혜로운 자'라고 부르는 것은 아마도 지나칠 걸세. 그런 명칭은 신에게나 어울리겠지. '지혜를 사랑하는 사람'[209]이나 그와 비슷한 명칭이 그에게 더 걸맞고 더 적절할 걸세.

파이드로스 네, 전혀 부적절하지 않아요.

소크라테스 반면에 누가 오랜 시간 이리 뒤집고 저리 뒤집고 붙였다 떼었다 하며 작성하거나 쓴 것보다 더 가치 있는 것은 아무것도 보여줄 수 없
다면, 그는 '시인' 또는 '연설문 작성자' 또는 '법안 작성자'라고 불리어 마 e
땅하지 않을까?

파이드로스 마땅하고말고요.

소크라테스 그렇다면 자네 친구에게 그렇다고 전하게나.

파이드로스 선생님께서는 어떻게 하시겠어요? 우리는 선생님의 친구도 제외해서는 안 될 텐데요.

소크라테스 그게 누구지?

파이드로스 미남 이소크라테스[210] 말이에요. 소크라테스 선생님, 그에게는 무엇이라고 전하실래요? 우리는 그를 무엇이라고 불러야 하나요?

소크라테스 파이드로스, 그는 아직은 젊지만, 내 자네에게 그의 미래를

208 예컨대 '연설문 작성자'.

209 philosophos. '철학자'로 번역할 수도 있다.

210 이소크라테스(Isokrates 기원전 436~338년)는 아테나이의 연설가로, 건강이 좋지 않아서 직접 정치 활동을 하지는 않고 연설문들을 작성해 여론의 향방에 영향력을 행사했다.

예언해보겠네.

279a **파이드로스** 어떤 것인데요?

소크라테스 내가 보기에 그는 타고난 자질에서 뤼시아스와 그의 연설들보다 한 수 위이고, 성격도 더 고상한 것 같네. 따라서 그가 나이 들어가면서 지금 작성하고 있는 것과 같은 종류의 연설을 계속 작성한다면, 일찍이 연설문을 작성하려고 시도한 적이 있는 모든 사람이 그와 비교해 어린아이처럼 보인다 해도 나는 조금도 놀라지 않을 것이네. 그가 지금 작성하고 있는 것에 만족하지 못하고 더 신적인 충동에 이끌려 더 중요한 것을 향해 나아간다면 더욱더 그럴 것이네. 여보게, 그는 철학적인
b 심성을 타고났기 때문이네. 이것이 내가 이곳의 신들로부터 내 연동인 이소크라테스에게 전할 말일세. 자네 연동인 뤼시아스에게 무슨 말을 전할 것인지는 자네가 이미 알고 있네.

파이드로스 그렇게 할게요. 이제 더위도 한풀 꺾였으니, 우리 돌아가도록 해요.

소크라테스 떠나기 전에 이곳 신들에게 기도해야 하지 않을까?

파이드로스 물론 그래야지요.

소크라테스 친애하는 판[211] 신과 이곳의 모든 신들이시여, 내 내면이 아름다워지게 해주시고, 내 외적인 재산은 내 내면의 상태와 일치하게 해
c 주소서. 나는 지혜로운 사람이 부자라고 믿고 싶으며, 황금은 절도 있는 사람이 지니거나 가져갈 수 있을 만큼만 갖고 싶나이다. 파이드로스, 다른 것이 더 필요한가? 나는 이 정도 기도면 충분하네.

파이드로스 저를 위해서도 그렇게 기도해주세요. 친구들은 모든 것을

공유한다[212]고 하잖아요.

소크라테스 우리 가세!

211 판(Pan)은 산야와 목축의 신이다.

212 『국가』 424a, 449c 참조.

메논

대담자

소크라테스 당시 67세쯤으로 추정된다.

메논(Menon) 텟살리아 지방의 귀족 청년. 크세노폰의 『아나바시스』에서는 그리스 용병들을 지휘하는 장군으로 나온다.

크테십포스(Ktesippos) 힙포탈레스와 같은 또래로 역시 동성애에 관심이 많지만 힙포탈레스의 태도에 대해서는 비판적이다. 대화편 『파이돈』 59b에 따르면, 그는 훗날 소크라테스가 독배를 들고 숨을 거둘 때 그의 임종을 지켜보았다고 한다.

노예 소년 메논이 데려온 노예들 가운데 한 명.

아뉘토스(Anytos) 아테나이의 민주정체 지지 정치가로 메논이 머무르던 집의 주인. 3년 뒤 다른 두 사람과 함께 나라에서 믿지 않는 신을 믿고 젊은이들을 타락시킨다는 이유로 소크라테스를 고발해 사형 판결을 받게 한다.

70a **메논** 소크라테스 선생님, 제게 말씀해주실 수 있겠어요? 미덕[1]은 배울 수 있는 것인가요? 아니면 미덕은 배울 수 있는 것이 아니라 수련의 결과인가요? 아니면 그 어떤 것도 아니고 사람들이 타고나는 것인가요? 그것도 아니라면 사람들에게 어떻게 미덕이 생기는 거죠?

소크라테스 메논, 전에는 텟살리아[2]인들이 승마술과 부(富)로 헬라
b 스[3]인들 사이에서 크게 이름을 날렸지만, 지금은 내가 보기에 지혜로도 이름을 날리는 것 같네. 자네 친구인 아리스팁포스[4]의 동향인들인 라리사[5]인들이 특히 그렇다네. 그게 다 고르기아스[6]덕분일세. 그는 라리사에 도착하여 자네의 연인 아리스팁포스를 포함해 알레우아다이[7]가(家)의 요인(要人)들이 자신의 지혜에 열광하게 만들었으니까. 그

점은 텟살리아의 다른 지도자들도 마찬가지였네. 게다가 고르기아스
는 자네들이 지식인이라면 당연한 일이지만 누가 어떤 질문을 해도 두
려움 없이 당당하게 대답하는 버릇을 들이게 했네. 그는 헬라스인이면 c
누가 어떤 질문을 해도 응했고, 그에게서 대답을 듣지 못한 사람은 아무
도 없었으니 말일세. 그러나 친애하는 메논, 여기 아테나이에서는 상황
이 그와 정반대일세. 이곳에는 지혜의 가뭄 같은 것이 들어, 지혜가 이 71a
곳을 떠나 텟살리아로 간 것 같으니 말일세. 아무튼 자네가 이곳 사람
들 중 누구에게 그런 질문을 하면 모두들 웃으며 다음과 같이 대답할
걸세. "이방인이여, 그대는 나를 복받은 사람으로 여기는 것 같소이다.
그대는 미덕이 배울 수 있는 것인지 아닌지, 그렇지 않으면 사람들에게
어떻게 미덕이 생기는지 내가 알고 있다고 생각하는 것 같으니 말이오.
하지만 나는 사실은 미덕이 배울 수 있는 것인지 아닌지는 고사하고 미
덕이라는 것이 대체 무엇인지조차 전혀 모른다오."

메논, 그것이 지금의 내 처지일세. 그 점에서 나는 내 동료 시민들보 b
다 조금도 더 나을 게 없으며, 미덕에 관해 아무것도 모르는 나 자신을

1 arete.
2 Thessalia. 그리스반도 북부의 비옥한 평야지대.
3 Hellas. 그리스의 그리스어 이름. 『파이드로스』 주 44 참조.
4 Aristippos. 소년 메논을 연동으로 사랑한 연인(erastes).
5 Larisa 또는 Larissa. 텟살리아 지방의 도시.
6 『파이드로스』 주 151 참조.
7 Aleuadai. 텟살리아의 귀족 가문.

질책하고 있다네. 그리고 내가 어떤 것에 관해 그것이 무엇인지 모른다면, 그것이 어떤 것인지 어떻게 알겠는가? 아니면 자네는 메논이 누구인지 전혀 모르는 사람이 메논이 잘생겼는지 부자인지 가문이 좋은지 아니면 그 반대인지 알 수 있으리라고 생각하는가? 자네는 그게 가능하다고 생각하는가?

c **메논** 아니요. 하지만 소크라테스 선생님, 선생님께서는 미덕이 무엇인지 정말 모르세요? 선생님께서 미덕이 무엇인지 모르시더라고 우리가 고향에 돌아가서도 전할까요?

소크라테스 여보게, 어디 그뿐인가. 더하여 내가 일찍이 미덕을 아는 다른 사람도 만난 적이 없는 것으로 생각하고 있더라고 전해주게나.

메논 어때요? 선생님께서는 고르기아스가 이곳에 있을 때 만나지 않으셨나요?

소크라테스 만났지.

메논 선생님께서 보시기에, 그도 모르는 것 같았나요?

소크라테스 메논, 내 기억력이 좋지 않아서 그때 그에 관해 내가 어떻게
생각했는지 지금은 말할 수가 없네. 하지만 어쩌면 그는 알고 있을지도
모르지. 자네도 아마 그가 무슨 말을 했는지 알고 있을지 모르고. 그러
d 면 그가 무슨 말을 했는지 자네가 상기시켜주게. 아니면 자네가 원한다
면 자네 생각을 말해주게. 자네는 그와 생각이 같은 것 같으니까.

메논 그래요. 저는 그와 생각이 같아요.

소크라테스 그렇다면 고르기아스는 잊기로 하세. 어차피 여기에 있지도 않으니까. 하지만 메논, 신들에 맹세코, 자네는 미덕이 무엇이라고 생각

하는지 자네 자신의 말을 들려주게. 아까워하지 말고 말해주게. 그리하
여 내가 잠시 전에 한 말이 사실이 아니라는 것을 보여주게나. 내가 잠시
전에 미덕이 무엇인지 아는 사람을 한 명도 만난 적이 없다고 주장했을
때, 만약 자네와 고르기아스가 알고 있던 것으로 드러난다면 나는 더없
이 행복한 거짓말을 한 셈이 될 테니까.

메논 소크라테스 선생님, 그건 말하기 어렵지 않아요. 먼저 남자의 미덕 e
이 무엇인지 알고 싶으시다면 그것은 어렵지 않아요. 남자 특유의 미덕
이란 나랏일을 처리할 능력이 있고, 나랏일을 처리할 때 친구에게는 이
롭게 하고 적에게는 해롭게 하되 자신은 해를 입지 않도록 조심하는 것
이지요. 그다음, 여자의 미덕이 무엇인지 듣고 싶으시다면, 설명하기 어
렵지 않지요. 여자는 살림을 알뜰히 꾸려가며 재산을 보전하고 남편에
게 복종해야 해요. 그다음, 여자아이든 남자아이든 아이의 미덕이 있
고, 자유민이든 노예든 노인의 미덕도 있지요. 그 밖의 다른 미덕도 많 72a
이 있어요. 그러니 미덕이 무엇인지 말하기란 어렵지 않아요. 미덕이란
우리 각자의 활동과 연령과 업무에 따라 달라요. 그 점은 악덕의 경우도
마찬가지인 것 같아요, 소크라테스 선생님.

소크라테스 메논, 내가 하나의 미덕을 찾다가 자네 곁에 미덕이 떼 지어
모여 있는 것을 발견했으니 큰 행운을 잡은 것 같네그려. 하지만 메논,
떼 지어 모여 있다는 비유와 관련하여, 나는 자네에게 벌이 무엇인지 물 b
었는데, 자네는 벌에는 많은 종류가 있다고 말했다고 가정해보게. 그럴
경우 내가 다음과 같이 묻는다면 자네는 어떻게 대답할 것인가? "자네
말은, 벌들이 벌이라는 점에서 서로 다른 많은 종류가 있다는 뜻인가?

아니면 벌은 그 점에서는 서로 차이가 없지만 이를테면 아름다움이나 크기 등 다른 점에서 차이가 난다는 뜻인가?" 말해보게. 그런 질문을 받으면 자네는 어떻게 대답할 텐가?

메논 저는 벌들이 벌이라는 점에서는 서로 다르지 않다고 대답하겠어요.

c **소크라테스** 그러면 이어서 내가 다음과 같이 묻는다고 가정해보게. "그렇다면 메논, 바로 이 점에 관해 말해주게. 자네는 벌이 모두 똑같고 서로 다르지 않게 해주는 것이 무엇이라고 말할 텐가?" 자네는 아마 내게 뭔가를 말해줄 수 있겠지?

메논 네.

소크라테스 그렇다면 미덕들도 마찬가지일세. 비록 미덕은 수도 많고 종류도 다양하지만 모두 동일한 형상[8]을 하고 있어서, 그것에 힘입어 미덕이 미덕이 되는 것이라네. 그래서 누군가 미덕이 실제로 무엇인지 설명해주기를 요청받으면 마땅히 바로 이 형상에 주목해야 하네. 아니면 자
d 네는 내 말뜻을 모르겠는가?

메논 알 것 같아요. 그렇지만 선생님께서 제게 뭘 물으시는 것인지 제가 원하는 만큼 충분히 파악하지 못했어요.

소크라테스 메논, 자네는 남자 것 다르고 여자 것 다르며 다른 이들 것 다른 것이 미덕에만 적용된다고 생각하는가, 아니면 건강과 키와 힘도 그 점에서는 마찬가지라고 생각하는가? 자네는 남자의 건강이 따로 있고
e 여자의 건강이 따로 있다고 생각하는가? 아니면 건강은 남자에게 있건 여자에게 있건 다른 이에게 있건 건강인 한은 어디서나 같은 형상일까?

메논 건강은 남자의 것이나 여자의 것이나 똑같은 것 같아요.

소크라테스 키와 힘도 그 점에서는 마찬가지겠지? 만약 어떤 여자가 힘이 세다면 그녀는 같은 형상과 같은 힘에 의해 힘이 세겠지? 내가 '같은'이라고 말할 때 의미하는 바는, 힘은 남자에게 있건 여자에게 있건 힘이라는 점에서는 다를 바 없다는 뜻일세. 아니면 자네는 다를 것이라고 생각하는가?

메논 아니요.

소크라테스 그럼 미덕은 어떤가? 미덕이 아이에게 있건 노인에게 있건, 73a
여자에게 있건 남자에게 있건, 미덕이라는 점에서 차이가 날까?

메논 소크라테스 선생님, 어쩐지 이 경우는 다른 경우들과 같지 않을 것 같은데요.

소크라테스 뭐라고? 자네는 남자의 미덕은 나라를 잘 관리하는 것이고, 여자의 미덕은 살림을 잘하는 것이라고 말하지 않았던가?

메논 네, 그렇게 말했어요.

소크라테스 나라든 가정이든 그 밖의 다른 것이든 절제 있고 올바르게 관리하지 않으면 잘 관리할 수 있을까?

메논 절대 그럴 수 없어요.

소크라테스 그들이 올바르고 절제 있게 관리한다면 정의와 절제에 힘입 b
어 그렇게 하겠지?

메논 당연하지요.

8 eidos. 여기서는 이데아(idea)와 동의어이다.

소크라테스 그러니 남자건 여자건 훌륭한 사람이 되고자 한다면 양쪽 모두 같은 것들이 필요하네. 정의와 절제 말일세.

메논 그런 것 같아요.

소크라테스 아이와 노인의 경우는 어떤가? 그들이 무절제하고 불의하다면 결코 훌륭해질 수 없겠지?

메논 결코 그럴 수 없어요.

소크라테스 그러나 그들이 절제 있고 올바르다면 훌륭해질 수 있겠지?

c **메논** 네.

소크라테스 그렇다면 모든 사람은 같은 방법으로 훌륭하네. 같은 자질을 갖춤으로써 훌륭해지니까.

메논 그런 것 같아요.

소크라테스 그리고 그들의 미덕이 같은 것이 아니라면, 그들은 같은 방법으로 훌륭하지 못할 걸세.

메논 물론 그렇지 못하겠지요.

소크라테스 그렇다면 만인의 미덕은 같은 것인 만큼 자네는 그것이 무엇인지 말해주게. 고르기아스가 그것을 어떻게 정의했는지 상기해보라는 말일세. 자네는 그에게 동의하니까.

메논 그것은 사람들을 지배하는 능력이 아니고 무엇이겠어요? 선생님
d 께서 찾으시는 것이 모든 경우에 해당되는 하나의 정의라면 말이에요.

소크라테스 내가 찾는 것은 바로 그것일세. 그런데 메논, 아이나 노예의 경우에도 미덕은 같은 것일까? 말하자면 아이와 노예가 주인을 지배할 수 있을까? 자네는 치자(治者)가 노예일 수도 있다고 생각하는가?

메논 분명 그렇지는 않겠지요, 소크라테스 선생님.

소크라테스 여보게, 아마도 그렇지는 않겠지. 자네가 고찰해야 할 것이 한 가지 더 있네. 자네는 미덕은 '지배하는 능력'이라고 주장하는데, 우리는 거기에 '불의하게가 아니라 올바르게'라고 덧붙일까?

메논 그래야 할 것 같아요. 정의가 곧 미덕이니까요.

소크라테스 메논, 그것은 미덕인가 아니면 하나의 미덕인가? e

메논 무슨 말씀이신지요?

소크라테스 그 점은 다른 것도 모두 마찬가지일세. 자네가 좋다면 예컨대 원(圓)에 대해 나는 그것이 하나의 형태라고 말하지, 단순히 형태라고 말하지는 않을 걸세. 내가 그렇게 말하는 이유는 원 말고 다른 형태들도 있기 때문이네.

메논 선생님 말씀이 옳아요. 저도 정의는 유일한 미덕이 아니라, 정의 외에 다른 미덕들도 있다고 말할래요.

소크라테스 어떤 것들인가? 말해주게. 자네가 묻는다면 내가 다른 형태 74a
들을 말해줄 테니 자네도 내게 다른 미덕들을 말해주게.

메논 좋아요. 저는 용기도 하나의 미덕이라고 생각해요. 절제, 지혜, 고매함 등등과 마찬가지로.

소크라테스 메논, 이번에도 우리에게 같은 일이 벌어졌구먼. 우리는 하나의 미덕을 찾다가 수많은 미덕을 발견했으니 말일세. 아까와는 방법이 다르기는 하지만. 그러나 우리는 이들 미덕을 전부 포괄하는 단 하나의 미덕은 발견할 수 없네.

메논 소크라테스 선생님, 그것은 선생님께서 찾으시는 것을 다른 것들

b 의 경우와는 달리 아직도 제가 발견할 수 없기 때문이에요. 모든 미덕을 포괄하는 하나의 미덕 말이에요.

소크라테스 당연하지. 하지만 우리가 앞으로 나아갈 수 있도록 내가 최선을 다해보겠네. 자네도 알다시피, 다음은 모든 것에 적용되는 원칙일세. 누가 자네에게 내가 방금 물었듯이 "메논, 형태란 무엇이오?"라고 묻는데 자네가 "원이오"라고 대답한다고 가정해보게. 그리고 그가 나처럼 자네에게 "원은 형태요, 아니면 하나의 형태요?"라고 묻는다고 가정해보게. 자네는 아마도 원은 하나의 형태라고 대답할 걸세.

메논 물론이지요.

c **소크라테스** 그렇게 대답하는 이유는 다른 형태들도 있기 때문이겠지?

메논 네.

소크라테스 그리고 그가 다른 형태들이 어떤 것이냐고 계속해서 묻는다면, 자네는 그에게 대답하겠지?

메논 네, 대답하겠지요.

소크라테스 이번에는 마찬가지로 그가 자네에게 "색깔이란 무엇이오?"라고 묻는데 자네가 "흰색이오"라고 대답하자 그가 자네에게 "흰색은 색깔이요, 아니면 하나의 색깔이요?"라고 응수한다고 가정해보게. 자네는 흰색은 하나의 색깔이라고 말하겠지? 다른 색깔들도 있으니까.

메논 네, 그렇게 말하겠지요.

소크라테스 그리고 그가 자네에게 다른 색깔들을 말해보라고 요구한다
d 면, 자네는 그에게 흰색과 마찬가지로 역시 색깔인 다른 색깔들을 말해주겠지?

메논 네.

소크라테스 이번에는 그가 나와 같은 방법으로 문제에 접근하며 다음과 같이 말한다고 가정해보게. "우리는 계속해서 다수에 이르고 있네. 제발 그런 대답은 하지 말아주게. 대신 자네는 이들 다수를 하나의 이름으로 지칭하고 있으니, 말하자면 그것들이 상반되더라도 그것들 모두에 '형태'라는 이름을 쓰고 있으니, 곧은 것 못지않게 둥근 것을 포괄하는 그것이 대체 무엇인지 말해주게. 자네는 그것을 '형태'라고 부르며 '둥근 것'에도 '곧은 것'에도 똑같이 적용하고 있네그려. 아니면 자네 주 e
장은 그런 뜻이 아닌가?

메논 제 주장은 그런 뜻이에요.

소크라테스 그러면 자네가 그렇게 말할 경우 자네 말은 둥근 것은 곧은 것보다 더 둥글지 않고, 곧은 것은 둥근 것보다 더 곧지 않다는 뜻인가?

메논 결코 그렇지 않아요, 소크라테스 선생님.

소크라테스 하지만 자네는 둥근 것도 곧은 것 못지않게 형태이며, 그 반대도 마찬가지라고 주장하고 있지 않은가.

메논 네, 맞아요.

소크라테스 그렇다면 형태라는 이름이 붙은 그것은 대체 무엇인가? 말 75a
해보게. 이번에는 형태나 색깔에 관해 묻는 사람에게 자네가 다음과 같이 대답한다고 가정해보게. "여보시오, 나는 당신이 무얼 원하는지 이해하지 못하겠고, 당신이 무슨 말을 하는지도 모르겠소." 그러면 그는 아마 당황하며 말할 걸세. "당신은 내가 찾고 있는 것이 그것들 모두에 동일한 것이라는 것도 이해하지 못하겠소?" 메논, 이런 상황에서 누가

"둥근 것이나 곧은 것이나 그 밖에 당신이 형태라고 부르는 모든 것에 언제나 똑같은 것이란 대체 무엇이오?"라고 물어도, 자네는 여전히 대답할 수 없겠는가? 자, 말해보게나. 자네가 미덕에 관해 답변하는 데 연습도 될 테니 말일세.

b **메논** 아니요. 소크라테스 선생님, 선생님께서 대답해주세요.

소크라테스 자네는 내가 그렇게 해주기를 바라는가?

메논 물론이지요.

소크라테스 그러면 자네도 미덕에 관해 내게 말해주겠는가?

메논 네.

소크라테스 그러면 내 최선을 다해보겠네. 애쓴 보람이 있을 테니까.

메논 분명히 그럴 거예요.

소크라테스 그렇다면 자, 형태가 무엇인지 내 자네에게 말해보겠네. 자네는 다음을 형태의 정의(定義)로 받아들일지 살펴보게나. 우리는 형태를 언제나 색깔을 수반하는 유일한 것이라고 말하도록 하세. 자네는 이
c 정도면 충분하다고 생각하는가, 아니면 다른 대답을 구할 텐가? 자네가 미덕을 그렇게 정의한다면 나 같으면 만족하겠네만.

메논 하지만 소크라테스 선생님, 그것은 어리석은 정의예요.

소크라테스 그게 무슨 말인가?

메논 제가 알기에, 선생님께서는 형태는 언제나 색깔을 수반한다고 말씀하세요. 그럴지도 모르지요. 하지만 자기는 색깔이 무엇인지 모르겠으며 자기에게는 색깔도 형태만큼이나 아리송하다고 말하는 사람이 있다면, 선생님께서는 그에게 뭐라고 대답하셨을까요?

소크라테스 나는 그에게 사실대로 말했네. 그리고 내게 묻는 사람이 언제나 논쟁에서 이기고 싶어 하는 궤변가 중 한 사람이라면 나는 그에게 다음과 같이 말할 걸세. "나는 할 말 다 했소. 내 말에 잘못이 있다면, d
그것을 논박하는 것은 당신 몫이오." 그렇지만 사람들이 지금의 나와 자네처럼 친구 사이이고 서로 허심탄회하게 대화하기를 원한다면 대화에 더 적합한 더 부드러운 대답이 제격일 것이네. 그리고 '대화에 더 적합한' 대답이란 아마도 진실을 말하는 데 그치지 않고 묻는 사람이 안다고 동의하는 용어들로 대답하는 것일 걸세. 그래서 나도 자네에게 그런 식으로 말하도록 노력하겠네. 그렇다면 말해보게. 자네는 어떤 것의 e
'끝'이라는 용어를 사용하는가? 한계 또는 경계라는 뜻으로 말일세. 내게는 이 모든 것이 같은 것을 의미하니까. 아마도 프로디코스[9]는 우리에게 동의하지 않겠지만, 자네는 분명히 무엇이 "끝났다" 또는 "완결되었다"고 말할 텐데, 내가 말하고자 하는 것은 바로 그것이고, 복잡한 것이 아닐세.

메논 물론 저는 그런 표현을 사용해요. 그리고 선생님께서 무슨 말씀을 하시는지 알 것 같아요.

소크라테스 어떤가? 자네도 기하학에서처럼 어떤 것은 '평면'이라 부르 76a
고, 또 어떤 것은 '입체'라 부르는가?

메논 저도 그렇게 불러요.

9 『파이드로스』 주 172 참조.

소크라테스 이제 자네는 그것들에 근거하여 내가 말하는 형태가 무엇을 의미하는지 이해할 수 있을 것이네. 모든 형태에 대해 나는 형태란 입체와 접경된 것이라고 말하니까. 한마디로 형태는 입체의 한계라는 말일세.

메논 소크라테스 선생님, 색깔은 무엇이라고 정의하시겠어요?

소크라테스 메논, 자네 참 무례하구먼. 자네는 질문에 대답하는 수고를
b 늙은이에게 떠맡기면서 자신은 고르기아스가 무엇을 미덕이라고 하는지 상기하여 말해줄 생각을 하지 않으니 말일세.

메논 소크라테스 선생님, 선생님께서 제 질문에 대답해주시면 저도 선생님께 대답할게요.

소크라테스 메논, 눈을 가린 사람이라도 자네가 대화하는 것을 들으면 자네는 미남이어서 사람들이 여전히 자네에게 홀딱 반했다는 것을 알 수 있을 걸세.

메논 어째서요?

소크라테스 토론할 때 자네는 명령만 하지 않나. 그것은 젊음의 매력이 넘치는 동안 폭군으로 군림하는 응석받이들이나 하는 짓이니 그렇지.
c 게다가 자네는 내가 미남에게 약하다는 사실을 알아차린 것 같네. 그러니 내 자네의 청을 받아들여 대답하겠네.

메논 당연히 제 청을 들어주셔야죠.

소크라테스 그러면 자네는 내가 고르기아스 식으로 대답하기를 원하는가? 그래야만 자네가 가장 쉽게 따라갈 수 있을 테니 말일세.

메논 저야 물론 선생님께서 그렇게 해주시기를 원하지요.

소크라테스 그렇다면 자네와 고르기아스도 엠페도클레스[10]처럼 실재들의 유출물들 같은 것이 있다고 말하는가?

메논 그야 물론이지요.

소크라테스 또한 유출물들이 들어가서 지나가는 통로들이 있다고도 말하는가?

메논 물론이지요.

소크라테스 또한 유출물들 가운데 어떤 것은 어떤 통로에 맞지만, 다른 유출물들은 통로들보다 더 작거나 더 크다고도 말하는가? d

메논 네, 그래요.

소크라테스 자네는 시각(視覺)이라 불리는 것이 존재한다는 점도 인정하는가?

메논 인정해요.

소크라테스 그러면 이제 자네는 핀다로스의 말처럼 '내 말이 무슨 뜻인지 이해할 수 있을' 것이네.[11] 색깔은 시각에 적합하고 지각될 수 있는, 형태들의 유출물일세.

메논 소크라테스 선생님, 그건 정말 훌륭한 대답 같아요.

소크라테스 자네가 그런 대답에 익숙하기 때문이겠지. 더하여 아마 자네

10 Empedokles(기원전 495~435년경). 시칠리아 아크라가스(Akragas) 시 출신의 자연철학자. 고르기아스는 그의 제자였다고 한다.

11 핀다로스, 단편 105a (Race)(Loeb Classical Library). 핀다로스에 관해서는 『파이드로스』 주 8 참조.

e 도 알겠지만, 이런 대답은 소리, 냄새 등등이 무엇인지 말할 때도 써먹을 수 있을 것이네.

메논 물론이지요.

소크라테스 메논, 이 대답은 비극 투일세. 그래서 형태에 대한 대답보다 자네 마음에 더 드는 것일세.

메논 네, 제 마음에 들어요.

소크라테스 그러나 알렉시데모스의 아들이여, 그것은 더 나은 대답이 아닐세. 나는 다른 대답이 더 낫다고 확신하네. 나는 자네도 그렇게 생각할 것이라고 믿네. 만약 자네가 어제 내게 말했듯이 비의(秘儀)가 시작되기 전에 이곳을 떠나지 않아도 되고, 이곳에 머무르며 비의에 입문한다면 말일세.[12]

77a **메논** 소크라테스 선생님, 선생님께서 그런 이야기를 많이 들려주신다면 여기에 머무르겠어요.

소크라테스 좋아, 최선을 다해보겠네. 우리 두 사람을 위해. 하지만 내가 자네에게 그런 이야기를 많이 들려주지 못할까 염려스럽네. 자, 자네도 약속을 지켜 미덕이 하나의 전체로서 무엇인지 말해주게. 누가 뭔가를 깨부술 때 익살꾼들이 말하듯이 하나를 여럿으로 만들기를 그만두게.
b 미덕은 전체로서 온전하게 내버려두고, 미덕이 무엇인지 말해주게. 나는 이미 자네에게 본보기들을 제시했네.

메논 소크라테스 선생님, 제가 보기에 미덕은 시인의 말처럼 "아름다운 것들을 즐기며 능력이 있는 것"인 듯해요.[13] 그래서 저는 아름다운 것들을 원하며 그것들을 획득할 능력이 있는 것이 미덕이라고 말할래요.

소크라테스 자네가 말하는 '아름다운 것들을 원하는 사람'이란 좋은 것들을 원하는 사람이라는 뜻인가?

메논 물론이지요.

소크라테스 그렇다면 자네는 나쁜 것들을 원하는 사람도 있고, 좋은 것들을 원하는 사람도 있다고 보는 겐가? 여보게, 자네는 모든 사람들이 c 좋은 것들을 원하는 것은 아니라고 생각하는가?

메논 저는 그렇게 생각하지 않아요.

소크라테스 나쁜 것들을 원하는 사람도 있단 말이지?

메논 네.

소크라테스 그들이 나쁜 것들을 원한다는 자네의 말은 나쁜 것들이 좋은 것인 줄 알고 그런다는 뜻인가, 나쁜 것들이 나쁜 것인 줄 알면서도 그런다는 뜻인가?

메논 두 경우 다 있다고 생각해요.

소크라테스 메논, 자네는 정말로 나쁜 것인 줄 알면서 나쁜 것들을 원하는 사람이 있다고 생각하는가?

메논 물론이지요.

소크라테스 그가 나쁜 것들을 원한다고 자네가 말할 때, 그것은 그가 나 d 쁜 것들을 갖기를 원한다는 뜻인가?

12 여기서 '비의'란 엘레우시스(Eleusis) 비의를 말하지만 '철학에 입문하는 것'이라는 뜻도 내포되어 있다. 『향연』(*Symposion*) 209e~210a, 『파이드로스』 250b~c 참조.

13 누가 한 말인지 알 수 없다.

메논 물론이지요.

소크라테스 그가 나쁜 것들을 원하는 까닭은, 나쁜 것들이 그것들을 획득하는 사람에게 이롭다고 여겨서인가, 아니면 나쁜 것들이 그것들을 가진 사람에게 해롭다는 것을 알기 때문인가?

메논 나쁜 것들이 이롭다고 믿는 사람도 있는가 하면, 나쁜 것들이 해롭다는 것을 아는 사람도 있지요.

소크라테스 자네는 나쁜 것들이 이롭다고 생각하는 사람은 나쁜 것들이 나쁘다는 것도 안다고 생각하는가?

메논 아니, 그렇다고 생각하지 않아요.

소크라테스 그렇다면 이 사람들은 분명 나쁜 것들이 나쁜 것인 줄 모르
e 는 만큼 나쁜 것들을 원하는 것이 아니라, 사실은 나쁘지만 좋은 것이라 여겨 원하는 것일세. 그러니 나쁜 것들이 나쁜 것인 줄 모르고 좋은 것인 줄 아는 사람은 분명 좋은 것들을 원하는 걸세. 그렇지 않은가?

메논 아무튼 그 사람들은 그런 것 같아요.

소크라테스 어떤가? 자네 말처럼 나쁜 것들을 원하지만 나쁜 것들이 그것들을 가진 사람에게 해롭다고 생각하는 사람들은 자신들이 나쁜 것들에 의해 해를 입게 되리라는 것도 알겠지?

메논 당연하지요.

78a **소크라테스** 이런 사람들은 해를 입은 사람들이 해를 입은 만큼 불쌍하다고 생각하지 않을까?

메논 그 또한 당연해요.

소크라테스 불쌍한 사람들은 불행한 사람들이 아닌가?

메논 저는 그렇다고 생각해요.

소크라테스 그런데 세상에 불쌍하고 불행해지기를 원하는 사람이 있을까?

메논 소크라테스 선생님, 제 생각에는 없을 것 같아요.

소크라테스 그렇다면 메논, 불행해지기를 원하지 않는 한 나쁜 것들을 원하는 사람도 없네. 그도 그럴 것이, 불쌍하다는 것은 나쁜 것들을 원하고 획득하는 것이 아니고 무엇이겠는가?

메논 소크라테스 선생님, 선생님 말씀이 옳은 것 같아요. 나쁜 것들을 b
원하는 사람은 아무도 없으니까요.

소크라테스 자네는 잠시 전에 미덕이란 '좋은 것을 원하고 그것을 획득할 능력이 있는 것'이라고 말하지 않았나?

메논 네, 그렇게 말했어요.

소크라테스 자네의 주장 가운데 '원한다'는 부분은 만인에게 공통되네. 그래서 그 점에서는 어느 누구도 남들보다 나을 게 없네.

메논 그런 것 같아요.

소크라테스 남들보다 더 나은 사람이 있다면 그는 분명 능력이라는 면에서 더 나을 것이네.

메논 맞아요.

소크라테스 그렇다면 자네 주장에 따르면, 미덕이란 자신을 위해 좋은 것들을 획득하는 능력인 것 같네.

메논 소크라테스 선생님, 선생님께서는 지금 제 말뜻을 정확히 이해하 c
신 것 같아요.

소크라테스 그렇다면 이번에는 자네 주장이 옳은지도 살펴보도록 하세. 어쩌면 자네 말이 옳을지도 모르니까. 자네는 미덕이란 좋은 것들을 획득하는 능력이라고 주장하는가?

메논 네.

소크라테스 그리고 자네는 건강이나 부 같은 것을 좋은 것들이라고 부르지 않는가?

메논 그래요. 금과 은을 획득하는 것만이 아니라, 나라에서 관직과 권력을 획득하는 것도요.

소크라테스 자네가 말하는 좋은 것들이란 이런 것들 말고 다른 어떤 것들도 아닌가?

메논 아니에요. 제가 말하는 좋은 것들은 모두 그런 것이에요.

d **소크라테스** 좋아, 선조 때부터 대왕(大王)[14]과 주객지정(主客之情)을 나누는 메논에 따르면, 미덕은 금과 은을 획득하는 것이네. 메논, 자네는 이러한 획득에 '공정하고 경건하게'라는 말을 붙이는가? 아니면 그런 것은 문제가 안 되고, 누군가 그런 것들을 불의하게 획득하더라도 자네는 그것[15]을 미덕이라 부르는가?

메논 소크라테스 선생님, 물론 그렇게 부르지 않지요.

소크라테스 오히려 자네는 그것을 악덕이라 부를 테지.

메논 그렇고말고요.

소크라테스 그러면 이러한 획득에는 정의나 절제나 경건이나 그 밖의 다
e 른 미덕이 덧붙어야 할 것 같네. 그러지 않으면 이러한 획득은 설령 좋은 것들을 가져다준다 해도 미덕이 아닐 테니까.

메논 당연히 그래야지요. 그런 것들 없이 어떻게 미덕이 될 수 있겠어요?

소크라테스 옳지 못할 때는 자신을 위해서든 남을 위해서든 금과 은을 획득하지 않는 것은 어떤가? 이럴 경우 획득하지 않는 것도 미덕이 아닐까?

메논 그런 것 같아요.

소크라테스 그렇다면 좋은 것들을 획득하는 것은 좋은 것들을 획득하지 않는 것보다 조금도 더 미덕이 아닐세. 대신 정의롭게 행해진 것은 무엇이든 미덕이 되고, 정의 같은 것 없이 행해진 것은 무엇이든 악덕이 될 것 같네.

메논 당연히 그렇겠지요. 79a

소크라테스 그런데 잠시 전에 우리는 정의, 절제 등등이 각각 미덕의 한 부분이라 말하지 않았나?

메논 그렇게 말했지요.

소크라테스 그러면 메논, 자네는 나를 놀리고 있구먼.

메논 어째서요, 소크라테스 선생님?

소크라테스 나는 잠시 전에 미덕을 깨부수거나 토막 내지 말라고 부탁하며 자네가 대답할 때 따라야 할 본보기까지 제시했는데, 자네는 이를 무시하고 미덕이란 좋은 것들을 정의롭게 획득하는 능력이라고 말하고 b
있으니 말일세. 그렇다면 정의는 미덕의 한 부분이란 말인가?

메논 네, 그래요.

14 페르시아 왕.

15 auta('그것들')가 아니라 auto('그것')라고 읽었다.

소크라테스 그런데 자네가 동의한 바에 따르면, 미덕이란 무엇을 행하든
미덕의 한 부분으로 행하는 것이라는 결론이 나온다네. 자네 주장에 따
르면, 정의는 미덕의 한 부분이고, 다른 자질도 그 점에서는 마찬가지니
까 말일세. 내가 왜 이런 말을 할까? 나는 자네에게 미덕이 전체로서 무
엇인지 말해달라고 부탁했건만, 자네는 지금 미덕 자체가 무엇인지 말
해주기는커녕 어떤 행위든 미덕의 한 부분으로 행해지는 한 미덕이라고
c 주장하고 있네. 마치 미덕이 전체로서 무엇인지 자네가 이미 말해주어
설령 자네가 미덕을 토막 내더라도 내가 자네 말뜻을 알아들을 수 있다
는 듯이. 그러니 메논, 자네는 같은 질문에 처음부터 다시 대답해야 할
것 같네. 미덕의 한 부분으로 행해진 모든 행위가 미덕이라면, 미덕이란
무엇인가? 누군가 정의롭게 행한 모든 행위를 미덕이라고 할 때 그가 뜻
하는 것은 바로 그것이니까 말일세. 아니면 자네는 우리가 본래의 질문
으로 되돌아갈 필요가 없다고 생각하는가? 자네는 미덕이 무엇인지 모
르는 사람이더라도 그가 미덕의 한 부분이 무엇인지 이해할 수 있다고
생각하는가?

메논 아니, 그렇게 생각하지 않아요.

d **소크라테스** 잠시 전 내가 자네에게 형태에 관해 대답한 것을 마음에 떠
올린다면, 자네는 아직 탐구 중이며 합의에 도달하지 못한 용어들을 사
용하려는 대답을 우리가 거부한 것이 기억날 걸세.[16]

메논 그리고 우리가 거부한 것은 옳은 일이었어요, 소크라테스 선생님.

소크라테스 그렇다면 여보게, 우리는 아직도 미덕이 전체로서 무엇인지 탐구하고 있는데 자네가 미덕의 부분들을 통해 대답함으로써 누구에

게 미덕을 설명할 수 있다거나 그 밖의 다른 것을 그런 식으로 설명할 수 e
있다고 생각하지 말게나. 대신 우리는 본래의 질문으로 되돌아가야 할 걸세. 자네는 미덕의 부분들에 관해 말하고 있지만 미덕이란 무엇인가? 아니면 자네에게는 내 말이 허튼소리로 들리는가?

메논 아니요. 선생님 말씀이 옳은 것 같아요.

소크라테스 그렇다면 처음부터 다시 대답해주게. 자네와 자네 친구[17]는 미덕이 무엇이라고 생각하는가?

메논 소크라테스 선생님, 저는 선생님을 만나 뵙기 전에 선생님께서는 80a
스스로도 어리둥절해하지만 남들까지 어리둥절하게 만드신다는 말을 듣곤 했어요. 그런데 선생님께서는 지금 저를 마술로 호려 말 그대로 꼼짝달싹 못하게 만드시는 것 같아요. 농담을 좀 해도 된다면, 선생님께서는 제가 보기에 외모나 그 밖의 다른 면에서 영락없이 바다에 사는 저 넓적한 전기가오리예요. 전기가오리는 닿을 만큼 가까이 다가가는 자는 누구든 마비시키는데, 선생님께서 제게 그런 짓을 한 것 같으니까요.
저는 정말로 혼과 입이 마비되어 선생님께 도무지 대답을 할 수가 없어 b
요. 그렇지만 저는 수많은 기회를 통해 수많은 사람에게 미덕에 관해 많은 말을 유창하게 잘했어요. 아무튼 제 딴에는 그런 것 같았어요. 그러나 지금은 미덕이 무엇인지조차 말할 수 없어요. 그래서 말인데, 선생님께서는 배를 타고 아테나이를 떠나 타지로 나가시지 않는 편이 좋을 것

16 75d 참조.

17 고르기아스.

같아요. 다른 나라에서 외지인으로 이렇게 행동하신다면 아마도 야바위꾼이라고 체포당할 테니까요.

소크라테스 메논, 자네 참으로 교활하구먼. 하마터면 내가 자네 함정에 걸려들 뻔했으니까.

메논 무슨 말씀이시죠, 소크라테스 선생님?

c **소크라테스** 나는 자네가 왜 나를 전기가오리에 견주었는지 잘 알고 있네.

메논 무엇 때문이라고 생각하세요?

소크라테스 나도 자네를 어떤 것과 비교하게 하기 위해서지. 내가 알기에, 잘생긴 사람들은 자신들이 어떤 것과 비교되는 것을 좋아하네. 그것이 그들에게는 유리하기 때문이지. 아름다운 사람들은 아름다운 것들과 비교되기 마련이니까. 하지만 나는 자네를 어떤 것과 비교하지 않겠네. 만약 전기가오리가 스스로 마비되어 있기에 남도 마비시키는 것이라면 나는 전기가오리를 닮았네. 그렇지 않다면 나는 전기가오리를 닮지 않았네. 나는 해답을 알고 있으면서 남을 어리둥절하게 만드는 것이 아니라, 나 자신이 누구보다 어리둥절하기에 남을 어리둥절하게 만
d 들기 때문일세. 지금도 나는 미덕이 무엇인지 모르네. 자네는 아마 나와 닿기 전에는 알았던 것 같네만 지금은 모르는 것 같구먼. 하지만 나는 자네와 함께 미덕이 무엇인지 고찰하고 탐구하고 싶네.

메논 소크라테스 선생님, 선생님께서 그것이 무엇인지 전혀 모르신다면 어떻게 탐구하실 수 있겠어요? 선생님께서 모르시는 것 가운데 어떤 것을 탐구 대상으로 삼으실 수 있겠느냐고요? 그리고 설령 그것과 제대로 마주친다 해도, 그것이 선생님께서 모르시는 것인지 어떻게 아실 수 있죠?

소크라테스 메논, 자네가 무슨 말을 하는지 알겠네. 자네가 어떤 논쟁을 e
끌어들이고 있는지 알겠는가? 사람은 아는 것도 모르는 것도 탐구할
수 없다는 주장 말일세. 아는 것은 이미 알고 있어 탐구할 필요가 없기
에 탐구하지 않을 것이고, 모르는 것은 자기가 탐구하는 것이 무엇인지
조차 모르기에 탐구하지 않을 것이라는 게지.

메논 소크라테스 선생님, 선생님께는 이런 논쟁이 건전해 보이지 않는 81a
다는 뜻인가요?

소크라테스 내가 보기에는 그렇다네.

메논 왜 그런지 말씀해주실 수 있으세요?

소크라테스 물론이지. 나는 신들의 세계를 잘 아는 남자들과 여자들이 하는 이야기를 들었으니까.

메논 그들이 어떤 이야기를 했는데요?

소크라테스 내 생각에는 진실하고 아름다운 이야기 같았네.

메논 어떤 내용이었으며, 이야기를 들려준 사람들은 어떤 사람들이었나요?

소크라테스 이야기를 들려준 사람들은 자신들이 관여하는 일을 설명할
수 있는 것에 관심이 많은 남녀 사제들이었네. 핀다로스도 그렇게 말하 b
고, 신에게서 영감을 받은 많은 다른 시인도 그렇게 말하네. 그들의 주
장은 다음과 같네. 자네는 그들의 말이 옳다고 생각되는지 살펴보게.
그들의 주장에 따르면, 인간 혼은 불멸하며, 어떤 때는 종말을 맞고—
사람들은 이것을 '죽음'이라 부르지—어떤 때는 다시 태어나지만 결코
소멸하지는 않는다고 하네.[18] 그래서 우리는 평생을 되도록 경건하게 살
아가야 하는 거고. 왜냐하면

페르세포네[19]께서는 자신의 오래전 고통[20]의 대가를
치른 자들의 혼들을 9년[21]째 되는 해에
햇빛 비치는 위 세상으로 돌려보내시노라.
c 이들 혼에서 영광스러운 왕들과
날랜 장사들과 위대한 현인들이 자라나, 후세 사람들이 그들을
신성한 영웅으로 기리기 때문이니라.[22]

이렇듯 혼은 불멸할뿐더러 거듭 태어나서 이 세상의 것이든 저승의 것이든 모든 것을 다 보았기에 혼이 배우지 못한 것은 아무것도 없네. 따라서 혼이 미덕에 관해서든 그 밖의 다른 모든 것에 관해서든 전에 알
d 던 것들을 상기할 수 있다는 것은 전혀 놀랄 일이 못 되네. 자연 전체가 동족 간이고 혼은 이미 모든 것을 배워 안다면, 한 가지를 상기(想起)한—사람들은 이것을 '배움'이라 부르지—사람이 그가 용감하고 탐구에 지치지 않는다면 다른 것도 자력으로 찾아내지 못할 이유가 없으니까. 탐구와 배움은 사실은 상기 이외의 다른 어떤 것도 아니니까 말일세. 따라서 우리는 그런 논쟁에 귀를 기울여서는 안 되네. 그런 논쟁은 우리를 나태하게 만들고 심약한 사람들에게는 듣기 좋겠지만, 내 논의
e 는 열심히 탐구하도록 우리를 격려하네. 그리고 내 이 논의가 진실하다고 믿기에 나는 자네와 함께 미덕이 무엇인지 탐구하고 싶은 것이지.

메논 좋아요, 소크라테스 선생님. 하지만 선생님께서는 우리가 배우는 것이 아니라 우리가 '배움'이라고 부르는 것은 사실은 상기라고 주장하셨는데, 그건 무슨 뜻인가요? 어째서 그런지 제게 가르쳐주실 수 있나요?

소크라테스 메논, 나는 조금 전에 자네가 교활하다고 말했네. 그런데 지금도 내가 가르침 같은 것은 없고 상기만 있을 뿐이라고 말하는데, 자네는 내가 자네에게 가르쳐줄 수 있느냐고 묻는구먼. 내가 당장 자가당착에 빠지게 하려고 말일세. 82a

메논 소크라테스 선생님, 제우스에 맹세코 그런 의도로 말한 것이 아니라, 습관적으로 그렇게 물은 거예요. 그렇지만 선생님의 말씀이 사실이라는 것을 제게 보여주실 수 있다면 제발 보여주세요.

소크라테스 쉬운 일은 아니지만 자네를 위해 내 최선을 다해보겠네. 여기 있는 자네의 수행원 중 아무나 자네가 원하는 사람을 한 명 앞으로 불러 b
내주게. 내가 그를 통해 자네에게 증명해 보일 수 있도록 말일세.

메논 그러죠. (*노예 한 명을 손짓으로 부르며*) 이리 오너라!

소크라테스 그는 헬라스인이고 헬라스 말을 하는가?

메논 물론이죠. 우리집에서 태어났는걸요.

소크라테스 그러면 유심히 살펴보게. 자네가 보기에 그가 상기하는 것 같은지, 아니면 나한테서 배우는 것 같은지.

18 혼의 불멸에 관해서는 『파이돈』 81c~82d, 107c~108c, 『국가』 608d~611a, 『파이드로스』 245c~246a, 248c~249c 참조.

19 페르세포네(Persephone)는 곡물과 농업의 여신 데메테르(Demeter)의 딸로, 저승의 신 하데스(Hades)에게 납치되어 그의 아내가 된다.

20 페르세포네의 아들 자그레우스(Zagreus)가 티탄(Titan)신족에게 살해당한 일을 말하는 것 같다.

21 '9년'이 무엇을 말하는지 알 수 없다.

22 핀다로스, 단편 133 (Race)(Loeb Classical Library).

메논 그럴게요.

소크라테스 (*막대기로 모래에 정사각형을 그리며*) 얘야, 말해보아라. 너는 정사각형이 이런 것이라는 것을 아느냐(ABCD)?

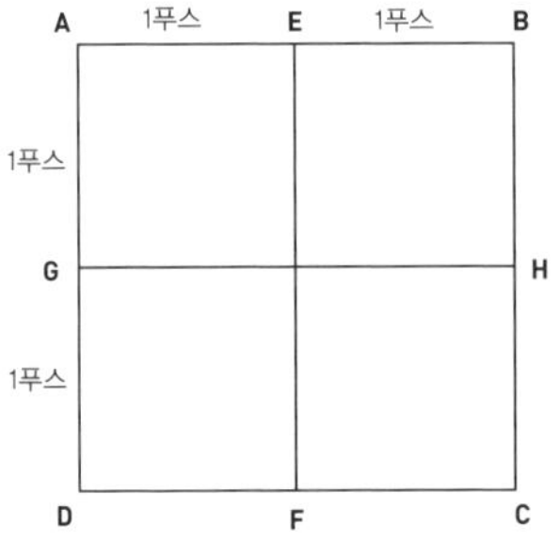

노예 소년 네, 알아요.

c **소크라테스** 그러면 정사각형은 이렇듯 변이 네 개이고, 네 변은 모두 길이가 같겠지?

노예 소년 물론이지요.

소크라테스 가운데를 지나는 이 선들(EF, GH)도 길이가 같지 않을까?

노예 소년 네, 같아요.

소크라테스 이런 종류의 도형은 더 클 수도 있고 더 작을 수도 있겠지?

노예 소년 물론이지요.

소크라테스 여기 이 변(AB)은 길이가 2푸스[23]이고 이 변(BC)도 2푸스라고 가정한다면, 전체 면적은 몇 제곱푸스지? (*노예 소년이 머뭇거린다*) 이렇게 생각해봐. 이쪽(AB)은 길이가 2푸스이고 이쪽(BH)은 길이가 1푸스뿐이라면, 면적은 2푸스의 한 배겠지?

노예 소년 네.

d **소크라테스** 그러나 이쪽(BC)도 길이가 2푸스이니까 면적은 2푸스의 두

배가 되겠지?

노예 소년 네.

소크라테스 그러면 2푸스의 두 배는 얼마지? 셈해보고 말해줘.

노예 소년 소크라테스 선생님, 넷이에요.

소크라테스 그런데 면적은 이 도형(ABCD)의 두 배이지만 모양은 똑같고 이 도형처럼 네 변의 길이가 같은 다른 도형도 있을 수 있겠지?

노예 소년 네.

소크라테스 그것은 몇 제곱푸스지?

노예 소년 여덟이에요.

소크라테스 자, 그렇다면 이 새 도형의 각 변은 길이가 얼마쯤 되겠는지
말해보거라. 이 도형(ABCD)의 각 변은 길이가 2푸스인데, 면적이 두 배 e
인 새 도형의 변은 각각 길이가 얼마일까?

노예 소년 소크라테스 선생님, 두 배가 확실해요.

소크라테스 메논, 자네도 보다시피 나는 이 소년에게 아무것도 가르치지 않고 그저 묻기만 할 뿐이네. 그런데도 이 소년은 면적이 8제곱푸스가 되려면 변이 얼마나 길어야 하는지 안다고 생각하고 있네. 자네는 동의하지 않는가?

메논 저도 동의해요.

소크라테스 한데 이 소년은 알고 있을까?

23 1푸스(pous)는 약 30센티미터이다.

메논 이 소년은 분명 모르고 있어요.

소크라테스 그렇지만 이 소년은 그런 면적이 되려면 변의 길이가 두 배여야 한다고 확신하고 있네.

메논 네, 그래요.

소크라테스 그렇다면 자네는 이 소년이 당연히 그래야 하듯 순서대로 상기하는지 지켜보게나. (*노예 소년에게*) 대답해봐라. 너는 면적이 두 배가
83a 되려면 변의 길이가 두 배여야 한다고 말하는 게냐? 도형의 이 변(ABJ)은 길지만 이 변(AD 또는 JK)은 짧은 것이 아니라, 이 도형(ABCD)처럼 모든 방향으로 길이는 같지만 면적은 두 배인 8제곱푸스가 되려면 말이야. 잘 생각해보아라. 너는 여전히 그런 면적이 되려면 변의 길이가 두 배여야 한다고 확신하는 게냐?

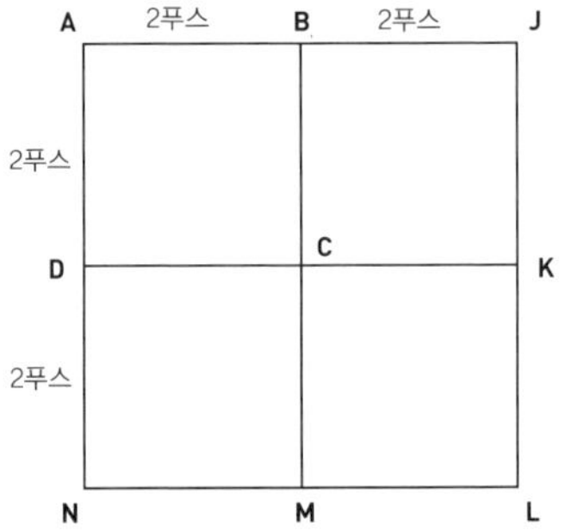

노예 소년 저는 그렇다고 확신해요.

소크라테스 여기(B)에 그만큼 긴 다른 변(BJ)을 붙이면, 이 변(AJ)은 길이가 저 변(AB)의 두 배가 되겠지?

노예 소년 물론이지요.

소크라테스 그러니까 네 주장에 따르면, 이 변(AJ)이 네 개 있으면 거기에

서 8제곱푸스의 면적이 생긴다는 거지?

노예 소년 네. b

소크라테스 그렇다면 이 변(AJ)을 출발점 삼아 길이가 같은 네 개의 변을 그려보자꾸나. (AJ에 덧붙여 JL, LN, NA를 그린다.) 그러면 이 도형에서 네가 8제곱푸스라고 말하는 면적이 생겨나겠지?

노예 소년 물론이지요.

소크라테스 그런데 이 도형 안에는 네 개의 도형(ABCD, BJKC, CKLM, DCMN)이 포함되어 있고, 이것들은 각각 이 도형(ABCD)과 마찬가지로 면적이 4제곱푸스이겠지?

노예 소년 네.

소크라테스 그렇다면 이 도형(AJLN)은 얼마나 클까? 네 배로 크지 않을까?

노예 소년 왜 안 그렇겠어요?

소크라테스 그렇다면 네 배로 큰 것이 두 배인가?

노예 소년 제우스에 맹세코, 그렇지 않아요.

소크라테스 그럼 몇 배인가?

노예 소년 네 배예요.

소크라테스 이봐, 그렇다면 두 배로 긴 변에서는 두 배가 아니라 네 배의 c
면적이 생기는 게야.

노예 소년 옳은 말씀이에요.

소크라테스 4제곱푸스의 네 배는 면적이 16제곱푸스니까. 그렇지 않나?

노예 소년 네, 그래요.

소크라테스 그럼 8제곱푸스의 면적이 생기려면 변이 얼마나 길어야 하지? (*노예 소년이 머뭇거리자*) 이 변(AJ)에서는 네 배의 면적이 생기지 않는가?

노예 소년 맞아요.

소크라테스 그리고 길이가 반밖에 안 되는 여기 이 변(AB)에서는 면적이 4제곱푸스인 여기 이 정사각형(ABCD)이 생기겠지?

노예 소년 네.

소크라테스 좋네. 그리고 8제곱푸스의 도형은 여기 이것(ABCD)의 두 배이고, 여기 이것(AJLN)의 반이겠지?

노예 소년 네.

소크라테스 그렇다면 면적이 8제곱푸스가 되려면 이것(AB)보다는 더 길지만 이것(AJ)보다는 더 짧은 변이 필요하겠지? 그렇지 않은가?

d **노예 소년** 저도 그렇게 생각해요.

소크라테스 좋아. 네 신념대로 대답하도록 해. 말해봐. 이 변(AB)은 길이가 2푸스이고, 이 변(AJ)은 4푸스가 아니었던가?

노예 소년 맞아요.

소크라테스 따라서 면적이 8제곱푸스가 되려면 그 변이 여기 이 2푸스의 변보다는 길어야 하고, 4푸스의 변보다는 짧아야 해.

노예 소년 네, 그래야 해요.

e **소크라테스** 그렇다면 그게 얼마나 길다고 생각하는지 말해봐.

노예 소년 3푸스예요.

소크라테스 3푸스가 맞다면, 3푸스(AD)를 만들기 위해 여기 이 변(BJ)

의 반을 보탤까? 여기 2푸스(AB)가 있고 여기 1푸스(BP)가 있으며, 마찬가지로 여기에도 2푸스(AD)와 1푸스(DR)가 있으니 말이야. 그러면 우리는 네가 말하는 면적(APQR)을 얻게 돼.

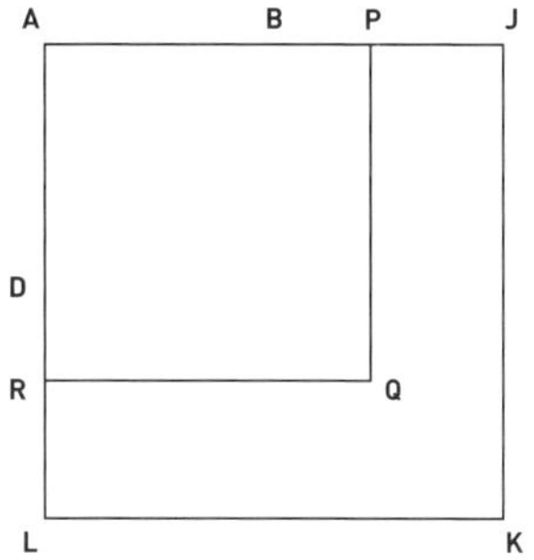

노예 소년 네, 그래요.

소크라테스 이쪽으로도 3푸스이고 저쪽으로도 3푸스라면, 전체 면적은 3제곱푸스의 세 배가 되겠지?

노예 소년 그럴 것 같아요.

소크라테스 3제곱푸스의 세 배는 얼마지?

노예 소년 아홉이에요.

소크라테스 하지만 면적이 두 배가 되려면 몇 제곱푸스여야 했지?

노예 소년 여덟이에요.

소크라테스 그렇다면 우리는 8제곱푸스의 면적을 아직 구하지 못했구먼. 그것은 길이가 3푸스인 변으로는 얻지 못하니까.

노예 소년 분명 얻지 못해요.

소크라테스 그렇다면 그것을 얻으려면 변이 얼마나 길어야 하지? 정확히 대답해봐라. 수를 사용하기 싫다면 그것이 어떤 변인지 가리켜봐. 84a

노예 소년 소크라테스 선생님, 제우스에 맹세코 저는 정말로 모르겠어요.

소크라테스 메논, 자네는 이 소년이 상기를 향해 지금 어디쯤 가고 있는지 알겠는가? 처음에 이 소년은 어떤 변이 면적이 8제곱푸스인 도형을 제공할지 알지 못했네. 지금도 여전히 알지 못하듯이 말일세. 그래도 그는 그때 답을 안다고 생각하고는 마치 알고 있기나 한 것처럼 자신 있게 대답했고, 자기가 궁지에 빠졌다고 생각하지 않았네. 그러나 지금 그
b 는 자기가 궁지에 빠졌다고 생각하며, 자신이 실제로 모르는 것을 안다고도 생각하지 않네.

메논 옳은 말씀이에요.

소크라테스 그렇다면 이 소년은 알지 못한 것과 관련하여 지금은 더 나은 상태에 있는 것이겠지?

메논 그 역시 그런 것 같아요.

소크라테스 그렇다면 전기가오리가 그러듯, 우리가 이 소년을 마비시켜 어리둥절하게 만들었을 때 설마 이 소년을 해코지한 것은 아니겠지?

메논 저는 그렇게 생각하지 않아요.

소크라테스 사실은 이 소년이 사태를 파악할 수 있도록 우리가 도와준 것 같네. 지금은 이 소년이 알지 못하기에 탐구하기를 좋아하지만, 전에는 도형의 면적이 두 배가 되려면 변의 길이가 두 배여야 한다고 자신이
c 많은 기회에 많은 사람에게 힘들이지 않고 유창하게 말해줄 수 있다고 생각했으니 말일세.

메논 그런 것 같아요.

소크라테스 자네는 이 소년이 사실은 알지도 못하면서 안다고 생각하는

것을 탐구하거나 배우려 했을 것이라고 생각하는가? 이 소년이 궁지에 빠져서 자기가 모른다는 것을 알고는 알 필요를 느끼기 전에 말일세.

메논 소크라테스 선생님, 그는 아마 그렇게 하지 않았겠지요.

소크라테스 그렇다면 마비된 것이 그에게 도움이 되었겠구먼?

메논 그런 것 같아요.

소크라테스 그러면 자네는 이 소년이 궁지에 빠진 결과 나와 함께 탐구함으로써 실제로 무엇을 발견하게 되는지 살펴보게나. 나는 질문만 하고 아무것도 가르쳐주지 않는데도 말일세. 하지만 내가 어느 단계에서 이 d
소년의 의견은 묻지 않고 가르치고 설명하다가 자네에게 들키지 않는지 지켜봐주게. *(노예 소년에게)* 자, 말해봐. 이것(ABCD)이 면적이 4제곱푸스인 도형이야.[24] 그렇지 않은가? 무슨 말인지 알겠나?

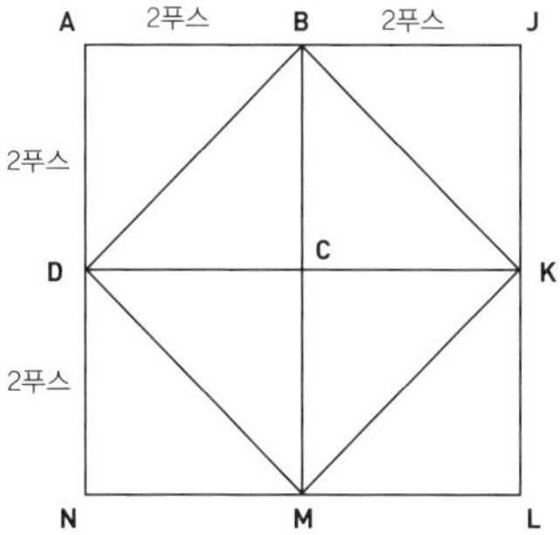

노예 소년 네, 알아요.

소크라테스 우리는 거기에 면적이 같은 제2의 도형(BJKC)을 덧붙일 수

24 소크라테스가 이번에는 4제곱푸스 도형 네 개(ABCD, BJKC, CKLM, DCMN)를 그리기 시작한다.

있겠지?

노예 소년 네.

소크라테스 이 둘과 면적이 같은 제3의 도형(CKLM)도 덧붙일 수 있겠지?

노예 소년 네.

소크라테스 그러고 나서 이것(DCMN)으로 여기 이 귀퉁이를 채울 수 있겠지?

노예 소년 물론이지요.

소크라테스 그렇다면 우리는 면적이 같은 여기 이 네 개의 도형을 갖게 되겠지?

e **노예 소년** 네.

소크라테스 어떤가? 이 전체(AJLN)는 이것(ABCD)의 몇 배지?

노예 소년 네 배예요.

소크라테스 그렇지만 우리가 원한 것은 두 배의 면적을 가진 것이었어. 기억나지 않나?

노예 소년 네, 맞아요.

85a **소크라테스** 그런데 이렇게 귀퉁이에서 귀퉁이로 선을 그으면 이들 도형들은 각각 둘로 나뉘겠지?[25]

노예 소년 네.

소크라테스 그러면 여기 이 도형(BKMD)을 둘러싸는 길이가 같은 네 개의 변이 생기겠지?

노예 소년 네, 생겨요.

소크라테스 그렇다면 잘 생각해봐. 이 도형(BKMD)은 면적이 얼마지?

노예 소년 모르겠어요.

소크라테스 각각의 선은 이들 네 도형의 안쪽 반을 잘라내지 않았나? 그렇지 않은가?

노예 소년 네, 그래요.

소크라테스 그러면 이 도형(BKMD) 안에는 이 크기(BCD)가 몇 개 들어 있지?

노예 소년 네 개요.

소크라테스 이것(ABCD) 안에는 몇 개 들어 있지?

노예 소년 두 개요.

소크라테스 넷은 둘에 대해 무엇이지?

노예 소년 두 배예요.

소크라테스 그렇다면 이것(BKMD)은 몇 제곱푸스지?

노예 소년 8제곱푸스예요. b

소크라테스 어떤 변에 의해 만들어지지?

노예 소년 이 변(BD)에 의해서요.

소크라테스 4제곱푸스 도형의 귀퉁이에서 귀퉁이로 이어지는 선에 의해서라는 말이지?

노예 소년 네.

소크라테스 전문가들은 이 선을 대각선이라고 부르지. 그러니 우리가

25 소크라테스가 이번에는 대각선을 그어 정사각형 BKMD를 만든다.

'대각선'이라는 용어를 사용한다면, 메논의 노예 소년아, 두 배의 면적을 얻게 해주는 것은 대각선이라고 너는 주장하고 있는 거야.

노예 소년 소크라테스 선생님, 그야 물론이지요.

소크라테스 메논, 자네는 어떻게 생각하는가? 이 소년이 자기 의견이 아닌 대답을 한 적이 있는가?

c **메논** 없어요. 그의 대답은 그 자신의 의견이었어요.

소크라테스 그러나 우리가 잠시 전에 말했듯이 그는 답을 알지 못했네.

메논 옳은 말씀이에요.

소크라테스 하지만 이런 의견들은 그의 안에 들어 있었네. 그렇지 않은가?

메논 그래요.

소크라테스 그렇다면 대상이 무엇이든 간에 알지 못하는 사람 안에는 자신이 알지 못하는 것들에 대한 참된 의견들이 들어 있는 것인가?

메논 그런 것 같아요.

소크라테스 그리고 이런 의견들은 방금 일깨워져 꿈결처럼 몽롱하게 느껴지겠지만, 여러 다른 방법으로 거듭해서 같은 질문을 받게 되면 그는 분
d 명 결국에는 이런 것들에 대해 누구 못지않게 정확하게 알게 될 걸세.

메논 그럴 것 같아요.

소크라테스 그렇다면 남이 가르쳐주지 않고 질문만 받아도 그는 자신에게서 스스로 지식을 되찾음으로써 알게 되겠지?

메논 네.

소크라테스 자신 안에 있는 지식을 스스로 되찾는 것은 상기하는 것이 아닌가?

메논 물론이지요.

소크라테스 그가 지금 갖고 있는 지식은 그가 언젠가 획득한 것이거나, 아니면 언제나 갖고 있는 것이 아닐까?

메논 네, 그래요.

소크라테스 언제나 갖고 있다면 그는 언제나 알 것이네. 그리고 언젠가 획득한 것이라면 분명 이승에서 획득하지는 않았을 것이네. 아니라면
누가 그에게 기하학을 가르쳐주었지? 그렇다면 그는 기하학의 모든 분 e
야와 모든 교과목도 배울 수 있을 테니 말일세. 그에게 모든 것을 가르쳐준 사람이 있는가? 그는 자네 집에서 태어나 자랐으니, 자네야말로 당연히 누구보다 더 잘 알 걸세.

메논 제가 알기에, 아무도 그를 가르친 적이 없어요.

소크라테스 하지만 그는 이런 의견들을 갖고 있네. 그렇지 않은가?

메논 소크라테스 선생님, 그는 분명히 갖고 있는 것 같아요.

소크라테스 만약 이승에서 획득한 것이 아니라면, 그가 언젠가 다른 때 86a
에 배워 알고 있었음이 분명하지 않은가?

메논 그런 것 같아요.

소크라테스 그리고 '다른 때'란 그가 인간이 아니었을 때겠지?

메논 네.

소크라테스 그가 인간일 때도 인간이 아닐 때도 질문에 의해 일깨워져서 지식이 될 참된 의견[26]들이 그의 안에 들어 있으려면, 그의 혼은 언제나

26 '참된 의견'(alethes doxa).

이미 배운 상태로 있겠지? 그 전(全) 기간 동안 그는 인간이거나 인간이 아닐 것이 분명하니까 말일세.

메논 그런 것 같아요.

b **소크라테스** 만약 실재들의 진리가 언제나 우리 혼 안에 있다면 우리 혼은 불멸할 걸세. 이는 곧 지금 당장 모르는 것이 있다면, 지금 당장 기억나지 않는 것이 있다면, 자신감을 갖고 탐구하고 상기하려고 노력해야 한다는 뜻이 아니겠는가?

메논 소크라테스 선생님, 왜 그런지는 모르겠지만 선생님 말씀에 일리가 있는 것 같아요.

소크라테스 나도 동감일세, 메논. 그리고 나는 내 주장이 모든 점에서 옳다고 고집하지는 않겠지만 최선을 다해 말과 행동으로 옹호하고 싶은 것이 있네. 모르는 것은 발견할 수도 없고 탐구해서도 안 된다고 생각할
c 때보다는 모르는 것은 탐구해야 한다고 생각할 때 우리는 더 나아지고 더 남자다워지고 덜 게을러진다는 것 말일세.

메논 소크라테스 선생님, 선생님의 그 말씀 역시 일리가 있는 것 같아요.

소크라테스 모르는 것은 탐구해야 한다는 데에 우리가 동의한다면, 자네는 미덕이 무엇인지 우리가 공동으로 탐구해보기를 원하는가?

메논 물론이지요. 하지만 소크라테스 선생님, 제가 가장 고찰하고 듣고 싶은 것은 제가 처음에 물었던 질문이에요. 그것은 우리가 그런 시도를 하되 미덕은 가르쳐질 수 있는 것으로, 사람들이 타고나는 것으로, 아
d 니면 미덕은 모종의 방법으로 사람들에게 생기는 것으로 봐야 하느냐는 것이었어요.

소크라테스 메논, 만약 내가 나 자신뿐 아니라 자네도 다스릴 수 있다면, 우리는 미덕 자체가 무엇인지 고찰하기 전에 먼저 미덕은 가르쳐질 수 있는 것인지, 배울 수 없는 것인지 고찰하지는 않을 걸세. 하지만 자네는 자유를 누리고자 자네 자신은 다스리려 하지 않고 나를 다스리려 하고 또 나를 다스리고 있으니, 내가 자네에게 양보하겠네. 어쩔 도리가 없지 않은가? 그래서 우리는 무엇인지 알지 못하는 것에 대해 그것이 대 e
체 어떤 것인지 고찰해야 할 것 같네. 그러니 자네는 나에 대한 자네의 다스림이라도 조금 늦추어, 미덕은 배울 수 있는 것인지의 문제를 가설에 근거하여 고찰하는 데 동의해주게. 가설에 근거한다는 것은 기하학자들이 자주 문제를 바라보는 방법을 말하네. 예컨대 그들에게 어떤 도형과 관련하여 이 도형이 삼각형으로서 이 원[27] 안에 내접(內接)할 수 있느냐고 묻는 사람이 있다면, 그들 중 한 명은 다음과 같이 말할 걸세. 87a
"나는 이 도형이 그럴 수 있는지는 아직 모르지만, 이런 문제를 푸는 데 도움이 될 만한 가설은 갖고 있다고 생각하오. 그것은 다음과 같은 것이오. 만약 이 도형이 그런 것이어서 주어진 선에 따라 펼쳐놓을 때 선에 따라 펼쳐진 도형에 해당하는 면적만큼 모자란다면 그때는 둘 중 한 가지 결과가 나온다고 생각하겠지만, 그런 일이 일어날 수 없다면 다른 결과가 나오겠지요. 그러니 나는 가설에 근거하여 이 도형이 원 안에 내접 b
할 수 있는지 여부를 말하려는 것이라오." 우리는 미덕에 관해서도 그렇

27 지금 막대기로 그리고 있는 원.

게 해야 하네. 미덕이 무엇인지 어떤 것인지 모르는 만큼, 우리는 미덕이 가르쳐질 수 있는 것인지 가르쳐질 수 없는 것인지 다음과 같은 가설에 근거해 고찰하도록 하세. 미덕은 혼과 관련된 것들 가운데 어떤 것이기에 가르쳐질 수 있거나 가르쳐질 수 없는 것인가? 무엇보다 우리는 미덕은 가르쳐질 수 있는 것인지(또는 방금 우리가 말했듯이 상기될 수 있는
c 것인지—어떤 용어를 쓰건 문제 삼지 않기로 하세—) 가르쳐질 수 없는지 물어야 하네. 그래서 우리는 미덕은 지식과 다를 경우에, 아니면 지식과 같을 경우에 배울 수 있는지 묻도록 하세. 사람이 지식 외에 다른 어떤 것도 배울 수 없다는 점은 누구에게나 분명하니까 말일세.

메논 저는 그렇게 생각해요.

소크라테스 그러니 미덕이 지식의 일종이라면 미덕은 분명 배울 수 있는 것이네.

메논 당연하지요.

소크라테스 그렇다면 우리는 이 문제를 빨리 해결했네. 미덕이 지식의 일종이라면 배울 수 있지만, 미덕이 지식이 아니라면 배울 수 없음이 확실하니까.

메논 물론이지요.

소크라테스 다음에는 미덕이 지식의 일종인지, 아니면 지식과는 다른 것인지 고찰해야 할 듯하네.

d **메논** 그래요. 우리가 고찰해야 할 다음 문제는 그것 같아요.

소크라테스 어떤가? 우리는 미덕은 훌륭한 것이라고 말하지 않는가? 그리고 미덕은 훌륭한 것이라는 가설은 변하지 않겠지?

메논 물론이지요.

소크라테스 그렇다면 훌륭하지만 지식과는 무관한 어떤 것이 있다면, 미덕은 지식의 일종이 아닐 수 있네. 그러나 지식에 포함되지 않는 훌륭한 것은 아무것도 없다면 우리는 미덕이 지식의 일종이라고 생각해도 좋을 걸세.

메논 그래요.

소크라테스 그런데 우리를 훌륭하게 만드는 것은 미덕이겠지?

메논 네. e

소크라테스 그리고 우리가 훌륭하다면 우리는 유익하겠지? 훌륭한 것은 무엇이든 유익하니까. 그렇지 않은가?

메논 네, 그래요.

소크라테스 그렇다면 미덕도 유익하겠지?

메논 당연하지요, 우리가 동의한 바에 따르면.

소크라테스 그러면 우리에게 유익한 것들이 어떤 것들인지 하나씩 고찰해보도록 하세. 건강, 힘, 아름다움, 부 등등을 우리는 유익하다고 말하네. 그렇지 않은가?

메논 네, 그래요. 88a

소크라테스 하지만 우리는 바로 이런 것들이 유해할 때도 있다고 말하네. 아니면 자네는 동의하지 않는가?

메논 동의하지 않기는요.

소크라테스 그러면 고찰해보게. 이것들 각각은 무엇이 인도할 때 유익하고, 무엇이 인도할 때 유해한가? 올바른 사용이 인도할 때는 유익하고,

그렇지 않을 때는 유해하지 않을까?

메논 물론이지요.

소크라테스 이번에는 혼의 자질들을 살펴보도록 하세. 자네는 '절제' '정의' '용기' '빨리 배우는 능력' '기억력' '고매함' 등등으로 불리는 자질들이 존재한다는 것을 인정하겠지?

b **메논** 네, 인정해요.

소크라테스 그러면 이런 자질 중에 자네가 지식이 아니라 지식과 다른 것이라고 생각하는 것들이 때로는 유해하고 때로는 유익하지 않은지 살펴보게. 이를테면 지혜[28]가 아니라 일종의 대담성일 때의 용기 같은 것 말일세. 누가 지성 없이 대담할 때는 해를 입지만, 지성을 갖추고 대담할 때는 덕을 보지 않을까?

메논 네, 그래요.

소크라테스 절제와 빨리 배우는 능력도 마찬가지여서 지성을 갖고 배우고 단련하는 것은 유익하지만, 지성 없이 배우고 단련하는 것은 유해하겠지?

메논 그야 물론이지요.

c **소크라테스** 요컨대 혼의 모든 노력과 인고는 지혜의 인도를 받으면 행복으로 끝나겠지만, 어리석음의 인도를 받으면 그 반대로 끝나겠지?

메논 그럴 것 같아요.

소크라테스 만약 미덕이 혼의 자질 가운데 하나이고 필연적으로 유익한 것이라면 미덕은 지혜여야 하네. 혼의 모든 자질은 그 자체로는 유익한
d 것도 유해한 것도 아니며, 지혜나 어리석음과 결합할 때 유익하거나 유

해해지기 때문일세. 이 논리에 따르면, 미덕은 유익한 것인 만큼 반드시 지혜의 일종이어야 하네.

메논 그런 것 같아요.

소크라테스 또한 우리가 잠시 전에 때로는 유익하고 때로는 유해하다고
말한 다른 것들, 즉 부 따위도 모두 마찬가지가 아닌가? 우리는 지혜가
인도하면 혼의 자질들이 유익해지지만 어리석음이 인도하면 유해해진
다고 말했는데, 이 점은 부 따위도 마찬가지가 아닌가? 이런 것들도 혼 e
이 올바르게 사용하고 올바르게 인도하면 유익하지만, 그러지 않을 때
는 유해할 테니 말일세.

메논 물론이지요.

소크라테스 그런데 지혜로운 혼은 올바르게 인도하지만, 어리석은 혼은 잘못 인도하겠지?

메논 그러겠지요.

소크라테스 그렇다면 우리는 모든 것에 대해 다음과 같이 주장할 수 있
을 것이네. 인간의 다른 활동은 모두 혼에 의존하지만, 혼 자체의 활동
들은 훌륭해지려면 지혜에 의존해야 한다고. 이 논리대로라면 유익한 89a
것은 지혜일세. 그런데 우리는 미덕이 유익하다고 말하지 않았나?

메논 네, 그랬어요.

소크라테스 그러면 우리는 미덕이 지혜의 전부 또는 일부라고 봐야겠지?

28 phronesis. 경우에 따라 '지식'이라는 뜻으로도 쓰인다.

메논 소크라테스 선생님, 선생님 말씀에 일리가 있는 것 같아요.

소크라테스 그렇다면 훌륭한 사람들이 태어날 때부터 훌륭한 것은 아닐 걸세.

메논 네, 아닌 것 같아요.

b **소크라테스** 그렇다면 아마 다음과 같은 일이 벌어질 것이네. 만약 훌륭한 사람들이 태어날 때부터 훌륭하다면, 우리는 아이들 중에서 누가 날 때부터 훌륭한지 아는 사람들을 두어 이들이 알려준 아이들을 데려다가 아크로폴리스에 보호하며 황금보다 훨씬 더 소중히 그곳에 감춰둘 것이네. 아무도 이 아이들을 타락시키지 못하게 하여, 이 아이들이 성년이 되었을 때 나라를 위해 봉사하도록 말일세.

메논 소크라테스 선생님, 그럴 것 같아요.

소크라테스 훌륭한 사람들이 태어날 때부터 훌륭한 것이 아니라면, 그
c 들을 훌륭하게 만드는 것은 교육이겠지?

메논 그것은 당연한 결론 같아요. 그리고 소크라테스 선생님, 우리의 가정에 따라[29] 미덕이 지식이라면 미덕은 분명 배울 수 있는 것이에요.

소크라테스 제우스에 맹세코, 아마 그렇겠지. 하지만 우리 합의가 잘못된 것일 수도 있지 않을까?

메논 잠시 전에는 옳다고 여겨졌어요.

소크라테스 어떤 생각이 효력을 발휘하려면, '잠시 전'뿐 아니라 지금도 또 나중에도 옳다고 생각되어야 하네.

d **메논** 왜 그러세요? 무엇이 못마땅해서 미덕이 일종의 지식이라는 것을 의심하시는 건가요?

소크라테스 메논, 내 자네에게 말해주겠네. 미덕이 지식이라면 배울 수 있다는 내 주장이 옳지 않은 것 같아 철회하려는 것이 아닐세. 하지만 자네는 미덕이 과연 지식인지 내가 의심하는 것이 합당한지 살펴봐주게. 다음에 대해 말해주게. 미덕뿐 아니라 어떤 것이든 그것이 배울 수 있는 것이라면, 반드시 그것을 가르치는 사람과 배우는 사람이 있어야 하지 않을까?

메논 저는 그렇다고 생각해요.

소크라테스 반대로, 가르치는 사람도 배우는 사람도 없는 것은 배울 수 e
없는 것이라고 추정해도 되겠지?

메논 네, 그래요. 그런데 선생님께서는 미덕을 가르칠 사람들이 없다고 생각하세요?

(아뉘토스가 나타나 메논 옆에 앉더니 둘의 대화에 귀를 기울인다.)

소크라테스 사실 나는 미덕을 가르치는 사람들이 있나 하고 이리저리 찾아보았지만, 아무리 노력해도 발견할 수가 없었네. 많은 사람, 특히 그런 일에 경험이 가장 많다고 생각되는 사람들과 함께 찾았는데도 말일세. 그런데 메논, 여기 이 아뉘토스[30]가 때마침 나타나 우리 옆에 앉아
있으니, 우리 그와 함께 탐구하도록 하세. 그러는 것이 합당한 이유는 90a
첫째, 여기 이 아뉘토스는 부유하고 현명한 안테미온[31]의 아들이기 때

29 87b~c 참조.

30 민주정체 지지자로, 3년 뒤 소크라테스를 고발하여 사형선고를 받게 한다.

31 Anthemion.

문일세. 안테미온은 우연히 또는 최근에 폴뤼크라테스[32]에게서 뇌물을 받은 테바이 사람 이스메니아스[33]처럼 남한테 돈을 받아 부자가 된 것이 아니라, 자신의 지혜와 근면으로 부자가 된 사람일세. 게다가 안테미온은 공인으로서 오만하거나 잘난 체하거나 거부감을 주는 것이 아니
b 라 단정하고 예의 바른 사람이라는 평이 나 있네. 또한 안테미온은 여기 있는 아들 아뉘토스를 훌륭하게 기르고 교육했지. 아무튼 아테나이의 민중은 그렇게 생각하고 있다네. 그들은 이 사람을 최고위 공직자로 잇달아 선출했으니 말일세. 그러니 미덕을 가르치는 사람들이 있는지 없는지, 있다면 어떤 사람들인지 탐구할 때 이런 사람의 도움을 받는 것은 당연하네. *(아뉘토스에게)* 아뉘토스, 우리는 미덕을 가르치는 사람들이 어떤 사람들인지 찾아내려 하는데, 자네도 자네 손님인 메논과 나를 도와주게. 내 자네에게 물어볼 게 있네. 여기 있는 메논이 훌륭한 의사
c 가 되기를 원한다면, 우리는 그를 어떤 교사들에게 보낼까? 의사들에게 보내지 않을까?

아뉘토스 물론이지요.

소크라테스 어떤가? 그가 훌륭한 제화공이 되기를 원한다면, 제화공들에게 보내지 않을까?

아뉘토스 네, 그러겠지요.

소크라테스 다른 경우에도 모두 마찬가지겠지?

아뉘토스 물론이지요.

소크라테스 그렇다면 같은 것들에 대해 다시 한번 다음과 같이 말해주게. 그가 의사가 되기를 원한다면 우리가 그를 의사들에게 보내기를 잘

했다고 말하는데, 이 말은 곧 관련 기술이 없다고 말하는 사람들보다는
있다고 주장하는, 그래서 찾아와서 배우기를 원하는 사람은 누구든 가 d
르칠 수 있다고 선전하며 바로 그 업무에 대해 보수를 받는 사람들에게
그를 보내기를 잘했다는 뜻이 아닌가? 우리가 그를 제대로 된 교사에게
보내려면 바로 이런 점들을 염두에 두어야 하지 않겠는가?

아뉘토스 그래야겠지요.

소크라테스 피리 연주나 그 밖의 다른 것도 마찬가지겠지? 우리가 누구 e
를 피리 연주자로 만들기를 원하면서도 그를 그 기술의 교사로 자처하
며 그 업무에 대해 보수를 받는 사람들에게 보내려 하지 않고, 대신 우
리가 누구를 보내든 배워올 것으로 기대하는 그 과목의 교사라고 주장
하지 않을뿐더러 제자라고는 단 한 명도 없는 사람들을 수고롭게 하는
것은 아주 어리석은 짓일 걸세. 자네는 그것이 아주 불합리한 짓이라고
생각하지 않는가?

아뉘토스 제우스에 맹세코, 나는 그렇다고 생각해요. 게다가 무식한 짓이기도 하고요.

소크라테스 옳은 말일세. 그렇다면 이제 자네는 여기 있는 자네 손님 메 91a
논에 관해 나와 상의할 수 있네. 아뉘토스, 그는 아까부터 내게 말하기

32 Polykrates. 여기서는 기원전 6세기 사모스(Samos)섬의 유명한 참주가 아니라, 당대 아테나이의 민주정체 지지자. 그는 과두정체 정부가 들어섰을 때 아테나이의 민주정체를 부활시키기 위해 테바이의 이스메니아스에게 뇌물을 바친 것 같다.

33 Ismenias. 기원전 5세기 말~4세기에 활동한 테바이의 민주정체 지지자.

를, 자기는 사람들이 가정과 국가를 잘 다스리게 해주고, 자기 부모를 보살피게 해주며, 훌륭한 사람답게 동료 시민들과 외지인들을 영접하고 전송할 수 있게 해주는 지혜와 미덕을 원한다고 하니 말일세. 그러니
b 이 미덕을 배우게 하려면 우리는 그를 누구에게 보내는 것이 옳겠는가? 혹시 잠시 전의 논리에 따르면, 우리는 분명 그를 그런 미덕의 교사로 자처하면서 자기들이 정한 보수를 내기만 하면 와서 배우기를 원하는 어떤 헬라스인도 가르칠 수 있다고 자기선전을 하는 그 사람들에게 보내야 하지 않을까?

아뉘토스 소크라테스 선생님, '그 사람들'이라니, 누구를 말씀하시는지요?

소크라테스 그들이 소피스트[34]라는 것은 자네도 나만큼 알 텐데.

c **아뉘토스** 맙소사! 말조심하세요, 소크라테스 선생님. 아테나이인이든 외지인이든 내 친족이나 친구들은 누구라도 그자들을 찾아갔다가 망할 만큼 미치지 않았으면 좋겠어요. 그자들이 자기들과 교제하는 사람들을 망치고 타락시킨다는 것은 불을 보듯 뻔하니까요.

소크라테스 무슨 말을 하는 겐가, 아뉘토스? 남에게 봉사할 수 있다고 주장하는 사람 가운데 유독 소피스트들만이 여느 사람과는 달라서 누
d 가 무엇을 맡기든 다른 사람들처럼 도움을 주기는커녕 그와는 반대로 오히려 망쳐놓는다는 말인가? 그러고도 그들은 그에 대한 보답으로 보수를 받기를 기대한단 말인가? 나는 프로타고라스[35]라는 소피스트를 아는데 그는 혼자서 자신의 지혜[36]에 힘입어, 그토록 더없이 아름다운 작품을 제작한 페이디아스[37]와 다른 열 명의 조각가를 합친 것보다 더 많은 돈을 벌었기에 하는 말일세. 나는 자네 말을 이해할 수 없네. 헌 신

이나 헌 옷을 수선하는 사람들도 그것을 받았을 때보다 더 나쁜 상태
로 돌려준다면 한 달도 안 돼 들통날 것이며, 그런 짓을 일삼다가는 곧 e
굶어 죽고 말 걸세. 한데 프로타고라스가 어떻게 헬라스 전체를 우롱하
며 제자들을 타락시켜 처음 받았을 때보다 더 나쁜 상태로 돌려보낼 수
있었겠는가, 40년 동안이나? 그는 40년 동안 자기 기술에 종사하다가
70살이 다 돼서 죽은 것 같으니 말일세. 오늘에 이르기까지 그는 내내
명성이 자자했네. 그리고 그 점은 프로타고라스 이전에 태어났거나, 지 92a
금도 여전히 살아 있는 다른 모든 소피스트의 경우에도 마찬가지일세.
자네 말이 옳다면 우리는 무엇이라고 말해야 하는가? 그들이 고의적으
로 제자들을 속이고 망친다고 할까, 아니면 자신들이 무슨 짓을 하는지
몰랐다고 할까? 어떤 사람들은 소피스트들이 세상에서 가장 지혜로운
사람들이라고 말하는데, 자네 말이 옳다면 우리는 소피스트들을 미치
광이로 여겨야겠지?

아뉘토스 소크라테스 선생님, 그자들은 전혀 미치광이가 아니에요. 미
치광이는 오히려 그자들에게 돈을 주는 젊은이들이고, 이들보다 더한
미치광이는 그자들에게 젊은이들을 맡기는 가족들이에요. 그러나 가 b

34 『파이드로스』 주 110 참조.

35 Protagoras. 기원전 5세기 활동한 가장 저명한 소피스트로, 대화편 『프로타고라스』에서 그의 사고관을 엿볼 수 있다.

36 sophia.

37 Pheidias. 기원전 5세기 그리스의 유명한 조각가로, 올륌피아의 제우스상과 아테나이의 아크로폴리스에 있던 아테나(Athena) 여신상 등을 제작했다.

장 심한 미치광이는 그자들을 추방하는 대신 입국하게 하고, 그런 짓을 하려는 자가 외지인이든 동료 시민이든 내버려두는 나라들이에요.

소크라테스 아뉘토스, 소피스트 가운데 누가 자네를 해코지한 적이 있는가? 아니라면 자네는 왜 그들에게 그토록 화를 내는가?

아뉘토스 제우스에 맹세코, 나는 그자들 중 어느 누구와도 교제한 적이 없으며, 내 가족 중 누가 그렇게 하는 것도 결코 용납하지 않을 거예요.

소크라테스 자네는 그 사람들을 겪어본 적이 전혀 없단 말인가?

아뉘토스 겪어보고 싶지도 않아요.

c **소크라테스** 그렇다면 여보게, 자네가 어떤 것을 전혀 겪어본 적이 없다면, 그것의 좋은 점이 무엇이며 나쁜 점이 무엇인지 어떻게 알 수 있는가?

아뉘토스 그야 쉬운 일이지요. 내가 그자들을 겪어본 적이 있건 없건, 나는 그자들이 어떤 자들인지 알고 있으니까요.

소크라테스 아뉘토스, 자네는 예언자인가 보군. 자네 말을 들어보면. 그렇지 않고서야 자네가 어떻게 그들에 관해 아는지 이해되지 않으니 말일세. 하지만 우리가 알아내려는 것은 메논을 타락시키려면 어떤 사람
d 들에게 보내야 하는지가 아닐세. 자네가 원한다면, 그들은 소피스트들이라고 해두세. 그보다는 오히려 그가 이 거대 도시에서 대체 누구를 찾아가면 내가 잠시 전에 말한 미덕에서 이렇다 할 인물이 될지 말해주게. 그것은 선대부터 자네 집 손님인 이 사람에게 호의를 베푸는 일이기도 하다네.

아뉘토스 왜 선생님께서 그에게 직접 말씀해주시지 않지요?

소크라테스 내가 누구를 이 분야의 교사라고 생각하는지 말했지만, 자

네는 내 말이 틀렸다고 하네. 어쩌면 자네 말에 일리가 있을지도 모르지. 이번에는 자네 차례이니, 그가 어떤 아테나이인들을 찾아가야 하는 e
지 말해주게. 누구든 자네가 원하는 사람의 이름을 대보게.

아뉘토스 내가 왜 굳이 특정인의 이름을 대야 하지요? 그가 점잖은 아테나이 신사 가운데 누구를 만나든 소피스트들이 할 수 있는 것 이상으로 메논을 더 훌륭하게 만들지 못할 사람은 아무도 없을 테니까요. 메논이 그의 조언을 따르려 한다면 말이에요.

소크라테스 이 점잖은 신사들은 우연히 점잖은 신사들이 되었는가? 그래서 그들은 누구한테 배우지 않았지만 그럼에도 자기들이 배우지 않
은 것들을 남들에게 가르칠 수 있는가? 93a

아뉘토스 그들도 선대의 점잖은 신사들에게 배웠겠지요. 아니면 선생님께서는 이 도시에 훌륭한 분들이 많았다고 생각하지 않으세요?

소크라테스 아뉘토스, 나는 이 도시에 정치적으로 뛰어난 인물들이 옛날에도 지금 못지않게 많았다고 믿네. 지금 우리에게 제기된 문제는, 그들이 자신들의 미덕을 남에게 가르친 훌륭한 교사들이었는지일세. 지금 우리가 묻고 있는 것은 아테나이에 훌륭한 사람들이 있느냐 없느냐 또는 옛날에 있었느냐가 아니라, 미덕은 배울 수 있느냐일세. 바로 그
점을 우리는 아까부터 고찰하고 있다네. 그 점을 고찰하면서 우리는 또 b
한 현재 또는 과거의 훌륭한 사람들이 자신의 미덕을 남에게 전해줄 줄 알았는지, 아니면 미덕은 다른 사람에게 전해줄 수도 다른 사람에게서 전해 받을 수도 없는 것인지를 고찰하고 있지. 바로 이것이 메논과 내가 아까부터 탐구하던 문제라네. 그러니 자네는 자네의 주장에 입각

해서 이것을 다음과 같은 방법으로 고찰해보게. 자네는 테미스토클레
c 스[38]가 훌륭한 사람이었다고 생각하는가?

아뉘토스 더없이 훌륭한 분이었지요.

소크라테스 만약 누가 자신의 미덕의 교사라면, 테미스토클레스 또한 자신의 미덕의 훌륭한 교사였다고 자네는 생각하는가?

아뉘토스 나는 그가 그랬을 것이라고 생각해요. 그가 원했다면 말이에요.

소크라테스 한데 자네는 그가 남들, 특히 자기 아들이 점잖은 신사가 되기를 바라지 않았을 것이라고 생각하는가? 아니면 자네는 그가 아들을 시기해서 자신을 훌륭하게 만든 미덕을 일부러 아들에게 전해주
d 지 않았다고 생각하는가? 자네는 테미스토클레스가 아들 클레오판토스[39]를 훌륭한 기수(騎手)로 가르쳤다는 말을 듣지 못했는가? 아무튼 클레오판토스는 말 등에 꼿꼿이 앉은 채로 창을 던지는 등 온갖 재주를 부리곤 했는데, 이런 재주들은 테미스토클레스가 가르친 것이라네. 말하자면 그는 훌륭한 교사가 필요한 모든 분야에 아들이 통달하도록 만들었네. 자네는 노인들한테서 그런 이야기를 못 들었는가?

아뉘토스 들었어요.

소크라테스 그러면 어느 누구도 그의 아들이 재능을 타고나지 못했다고 흠잡을 수 없을 걸세.

e **아뉘토스** 아마 흠잡을 수 없겠지요.

소크라테스 이건 어떤가? 자네는 테미스토클레스의 아들 클레오판토스가 그의 아버지가 그랬던 바로 그 분야에서 훌륭하고 지혜로운 사람이었다는 말을 젊은이든 노인이든 누구한테 들은 적이 있는가?

아뉘토스 없어요.

소크라테스 그렇다면 우리는 테미스토클레스가 다른 분야는 아들에게 가르치기를 원하면서 자신이 지혜로웠던 분야에서는 아들을 결코 이웃보다 더 나은 인물로 만들기를 원하지 않았다고 생각해야 하는가? 미덕이 배울 수 있는 것이라면 말일세.

아뉘토스 제우스에 맹세코, 설마 그렇지는 않겠지요.

소크라테스 테미스토클레스는 미덕의 교사로는 그런 사람이었네. 그런데도 자네는 그가 선대의 아주 탁월한 인물 중 한 명이라는 데 동의하고 있네. 그러면 다른 사람을 살펴보도록 하세. 뤼시마코스의 아들 아리스테 94a
이데스[40] 말일세. 자네는 그가 훌륭한 사람이라는 데 동의하지 않는가?

아뉘토스 전적으로 동의해요.

소크라테스 그 역시 교사가 필요한 모든 분야에서 아들 뤼시마코스[41]가 아테나이에서 가장 훌륭한 교육을 받게 했지만, 자네는 그가 아들을

38 Themistokles(기원전 530년경~462년). 아테나이의 뛰어난 정치가이자 군인. 그는 제2차 페르시아전쟁(기원전 490~489년) 때 살라미스(Salamis)섬의 해협에서 벌어진 해전에서 우세한 페르시아 함대를 완파함으로써 페르시아가 다시는 에게해로 진출하지 못하게 했다.

39 Kleophantos.

40 Aristeides. 뤼시마코스(Lysimachos)의 아들로 기원전 468년경에 죽었다. 올곧고 공정한 성격과 투철한 애국심 때문에 의인(義人)이라는 별명을 얻은 그는 기원전 490년의 마라톤 전투, 480년의 살라미스(Salamis) 해전, 489년 플라타이아이(Plataiai) 전투에서 아테나이군을 지휘했다.

41 고대 그리스에서 손자는 흔히 친할아버지의 이름을 물려받았다.

남보다 더 나은 인물로 만들었다고 생각하는가? 자네는 아마 그의 아들을 만났을 테니, 그의 아들이 어떤 사람인지 알고 있을 걸세. 또는 자
b 네가 원한다면, 비할 데 없이 지혜로운 페리클레스[42]를 예로 들어보세. 자네는 그가 파랄로스와 크산팁포스라는 두 아들을 키웠다는 것을 알고 있겠지?

아뉘토스 네.

소크라테스 자네도 알다시피, 그는 아들들을 어느 아테나이인 못지않은 훌륭한 기수로 가르쳤고, 시가(詩歌)나 체육처럼 전문기술이 필요한 모든 분야에서 누구와 견주어도 손색이 없도록 교육했네. 한데 그런 그가 아들들을 훌륭한 사람으로 만들기를 원하지 않았겠는가? 그는 아마도 그러기를 바랐겠지. 하지만 그것은 가르쳐질 수 있는 것이 아니었던 게야. 그 점에서 무능했던 것은 소수의 극히 열등한 아테나이인들뿐이라
c 고 자네가 생각하지 않도록, 투퀴디데스[43]를 떠올려보게. 그도 두 아들 멜레시아스와 스테파노스[44]를 양육하여 모든 분야에서 훌륭하게 교육했으며, 무엇보다도 아들들을 아테나이에서 가장 훌륭한 레슬링선수로 만들었네. 그러기 위해 그는 아들 한 명은 크산티아스[45]에게, 다른 한 명은 에우도로스[46]에게 보냈는데, 이 두 사람은 당대 최고의 레슬링선수로 간주되었네. 자네는 기억나지 않는가?

아뉘토스 그런 말을 들은 기억이 나요.

d **소크라테스** 그러면 그는 가르치는 데 돈이 드는 것은 아들들에게 가르치면서, 훌륭한 사람으로 만드는 것처럼 비용이 들지 않는 것은 아들들에게 가르치지 않았을 리가 없지 않은가? 그것이 배울 수 있는 것이라면

말일세. 아니면 투퀴디데스는 보잘것없는 인물이고 아테나이인들과 동맹국들의 시민 사이에 친구가 없단 말인가? 하지만 그는 명문거족 출신으로 이곳 아테나이와 동맹국들에서 큰 영향력을 행사했네. 그러니 미덕이 배울 수 있는 것이라면, 그는 분명히 내국인이든 외지인이든 아들들을 훌륭한 사람으로 만들어줄 누군가를 찾아냈을 것이네. 나랏일로 e
바빠서 자신이 그럴 여가가 없었다면 말일세. 한데 여보게 아뉘토스, 미덕은 배울 수 있는 것이 아닌 성싶네.

아뉘토스 소크라테스 선생님, 선생님께서는 남을 헐뜯는 것을 쉬운 일로 생각하시는 것 같군요. 그래서 나는 선생님께 조심하라고 충고하고 싶어요. 선생님께서 내 충고를 따르시겠다면 말이에요. 다른 나라에서도 마찬가지인지 모르겠지만, 이 나라에서는 확실히 남을 이롭게 하기보다는 해롭게 하기가 더 쉬워요. 나는 그 점은 선생님께서도 알고 계시 95a
리라 믿어요. *(아뉘토스가 발끈하며 떠나지만 가시거리 안에 머문다.)*

소크라테스 메논, 아뉘토스가 화가 난 것 같네. 그런데 놀랄 일도 아니지. 첫째, 그는 내가 그 사람들을 험담하는 줄 알고 있고 둘째, 자기도

42 『파이드로스』 주 181 참조. 페리클레스에게는 파랄로스(Paralos)와 크산팁포스(Xanthippos)라는 두 적자(嫡子)가 있었으나 기원전 429년 역병으로 죽었다.

43 여기에 나오는 투퀴디데스(Thukydides)는 역사가가 아니라, 기원전 440년대 아테나이의 대표적인 보수파 정치가이다.

44 Melesias, Stephanos.

45 Xanthias.

46 Eudoros.

그들 중 한 명이라고 믿고 있으니까. 험담한다는 것이 무엇인지 언젠가 그가 알게 되면 그때는 화내기를 그만두겠지만 지금은 모르고 있네. 그건 그렇고, 말해보게나. 그곳 텟살리아 지방에도 진실로 훌륭한 사람들이 있지 않은가?

메논 물론 있지요.

b **소크라테스** 어떤가? 그들은 젊은이들을 가르치겠다고 나서며, 자신들은 교사이고 미덕은 배울 수 있다는 데 동의하기를 원하는가?

메논 소크라테스 선생님, 제우스에 맹세코 그렇지는 않아요. 선생님께서는 그들이 때로는 미덕은 배울 수 있는 것이라고 주장하고, 때로는 배울 수 없는 것이라고 주장하는 것을 들으실 거예요.

소크라테스 그들이 이 점에서조차 합의에 이르지 못한다면, 우리는 그들을 이 과목의 교사라고 부를 수 있을까?

메논 저는 그렇지 않다고 생각해요, 소크라테스 선생님.

소크라테스 어떤가? 자네는 이들 소피스트들이 미덕의 교사라고 생각하는가? 그렇다고 공언하는 것은 그들뿐인데도 말일세.

c **메논** 소크라테스 선생님, 그래서 저는 고르기아스를 존경해요. 선생님께서는 그분이 그런 약속을 하는 것을 들어보지 못하셨을 거예요. 그분은 다른 소피스트들이 미덕을 가르쳐주겠다고 약속한다는 말을 들으면 웃곤 해요. 대신 그분은 자기가 할 일은 사람들을 훌륭한 연설가로 만드는 것이라고 생각해요.

소크라테스 그러니까 자네가 보기에 소피스트들은 미덕의 교사가 아니라는 말인가?

메논 소크라테스 선생님, 딱 잘라 말씀드릴 수가 없어요. 저도 대부분의 사람들과 같은 경험을 하니까요. 때로는 그런 것 같고, 때로는 그렇지 않은 것 같단 말이에요.

소크라테스 자네도 알다시피, 미덕을 때로는 배울 수 있다고 생각하고 때로는 배울 수 없다고 생각하는 것은 자네들 정치가뿐이 아닐세. 시인 d
테오그니스[47]도 같은 말을 하고 있다네.

메논 어느 시에서요?

소크라테스 그는 자신의 비가(悲歌)에서 이렇게 말하고 있네.

> 힘 있는 자들과 먹고 마시고, 힘 있는 자들과 자리를
> 같이하고, 힘 있는 자들의 환심을 사도록 하라.
> 훌륭한 사람들한테서는 훌륭한 것들을 배우게 될 것이지만,
> 못난 자들과 함께 어울리면 갖고 있던 지성도 잃게 되리라.[48] e

자네는 그가 이 시구에서 마치 미덕은 배울 수 있는 것처럼 말한다는 것을 알겠지?

메논 그런 것 같아요.

소크라테스 그러나 다른 시구들에서 그는 생각을 조금 바꾸어

47 Theognis. 기원전 6세기 말에 활동한 메가라(Megara) 출신의 비가 시인.
48 이 시행들은 테오그니스의 비가 시집 33~36행을 인용한 것이다.

만약 지성이 만들어져 사람 안에 심어질 수 있는 것이라면,

이라고 말하고는 다음과 같이 말을 잇고 있네.

그렇게 할 수 있는 자들은
엄청난 보수를 받게 되리라.

또 이렇게 잇고 있네.

훌륭한 아버지에게서 못난 아들이 태어날 수 없는 법.
96a 아버지의 건전한 조언에 귀 기울일 테니까. 그러나 그대는
못난 사람을 가르쳐서 훌륭한 사람으로 만들지는 못하리라.[49]

그가 같은 주제를 놓고 모순되는 말을 하고 있다는 것을 자네는 알겠지?

메논 그런 것 같아요.

소크라테스 그렇다면 자네는 이렇듯 교사라고 자처하는 사람들이 남들의 교사로 인정받기는커녕 그 분야의 전문가로도 인정받지 못한 채 자신들이 교사라고 주장하는 바로 그 일에 무능한 것으로 간주되는가 하면,
b 진실로 훌륭한 사람이라고 인정받는 사람이 때로는 배울 수 있다고 하고 때로는 배울 수 없다고 하는 어떤 다른 분야의 이름을 댈 수 있겠는가? 자네는 어떤 것에 관해 그렇게 혼란에 빠진 사람들이 그것을 제

대로 가르칠 수 있으리라고 생각하는가?

메논 제우스에 맹세코, 저는 그럴 수 없다고 생각해요.

소크라테스 만약 소피스트들도 진실로 훌륭한 사람들도 그 분야의 교사가 아니라면, 다른 사람들도 분명 가르칠 수 없겠지?

메논 가르칠 수 없을 것 같아요.

소크라테스 가르칠 사람이 없다면, 배울 사람도 없겠지? c

메논 선생님께서 말씀하신 대로인 것 같아요.

소크라테스 그렇다면 가르칠 사람도 없고 배울 사람도 없는 분야는 배울 수 없다는 것에 우리는 이미 동의했네.

메논 네, 동의했어요.

소크라테스 그러면 미덕을 가르칠 사람은 어디에도 없는 것 같지?

메논 네, 그래요.

소크라테스 가르칠 사람이 없다면 배울 사람도 없겠지?

메논 그런 것 같아요.

소크라테스 그렇다면 미덕은 배울 수 있는 것이 아니겠지?

메논 아닌 것 같아요. 우리가 제대로 탐구한 것이라면. 그래서 소크라테 d
스 선생님, 저는 의아하게 여기고 있어요. 훌륭한 사람들은 아예 존재하지 않는 것인지, 아니면 대체 어떤 과정을 거쳐 사람들이 훌륭해지는지 말이에요.

49 이 시행들은 테오그니스의 비가 시집 434~438행을 인용한 것이다.

소크라테스 메논, 나나 자네나 보잘것없는 사람인 것 같네. 자네는 고르
기아스가, 나는 프로디코스[50]가 충분히 교육하지 못했다는 말일세. 그
러니 우리는 우리 자신에게 주의를 기울이고, 어떻게든 우리를 더 훌륭
e 하게 만들어줄 사람을 찾아야 하네. 내가 이런 말을 하는 이유는, 지금
까지의 우리 탐구를 돌이켜보건대 우리는 어리석게도 인간사에서 성공
과 효율성은 지식의 인도에만 달려 있는 것이 아니라는 사실을 알아차리
지 못했음이 분명하기 때문일세. 그것은 또한 어떻게 해서 훌륭한 사람
들이 훌륭해지는지 우리가 제대로 알지 못하는 이유이기도 한 것 같네.

메논 소크라테스 선생님, 무슨 말씀이신지요?

소크라테스 그것은 바로 훌륭한 사람들은 유익해야 하며, 그 점은 달라
97a 질 수 없다고 우리가 합의하는 것은 옳다는 뜻일세. 혹시 옳지 않은가?

메논 네, 옳아요.

소크라테스 훌륭한 사람들이 우리가 하는 일들을 올바로 인도하면 우리에게 유익할 것이라고 우리가 합의하는 것 또한 옳겠지?

메논 네.

소크라테스 그러나 지혜롭지 못하면 올바르게 인도할 수 없다고 우리가 합의하는 것은 잘못된 일인 듯하네.

메논 무슨 말씀이신지요?

소크라테스 내 말하지. 라리사[51]나 그 밖에 자네가 원하는 곳으로 가는 길을 아는 사람이 그곳으로 가면서 다른 사람들에게 길을 가리켜준다면, 그는 그들을 올바르게 그리고 잘 인도하겠지?

메논 물론이지요.

소크라테스 어떤가? 그곳에 가본 적도 없고 그 길에 관해 알지는 못하지 b
만 그곳으로 가는 길에 대해 바른 의견[52]을 갖고 있는 사람이 있다면, 그도 역시 사람들을 올바르게 인도하지 않을까?

메논 그야 물론이지요.

소크라테스 그리고 다른 사람이 알고 있는 것에 대해 바른 의견이 있는 한, 그는 비록 지혜롭지 못해도 바른 신념이 있기에 지혜로운 사람 못지않게 훌륭한 길라잡이가 될 걸세.

메논 그렇고말고요.

소크라테스 그러므로 행위의 올바름을 보증하는 데서 바른 신념은 지혜 못지않은 길라잡이일세. 그리고 바로 이것이 방금 우리가 미덕의 본성
을 고찰하면서 지혜만이 우리 행위의 훌륭한 길라잡이라고 말했을 때 c
간과한 부분일세. 바른 의견도 그렇게 하니 말일세.

메논 그런 것 같아요.

소크라테스 그렇다면 바른 의견은 지식 못지않게 유익하네.

메논 네, 그래요, 소크라테스 선생님. 지식이 있는 사람은 언제나 성공하지만, 바른 의견이 있는 사람은 때로는 성공하고 때로는 실패한다는 한 가지 차이점 말고는요.

50 『파이드로스』 주 172 참조. 플라톤은 그에 대해서 나쁘게 말하는 편이 아니지만, 여기서 소크라테스를 그의 제자로 자처하게 한 이유는 빈정대기 위해서인 듯하다.

51 Larisa. 텟살리아 지방의 도시.

52 '바른 의견'(orthe doxa).

소크라테스 그게 무슨 말인가? 의견이 바른 사람은 그의 의견이 바른 한 언제나 성공하지 않을까?

메논 제가 보기에는 그래야 할 것 같아요. 소크라테스 선생님, 그래서
d 저는 그게 그렇다면 도대체 왜 지식이 바른 의견보다 훨씬 더 존중받으며, 이 둘의 차이점이 무엇인지 헷갈려요.

소크라테스 왜 헷갈리는지 자네도 알 텐데. 아니면 내가 말해줄까?

메논 꼭 말씀해주세요.

소크라테스 자네가 다이달로스[53]의 조각상들에 주의를 기울이지 않았기 때문일세. 아마 자네 고향 텟살리아에는 그런 것들이 없을 테지.

메논 무슨 말씀을 하시려는 거죠?

소크라테스 그의 조각상들도 묶여 있어야 하며, 그렇지 않으면 달아나 도망친다는 것 말일세. 그의 조각상들은 묶여 있어야만 머무르니까.

e **메논** 무슨 뜻이지요?

소크라테스 다이달로스의 풀려난 조각상을 큰돈을 내고 사는 것은 도망친 노예를 사는 것만큼이나 무의미하다네. 그것은 머물지 않고 계속 달아나니까. 하지만 그의 조각상들은 매우 아름답기에 묶여 있으면 큰돈을 내고 살 가치가 있네. 내가 왜 이런 말을 하느냐고? 이것이 바른 의견들에 대한 비유가 될 수 있기 때문일세. 바른 의견들도 머물러 있는 동
98a 안에는 아름답고 우리를 위해 온갖 좋은 일을 한다네. 그러나 바른 의견들은 오래 머무르려 하지 않고 인간의 혼에서 달아난다네. 그래서 바른 의견들은 누가 원인을 추론해 묶어둘 때까지는 큰 가치가 없다네. 여보게 메논, 이렇게 묶어두는 것이 앞서 우리가 합의했듯이 상기일세. 바

른 의견들은 일단 묶이면 먼저 지식이 되고, 그다음에는 머무르게 되네. 그래서 지식이 바른 의견보다 더 존중받는 것이며, 이 둘의 차이점은 지식은 묶여 있다는 것이라네.

메논 소크라테스 선생님, 제우스에 맹세코, 정말 그런 것 같아요.

소크라테스 나 역시 알고서 이런 말을 하는 것이 아니라, 그럴 거라고 짐 b
작할 뿐이네. 그렇지만 나는 결코 바른 의견과 지식은 별개의 것이라는 주장이 짐작에 불과하다고는 생각하지 않네. 내가 안다고 주장하는 것이 있다면—물론 내가 그렇게 말할 수 있는 것이 많지 않겠지만—이것도 내가 아는 것 중의 하나로 간주하고 싶네.

메논 소크라테스 선생님, 선생님 말씀이 옳아요.

소크라테스 어떤가? 그렇다면 어떤 행위든 바른 의견이 인도하면 지식이 인도할 때 못지않게 목표를 달성한다고 말하는 것도 옳지 않겠는가?

메논 그것도 옳은 말씀 같아요.

소크라테스 그렇다면 바른 의견은 지식과 비교해도 전혀 손색이 없으며, c
행위를 인도하는 데 지식 못지않게 유익할 것이네. 또한 의견이 바른 사람도 지식이 있는 사람 못지않게 좋은 일을 많이 할 걸세.

메논 그렇고말고요.

소크라테스 우리는 또한 훌륭한 사람은 유익하다는 데 동의한 바 있네.

53 Daidalos. 아테나이 출신의 전설적인 장인. 그는 크레테(Krete)섬으로 건너가 미노스(Minos) 왕의 미궁을 지었는데, 나중에는 아들 이카로스(Ikaros)와 함께 날개를 달고 크레테섬에서 도주했다.

메논 네.

소크라테스 이렇듯 지식만이 사람들을 훌륭하게 만들고—그런 사람들이 있다면 말일세—공동체에 유익한 것이 아니라, 바른 의견도 그렇네.
d 하지만 지식도 바른 의견도 인간이 타고나는 것은 아닐세. 아니면 자네는 그중 어느 것이든 인간이 타고나는 것이라고 생각하는가?

메논 저는 그렇다고 생각하지 않아요.

소크라테스 그중 어느 것도 타고나는 것이 아니라면, 인간의 훌륭함도 타고나는 것일 수 없네.

메논 분명 아니에요.

소크라테스 훌륭함은 타고나는 것이 아니기에, 우리는 그다음으로 그것이 배울 수 있는 것인지 고찰한 것이라네.[54]

메논 네, 그래요.

소크라테스 우리는 미덕이 지혜라면 배울 수 있는 것이라고 생각하지 않았나?

메논 네, 그랬지요.

소크라테스 그리고 미덕이 배울 수 있는 것이라면 미덕은 지혜라고 생각하지 않았나?

메논 물론이지요.

e **소크라테스** 그리고 미덕을 가르치는 사람들이 있으면 미덕은 배울 수 있는 것이고, 가르치는 사람들이 없으면 배울 수 없는 것이라고 생각하지 않았나?

메논 네, 그랬지요.

소크라테스 그런데 우리는 미덕을 가르칠 사람들이 없다는 데 합의한 바 있지?

메논 네, 그랬지요.

소크라테스 그러니 우리는 미덕은 배울 수 없는 것이고 지혜가 아니라는 데 합의했지?

메논 물론이지요.

소크라테스 하지만 우리는 미덕이 훌륭한 것이라는 데는 동의하지?

메논 네.

소크라테스 올바른 인도가 유익하고 훌륭한 것이라는 데도 동의하지?

메논 물론이지요.

소크라테스 그리고 올바르게 인도하는 것은 바른 의견과 지식 이 둘뿐이 99a
라는 데도 우리는 동의하지? 사람은 이 둘 가운데 어느 하나가 있어야
만 남을 올바르게 인도한다네. 어떤 우연으로 올바르게 행해지는 것은
인간의 인도로 그렇게 되는 것이 아니라네. 인간이 올바르게 인도하는
경우, 그러는 것은 바른 의견과 지식 이 둘뿐일세.

메논 동의해요.

소크라테스 그런데 미덕은 배울 수 없는 것이므로 더이상 지식은 아니겠지?

메논 네, 아닌 것 같아요.

소크라테스 그렇다면 훌륭함과 유익함 둘 중에서 하나가 제외되었네. 지 b

54 89c~96c 참조.

식은 공무(公務)에서 우리의 길라잡이가 아니라는 말일세.

메논 네, 아닐 것 같아요.

소크라테스 그러니까 테미스토클레스나, 잠시 전에 여기서 아뉘토스가 언급한 그런 사람들이 나라를 인도하는 것은 지혜에 의해서도 아니고, 그들이 지혜로워서도 아닐세. 이는 또한 왜 그들이 남을 자기들과 같은 사람으로 만들지 못하는지 설명해주네. 그것은 그들의 정치가로서의 능력이 지식에 힘입은 것이 아니기 때문일세.

메논 소크라테스 선생님, 선생님께서 말씀하신 대로인 것 같아요.

소크라테스 그것이 지식 덕분이 아니라면, 남은 가능성은 건전한 견해뿐일세. 이것을 이용해서 정치가들은 나라를 바른길로 인도하지만, 지혜
c 와 관련해서는 예언자나 점쟁이들과 다를 바 없다네. 이들도 신에 씌면 가끔 진실을 말하지만 자신들이 말하는 것에 대해 아무것도 모르니 말일세.

메논 그런 것 같아요.

소크라테스 그렇다면 메논, 우리는 지성이 없으면서도 말과 행동으로 큰일을 많이 해내는 이런 사람들을 '신들렸다'고 해야겠지?

메논 물론이지요.

소크라테스 그러면 우리는 잠시 전에 언급한 예언자들과 점쟁이들은 물
d 론이요 모든 시인도 '신들렸다'고 하는 것이 옳을 걸세. 우리는 누구보다도 정치가들이야말로 '신들렸다'고 말해야 하네. 정치가들은 자신들이 말하는 것에 대해 아무것도 모르면서 언변으로 수없이 대성공을 거둘 때 신의 영감을 받아 신에 씌어 있으니 말일세.

메논 물론이지요.

소크라테스 그래서 메논, 여자들도 훌륭한 사람들을 '신들렸다'고 하고, 라케다이몬[55]에서도 훌륭한 사람에 대한 최고의 찬사는 "저 사람은 신들렸어"라고 말하는 것이라네.

메논 소크라테스 선생님, 그들의 말이 옳은 것 같아요. 하지만 저기 있 e
는 아뉘토스는 아마도 선생님의 그런 말씀을 못마땅하게 여길걸요.

소크라테스 그 일이라면 나는 개의치 않네. 메논, 우리는 나중에 다시 그
와 대화하게 될 것이네. 그건 그렇고 지금은, 만약 이 논의 전체에 걸쳐
우리가 제대로 탐구하고 우리가 말한 것이 옳다면, 미덕은 타고나는 것
도 아니고 배울 수 있는 것도 아닐세. 오히려 미덕은 그것을 지닌 사람
들에게 지성과는 무관하게 신의 섭리에 따라 주어지는 것일세. 정치가 100a
들 중에 남을 자기와 같은 사람으로 만들 수 있는 사람이 없는 한.[56] 만
약 그런 사람이 있다면 그는 이승의 살아 있는 사람들 사이에서 마치 호
메로스가 묘사하는 사자(死者)들 사이에서의 테이레시아스[57]와 같은
존재라고 할 수 있을 걸세. 호메로스는 테이레시아스에 대해 다음과 같
이 말하고 있네.

55 여기서 라케다이몬(Lakedaimon)은 스파르테(Sparte)를 달리 부르는 이름이다.

56 그런 사람이라면 미덕은 배울 수 없는 것이라는 이론을 반박할 수 있을 것이라는 뜻이다.

57 Teiresias. 테바이의 유명한 예언자. 죽은 뒤 그만이 분별력을 갖고 있어, 오뒷세우스는 귀향길을 묻기 위해 저승으로 그를 찾아간다.

오직 그에게만 분별력이 주어졌으니까요.
그러나 다른 혼백들은 그림자처럼 쏘다니지요.[58]

마찬가지로 그런 사람은 이승에서도 미덕에 관한 한 그림자들에 대비되는 실체라고 할 수 있을 걸세.

b **메논** 소크라테스 선생님, 더없이 아름다운 말씀 같아요.

소크라테스 그러니 메논, 우리 추론에 따르면, 미덕은 그것을 갖춘 사람들에게 신의 섭리에 따라 주어지는 것 같네. 그러나 미덕이 어떻게 사람들에게 주어지는지 묻기 전에 먼저 미덕 자체가 무엇인지 탐구하려고 할 때, 우리는 그것에 관해 확실히 알게 될 걸세. 이제 나는 다른 곳에 가봐야겠네. 자네는 자네가 납득한 것들을 이곳에서의 자네 주인인 아
c 뉘토스에게도 설득해보게. 그가 더 온순해지도록 말일세. 자네가 그를 설득할 수 있다면, 그것은 아테나이인들에게도 이득이 될 것이네.

58 『오뒷세이아』 10권 494~495행.

뤼시스

우정에 관하여

대담자

소크라테스 아테나이의 철학자(기원전 424년에서 399년 사이에 이 대화를 나누었을 것으로 추정된다)

힙포탈레스(Hippothales) 그에 관해서는 달리 알려진 것이 없지만 뤼시스를 열렬히 사랑하는 연인(erastes)으로, 10대 후반의 부잣집 아들인 듯하다.

크테십포스(Ktesippos) 힙포탈레스와 같은 또래로 역시 동성애에 관심이 많지만 힙포탈레스의 태도에 대해서는 비판적이다. 대화편 『파이돈』 59b에 따르면, 그는 훗날 소크라테스가 독배를 들고 숨을 거둘 때 그의 임종을 지켜보았다고 한다.

메넥세노스(Menexenos) 친구 뤼시스와 함께 소크라테스의 주 대담자로 등장하며 13살쯤 된 것으로 추정된다. 대화편 『파이돈』 59b에 따르면, 그도 훗날 소크라테스가 독배를 들고 숨을 거둘 때 그의 임종을 지켜보았다고 한다.

뤼시스 크테십포스의 사촌으로 같은 또래인 메넥세노스와 함께 소크라테스의 주 대담자로 등장한다.

소크라테스가 이름 모를 친구에게 자신이 전에 나눈 대화를 전한다

203a 나는 성벽[1] 바로 밑으로 난 성벽 바깥쪽 길을 따라 아카데메이아[2]에서 곧장 뤼케이온[3]으로 가고 있었네. 그런데 파놉스[4] 샘 옆의 작은 문에 이르렀을 때 거기서 우연히 히에로뉘모스[5]의 아들 힙포탈레스와 파이아니아[6] 구역 출신인 크테십포스와 다른 젊은이 몇 명을 만났는데, 모두 한데 모여 있었네. 내가 다가가자 힙포탈레스가 말했네. "소크라테스 선
b 생님, 어디에서 어디로 가시는 길인가요?"

"아카데메이아에서 곧장 뤼케이온으로 가는 길일세." 하고 내가 말했네.

"이리로 곧장 우리에게 와주세요. 우리와 함께하지 않으실래요? 그만한 보람이 있을 거예요." 하고 그가 말했네.

"'이리로'라니 거기가 어딘가? 그리고 나더러 함께하라는 '우리'가 대체 누구란 말인가?" 하고 내가 물었네.

"여기 말이에요." 하고 그가 성벽에 면해 있는 울타리 친 땅과 열려 있는 문을 가리키며 말했네. "우리는 여기서 시간을 보내고 있어요. 여기 보이는 우리 말고 다른 사람도 아주 많아요. 다 멋쟁이들[7]이에요." 하고 그가 말을 이었네.

"여기는 어떤 곳이며, 무엇을 하며 시간을 보내는가?" 204a

"최근에 지은 레슬링 도장[8]이에요. 우리는 대부분의 시간을 토론을 하며 보내는데, 선생님께서도 우리와 함께해주시면 좋겠어요." 하고 그가 말했네.

"시간을 보내는 데는 토론이 좋은 방법이지. 그런데 여기서는 누가 자네들 선생인가?" 하고 내가 말했네.

"선생님의 학우이자 찬미자이신 믹코스[9] 선생이에요." 하고 그가 말

1 아테나이 시의 성벽.

2 Akademeia. 아테나이 시 북서부에 있는 체육관이자 공원. 훗날 이곳에 플라톤이 학원을 개설했다.

3 Lykeion. 아테나이 시 남동쪽에 있는 체육관이자 공원. 아리스토텔레스는 훗날 이곳에도 학원을 개설했다.

4 Panops. 지역 신.

5 Hieronymos.

6 Paiania. 앗티케(Attike) 지방의 174개 구역(區域 demos) 중 하나.

7 kaloi. 문맥에 따라 '미남들'이라고 옮길 수도 있다.

8 palaistra.

9 Mikkos.

했네.

"단언컨대 그는 그저 그런 사람이 아니라 그 방면의 전문가일세." 하고 내가 말했네.

"그렇다면 선생님께서는 우리와 함께하시는 거죠? 여기 있는 사람들이 누군지 보실 겸 해서 말이에요." 하고 그가 말했네.

b "먼저 내가 무엇하러 들어가는 것이며, 자네들의 그 '멋쟁이'가 도대체 누구인지 듣고 싶네."

"멋쟁이에 대해 우리는 저마다 의견을 달리해요, 소크라테스 선생님." 하고 그가 말했네.

"힙포탈레스, 자네한테는 누가 멋쟁이인가? 말해보게."

그가 이 질문을 받고 얼굴이 붉어지기에 내가 말했네. "히에로뉘모스의 아들 힙포탈레스, 자네가 누군가를 사랑하는지 아닌지는 더 말할 필요 없네. 나는 자네가 사랑을 하고 있을뿐더러 사랑에 푹 빠져 있다
c 는 것을 알 수 있으니까. 나는 다른 일에는 보잘것없고 쓸모없지만, 사랑하는 사람[10]과 사랑받는 사람[11]을 금세 알아보는 재주는 타고난 것 같으니 말일세."

그가 이 말을 듣고 얼굴이 더욱더 붉어지자, 크테십포스가 말했네. "힙포탈레스, 자네는 참 내숭도 잘 떤다니까. 얼굴을 붉히면서도 소크라테스 선생님께 그 소년의 이름을 대기가 부끄럽다는 듯이 주저하다니! 선생님께서 잠깐 동안이라도 자네와 함께 시간을 보내시게 되면 자네가 계속해서 그 이름을 말하는 것을 들으시고는 지치실 텐데. 소크라
d 테스 선생님, 아무튼 우리는 그가 뤼시스라는 이름을 귀에다 쏟아붓는

바람에 귀머거리가 되다시피 했어요. 그리고 그가 술이라도 마시면 우리는 이튿날 아침에 깨어서도 여전히 뤼시스라는 이름을 듣고 있는 것 같은 착각에 빠진다니까요. 그가 대화하면서 그럴 때도 끔찍하지만, 그가 시와 산문을 지어 우리에게 쏟아부을 때에 견주면 약과예요. 그리고 최악은 그가 괴상한 목소리로 사랑하는 소년을 칭송하고, 우리는 그런 노래를 들어야 할 때입니다. 그런 그가 지금 선생님께서 그 이름을 묻자 얼굴을 붉히네요."

"뤼시스는 아직 소년인 것 같구먼. 이름을 들어도 나는 그가 누군지 e
모르겠으니 말일세." 하고 내가 말했네.

그가 말했네. "사람들이 그의 이름을 자주 부르지 않기 때문입니다. 사람들은 여전히 그를 아무개의 아들이라고 불러요. 그의 아버지는 잘 알려져 있으니까요. 설령 선생님께서 소년의 이름은 모르셔도 그의 생김새를 모르기는 어려우실 거예요. 그의 생김새는 보기만 해도 그라는 것을 알아볼 수 있을 만큼 남다른 면이 있으니까요."

"말해보게나. 그는 누구의 아들인가?" 하고 내가 물었네.

"그는 아익소네 구역 출신인 데모크라테스[12]의 장남이에요." 하고 그가 대답했네.

그래서 내가 말했네. "힙포탈레스, 자네가 고상하고 활기찬 연동(戀

10 eron.

11 eromenos.

12 Aixone, Demokrates.

童)[13]을 찾아낸 것을 축하하네. 자, 자네가 여기 이 사람들에게 보여주
205a 는 것을 내게도 보여주게나. 연인(戀人)[14]이 연동에 관해 연동 자신에게나 남 앞에서 무슨 말을 해야 하는지 자네는 알고 있다고 나는 확신하고 싶네."

"소크라테스 선생님, 크테십포스가 하는 말을 진지하게 받아들이시는 겁니까?" 하고 힙포탈레스가 물었네.

"자네는 이 사람이 말한 소년을 사랑한다는 것을 부인하는 건가?" 하고 내가 물었네.

"그건 아니지만 제가 연동에 관해 시를 짓고 산문을 쓴다는 것은 부인해요." 하고 그가 대답했네.

"그는 건강이 좋지 않아 정신이 나가 헛소리를 하는 거예요." 하고 크테십포스가 말했네.

그래서 내가 말했네. "힙포탈레스, 자네가 그 소년에 관해 시나 노래
b 를 지었다 해도 내가 그것을 들을 필요는 없네. 단지 그 취지만 듣고 싶네. 자네가 연동을 어떻게 대하는지 내가 알도록 말일세."

"크테십포스가 분명히 선생님께 말씀드릴 거예요. 그는 정확하게 알고 기억하고 있을 테니까요. 만약 그의 말처럼 그가 나한테 하도 많이 들어 귀가 먹먹하다면 말이에요." 하고 힙포탈레스가 말했네.

그러자 크테십포스가 말했네. "신들에 맹세코, 나는 아주 정확하게 알고 기억하고 있어요. 그건 또한 우스운 이야기이기도 해요, 소크라테스 선생님. 그가 연인으로 자기 연동을 어느 누구보다 더 사모하면서도 독창적인 말을 할 수 없다면 어찌 우습지 않겠어요. 그런 경우에는 어린

아이라도 나름대로 할 말이 있을 거예요. 그런데 아테나이 시 전체가 데 c
모크라테스와 그 소년의 할아버지 뤼시스[15]와 그 소년의 선조를 칭송하
는 것들이, 말하자면 그분들의 부와 말 사육[16]과, 퓌토 경기와 이스트
모스 경기와 네메아 경기[17]에서 그분들이 사두마차 경주와 경주마 경기
에서 우승한 일들이 그가 지은 시와 산문의 내용입니다. 이보다 더 케케
묵은 소재도 있어요. 그저께도 그는 그들의 선조가 헤라클레스[18]를 환
대한 이야기를 시로 지어 들려주었어요. 그들의 선조는 제우스와 아익 d
소네 구역 창건자의 딸 사이에서 태어난 아들이기에 헤라클레스와는
친족 간이었으니까요. 소크라테스 선생님, 힙포탈레스는 노파들이 읊
어대는 이런 이야기와 그 밖에 그와 비슷한 수많은 이야기를 시나 산문
으로 지어서는 우리더러 들으라고 강요해요."

13 ta paidika. 남자들끼리의 동성애에서 수동적 역할을 하는 연하의 남자.

14 erastes. 남자들끼리의 동성애에서 능동적 역할을 하는 연상의 남자.

15 고대 그리스에서 손자는 대개 할아버지의 이름을 물려받았다.

16 예나 지금이나 말을 사육하려면 돈이 많이 든다.

17 퓌토 경기(ta Pythia)는 예언과 음악의 신 아폴론(Apollon)을 기리기 위해 델포이(Delphoi)에서 4년마다 개최하던 축제 경기이다. 퓌토(Pytho)는 델포이의 옛 이름이다. 이스트모스 경기(ta Isthmia)는 해신(海神) 포세이돈(Poseidon)을 기리기 위해 코린토스(Korinthos) 시의 지협(地峽 isthmos)에서 격년으로 개최하던 경기이다. 네메아 경기(ta Nemeia)는 최고신 제우스를 기리기 위해 코린토스 남서쪽에 있는 네메아(Nemea)에서 개최하던 경기이다. 이 세 경기가 펠로폰네소스(Peloponnesos)반도 서북부 엘리스(Elis) 지방의 소도시 올륌피아(Olympia)에서 4년마다 개최되던 올륌피아 경기(ta Olympia)와 더불어 고대 그리스의 4대 경기이다.

18 Herakles. 제우스의 아들로, 인류를 위협한 수많은 괴물을 퇴치한 고대 그리스의 대표적인 영웅.

크테십포스의 말을 듣고 내가 말했네. "힙포탈레스, 자네는 웃음거리가 되어 마땅하네. 자네는 승리를 쟁취하기도 전에 정말로 자신을 칭송하는 승리의 송가를 지어 부른단 말인가?"

"소크라테스 선생님, 나 자신을 칭송하는 승리의 송가를 지어 부르는 게 아닙니다." 하고 그가 말했네.

"그건 자네 생각이겠지." 하고 내가 말했네.

"어째서 그렇다는 건가요?" 하고 그가 물었네.

e 내가 말했네. "자네의 그런 노래들은 누구보다도 자네와 관계가 있네. 만약 자네가 그런 연동을 손아귀에 넣는다면 자네가 그에 관해 말하고 노래하는 것은 모두 자네의 명예를 높여줄 테니까. 자네가 그런 연동을 얻는 데 성공한다면 자네의 노래들은 자네를 칭송하는 승리의 송가가 될 거라는 말일세. 그러나 자네가 연동을 얻는 데 실패한다면, 자네가 연동을 기리는 찬사가 굉장할수록 자네는 그만큼 더 아름답고 훌
206a 륭한 것들을 잃은 것처럼 보여 웃음거리가 되겠지. 여보게, 그래서 연애 전문가는 연동을 손아귀에 넣기 전에는 연동을 찬양하지 않는다네. 장차 일이 어떻게 될지 염려되니까. 또한 잘생긴 소년들은 누가 칭찬하고 추어주면 자만심에 차서 점점 도도해진다네. 자네는 그렇게 생각하지 않는가?"

"물론 그렇다고 생각합니다." 하고 그가 말했네.

"그들이 도도해질수록 잡기가 더 어려워지겠지?"

"그럴 것 같아요."

"사냥꾼이 사냥감을 놀라게 하여 잡기 더 어렵게 한다면 자네는 그를

어떤 사냥꾼이라고 생각하는가?"

"분명 형편없는 사냥꾼입니다." b

"그리고 누군가를 말과 노래로 온순하게 만들기는커녕 더 사납게 만든다면 그것은 시가(詩歌)에 무지한 탓일 걸세. 그렇겠지?"

"그런 것 같아요."

"그렇다면 힙포탈레스, 자네가 시를 짓다가 이런 모든 일에 휘말리지 않도록 조심하게. 설마 자네는 시 짓는 일로 자신을 해롭게 하는 사람이 훌륭한 시인이라는 데 동의하진 않을 테지. 그가 자신을 해롭게 한다면 말일세."

"동의하지 않고말고요. 그건 매우 어리석은 짓일 테니까요. 그래서 소크라테스 선생님, 저는 지금 선생님과 상담하는 거예요. 선생님께서 c
제게 더 조언해주실 수 있다면, 연동의 사랑을 받으려면 어떻게 대화하고 어떻게 행동해야 하는지 말씀해주세요." 하고 그가 말했네.

"그건 말하기가 쉽지 않네. 하지만 만약 자네가 나서서 그가 나와 대화하게 해주겠다면, 여기 있는 자네 친구들이 자네가 말하고 노래한다고 주장하는 것들 대신 자네가 그와 어떤 대화를 나누어야 하는지 내가 시범을 보여줄 수는 있을 걸세." 하고 내가 말했네.

그가 말했네. "그건 어렵지 않아요. 만약 선생님께서 여기 있는 크테십포스와 함께 안으로 들어가 자리에 앉아 대화를 나누시면 그는 아마 제 발로 선생님께 다가올 테니까요. 소크라테스 선생님, 그는 누구보다 토론하는 것을 듣기 좋아해요. 게다가 마침 헤르메스 축제[19] 기간이라 d
젊은이들과 소년들이 다 모여 있어요. 그러니 그는 선생님께 올 거예요.

만약 오지 않는다면, 여기 있는 크테십포스를 시켜—크테십포스와 뤼
시스는 서로 아는 사이예요. 뤼시스는 크테십포스의 사촌인 메넥세노
스와 막역한 사이예요. 그러니 그가 제 발로 오지 않으면—그를 불러
오게 하세요."
e “그래야겠구먼.” 하고 내가 말했네. 그렇게 말하고 내가 크테십포스
를 데리고 레슬링 도장으로 들어가자 다른 사람들도 우리를 뒤따랐네.
우리가 들어가서 보니 소년들은 제물을 모두 바치고 나서 이제는 제
사도 거의 끝난 터라 곱게 차려입은 그대로 공기놀이를 하고 있었네. 대
부분의 소년은 건물 바깥 안마당에서 놀고 있었고, 몇몇은 탈의실 구석
에서 작은 바구니들에서 공깃돌을 한 움큼씩 꺼내며 홀수인지 짝수인
지 알아맞히기 놀이를 하고 있었지. 또 다른 소년들이 둘러서서 이 놀이
207a 를 구경하는데, 구경꾼 중 한 명이 뤼시스였네. 그는 머리에 화관을 쓰
고 소년들과 젊은이들 사이에 서 있었는데, 외모가 출중해 단지 아름답
다는 말뿐 아니라 아름답고도 훌륭하다[20]는 말을 들을 만했네. 그 방의
반대쪽은 조용하기에 우리는 그리로 가 앉아 우리끼리 대화를 시작했
네. 그러자 뤼시스가 자꾸 고개를 돌려 우리 쪽을 바라보았는데, 분명
다가오고 싶은 눈치였네. 그가 혼자서 다가올 용기가 나지 않아 잠시 망
b 설이는데, 메넥세노스가 안마당에서 놀다가 들어오더니 나와 크테십포
스를 보자 다가와 우리 곁에 앉았네. 뤼시스가 메넥세노스를 보고 따라
와서 메넥세노스와 함께 우리 곁에 앉자 다른 사람들도 다가왔네. 그러
자 힙포탈레스는 여러 사람이 둘러서 있는 것을 보고는 뤼시스가 언짢
아할까 두려워 그의 눈에 띄지 않도록 그들 뒤에 자리잡고 섰네. 그는 그

렇게 자리잡고 서서 우리 대화에 귀를 기울였네.

그래서 내가 메넥세노스를 보며 물었네. "데모폰의 아들이여, 자네들 둘 중에 누가 더 나이가 많은가?" c

"그 문제를 두고 우리는 다투고 있습니다." 하고 그가 대답했네.

"그렇다면 자네들은 누가 더 명문가(名門家) 출신인지를 두고도 다투겠구먼." 하고 내가 말했네.

"그야 물론이지요." 하고 그가 말했네.

"그렇다면 누가 더 잘생겼는지를 두고도 다투겠구먼."

그러자 그들 둘 다 웃었네.

"자네들 둘 중 누가 더 부자인지는 묻지 않겠네. 자네들은 친구[21] 사이니까. 그렇지 않은가?" 하고 내가 말했네.

"물론이지요." 하고 그들이 말했네.

"속담에 이르기를 친구들의 재산은 공유물이라고 하니, 그 점에서는 자네들 둘 사이의 우열을 가리기가 어려울 테니까. 자네들의 우애[22]에 관해 자네들이 한 말이 참말이라면."

그들은 동의했네.

이어서 내가 그들 둘 중에 누가 더 올바르고 더 지혜로운지 물으려고 d

19 hermaia. 헤르메스(Hermes)는 신들의 전령으로 레슬링 도장과 체육관의 수호신이다.

20 '아름답고도 훌륭하다'(kalos te kagathos).

21 philos.

22 philia.

할 때, 누가 우리에게 다가와서 체육관 관장이 부른다며 메넥세노스를 일으켜 세웠는데, 내 생각에 제사 지내는 일로 그러는 것 같았네. 메넥세노스가 떠나자 나는 뤼시스에게 묻기 시작했네.

"뤼시스, 자네 아버지와 어머니는 자네를 무척이나 사랑하시겠지?"

"물론입니다." 하고 그가 대답했네.

"그분들은 자네가 최대한 행복하기를 원하시겠지?"

"어찌 그러지 않겠습니까?"

e "어떤 사람이 노예이고 하고 싶은 것을 아무것도 할 수 없다면, 자네는 그런 사람이 행복하리라고 생각하는가?"

"제우스에 맹세코, 저는 그렇게 생각하지 않습니다."

"만약 자네 부모님이 자네를 사랑하시고 자네가 행복해지기를 원하신다면, 그분들은 분명 자네를 행복하게 해주려고 최선을 다하실 걸세."

"당연하지요." 하고 그가 말했네.

"그렇다면 그분들은 자네가 원하는 일을 하도록 허락하시고, 자네가 원하는 일을 한다고 나무라거나 못 하게 막지는 않으시겠구먼?"

"제우스에 맹세코, 그렇지는 않습니다, 소크라테스 선생님. 그분들이 못 하게 막는 일이 한두 가지가 아닌걸요."

208a "무슨 말인가? 그분들은 자네가 행복하기를 바라면서도 자네가 원하는 일을 못 하게 막으신다는 말인가? 이 점을 말해주게. 자네가 자네 부친의 전차 가운데 한 대에 올라타 전차 경주에서 고삐를 잡기를 원한다면, 그분들은 허락하지 않고 못 하게 막으실까?" 하고 내가 물었네.

"제우스에 맹세코, 그분들은 분명히 허락하지 않으실 거예요." 하고 그가 말했네.

"그렇다면 그분들은 누가 그렇게 하는 것을 허락하실까?"

"아버지한테서 품삯을 받는 마부가 한 명 있어요."

"무슨 말인가? 그분들은 자네보다는 품팔이꾼이 자신들의 말들을 마음대로 다루게 하시고, 게다가 그에게 품삯까지 주신다는 말인가?"

"그렇다니까요." 하고 그가 말했네. b

"그러나 내 생각에 그분들은 노새들을 모는 일은 자네에게 맡기실 것이며, 자네가 채찍을 들고 노새들을 후려치기를 원한다면 그렇게 하는 것을 허락하실 걸세."

"무슨 근거로 제가 그러는 것을 그분들이 허락하시리라고 생각하시는 건가요?" 하고 그가 물었네.

"어떤가? 노새들은 아무나 후려쳐도 되는 것 아닌가?" 하고 내가 물었네.

"물론 노새 모는 사람은 그래도 되겠지요." 하고 그가 대답했네.

"노새 모는 사람은 노예인가, 자유민인가?"

"노예예요."

"그렇다면 그분들은 아들인 자네보다 노예를 더 높이 평가하는 것 같구먼. 자기들 일을 자네보다도 노예에게 더 맡기며, 노예는 제 마음대로 하도록 허락하고 자네는 원하는 일을 못 하게 막으시니 말일세. 물어볼 게 또 있네. 그분들은 자네가 자신을 다스리는 것을 허락하시는가, 아니 c
면 그것도 자네에게 맡기지 않으시는가?"

"물론 맡기지 않으세요." 하고 그가 말했네.

"그렇다면 누가 자네를 다스리는가?"

"여기 있는 제 개인교사[23]가 다스립니다." 하고 그가 말했네.

"그는 노예가 아닌가?"

"물론 노예예요. 우리집 노예 가운데 한 명입니다."

"참 놀랍구먼. 자유민이 노예의 다스림을 받다니! 그런데 이 개인교사는 무엇을 함으로써 자네를 다스리는가?" 하고 내가 말했네.

"그는 저를 선생님 집에 데려다줍니다." 하고 그가 말했네.

"설마 자네 선생님들도 자네를 다스리는 것은 아니겠지?"

d "그분들도 확실히 저를 다스립니다."

"그렇다면 자네 부친은 수많은 주인과 지배자를 일부러 자네 위에 앉히신 것 같네. 하지만 자네가 자네 모친이 계시는 집으로 가면 모친은 자네가 행복해지도록 자네가 원하는 일을 하도록 허락하시는가? 모친은 베를 짜고 있을 때 자네가 털실이나 베틀을 자네 마음대로 다루는 것을 허락하시는가? 내 생각에 자네 모친은 자네가 바디나 북이나 베 짜는 데 쓰는 다른 도구를 만져도 막지 않으실 것 같네만."

그러자 그가 웃으며 말했네. "소크라테스 선생님, 정말이지 어머니는
e 저를 막는 정도가 아니라, 제가 그런 걸 만지면 저를 때리실걸요."

"맙소사, 자네는 아버지나 어머니에게 못된 짓을 한 적이 없지 않은가?" 하고 내가 말했네.

"제우스에 맹세코, 저는 그런 적이 없어요." 하고 그가 말했네.

"그렇다면 무엇 때문에 그분들은 자네가 행복해지는 것을, 그리고 자네가 원하는 일을 하는 것을 그토록 완강하게 막으시는가? 무엇 때문

에 그분들은 늘 자네가 온종일 남에게 예속된 상태에서 자네를 양육하시는가? 한마디로 무엇 때문에 그분들은 자네가 원하는 일을 사실상 아무것도 못 하게 하시는가? 그 결과 자네는 그토록 재산이 많아도 아무런 덕을 보지 못하는 것 같네. 자네 아닌 다른 사람이 자네 재산을 관리하니까. 그 점은 귀태가 흐르는 자네 몸도 마찬가질세. 누군가 다른 209a
사람이 자네 몸을 돌보고 보살피니까. 반면 뤼시스, 자네는 아무것도 다스리지 못할뿐더러 자네가 원하는 일을 아무것도 하지 못하네."

"소크라테스 선생님, 그건 제가 성년이 되지 않았기 때문입니다." 하고 그가 말했네.

"데모크라테스의 아들이여, 그래서 그분들이 자네를 막으시는 것은 아닐 걸세. 자네가 성년이 되기를 기다리지 않고도 자네 부모님이 자네에게 맡기실 만한 일은 더러 있는 것 같으니 말일세. 이를테면 그분들이 누군가 당신들을 위해 글을 읽거나 써주기를 원하신다면, 생각건대 그분들은 식구 가운데 누구보다도 먼저 자네에게 그 일을 맡기실 걸세. 그 b
렇겠지?"

"물론이지요." 하고 그가 말했네.

"그렇다면 이 경우 어떤 글자를 먼저 쓰고 어떤 글자를 두 번째로 쓸 것인지 자네가 선택할 수 있으며, 그 점은 자네가 글을 읽을 때도 마찬가지일세. 또한 자네가 뤼라[24]를 집어 들면 자네 부친이나 모친 모두 자네

23 paidagogos('어린아이를 학교에 데려갔다 데려오는 사람'). 이들은 대개 유식한 노예들로, 전쟁포로들이었다.

가 원하는 현을 조이거나 늦추는 것을, 그리고 현을 자네 마음대로 손가락으로 뜯거나 채로 치는 것을 막지 않으실 걸세. 아니면 그분들이 막으실까?"

"그야 막지 않으시겠지요."

c "그렇다면 어디 설명해보게, 뤼시스. 그분들은 왜 이런 경우에는 자네를 막지 않으시는데, 조금 전에 말한 그런 경우에는 막으시는가?"

"이런 것들은 제가 아는데 조금 전에 말한 것들은 모르기 때문인 것 같아요." 하고 그가 말했네.

"좋네, 여보게. 그렇다면 자네 부친은 자네에게 모든 것을 맡기려고 자네가 성년이 되기를 기다리시는 게 아닐세. 오히려 자네 부친은 자네가 자기보다 사리를 더 잘 분별한다 싶으면 바로 그날로 자신과 자신의 재산을 자네에게 맡길 걸세." 하고 내가 말했네.

"저도 동감이에요." 하고 그가 말했네.

"좋아. 어떤가? 자네 이웃도 자네 부친과 똑같은 기준을 자네에게 적
d 용하지 않을까? 자네가 자기보다 재산을 더 잘 관리할 줄 안다 싶으면 자네 이웃은 자기 재산 관리하는 일을 자네에게 맡길 것 같은가, 아니면 계속 자기가 관리할 것 같은가?" 하고 내가 말했네.

"제게 맡길 것 같아요."

"어떤가? 자네가 사리를 잘 분별한다 싶으면 아테나이인들은 자신들의 업무를 자네에게 맡기지 않을까?"

"저는 그러리라고 생각해요."

"제우스의 이름으로 묻겠는데, 대왕[25]은 어떻게 할까? 고기를 삶을

때 그는 장차 아시아를 다스리게 될 장남이 요리에 무슨 성분이든 제가
하고 싶은 대로 양념을 가미하게 할까, 아니면 우리가 그의 궁전에 도착 e
해 그의 아들보다 우리 요리 솜씨가 더 좋다는 것을 보여주면 우리에게
그 일을 맡길까?" 하고 내가 물었네.

"분명 우리에게 맡기겠지요." 하고 그가 대답했네.

"그는 자기 장남에게는 조금이라도 넣는 것을 허용하지 않는 반면, 우리가 그러기를 원한다면 소금을 한 움큼 집어 넣더라도 허락할 걸세."

"물론이지요."

"그는 아들이 눈이 아프면 어떻게 할까? 그는 아들이 의술에 무지하
다고 생각한다면 아들이 제 눈을 만지는 것을 허락할까, 아니면 그러지 210a
못하게 막을까?"

"막겠지요."

"그러나 그가 우리를 훌륭한 의사라고 생각한다면 설령 우리가 그의 아들의 두 눈을 벌리고 재를 뿌리려 해도 우리를 막지 않을 걸세. 그는 우리가 무엇을 하는지 정확하게 알고 있다고 생각할 테니까."

"옳은 말씀이에요."

"그 밖의 다른 분야도 우리가 그 자신과 그의 아들보다 더 잘 안다 싶으면 모두 그 자신과 그의 아들보다는 우리에게 맡기겠지?"

24 lyra. 고대 그리스에서 피리(aulos)와 더불어 가장 널리 쓰이던 악기로, 길이가 똑같은 세로 현들로 된 발현악기. 키타라(kithara)는 뤼라를 개량한 것이다.

25 ho megas basileus. 페르시아 왕.

"당연하지요, 소크라테스 선생님." 하고 그가 말했네.

"그렇다면 실상은 이렇다네, 친애하는 뤼시스. 우리가 더 잘 아는 분
b 야들은, 헬라스[26]인들이든 이민족[27]이든 남자든 여자든 모두 우리에게 맡길 걸세. 그럴 경우 우리는 우리 마음대로 할 것이며, 일부러 우리를 방해하는 사람은 아무도 없을 걸세. 오히려 우리는 그런 일들에서는 자유를 누리며 남을 지배하게 될 것이고, 그런 일들은 우리 자신의 것이 될 걸세. 그런 일들에서 우리는 덕을 볼 테니까. 반면 우리가 무지한 분야들은 우리가 그것들과 관련하여 우리 마음대로 하도록 아무도 우
c 리에게 맡기지 않을 걸세. 오히려 누구든 힘닿는 데까지 우리를 막을 걸세. 남들뿐 아니라 아버지도 어머니도, 그리고 부모보다 친근한 자가 있다면 그도 그러겠지. 그런 일들에서는 우리가 남에게 따라야 할 것이고, 그런 일들은 우리 자신의 것이 되지 않을 걸세. 그런 일들에서 우리는 덕을 보지 못할 테니까. 그렇다는 데에 동의하는가?" 하고 내가 말했네.

"동의해요."

"그런데 우리가 아무 쓸모없는 분야들에서 우리가 누군가의 친구가 되고, 누군가가 우리를 사랑하게 될까?"

"그럴 리 없습니다." 하고 그가 말했네.

"그렇다면 자네 부친이 지금 자네를 사랑하지 않는 까닭은, 다른 누군가가 쓸모없으면 아무도 그를 사랑하지 않기 때문일세."

"그런 것 같아요." 하고 그가 말했네.

d "그렇다면, 여보게, 만약 자네가 유식해지면 모두들 자네를 사랑하고 자네와 친해질 걸세. 자네는 도움을 주고 혜택을 줄 테니까. 그러나

자네가 유식해지지 않으면 아무도 자네를 사랑하지 않을 걸세. 자네 부친도, 모친도, 친척도. 그렇다면 뤼시스, 어떤 사람이든 자기가 아직 알지 못하는 것에 자부심을 가질 수 있을까?"

"어떻게 그럴 수 있겠어요?" 하고 그가 말했네.

"자네에게 여전히 선생이 필요하다면 자네는 아직은 아는 것이 아닐세."

"옳은 말씀이에요."

"그렇다면 자네는 자부심을 갖지 못하겠구먼. 자네가 아직도 지혜롭지 못하다면 말일세."

"제우스에 맹세코, 저는 아직은 자부심을 갖지 못하고 있어요, 소크라테스 선생님." 하고 그가 말했네.

나는 그가 그렇게 말하는 것을 듣고 힙포탈레스 쪽을 바라보다가 하 e
마터면 실수할 뻔했네. 내가 다음과 같이 말할 뻔했으니까. "힙포탈레스, 연동과 대화할 때는 이렇게 해야 하네. 이처럼 기를 죽이고 위축시켜야지, 자네처럼 우쭐하게 만들고 기를 살려서는 안 된다는 말일세." 그러나 그가 우리 대화를 듣고 안절부절못하는 것을 보자 나는 그가 바로 옆에 서 있으면서도 뤼시스의 눈에 띄지 않기를 원한다는 사실이 생각났네. 나는 정신을 차리고, 말을 하려다 말고 그만두었네.

그사이에 메넥세노스가 돌아와 아까 앉았다가 일어선 뤼시스 옆자 211a
리에 앉았네. 그러자 뤼시스가 메넥세노스 몰래 귀엽고 사랑스럽게 내

26 Hellas. 그리스의 그리스어 이름.

27 barbaroi.

귀에 대고 나직이 속삭였네. "소크라테스 선생님, 제게 말씀하신 것들을 메넥세노스에게도 말씀해주세요."

그래서 내가 말했네. "뤼시스, 그것들은 자네가 그에게 직접 말해줄 수 있을 걸세. 자네는 내 말을 귀담아들었으니까."

"물론 귀담아들었습니다." 하고 그가 말했네.

"그렇다면 그것들을 최대한 상기해보게. 그것들을 빠짐없이 그에게
b 정확하게 전달할 수 있도록 말일세. 혹시 생각나지 않는 게 있으면 우리가 다음에 만날 때 내게 다시 물어보고." 하고 내가 말했네.

"소크라테스 선생님, 꼭 그럴게요. 걱정하지 마세요. 그렇다면 그와 다른 대화를 나누세요. 집으로 돌아갈 시간이 될 때까지 저도 들을 수 있도록 말이에요." 하고 그가 말했네.

"그래야겠지. 자네도 그러라고 하니까. 하지만 메넥세노스가 나를 논박하려 하면 자네가 나를 도와주게. 그가 논쟁하기 좋아한다는 것은 자네도 알지 않는가?" 하고 내가 말했네.

"제우스에 맹세코, 잘 알지요. 선생님께서 그와 대화하시기를 제가
c 원하는 것도 바로 그 때문입니다." 하고 그가 말했네.

"내가 웃음거리가 되게 하려고?" 하고 내가 물었네.

"천만의 말씀입니다! 그게 아니라, 선생님께서 그를 혼내주시라고요." 하고 그가 말했네.

"어떻게 말인가? 그건 쉬운 일이 아니야. 그는 아주 영리한 사람인 데다 크테십포스의 제자일세. 더구나 그를 도우려고 크테십포스 자신이 여기에 와 있는 것도 보이지 않는가?" 하고 내가 말했네.

"소크라테스 선생님, 그게 누구든 남에게는 신경 쓰지 말고 어서 메넥세노스와 대화하세요." 하고 그가 말했네.

"그러겠네." 하고 내가 말했네.

우리가 이렇게 대화하고 있을 때 크테십포스가 우리에게 말했네. "왜 여러분은 둘이서만 잔치를 즐기고 우리는 대화에 끼워주시지 않는 d
건가요?"

"자네들도 당연히 끼워줘야지. 여기 있는 뤼시스가 내가 말한 것들 가운데 어떤 것을 자기는 이해하지 못하지만 메넥세노스는 알고 있는 것 같다고 말하면서 내가 그에게 물어보기를 원하니 말일세." 하고 내가 말했네.

"그렇다면 왜 그에게 물어보지 않으세요?" 하고 크테십포스가 말했네.

내가 말했네. "물어볼 걸세. 메넥세노스, 내가 묻는 말에 대답해주
게. 나는 어릴 때부터 갖고 싶은 것이 있네. 사람들은 저마다 원하는 것 e
이 다른데, 어떤 사람은 말들을, 어떤 사람은 개들을, 어떤 사람은 황금을, 어떤 사람은 명예를 얻기를 원하네. 한데 나는 그런 것에는 무덤덤하지만 친구들을 얻는 데는 아주 열정적일세. 그래서 나는 세상에서 가장 훌륭한 메추라기나 수탉[28]보다도, 아니 제우스에 맹세코, 말이나 개보다도 훌륭한 친구를 얻고 싶네. 개에 맹세코,[29] 나는 다레이오스[30]의

28 고대 그리스인들은 메추라기나 닭끼리 싸움 붙이기를 좋아했다고 한다.
29 당시 그리스인들은 대개 제우스에 걸고 맹세했지만, 맹세할 때 신의 이름을 함부로 부르는 것을 피하려고 플라타너스나 양배추 따위의 식물이나 거위·개·양 따위의 동물에 걸고 맹세하기도 했다.

황금보다, 아니 다레이오스 자신보다도 훨씬 더 친구[31]를 갖고 싶을 듯
212a 하네. 그만큼 나는 친구를 사랑한다네. 그래서 나는 자네와 뤼시스를 보며 감동하는 것이며, 자네들이 아직도 젊은 나이에 내가 원하는 것을 그토록 힘들이지 않고 일찌감치 얻을 수 있었던 행운을 축하하는 것이라네. 자네들은 한쪽이 다른 쪽을 진정한 친구로 삼는 데 시간이 많이 걸리지 않았으니까. 하지만 나는 내가 원하는 것을 얻기는커녕 어떻게 한 사람이 다른 사람의 친구가 되는지도 모른다네. 그래서 바로 그 점을 자네에게 물어보고 싶네. 자네는 경험자이니까.

b 말해주게. 누가 누군가를 사랑할 때, 누가 누구의 친구인가? 사랑하는 사람이 사랑받는 사람의 친구인가, 사랑받는 사람이 사랑하는 사람의 친구인가? 아니면 아무 차이가 없는가?"

"제 생각에 아무 차이가 없는 것 같아요." 하고 그가 말했네.

"무슨 말인가? 그럼 한 사람이 다른 사람을 사랑하기만 하면, 그들은 둘 다 서로의 친구라는 말인가?" 하고 내가 물었네.

"제 생각에는 그런 것 같아요." 하고 그가 말했네.

"어떤가? 누군가를 사랑하는 사람이 자기가 사랑하는 사람에게 맞사랑을 받지 못할 수도 있지 않을까?"

"그럴 수도 있겠지요."

"어떤가? 사랑하는 사람이 자기가 사랑하는 사람에게 미움받을 수도 있지 않을까? 이를테면 연인도 때로는 연동에게 그런 일을 당하는
c 것 같네. 연인이 연동을 열정적으로 사랑해도, 그중 더러는 자기가 맞사랑을 받지 못한다고 생각하고, 더러는 자기가 미움을 받는다고까지 생

각하니 말일세. 아니면 자네는 그게 사실이 아니라고 생각하는가?"

"분명한 사실이죠." 하고 그가 대답했네.

"그럴 경우 한 사람은 사랑하고, 다른 사람은 사랑을 받는 것이겠지?" 하고 내가 물었네.

"네."

"그렇다면 둘 중 어느 쪽이 어느 쪽의 친구인가? 맞사랑을 받지 못하거나 미움을 받더라도 사랑하는 사람이 사랑받는 사람의 친구인가? 아니면 사랑받는 사람이 사랑하는 사람의 친구인가? 그것도 아니면 그런 경우에는 둘이서 서로 사랑하지 않는 한 어느 쪽도 다른 쪽의 친구가 아닌가?"

"아닌 게 아니라 그런 것 같습니다."

"그렇다면 우리는 생각이 바뀐 것 같네. 아까는 둘 중 한 사람이 다른 d
사람을 사랑하면 둘이서 친구라고 생각했는데, 지금은 둘이서 서로 사랑하지 않는 한 어느 쪽도 다른 쪽의 친구가 아니라고 주장하니 말일세."

"그런 것 같아요." 하고 그가 말했네.

"그렇다면 맞사랑을 하지 않는 한 어떤 것도 자기를 사랑하는 사람의 친구가 아닐세."

"아닌 것 같아요."

"그렇다면 말들이 맞사랑을 하지 않는 한, 말을 사랑하는 사람들은

30 Dareios. 페르시아 왕.

31 hetairos. 문맥에 따라 '전우', '학우', '동료' 등으로 옮길 수도 있다.

있을 수 없네. 그 점은 메추라기나 개나 술이나 운동을 사랑하는 사람들의 경우도 마찬가지일세. 지혜도 맞사랑을 하지 않는 한 지혜를 사랑하는 사람들은 있을 수 없네. 아니면 이들은 자기들이 사랑하는 것들이 자기들을 사랑하지 않는데도 그것들을 사랑할까? 그렇다면 다음과 같
e 이 말한 시인은 거짓말을 한 걸세.

> 행복하도다, 자기를 좋아하는 자식들[32]이 있고, 통발굽의 말들과
> 사냥개들과 국외에 외지인 친구가 있는 사람은."[33]

"저는 그가 거짓말을 했다고는 생각하지 않아요." 하고 그가 말했네.

"그의 말이 옳다고 생각한다는 말이지?"

"네."

"그러면 메넥세노스, 사랑받는 것이 사랑하는 사람에게 소중한 친구인 것 같네. 사랑받는 것이 사랑하는 사람을 사랑하든, 아니면 미워하기까지 하든 말일세. 이를테면 갓난아이들은 아직은 부모를 사랑하지
213a 않으며 부모에게 야단맞으면 부모를 미워하기까지 하네. 하지만 어쨌거나 어린아이들은 부모를 미워하는 순간에도 부모에게는 더할 나위 없이 소중한 친구일세."

"그런 것 같습니다." 하고 그가 말했네.

"그런 논리대로라면 사랑하는 사람이 친구가 아니라, 사랑받는 사람이 친구일세."

"그런 것 같네요."

"그리고 미움받는 사람이 적이고, 미워하는 사람은 적이 아닐세."

"그런 것 같아요."

"그렇다면 많은 사람이 적에게 사랑받고 친구에게 미움받으며, 적에게는 친구이고 친구에게는 적일세. 만약 사랑하는 사람이 친구가 아니 b
고, 사랑받는 사람이 친구라면 말일세. 그렇지만 여보게, 적에게는 친구이고 친구에게는 적이라는 것은 매우 불합리한 것 같네. 아니, 사실상 불가능한 듯하네."

"옳은 말씀 같아요, 소크라테스 선생님." 하고 그가 말했네.

"만약 그게 불가능하다면, 사랑하는 자가 사랑받는 자의 친구일 걸세."

"그런 것 같아요."

"또한 미워하는 자가 미움받는 자의 적일 걸세."

"당연하지요."

"그렇다면 우리는 앞서와 같은 결론을 내릴 수밖에 없네. 말하자면 c
어떤 사람은 때로는 친구가 아닌 사람이나 심지어는 적의 친구일 수도 있네. 그런 일이 벌어지는 것은 그가 자기를 사랑하지 않거나 심지어 미워하기까지 하는 사람을 사랑할 때일세. 그리고 어떤 사람은 때로 적이 아닌 사람이나 심지어 친구의 적일 수도 있네. 그가 자기를 미워하지 않

32 정확하게는 '자기를 좋아하는 자식들'이 아니라 '자기가 좋아하는 자식들' 또는 '사랑스러운 자식들'이라는 뜻이다.

33 솔론(Solon), 단편 23 (Edmonds). 솔론은 기원전 6세기 초에 활동한 아테나이의 입법자이자 시인이다.

거나 심지어 사랑하기까지 하는 사람을 미워할 때는 말일세."

"아마도 그렇겠지요." 하고 그가 말했네.

"그렇다면 우리는 이 문제를 어떻게 해결해야 할까? 만약 사랑하는 사람들도, 사랑받는 사람들도, 사랑하고 사랑받는 사람들도 친구가 아니라면 말일세. 서로 친구가 된다고 우리가 말할 수 있는 사람들은 이들 말고 다른 사람들인가?" 하고 내가 말했네.

"정말이지 저도 해결 방안이 없어요, 소크라테스 선생님." 하고 그가 말했네.

d "메넥세노스, 우리가 전혀 잘못된 방법으로 탐구하고 있는 걸까?" 하고 내가 물었네.

"그런 것 같아요, 소크라테스 선생님." 하고 뤼시스가 대답했네. 이렇게 말하면서 그는 얼굴을 붉혔는데, 분명 계속 정신을 집중해서 우리 대화를 듣고 있다 보니 본의 아니게 그런 말이 튀어나왔기 때문인 것 같았네.

그래서 나는 메넥세노스를 잠시 쉬게 해주고 싶기도 하고 지혜를 향한 뤼시스의 사랑이 마음에 들기도 하여 이번에는 방향을 바꿔 뤼시
e 스와 대화를 계속했네. "뤼시스, 자네 말이 옳은 것 같네. 우리가 올바른 방법으로 고찰했다면 이토록 헤매지는 않았을 거야. 더는 그쪽 방향으로는 가지 말기로 하세. 그쪽으로 가면 우리 탐구 여행은 힘든 일이 될 것 같으니까. 그러니 우리가 옆길로 접어들던 그곳으로 다시 돌
214a 아가 이 문제를 두고 시인들이 한 말을 고찰해보세. 지혜에 관한 한 시인들은 말하자면 우리 아버지이자 길라잡이니까. 시인들은 누가 진실

로 친구들인지에 대해 시시한 말을 하는 게 아니라, 그들을 서로에게 이끌어줌으로써 그들이 친구가 되게 하는 것은 바로 신이라고 주장하네. 그들은 그런 주장을 다음과 같이 표현하는 것 같네. '신은 언제나 유사한 것들끼리 서로 사귀게 하신다'[34]고. 그리하여 그들이 서로를 알게 해주신다고. 아니면 자네는 이 시행(詩行)들을 만난 적이 없는가?" b

"만난 적이 있어요." 하고 그가 말했네.

"그렇다면 자네는 유사한 것은 언제나 유사한 것의 친구가 되기 마련이라고 똑같은 주장을 펴는 가장 지혜로운 사람들의 저술도 만난 적이 있겠구먼? 자연과 우주에 관해 논하고 저술하는 사람들[35] 말일세."

"그렇습니다." 하고 그가 말했네.

"자네는 그들의 주장이 옳다고 생각하나?" 하고 내가 물었네.

"아마도 옳은 것 같습니다." 하고 그가 대답했네.

"어쩌면 반쯤만 옳을지도 모르지. 아니면 전적으로 옳은데 우리가 이해하지 못하는 것인지도 모르고. 우리가 [illegible] 자에게 더 가까이 다가가 더 오래 사귈수록 그만큼 더 적이 되기 [illegible]네. c 악한 자는 불의를 행하니까. 그리고 불의를 행하는 자들과 불의를 당하는 자들은 친구가 될 수 없으니까. 그렇지 않은가?" 하고 내가 말했네.

34 호메로스(Homeros), 『오뒷세이아』(*Odysseia*) 17권 218행. 호메로스는 기원전 730년경에 활동한 그리스의 서사시인으로, 작품으로는 『오뒷세이아』 외에 『일리아스』(*Ilias*)가 있다.

35 엠페도클레스(Empedokles), 데모크리토스(Demokritos) 같은 자연철학자들을 가리킨다.

"그렇지요." 하고 그가 말했네.

"그럴 경우 그런 주장은 반쯤은 사실이 아닐 걸세. 악한 자들이 저들끼리 유사하다면 말일세."

"옳은 말씀이에요."

"하지만 그들이 주장하는 것은 훌륭한 사람들은 서로 유사하고 서로 친구인 데 반해, 나쁜 사람들은 그들에 관해 그런 속담도 있듯이 심
d 지어 자기 자신과도 유사하지 않으며, 변덕스럽고 불안정하다는 뜻인 것 같네. 그런데 어떤 것이 자기 자신과도 유사하지 않고 다르다면, 다른 것과 유사하거나 친구가 되기는 어려울 걸세. 자네도 그렇게 생각하지 않는가?"

"저도 그렇게 생각해요." 하고 그가 말했네.

"그러면 여보게, 유사한 것끼리 친구가 된다는 말의 숨은 뜻은 훌륭한 사람들만이 서로 친구가 되고, 나쁜 사람과 훌륭한 사람 또는 나쁜 사람과 다른 나쁜 사람 사이에는 진정한 우정이 존재하지 않는다는 것인 듯하네. 자네도 동의하는가?"

그가 머리를 끄덕였네.

"그렇다면 이제 우리는 어떤 사람들이 친구인지 말할 수 있게 되었네. 우리 논의는 훌륭한 사람들이 친구라는 것을 암시해주고 있으니 말일세."

e "전적으로 동의해요." 하고 그가 말했네.

"나도 그렇다고 생각하네. 하지만 그렇게 생각하기에는 아직도 꺼림칙한 구석이 있네. 제발 부탁이니, 내가 미심쩍어하는 이유를 고찰하

세. 만약 A가 B와 유사하기에 B의 친구라면, A는 B에게 유용한가? 차라리 다음과 같이 물어보세. 유사한 것은 다른 유사한 것에게 다른 유사한 것이 자기에게 줄 수 없는 어떤 이익이나 해악을 끼칠 수 있는가? 또는 유사한 것은 자기에게 일어날 수 없는 것을 다른 유사한 것에게 일어나게 할 수 있는가? 그렇지만 유사한 것들이 서로 돕지 못한다면 어 215a
떻게 서로에게 존중받을 수 있겠는가? 그럴 방법이 있을까?" 하고 내가 말했네.

"없어요."

"존중받지 못하는 것이 어떻게 친구가 될 수 있지?"

"결코 친구가 될 수 없습니다."

"그렇다면 유사한 사람이 유사한 사람에게 친구인 것은 아닐세. 오히려 훌륭한 사람이 유사한 사람인 한이 아니라, 훌륭한 사람인 한 다른 훌륭한 사람에게 친구이겠지?"

[illegible]

"어떤가? 훌륭한 사람은 훌륭한 사람인 한 자족하겠지?"

"네."

"자족하는 사람은 자족하기 때문에 필요한 것이 아무것도 없을 걸세."

"물론입니다."

"필요한 것이 없는 사람은 무엇을 존중하지도 않을 걸세." b

"그렇겠지요."

"존중하지 않는 사람은 사랑하지도 않을 걸세."

"물론이지요."

"그리고 사랑하지 않는 사람은 친구가 아니고."

"아닌 것 같아요."

"그렇다면 훌륭한 사람들끼리는 도대체 어떻게 친구가 될까? 그들은 자족하기에 떨어져 있어도 서로 그리워하지 않고, 함께 있어도 서로를 필요로 하지 않으니 말일세. 그런 사람들이 서로를 존중할 무슨 방도가 있을까?"

"없습니다." 하고 그가 말했네.

c "하지만 서로를 존중하지 않는 사람들은 친구일 수 없네."

"옳은 말씀이에요."

"뤼시스, 우리가 어디서 길을 잘못 들었는지 살펴보게. 우리가 완전히 속은 것일까?"

"어째서 그렇지요?" 하고 그가 물었네.

"나는 언젠가 누가 이런 말을 하는 것을 들은 적이 있는데 이제야 생각나는군. 유사한 것은 유사한 것에게 가장 적대적이고, 훌륭한 사람은 훌륭한 사람들에게 가장 적대적이라고. 그리고 그는 그 증거로 헤시오도스[36]의 다음 시구를 인용했네.

> 그리하여 도공(陶工)은 도공을, 가인(歌人)은 가인을,
> d 거지는 거지를 시샘하는 것이라오…[37]

그는 또한 그 밖의 다른 것도 모두 마찬가지여서, 서로 가장 닮은 것들은 서로에 대한 시샘과 경쟁심과 적대감으로 가득차고, 서로 가장 닮

지 않은 것들은 우정으로 가득찰 수밖에 없다고 말했네. 왜냐하면 도움을 받자면 가난한 사람은 부자의, 약자는 강자의 친구가 되어야 하고, 병자는 의사와 친근하게 지내고 모든 문외한은 전문가를 존중하고 사랑할 수밖에 없기 때문이라는 거야. 이어서 그는 유사한 것끼리 친구가 된다는 것은 말도 안 되며 사실은 그와 정반대라고 떠벌리더군. 모 e
든 것은 닮은 것이 아니라 정반대되는 것을 욕구하기에, 가장 상반된 것들끼리 가장 친하다는 거지. 이를테면 마른 것은 습한 것을, 찬 것은 뜨거운 것을, 쓴 것은 단것을, 날카로운 것은 무딘 것을, 빈 것은 채워지기를, 가득찬 것은 비워지기를 욕구하며, 같은 이치에 따라 다른 것들도 마찬가지라는 거야. 왜냐하면 상반된 것들은 서로에게 양식이 되지만, 유사한 것은 유사한 것한테 아무 덕도 보지 못하기 때문이라는 거지.
그리고 여보게, 그의 그런 논리는 내게는 우아해 보이기까지 했네. 그는 216a
문제의 핵심을 찔렀으니까. 자네들 둘은 그가 한 말을 어떻게 생각하는가?" 하고 나는 말을 마쳤네.

"선생님께 이렇게 들으니 훌륭해 보여요." 하고 메넥세노스가 말했네.

"그러면 우리는 상반된 것들이 가장 친한 친구가 된다고 말할까?"

"네."

"좋아, 메넥세노스. 그런데 뭔가 좀 수상하지 않은가? 그러면 논박에

36 Hesiodos. 기원전 700년경에 활동한 그리스 서사시인. 작품으로는 『신들의 계보』(*Theogonia*), 『일과 날』(*Erga kai hemerai*) 등이 남아 있다.

37 헤시오도스, 『일과 날』 26~26행.

능한 저 만물박사[38]들이 얼씨구나 하고 곧장 우리에게 덤벼들며 적대와 우정은 가장 상반된 것이 아니냐고 묻지 않을까? 우리는 이 질문에
b 어떻게 대답해야 할까? 그들의 말이 옳다고 인정해야 하지 않을까?" 하고 내가 말했네.

"인정해야겠지요."

"그러면 그들은 그럴 경우 적이 친구를 사랑하는 것인지, 아니면 친구가 적을 사랑하는 것인지 물을 걸세."

"어느 쪽도 아닙니다." 하고 그가 말했네.

"그렇다면 올바른 것이 불의한 것의 친구이고, 절제 있는 것이 방종한 것의 친구이며, 훌륭한 것이 나쁜 것의 친구인가?"

"저는 그렇지 않다고 생각합니다."

"그러나 만약 어떤 것이 다른 것과 상반되기에 다른 것의 친구라면, 그것들은 친구일 수밖에 없네." 하고 내가 말했네.

"네, 그럴 수밖에 없네요."

"그렇다면 유사한 것도 유사한 것의 친구가 아니고, 상반된 것도 상반된 것의 친구가 아닐세."

"네, 아닌 것 같아요."

c "우리가 검토해야 할 것이 또 있네. 우리가 어쩌면 예상외로 진리에서 벗어나 있으며, 친구는 우리가 말한 그런 것 가운데 어떤 것도 아니고, 오히려 훌륭하지도 않고 나쁘지도 않은 것이 그렇기 때문에 언젠가 훌륭한 것의 친구일 수 있다는 말일세."

"무슨 말씀이신지요?" 하고 그가 물었네.

“정말이지 나도 잘 모르겠네. 논의가 복잡해서 나도 솔직히 현기증을 느낄 정도라네. ‘아름다운 것이 친구다’라는 옛 속담이 옳을지도 모르겠네. 아무튼 우정은 부드럽고 반들반들하고 미끌미끌하며, 아마도 그런 성질 때문에 우리 손에서 쉽게 미끄러져 빠져나가는 것 같네. 단언컨대, 훌륭한 것은 아름답네. 자네는 그렇게 생각하지 않는가?” 하고 내가 말했네. d

“저도 그렇게 생각해요.”

“이건 예감에 불과하지만, 나는 훌륭하지도 나쁘지도 않은 것이 아름답고 훌륭한 것의 친구라고 생각하네. 내가 왜 그런 예감이 들었는지 들어보게. 내 생각에 사물에는 훌륭한 것, 나쁜 것, 훌륭하지도 않고 나쁘지도 않은 것, 이렇게 세 부류가 있는 것 같네. 자네 생각은 어떤가?”

“저도 그렇게 생각됩니다.” 하고 그가 말했네.

“또한 내 생각에 훌륭한 것이 훌륭한 것의 친구도 아니고, 나쁜 것이 나쁜 것의 친구도 아니며, 훌륭한 것이 나쁜 [illegible] 것은 [illegible]네. 앞서 논의는 그런 가능성들을 배제했으니까. 그렇다면 남은 가능성은 하나뿐일세. 만약 어떤 것이 어떤 것의 친구라면 훌륭하지도 나쁘지도 않은 것이 훌륭한 것 또는 자기와 유사한 것의 친구가 되는 걸세. 어떤 것도 나쁜 것의 친구가 될 수는 없으니까.” e

“옳은 말씀입니다.”

38 소피스트.

"우리는 또한 방금 유사한 것은 유사한 것의 친구가 될 수 없다고 말했네. 그렇게 말했지?"

"네."

"그렇다면 훌륭하지도 나쁘지도 않은 것은 자기와 유사한 것의 친구가 될 수 없을 걸세."

"될 수 없을 것 같아요."

217a "그렇다면 남은 가능성은 훌륭하지도 나쁘지도 않은 것이 훌륭한 것의 친구가 되는 것 하나뿐일세."

"그게 당연한 결론인 것 같습니다."

"그렇다면 여보게들, 우리의 이런 생각이 과연 훌륭한 길라잡이일까? 여기 건강한 몸이 있다고 가정해보게. 그런 몸은 의사의 도움이 필요하지 않을 걸세. 건강상태가 좋으니까. 그러니까 건강한 사람은 건강하기 때문에 의사의 친구가 아닐세. 아니면 친구일까?" 하고 내가 물었네.

"친구가 아니에요."

"하지만 병자는 병 때문에 의사의 친구일세."

"물론이지요."

b "병은 나쁜 것이고, 의술은 유익하고 훌륭한 것일세."

"네."

"그리고 몸 자체는 훌륭한 것도 나쁜 것도 아닐세."

"맞아요."

"그런데 몸은 병 때문에 의술을 반기고 사랑할 수밖에 없네."

"저는 그렇다고 생각해요."

"그렇다면 나쁘지도 훌륭하지도 않은 것이 훌륭한 것의 친구가 되는 이유는 나쁜 것이 있기 때문일세."

"그런 것 같습니다."

"그러나 그런 일은 분명 나쁘지도 훌륭하지도 않은 것이 자기가 가진 나쁜 것에 의해 나빠지기 전에 일어난다네. 그것이 일단 나쁜 것이 되고 나면 더는 훌륭한 것을 요구하거나 훌륭한 것의 친구일 수 없기 때문일 c
세. 나쁜 것은 결코 훌륭한 것의 친구일 수 없다고 우리는 말했으니까."

"친구일 수 없고말고요."

"그렇다면 자네들은 내 말을 검토해보게. 어떤 것들은 다른 것들이 자기 안에 있으면 그 다른 것들에 동화되지만, 어떤 것들은 동화되지 않지. 이를테면 우리가 어떤 것에 색을 입힌다고 가정해보게. 그럴 경우 색은 칠해진 대상과 함께 존재하네."

"물론입니다."

"그럴 경우 색이 칠해진 대상은 그것에 칠해진 대상과 같은 색깔이겠지?"

"무슨 말씀인지 모르겠어요." 하고 그가 말했네. d

"그러면 다음과 같이 생각해보게. 누가 자네 금발에 분을 발랐다고 가정해보게. 그럴 경우 자네 금발은 흰가, 아니면 희어 보일 뿐인가?" 하고 내가 말했네.

"희어 보일 뿐이겠지요." 하고 그가 말했네.

"그래도 거기에는 흼이 있을 걸세."

"네."

"그래도 자네 머리털은 실제로 더 희어지지는 않고, 비록 흼이 있다 해도 희지도 검지도 않을 걸세."

"맞습니다."

"하지만 여보게, 언젠가 노년이 자네 머리털에 흼을 가져다주면 자네 머리털은 거기에 동화될 걸세. 다가온 흼에 의해 자네 머리털도 희어질 거라는 말일세."

e "당연하지요."

"그렇다면 지금 내가 묻는 것은, 어떤 것이 함께하는 다른 것에 동화되는 것은 모든 경우에 해당되는가, 아니면 특정한 방법으로 함께할 경우에만 해당되는가 하는 걸세."

"오히려 나중 경우인 것 같습니다." 하고 그가 말했네.

"그렇다면 나쁘지도 훌륭하지도 않은 것이 나쁜 것과 함께해도 아직 나빠지지 않은 경우도 있을 테고, 이미 나빠진 경우도 있을 걸세."

"물론이지요."

"그렇다면 나쁘지도 훌륭하지도 않은 것이 나쁜 것과 함께해도 아직
나빠지지 않은 경우, 함께함은 나쁘지도 훌륭하지도 않은 것이 훌륭한
것을 욕구하게 만들고 있네. 그러나 함께함이 나쁘지도 훌륭하지도 않
은 것을 나쁘게 만들 경우, 그것은 훌륭한 것에 대한 욕구와 사랑을 상
218a 실하네. 그 경우 그것은 더는 나쁘지도 훌륭하지도 않은 것이 아니라 나
쁜 것이기 때문일세. 그런데 나쁜 것은 훌륭한 것의 친구가 아니었네."

"아니고말고요."

"그래서 우리는 신이든 인간이든 이미 지혜로운 이들은 더는 지혜를

사랑하지 않으며, 무지해서 나쁜 자들도 지혜를 사랑하지 않는다고 말
할 수 있네. 나쁘고 무식한 자는 아무도 지혜를 사랑하지 않으니까. 그
렇다면 남은 것은 무지라는 나쁨을 갖고 있지만, 아직은 이로 인해 무지 b
해지거나 아둔해지지 않은 사람들일세. 그들은 자기들이 알지 못하는
것은 모르는 줄 알고 있네. 따라서 지혜를 사랑하는 것은 아직은 훌륭
하지도 나쁘지도 않은 사람들일세. 반면 나쁜 자들도 훌륭한 자들도 지
혜를 사랑하지 않는다네. 상반된 것끼리도 유사한 것끼리도 친구가 아
니라는 것이 앞서의 논의에서 밝혀졌으니 말일세. 기억나지 않는가?"

"물론 기억합니다." 하고 그들 둘이 말했네.

"그러면 뤼시스와 메넥세노스, 이제 우리는 무엇이 친구이고 무엇
이 친구가 아닌지 의문의 여지 없이 확실히 찾아냈네. 혼에서도 몸에서
도 다른 모든 영역에서도 훌륭하지도 나쁘지도 않은 것이 나쁜 것이 함 c
께한다는 사실 때문에 훌륭한 것의 친구라는 것이 우리 주장이니 말일
세." 하고 내가 말했네.

둘은 내 말에 전적으로 동의했네.

나도 뒤쫓던 사냥감을 만족스럽게 포획한 사냥꾼처럼 마음이 몹시 흐뭇했지. 그런데 그때 왠지 모르게 우리 결론이 잘못된 것일지 모른다는 아주 이상한 의구심이 들었네. 그래서 나는 흥분하여 곧바로 말했네. "뤼시스와 메넥세노스, 이럴 수가! 우리의 부(富)는 한바탕 봄꿈인 것 같네."

"도대체 무엇 때문에 그러세요?" 하고 메넥세노스가 물었네. d

그래서 내가 대답했네. "나는 우리가 우정을 찾다가 협잡꾼 같은 거

짓 논리를 만난 게 아닌지 두렵네."

"어째서 그렇지요?" 하고 그가 말했네.

"다음과 같이 고찰해보세. 누군가 친구라면, 그는 누군가의 친구인가 아닌가?" 하고 내가 말했네.

"친구일 수밖에 없지요." 하고 그가 말했네.

"그가 친구가 된 데에는 아무 목적도 이유도 없는가, 아니면 어떤 목적과 이유가 있는가?"

"어떤 목적과 이유가 있겠지요."

"그런데 친구와 그의 친구 사이의 우정의 목적 자체는 친구인가, 아니면 친구도 적도 아닌가?"

e "무슨 말씀인지 전혀 모르겠습니다." 하고 그가 말했네.

"그럴 만도 하지. 하지만 다음과 같이 고찰해보면 자네들은 이해하게 될 테고, 아마 나도 내가 하는 말을 더 잘 이해하게 될 걸세. 조금 전에 우리는 병자가 의사의 친구라고 말했네. 그러지 않았는가?" 하고 내가 말했네.

"네, 그렇게 말했어요."

"그리고 병자는 병 때문에, 건강을 위해서 의사의 친구인 것이겠지?"

"네."

"병은 나쁜 것이겠지?"

"물론입니다."

"건강은 어떤가? 훌륭한 것인가, 나쁜 것인가, 아니면 이도 저도 아닌가?" 하고 내가 물었네.

"훌륭한 것입니다." 하고 그가 말했네.

"그렇다면 우리는 훌륭하지도 나쁘지도 않은 몸이 훌륭한 것인 의술 219a
의 친구인 까닭은 병 때문이라고, 다시 말해 나쁜 것 때문이라고 말하고 있는 것 같네. 그리고 의술이 이런 우정을 받아들인 것은 건강을 위해서인데, 건강은 훌륭한 것일세. 그렇지 않은가?"

"네, 그래요."

"건강은 친구인가, 친구가 아닌가?"

"친구예요."

"병은 적일세."

"그렇고말고요."

"그렇다면 나쁘지도 훌륭하지도 않은 것이 훌륭한 것의 친구인 까닭 b
은 나쁘고 가증스러운 것 때문이며, 훌륭하고 친한 것을 위해서일세."

"그런 것 같습니다."

"그렇다면 친구가 친구에게 친구인 것은 친구를 위해서이며, 적 때문일세."

"그런 것 같습니다."

"좋아. 소년들이여, 우리가 여기까지 왔으니 기만당하지 않도록 정신 바짝 차리세. 나는 친구가 친구의 친구가 된다고, 그러니까 유사한 것이 유사한 것의 친구가 된다고 우리가 말한 사실—우리가 그것이 불가능하다고 말한 바 있네만—은 문제 삼지 않겠네. 하지만 지금 우리가 하
는 말에 속지 않기 위해 고찰해야 할 게 있네. 우리 주장에 따르면, 의술 c
이 친구인 것은 건강을 위해서일세." 하고 내가 말했네.

"네."

"그렇다면 건강도 친구겠지?"

"물론입니다."

"건강이 친구라면, 건강은 어떤 것을 위한 수단일세."

"네."

"또한 우리의 이전 결론과 일치하려면, 그 어떤 것은 친구일세."

"물론이지요."

"그렇다면 그 어떤 것 역시 나름대로 친구를 위해서 친구가 되겠지?"

"네."

"그러면 우리는 탈진할 때까지 그런 식으로 계속하거나, 아니면 더는 다른 친구에게 떠넘겨지지 않는, 우리 주장에 따르면 그것을 위해 다른
d 모든 것이 친구가 되는 최초의 친구에게 분명히 도달하게 될 걸세."

"분명히 그렇게 되겠지요."

"내가 말하려는 것은 바로 그것일세. 다른 것을 위해 친구라고 우리가 말하는 것은 모두 최초의 친구의 환영(幻影)이나 기만에 불과하고, 진정한 친구는 최초의 친구가 아닐까 염려스럽다는 말일세. 이렇게 생각해보세. 누가 무엇인가를 중요하게 여긴다고 가정해보게. 이를테면 아버지는 그 어떤 재물보다도 아들을 중요하게 여기네. 무엇보다 아들
e 을 중요하게 여기는 아버지는 아들을 위하는 것이라면 다른 것도 중요하다고 생각하지 않을까? 예컨대 그런 아버지가 아들이 독즙을 조금 마신 것을 안다면, 그리고 포도주가 아들의 목숨을 살릴 수 있다고 생각한다면, 포도주를 중요하게 여기겠지?"

"물론이지요." 그가 말했네.

"포도주가 담긴 그릇도 중요하게 여기겠지?"

"물론이지요."

"그렇다고 해서 그가 질그릇 잔이나 포도주 3코튈레[39]를 자기 아들보다 더 중요하게 여길까? 아니면 그런 상황에서 관심의 초점은 목적을 위해 제공되는 수단들이 아니라, 오히려 수단들이 제공하는 목적이겠지. 우리는 금과 은이 중요하다고 가끔 말하긴 하지만 말일세. 그러나 사실 220a
은 그렇지 않네. 그것이 무엇이든 우리가 그것을 위해 금과 다른 부차적인 것을 마련하는, 가장 중요하게 여기는 다른 것이 있으니 말일세. 우리는 그렇다고 말하지 않을 텐가?"

"당연히 그렇게 말해야겠지요."

"친구에 대해서도 같은 말을 할 수 있지 않을까? 단지 다른 어떤 것을 위해 우리에게 친구인 것은 '친구'라는 말을 듣기에 부적절하며, 진정한 b
친구란 우정이라고 불리는 이 모든 것의 종착점이 되는 바로 그것인 듯하네."

"그런 것 같아요." 그가 말했네.

"그렇다면 진정한 친구는 다른 친구를 위한 친구가 아니겠지?"

"옳은 말씀이에요."

"친구가 친구인 것은 다른 친구를 위해서라는 의견에 대해서는 이쯤

39 1코튈레(kotyle)는 0.273리터, 약 250밀리리터이다.

해두고, 이번에는 훌륭한 것이 친구인지 검토해보세."

"제 생각에는 훌륭한 것이 친구인 것 같습니다."

c "그리고 훌륭한 것이 사랑받는 것은 나쁜 것 때문일세. 그렇다면 다
음과 같이 생각해보게. 우리가 방금 언급한 것은 훌륭한 것, 나쁜 것,
훌륭하지도 나쁘지도 않은 것, 이렇게 세 가지인데, 그중 두 가지는 남
고 나쁜 것은 소멸하여 몸이든 혼이든 그 밖에 우리가 그 자체로는 나쁘
지도 훌륭하지도 않다고 말하는 다른 것들에게 아무런 영향을 줄 수 없
네. 그럴 경우 훌륭한 것은 우리에게 아무 쓸모가 없는 무용지물이 되어
d 버렸을까? 그도 그럴 것이, 우리를 해코지할 것이 더 없다면 우리는 도
움이 필요하지 않을 테니 말일세. 그러니 우리가 훌륭한 것을 존중하고
사랑하는 이유는 나쁜 것 때문이라는 것이 명백하네. 훌륭한 것은 병이
라는 나쁜 것을 고치는 약과 같다네. 그러나 병이 없다면 약도 필요 없
을 걸세. 훌륭한 것은 본성이 그러하기에 나쁜 것 때문에 나쁜 것과 좋
은 것의 중간에 있는 우리에게 사랑받지만 그 자체로는 아무 쓸모없는
것 아닌가?"

"그런 것 같습니다." 그가 말했네.

"그렇다면 우리가 '다른 친구를 위한 친구'라고 부른 다른 모든 것의
e 종착점인 우리 친구는 이들을 전혀 닮지 않았네. 이들은 친구를 위한
친구라고 불리지만, 진정한 친구는 성격이 그와 정반대인 것 같으니 말
일세. 그는 적 때문에 우리 친구였다는 것이 밝혀졌으니까. 적이 떠나고
나면 그는 더는 우리 친구가 아닐 걸세."

"아닐 것 같습니다. 지금 우리 논의에 따르면." 하고 그가 말했네.

그래서 내가 말했네. "말해보게. 만약 나쁜 것이 소멸하고 나면 배고
픔이나 목마름 같은 것을 느끼는 것이 가능할까? 아니면 인간이나 다 221a
른 동물들이 존재하는 한 배고픔도 존재하지만 해롭지는 않은 것인가? 또한 목마름이나 다른 욕구들도 존재하지만 나쁜 것이 없어져버렸으니 해롭지 않은 것인가? 아니면 그때는 무엇이 존재하고 무엇이 존재하지 않을지 묻는 것은 가소로운 일인가? 하긴 그걸 누가 알겠는가? 그러나 우리는 지금 배고픔이 우리에게 해로울 수도 있고 도움이 될 수도 있다는 것을 알고 있네. 그렇지 않은가?"

"그렇고말고요."

"그런데 목마름이나 그 밖의 다른 욕구도 모두 마찬가지 아닐까? 욕 b
구는 그것을 느끼는 사람에게 때로는 이롭고, 때로는 해롭고, 때로는 이롭지도 해롭지도 않을 수 있겠지?"

"그렇고말고요."

"그런데 나쁜 것들이 소멸할 경우 나쁘지 않은 것들도 나쁜 것들과 함께 소멸할 무슨 이유라도 있는가?"

"없습니다."

"그렇다면 나쁜 것들이 소멸하더라도 훌륭하지도 나쁘지도 않은 욕 c
구들은 여전히 존재할 걸세."

"그럴 것 같아요."

"그런데 누군가 자기가 욕구하고 갈망하는 것의 친구가 되지 않고도 그것을 욕구하고 갈망할 수 있을까?"

"제 생각에는 그럴 수 없을 것 같아요."

"그렇다면 나쁜 것들이 소멸하더라도 우리에게 친구들은 여전히 존재할 걸세."

"네."

"그렇지만 나쁜 것이 우정의 원인이라면 그것은 불가능하네. 그럴 경우 나쁜 것이 소멸한 뒤에는 아무것도 다른 것의 친구가 될 수 없네. 원인이 소멸하고 나면 결과도 존속할 수 없으니까."

"옳은 말씀입니다."

"우리는 친구가 무엇인가를 사랑한다는 데에, 그리고 무엇 때문에 사랑하는지에 대해 의견이 일치한 바 있네. 그때 우리는 나쁘지도 훌륭하지도 않은 것이 훌륭한 것을 사랑하는 까닭은 나쁜 것 때문이라고 생각하지 않았던가?"

"맞아요."

d "하지만 이제는 우정에는 다른 원인이 있다는 점이 밝혀진 것 같네."

"그런 것 같습니다."

"그렇다면 사실은, 방금 우리가 말했듯이, 욕구가 우정의 원인이고, 욕구를 느끼는 사람이 욕구를 느끼는 동안에는 자기가 욕구하는 것의 친구일세. 그렇다면 친구가 무엇인지를 두고 앞서 말한 것은 길게 늘어놓은 시(詩)처럼 허튼소리였을까?"

"그런 것 같습니다." 그가 말했네.

"하지만 욕구하는 것은 자기에게 필요한 것을 욕구하네. 그렇지 않은가?" 하고 내가 말했네.

e "네, 그래요."

"그리고 필요한 것은 그것이 필요한 사람의 친구겠지?"

"그런 것 같아요."

"그리고 잃어버렸으니까 필요하겠지?"

"물론이지요."

"그렇다면 메넥세노스와 뤼시스, 연정과 우정과 욕구의 대상은 우리와 친근한 것인 듯하네."

둘이 동의했네. "그러니 자네 둘이 서로에게 친구라면, 자네들은 어떤 의미에서 본성적으로 서로 친근감을 느끼네."

"물론이지요." 두 사람이 말했네.

"그렇다면 소년들이여, 다른 사람을 욕구하거나 연모하는 사람은 혼
이나 성격이나 태도나 외모와 관련하여 사랑받는 사람에게 어떤 의미 222a
에서 친근감을 느끼지 않는다면 욕구도 연정도 우정도 느끼지 않을 걸세." 하고 내가 말을 이었네.

"물론이지요." 하고 메넥세노스가 말했네. 그러나 뤼시스는 아무 말도 하지 않았네.

"좋아. 그렇다면 우리는 본성적으로 우리와 친근한 것을 사랑할 수밖에 없다는 점이 밝혀졌네." 하고 내가 말했네.

"그런 것 같아요." 메넥세노스가 말했네.

"가짜가 아닌 진짜 연인은 반드시 연동에게 사랑받아야 하네."

뤼시스와 메넥세노스는 마지못해 내 말에 고개를 끄덕였지만, 힙포 b
탈레스는 좋아서 희색이 만면했네.

그렇지만 나는 우리 논의를 검토해보고 싶어 말했네. "뤼시스와 메넥

세노스, 친근한 것과 유사한 것 사이에 어떤 차이가 있다면 우정에 관한 우리 논의는 의미가 있을 걸세. 그러나 친근한 것과 유사한 것이 사실상 동일한 것이라면, 유사한 것은 유사한 것에게 유사한 것이어서 쓸모가 없다는 우리의 이전 주장을 번복하기가 쉽지 않을 걸세. 쓸모없는
c 것이 친구라고 인정하는 것은 실수하는 것이니까. 그러니 자네들만 좋다면 우리는 이미 토론에 취해 비틀거리는 만큼 친근한 것과 유사한 것 사이에는 차이가 있다고 인정하고 주장할까?"

"물론 그래야겠지요."

"그렇다면 훌륭한 것은 모든 것과 친근하지만, 나쁜 것은 모든 것에 이질적이라고 가정할까? 아니면 나쁜 것은 나쁜 것과, 훌륭한 것은 훌륭한 것과, 나쁘지도 훌륭하지도 않은 것은 나쁘지도 훌륭하지도 않은 것과 친근하다고 말할까?"

그들 둘은 후자가 맞으며, 자기들이 보기에는 끼리끼리 친근하다고 말했네.

d "그렇다면 소년들이여, 우리는 토론 첫머리에서 우리가 기각한 우정에 관한 논의로 되돌아왔네. 훌륭한 사람들끼리 친구가 되는 것 못지않게 불의한 자들끼리도 나쁜 자들끼리도 친구가 될 테니 말일세." 하고 내가 말했네.

"그런 것 같아요." 메넥세노스가 말했네.

"어떤가? 우리가 훌륭한 것과 친근한 것은 동일한 것이라고 주장한다면, 훌륭한 것들끼리만 친구가 될 수밖에 없겠지?"

"물론이지요."

"그런데 우리는 이 점도 충분히 논박했다고 생각하네. 자네들은 기억 나지 않는가?"

"기억합니다."

"그러면 논의를 계속하는 게 무슨 소용이 있겠는가? 아니면 아무 소 e
용없다는 것이 분명한가? 그렇다면 나는 법정의 유능한 변호인처럼 지
금까지 논의한 모든 것을 검토해보기를 자네들에게 요청하네. 만약 사
랑받는 사람들도, 사랑하는 사람들도, 유사한 사람들도, 유사하지 않
은 사람들도, 훌륭한 사람들도, 친근한 사람들도, 그 밖에 우리가 검토
한 다른 가능성들도 ―내가 이렇게 말하는 이유는 그 수가 하도 많아
일일이 기억하지 못하기 때문이네―, 이 가운데 어느 것도 친구가 아니
라면, 나는 더는 할 말이 없네."

나는 그 자리에 있던 좀 더 나이 든 사람 중 누군가의 관심을 끌기 위 223a
해 그런 말을 했는데, 마침 그때 메넥세노스와 뤼시스의 개인교사들이
이들의 형제들을 대동하고 마치 신령[40]들처럼 나타나서는 날이 벌써 지
물었으니 집으로 가자고 요청했네. 처음에 우리와 우리 주위에 서 있던
사람들은 그들을 몰아내려 했네. 하지만 그들은 아랑곳하지 않고 이민
족의 말투로 이제는 조금 화가 나서 자꾸만 소년들을 불러댔네. 그래서
헤르메스 축제에서 술이 거나하게 취한 그들을 다루기가 쉽지 않을 것 b
같아 우리가 굴복하고 모임을 파했네. 그러나 그들이 떠나갈 때 내가 말

40 daimon.

했네. "뤼시스와 메넥세노스, 오늘은 노인인 나도 자네들도 웃음거리가 되고 말았네. 여기 이 사람들은 떠나가면서, 우리가 서로 친구라고 생각하면서도—나는 나를 자네들의 친구로 여기니까—친구가 무엇인지조차 아직 알아내지 못했다고 말할 테니 말일세."

라케스

용기에 관하여

대담자

뤼시마코스(Lysimachos) 기원전 490년의 마라톤 전투와 기원전 479년의 플라타이아이 전투에서 아테나이군을 지휘하여 페르시아군을 격퇴하는 데 혁혁한 전공을 세운 '의인'(義人) 아리스테이데스(Aristeides)의 아들이다. 그는 이때 60대 후반에서 70대 초반쯤 되었을 것으로 보인다.

멜레시아스(Melesias) 페리클레스(Perikles)의 정적으로 보수파 정치인이던 투퀴디데스(Thoukydides)의 아들이다. 이 투퀴디데스는 『펠로폰네소스전쟁사』를 집필한 역사가와는 다른 사람이다. 그도 이때 60대 후반에서 70대 초반쯤 되었을 것으로 보인다.

니키아스(Nikias) 펠로폰네소스전쟁(기원전 432~404년) 때 활약한 아테나이의 유능한 장군이다. 그러나 기원전 415년 우유부단한 성격 탓에 아테나이의 시칠리아 원정군을 해로로 후퇴시키는 데 실패하여 대군을 잃고 자신도 적군의 손에 처형당한다. 그는 이때 50세쯤 되었을 것으로 보인다.

라케스 펠로폰네소스전쟁 때 아테나이의 과단성 있는 장군으로, 기원전 418년 만티네이아 전투에서 아테나이군을 지휘하다가 전사한다. 이때 50세쯤 되었을 것으로 보인다.

뤼시마코스의 아들과 멜레시아스의 아들

소크라테스 명성을 날리기 시작한 40대 후반의 아테나이 철학자(기원전 420~419년에 이 대화를 나누었을 것으로 추정된다)

178a **뤼시마코스** 니키아스님과 라케스님, 두 분은 저 사람이 중무장하고 싸우는 것을 참관하셨소. 여기 있는 멜레시아스님과 내가 함께 참관하자고 두 분에게 요청할 때는 그 이유를 말하지 못했는데 이제는 설명드리겠소. 우리는 두 분에게 솔직히 말씀드리는 것이 옳다고 생각해요. 물론 어떤 사람들은 이런 솔직함을 우습게 보고 누가 그들에게 조언
b 을 구하면 마음속 생각은 말하지 않고 조언 구하는 사람이 듣고 싶어하는 말을 지레짐작해 마음속 생각과 다른 말을 해요. 그러나 우리는 두 분이 능히 판단할 수 있을뿐더러 일단 판단하면 마음속 생각을 솔직하게 말씀해주시리라고 생각했소. 그래서 우리는 지금 말씀드리고자 하는 일들과 관련해 두 분에게 조언을 구하려는 것이오.

서론을 길게 늘어놓은 이유는 이쯤 말씀드리고 이제 본론으로 들어 179a
가겠소. 우리는 저마다 이렇게 아들이 한 명씩 있소. 그중 한 명은 여기 있는 멜레시아스님의 아들로 할아버지의 이름을 따서 투퀴디데스라고 불리지요. 다른 한 명은 내 아들인데 역시 할아버지의 이름을 물려받았소. 그러니까 우리는 이 아이를 내 아버지의 이름을 따서 아리스테이데스라고 부른다는 말이지요. 우리는 이 아이들을 힘닿는 데까지 돌봐주고, 아들들이 일단 성년이 되면 제멋대로 하게 내버려두는 대부분의 아버지처럼 하지 않기로 결심했소. 아니, 우리는 지금이야말로 최선을 다해 아들들을 돌보기 시작할 때라고 생각하오.

우리는 두 분께도 아들들이 있다는 것을 아니까 두 분은 어떻게 돌 b
봐야 아들들이 최대한 훌륭한 인물이 되는지에 대해 누구보다 관심이 많을 것이라고 생각했소. 그러나 만약 두 분이 그런 문제에 별로 관심이 없다면, 우리는 두 분에게 그런 문제는 소홀히 해서는 안 된다는 점을 일깨워드리면서 우리와 힘을 모아 아들들을 돌보자고 권하고 싶습니다.

니키아스님과 라케스님, 이야기가 좀 길어지겠지만, 왜 우리가 그렇게 하기로 결심했는지 말씀드리겠소. 여기 있는 멜레시아스님과 나는
함께 식사를 하고, 소년들과도 같이 식사를 한답니다. 첫머리에서 말 c
했듯이, 두 분에게 솔직히 말씀드리겠소. 우리는 저마다 우리의 아버지께서 동맹군과 이 도시의 업무를 처리하시며 전시와 평화 시에 이룩하신 수많은 훌륭한 업적을 소년들에게 말해줄 수 있었지만, 둘 중 누구도 자신이 이룩한 업적은 말할 것이 없었소. 우리는 소년들을 대하

기가 쑥스럽기도 하고, 남의 일을 처리하느라 바쁜 나머지 우리가 성년
d 이 되었을 때 호사스럽게 살도록 내버려두신 우리 아버지들이 원망스럽기도 해요. 그래서 우리는 여기 있는 젊은이들에게 그 점을 지적하면서, 만약 그들이 자신을 돌보지 않고 우리가 시키는 대로 하지 않으면 명성을 얻지 못하는 사람이 되겠지만, 만약 그들이 자신을 돌보면 이름에 걸맞은 인물이 될 것이라고 말해준답니다. 그러자 젊은이들이 우리가 시키는 대로 하겠다고 약속했고, 그래서 우리는 그들이 무엇을 배우고 무엇을 공부해야 최대한 훌륭한 인물이 되는지 찾는 중이라
e 오. 그런데 어떤 사람이 젊은이들은 중무장하고 싸우는 법을 배우는 것이 좋을 거라며 그걸 배우게 해주라고 우리에게 권했소. 또한 그는 두 분이 보신 바와 같이 방금 시연(試演)한 저 사람을 추천하며 우리더러 가서 구경해보라고 했소. 그래서 우리는 몸소 와서 저 사람을 구경하되 두 분도 단지 같은 참관인으로서가 아니라 ―두 분만 좋으시다면― 우리 아들들을 돌보는 일에 조언자 겸 협력자로 모시기로 결심한 것이오.

180a 이것이 우리가 두 분과 상의하고 싶은 문제랍니다. 그러니 두 분은 먼저 저 학과목이 배울 가치가 있다고 생각하는지 없다고 생각하는지 말씀해주시고, 다음에는 젊은이에게 다른 학과목이나 공부를 권하고 싶으신지 말씀해주시오. 그에 더하여 우리 아들들을 가르치는 일에 두 분이 협력해주실 것인지도 말씀해주십시오.

니키아스 뤼시마코스님과 멜레시아스님, 나는 두 분의 계획에 찬동하며 기꺼이 협력하겠습니다. 그리고 여기 있는 라케스님도 아마 그러실

거예요.

라케스 맞습니다, 니키아스님. 나는 뤼시마코스님이 방금 하신 말씀은 b
그분의 부친과 멜레시아스님의 부친은 물론이고 우리처럼 나랏일을
처리하는 모든 사람에게 적용된다고 생각해요. 그들은 모두 사실상
이분이 말씀하시는 것과 비슷한 처지에 놓이게 되어, 자식들과 관련되
든 그 밖의 다른 것과 관련되든 사생활을 등한시하고 소홀히 하니까
요. 그 점에서 그대 말씀이 옳아요, 뤼시마코스님. 그런데 저는 그대가
우리에게는 젊은이들의 교육에 관해 조언해주기를 청하면서 여기 있 c
는 소크라테스님에게는 청하시지 않아 이상하다고 생각하고 있답니
다. 무엇보다도 소크라테스님은 그대와 같은 구역[1] 출신인 데다, 그대
가 젊은이들을 위해 찾고 있는 그런 종류의 학과목과 고상한 공부를
발견할 만한 장소들에서 늘 시간을 보내니까요.

뤼시마코스 라케스님, 무슨 말씀이신지요? 여기 있는 소크라테스님이 정말로 그런 일에 관심이 있다는 말씀이오?

라케스 그렇습니다, 뤼시마코스님.

니키아스 그 일이라면 경험에 비춰 나도 라케스님 못지않게 보증할 수
있어요. 얼마 전 그는 내 아들을 위한 음악 교사로 어떤 사람을 소개
한 적이 있으니까요. 그 사람은 아가토클레스의 제자로 이름이 다몬[2] d
인데, 누구보다 음악에 조예가 깊을뿐더러 그 밖의 모든 분야에서도

1 demos. 당시 아테나이를 포함하는 앗티케(Attike) 지방은 174개 구역으로 나뉘어 있었는데, 소크라테스는 그중 알로페케(Alopeke) 구역 출신이다.

그 또래 젊은이들이 그와 함께 시간을 보내기를 그대가 원할 만큼 훌륭한 교사입니다.

뤼시마코스 소크라테스님과 니키아스님과 라케스님, 내 또래 사람들은 이미 젊은 세대를 잘 알지 못하오. 우리는 나이가 많아 대부분의 시간을 집에서 보내니까요. 하지만 소프로니스코스[3]의 아드님이여, 그대와 같은 구역 출신인 이 사람에게 좋은 조언을 해줄 수 있다면 당연히 조
e 언해주셔야지요. 그러는 것은 사실 그대의 의무라오. 그대는 그대 부친을 통해 우리 가족의 친구이니까요. 그대의 부친과 나는 언제나 동료이자 친구였고, 그분이 세상을 떠나시는 날까지 우리는 한 번도 사이가 나쁜 적이 없었으니 말이오. 그런데 여러분의 대화를 듣고 보니 이제야 생각나는 게 있소. 여기 이 소년들이 집에서 대화를 나눌 때 가끔 소크라테스라는 이름을 입에 올리며 극찬했지만, 나는 이 소년들
181a 이 말하는 것이 소프로니스코스의 아들인지 물어볼 생각은 하지 못했소. 얘들아, 말해보아라. 너희가 매번 거명한 소크라테스가 바로 이분이시냐?

뤼시마코스의 아들 맞아요. 이분이세요, 아버지.

뤼시마코스 소크라테스님, 그대가 더없이 훌륭하신 분이던 그대 부친의 명예를 높여주신다니 듣기 반갑소. 무엇보다도 그대 가족과 우리 가족이 앞으로 친하게 지낼 것 같기도 하고요.

라케스 뤼시마코스님, 정말이지 이분을 그냥 보내서는 안 됩니다. 나는 다른 곳에서도 이분이 아버지뿐 아니라 조국의 명예를 높여주는 것을
b 봤어요. 이분은 아테나이군이 델리온[4]에서 퇴각할 때 나와 함께했는

데, 단언컨대 만약 다른 부대원들도 이분처럼 행동했다면 우리 나라는 안전했을 것이고 우리가 그때 그렇게 참패하지는 않았을 거예요.

뤼시마코스 소크라테스님, 그대는 지금 최고의 칭찬을 받고 있소. 그대는 믿을 만한 분들한테서 그분들에게 칭찬받을 만한 자질들 때문에 칭찬받으니까요. 단언컨대 나는 그대가 그토록 존경받는다는 말을 들으니 마음이 흐뭇하오. 그러니 그대는 나를 가장 우호적인 친구 가운데 한 명으로 여겨주시오. 사실 그대 스스로 진작 우리를 찾아주고, c
우리를 친구로 여겼다면 좋았을 것을. 그러는 것이 옳았겠구먼. 하지만 이제라도 서로 알게 됐으니 오늘부터라도 그러기를 바라마지 않소. 그대가 우리와 함께 시간을 보내며 우리와 여기 이 소년들과 사귀기를 바란다는 말이오. 그대와 이 아이들이 우리 집안끼리의 우애를 보전하도록 말이오. 그대는 아마 그렇게 해주실 것이며, 우리는 앞으로 그대의 약속을 그대에게 상기시키겠소. 그건 그렇고, 우리가 처음 제기한 문제에 여러분은 뭐라고 말씀하시겠소? 어떻게 생각하시오? 중무장

2 Damon. 기원전 5세기 중엽에 활동한 아테나이의 유명한 소피스트이자 음악 교사. 그는 한 세대 전의 유명한 음악 교사인 아가토클레스(Agathokles)에게 배웠다고 한다. 다몬은 플라톤의 다른 대화편 『국가』 400a와 424c에, 아가토클레스는 대화편 『프로타고라스』(*Protagoras*) 316e에서도 언급되고 있다.

3 Sophroniskos. 소크라테스의 아버지.

4 Delion. 앗티케 지방 북쪽에 있는 보이오티아(Boiotia) 지방의 해안 도시. 기원전 424년 여기서 벌어진 전투에서 아테나이군은 1천 명 정도의 중무장 보병을 잃고 참패한다. 이때 소크라테스가 침착하고 의연하게 퇴각하면서 위기에 놓인 라케스를 지켜준 일에 관해서는 플라톤의 대화편 『향연』(*Symposion*) 220e~221b 참조.

하고 싸우는 법을 배우는 것이 소년들에게 유익한가요, 유익하지 않은
가요?

d **소크라테스** 뤼시마코스님, 그 일에 관해서라면 능력껏 조언할 것이며,
여러분의 그 밖의 다른 모든 요청에도 최선을 다해 응하겠습니다. 하
지만 나는 여기 이분들보다 나이도 더 젊고 군에 복무한 경험도 더 적
은 터라 이분들 말씀을 먼저 듣는 것이 옳다고 생각합니다. 그러다가
여기 이분들 말씀에 덧붙일 것이 있으면, 그때는 그게 무엇인지 설명하
고 그대와 이분들을 설득할까 합니다. 니키아스 장군님, 왜 두 분 가운
데 한 분도 시작하시지 않는 건가요?

니키아스 시작하지 못할 이유는 없어요, 소크라테스님. 나는 이 학과목
e 을 배워두는 것이 젊은이들에게 여러모로 유익하다고 생각합니다. 첫
째, 젊은이들이 짬 날 때 시간 보내기를 좋아하는 그런 일들보다는 이
런 일로 시간을 보내는 것이 더 바람직하기 때문이오. 이것은 어떤 체
력단련 못지않게 효과적이고 힘든 것이어서 반드시 몸 상태를 개선해
182a 줄뿐더러, 승마와 더불어 자유민에게 가장 적합한 체력단련이기도 하
니까요. 우리가 함께 참가하고 있는 경기[5]와 우리 경기가 진행되는 상
황에서는 이 무구(武具)들을 사용할 줄 아는 사람들만이 훈련받은 사
람들이니까요. 또한 이 학과목은 실제 싸움터에서 많은 사람과 밀집
대형을 이루고 싸울 때도 도움이 될 것이오. 그러나 이 학과목의 혜택
b 을 가장 많이 받는 것은 밀집대형이 무너져서 이제는 일대일로 싸우지
않으면 안 될 때입니다. 자기를 방어하는 적을 추격해 공격해야 하거나
아니면 도망치면서 적군의 공격을 막아내야 할 때 말이오. 이 기술을

배운 사람은 적이 한 명일 때는 더 그렇겠지만, 어쩌면 적이 여러 명일
때도 아무런 해를 입지 않을 것이며, 오히려 어떤 상황에서든 우세할
것이오.

더불어 그런 기술은 또 다른 훌륭한 기술을 배우고 싶은 욕구를 불
러일으킵니다. 중무장하고 싸울 줄 아는 사람은 누구나 그다음 학과
목인 작전술을 배우고 싶을 것이며, 일단 작전술을 습득해 거기에 자
부심을 느끼면 장군의 모든 기술을 향해 매진할 것이오. 그러니 작전 c
술과 장군의 기술과 관계 있는 모든 기술과 활동은 훌륭하며 사람이
배울 만한 가치가 있는 것이지만, 중무장하고 싸우는 기술이 그런 것
들의 출발점이라는 사실이 밝혀졌소.

우리는 거기에 하찮다고 할 수 없는 이점을 하나 더 보탤 것이오. 그
것은 이 지식이 모든 사람을 전쟁터에서 전보다 훨씬 더 대담하고 용
감하게 만들게 되리라는 것입니다. 그리고 어떤 사람들에게는 하찮아
보일지 몰라도, 우리는 이 지식이 누가 당당해 보여야 할 때는, 그리고
당당해 보임으로써 적군을 더 겁주게 될 때는 당당해 보이게 한다고 d
말하는 것을 가치 없는 일로 여기지 않을 것입니다. 뤼시마코스님, 아
까도 말했듯이 나는 젊은이들이 이 기술을 배워야 한다고 생각하며,
왜 그렇게 생각하는지 그 이유를 설명했습니다. 그러나 라케스님이 달
리 할 말이 있다면, 내 기꺼이 듣겠습니다.

5 펠로폰네소스전쟁.

라케스 하지만 니키아스님, 무슨 학과목이건 배워서는 안 된다고 말하기는 어려워요. 모든 지식은 훌륭한 것이라고 생각하기 때문입니다.
e 따라서 중무장하고 싸우는 법은 당연히 배워야 하오. 만약 그것을 가르치는 사람들이 주장하고 니키아스님이 말씀하듯, 그것이 정말로 기술이라면 말입니다. 그러나 만약 그것이 사실은 기술이 아니고 그것을 가르쳐주겠다는 사람들이 우리를 속이는 것이라면, 또는 만약 그것이 기술이기는 하지만 아주 중요한 기술이 아니라면, 그것을 배울 필요가 어디 있겠소? 내가 이런 말을 하는 까닭은, 그것이 만약 쓸모 있는 것이라면 라케다이몬[6]인들이 간과하지 않았을 것이라고 믿기 때문입니다. 인생에서 그들의 유일한 관심사는 일단 그것을 배우고 실천하면
183a 전쟁에 관한 한 자기들이 남보다 우월해지는 기술은 무엇이든 찾아내 연습하니까요. 또한 라케다이몬인들이 그 점을 간과했다 해도 그것을 가르치는 사람들은 이 점을 간과하지 않았겠지요. 헬라스[7]인들 가운데 그런 일들에 가장 관심 많은 것이 그들이며, 라케다이몬에서 이런 일들로 존경받는 사람은 마치 비극시인이 아테나이에서 존경받을 때처럼 큰돈을 모으리라는 것을. 그래서 자기가 훌륭한 비극시인이라고
b 생각하는 사람은 앗티케[8] 지방의 변두리 도시들을 순회하며 공연하지 않고, 당연한 일이지만 아테나이로 직행해서 이곳 사람들에게 자기 작품들을 보여주는 것이라오. 그런데 내가 알기에, 이 중무장 전사들은 마치 라케다이몬이 성역인 양 그곳에는 발도 들여놓지 않고 인접 국가들을 돌며 다른 사람들에게, 특히 전쟁 기술에 관한 한 자기들보다 더 우월한 사람들이 많다고 스스로 인정하는 사람들에게 보여주기를 선

호합니다.

또한 뤼시마코스님, 나는 실제 싸움터에서 그들을 몇 명 만났고 그 c
들이 어떤 사람들인지도 보았습니다. 그러니 우리는 그런 시각에서도 문제를 고찰할 수 있습니다. 마치 약속이라도 한 것처럼 이들 훈련된 중무장 전사들은 전투에서 한 명도 명성을 날리지 못했어요. 다른 모든 기술에서 명성은 훈련과 연습의 결과물인데 말이죠. 어쨌든 그들은 그 점에서 다른 사람들보다 운이 아주 나빴던 것 같아요.

예컨대 여러분과 나는 저 사람 스테실레오스[9]가 그토록 많은 관중 앞에서 시범을 보이며 자신에 관해 큰소리치는 것을 듣기는 했지만, d
나는 그런 그가 다른 곳에서의 실전 상황에서 자신의 기술을 본의 아니게 더 훌륭하게 보여주는 것을 목격한 적도 있으니까요. 한번은 그가 해군으로 복무한 함선이 운반선을 들이받은 적이 있었어요. 그는 낫 달린 창으로 무장하고 있었는데, 그 자신도 별났지만 그것도 별난 무기였습니다. 그의 다른 기행(奇行)은 별로 이야기할 가치가 없지만, 그가 이 낫 달린 창을 고안한 결과가 어땠는지는 들어볼 만합니다. 전
투 도중 그의 낫 달린 창이 다른 배의 삭구(索具)에 걸려 꼼짝없이 그 e

6 Lakedaimon. 스파르테(Sparte) 또는 그 주변 지역인 라코니케(Lakonike)를 말하지만, 대개는 스파르테와 동의어로 쓰인다.

7 Hellas. 그리스의 그리스어 이름.

8 Attike. 아테나이의 주변 지역.

9 Stesileos.

곳에 붙들렸어요. 스테실레오스는 그것을 뽑으려고 힘껏 당겼지만 그럴 수 없었고, 그사이 그가 탄 함선은 그 배 옆을 지나가고 있었어요. 처음 얼마 동안 그는 창 자루를 꼭 붙든 채 계속 따라가며 자기가 탄 함선 위를 뛰었어요. 그러나 그 배가 실제로 그의 함선 옆을 지나치며
184a 여전히 창을 잡고 있던 그를 끌어당기자, 그의 손에서 창 자루가 빠져나가면서 결국 그는 창 자루의 끝부분만 붙잡고 있었어요. 그러자 그의 이상한 자세에 운반선 뱃사람들이 웃음을 터뜨리며 갈채를 보냈고, 누가 던진 돌이 그의 발 앞 갑판 위에 떨어지면서 그가 창 자루마저 놓아버리자, 그때는 그의 그 별난 낫 달린 창이 운반선의 삭구에 대롱대롱 매달려 있는 것을 보고는 삼단노선[10]의 뱃사람들도 터져나오는 웃음을 참지 못했어요.

그 기술이 니키아스님의 말처럼 대단한 것일 수도 있겠지만, 내 개인
b 적인 경험은 지금 말한 그런 것이었죠. 그러니 내가 처음에 말했듯이, 그것은 기술이지만 쓸모없는 것이든 아니면 기술이랄 것이 없는데도 사람들이 기술이라고 주장하든, 어느 경우에도 그것은 배울 가치가 없습니다. 만약 겁쟁이가 그 기술을 터득했다고 자신한다면 더 대담해져서 그가 어떤 사람인지 더 쉽게 드러날 것이고, 만약 용감한 사람이 그렇게 자신한다면 사람들이 그를 지켜보다가 그가 조금이라도 실
c 수하면 그를 크게 비난하겠죠. 그런 기술을 터득했다고 주장하면 시샘을 살 테니까요. 그래서 용기가 월등하지 않은 사람이 그런 기술을 갖고 있다고 주장하다가는 웃음거리가 될 수밖에 없어요. 뤼시마코스님, 이 기술을 배우는 문제에 대한 내 의견은 그런 것입니다. 그렇지만

아까도 말했듯이, 그대는 여기 있는 소크라테스님을 떠나보내지 말고, 그가 이 문제에 대해 어떻게 생각하는지 조언을 구하셔야 합니다.

뤼시마코스 당연히 조언을 구해야지요. 말하자면 우리 위원회는 아직도 최종 결정을 내려줄 사람이 필요한 것 같으니 말이오. 소크라테스 d
님, 만약 라케스님과 니키아스님의 의견이 일치했다면 그런 사람이 덜 필요했겠지만 그대도 보다시피 두 분이 상반된 처지에서 투표하셨으니, 그대가 두 분 가운데 어느 쪽에 투표할지 그대의 의견을 들어보는 것도 좋을 듯하군요.

소크라테스 어떤가요, 뤼시마코스님. 그대는 우리 중 다수가 찬동하는 쪽에 투표하실 건가요?

뤼시마코스 그렇소. 그럴 수밖에 없지 않겠소, 소크라테스님.

소크라테스 멜레시아스님, 그대도 그렇게 하실 건가요? 예컨대 우리 위 e
원회가 그대의 자제분이 어떤 종류의 체력단련을 해야 하는지 결정한다면, 그대는 우리 중 다수가 시키는 대로 하실 건가요, 아니면 훌륭한 체육교사에게 교육받고 훈련받은 사람이 시키는 대로 하실 건가요?

멜레시아스 그야 당연히 후자가 시키는 대로 해야겠지요, 소크라테스님.

소크라테스 그러면 그대는 우리 네 명보다도 그가 시키는 대로 하시겠지요?

멜레시아스 아마 그러겠지요.

10 trieres. 좌우 양현에 노 젓는 자리들이 3층씩 있는 전함. 길이 37미터, 최대 너비 5미터인, 당시로는 최신형 전함으로 노꾼만 170명이나 되었고 모두 200명쯤 승선했다.

소크라테스 그래서 나는 훌륭한 결정을 내리려면 다수가 아니라 전문지식[11]에 근거해서 결정해야 한다고 생각해요.

멜레시아스 왜 아니겠소?

소크라테스 그렇다면 이번에도 우리가 먼저 해야 할 일은 우리 중에 누
185a 가 지금 우리가 논의하는 주제에 관해 전문지식을 갖추고 있는지 그 사람을 알아내는 겁니다. 만약 우리 중 누가 전문지식을 갖추고 있다면, 비록 한 사람에 불과하더라도 우리는 그의 말에 귀기울이고 다른 사람들은 무시해야 합니다. 그러나 만약 우리 중에 아무도 전문지식을 갖춘 사람이 없다면, 우리는 다른 사람을 찾아야 합니다. 아니면 그대와 뤼시마코스님은 이 주제가 하찮은 것이고, 여러분 재산 가운데 가장 중요한 것이 걸린 문제는 아니라고 생각하시나요? 내 생각에 그것은 아들들이 훌륭해질지 아니면 그 반대가 될지의 문제이며, 아버지의 전 재산은 아들들이 어떤 사람이 되는지에 달린 것 같기에 드리는 말씀입니다.

멜레시아스 옳은 말씀이오.

소크라테스 그러니 우리는 정신을 바짝 차리고 이 문제를 풀어야 해요.

멜레시아스 물론이지요.

b **소크라테스** 그러면 내가 방금 말했듯이, 체력단련과 관련해 우리 가운데 누가 가장 전문가인지 알아내려면 우리는 어떻게 검토해야 하나요? 그것은 배우고 훈련하고 그 분야에서 훌륭한 교사들에게 교육받은 사람이 아닐까요?

멜레시아스 나도 같은 생각이오.

소크라테스 하지만 그러기 전에 먼저 우리가 교사들을 찾고 있는 이 기술이 어떤 것이었는지 검토해야 하지 않을까요?

멜레시아스 무슨 말씀인가요?

소크라테스 아마 이렇게 정리하면 분명해지겠지요. 내 생각에 우리는 우리 중에 누가 그 분야의 전문가이며, 전문가가 되기 위해 교사들에게 배웠는지, 그리고 우리 가운데 누가 그런 사람이 아닌지 물었을 때,
우리가 논의하고 고찰하는 것이 도대체 무엇인지 미리 합의에 도달하 c
지 못한 것 같습니다.

니키아스 그렇지만 소크라테스님, 우리는 젊은이들이 중무장하고 싸우는 법을 배워야 하는지 배우지 말아야 하는지를 고찰하지 않았나요?

소크라테스 그야 그렇지요, 니키아스님. 누가 눈에 약을 발라야 할지 말아야 할지 고찰할 때, 그대가 생각하기에 그가 그 순간 숙고하는 것은 약에 관해서인가요 아니면 눈에 관해서인가요?

니키아스 눈에 관해서겠지요.

소크라테스 또한 누가 말에 재갈을 물릴지 말지, 그리고 언제 물릴지 고찰 d
할 때도 그가 그 순간에 숙고하는 것은 말이지 굴레가 아니겠지요?

니키아스 네, 맞아요.

소크라테스 간단히 말해, A를 B를 위한 수단으로만 생각하는 사람이 있다면, 그가 실제로 관심 있는 것은 그것 때문에 그가 A를 생각하는

11 episteme.

B이겠지요. 그는 다른 것의 수단으로 생각하는 것에는 사실 관심이 없어요.

니키아스 당연합니다.

소크라테스 그 점은 우리의 조언자도 마찬가지예요. 우리는 우리가 생각하는 목적을 달성하는 데 그가 전문가인지 고찰해야 합니다.

니키아스 물론이지요.

e **소크라테스** 그렇다면 지금 우리가 고찰하는 것은, 배워두면 젊은이들의 혼에 유익하다고 생각하는 것이라고 말할 수 있겠지요?

니키아스 네.

소크라테스 그렇다면 우리가 해야 할 일은 우리 가운데 누가 혼을 돌보는 데 전문가인지, 혼을 잘 돌볼 수 있는지, 훌륭한 교사들에게 배웠는지 알아내는 것이겠군요.

라케스 무슨 말씀인가요, 소크라테스님? 교사들에게 배웠을 때보다 교사들에게 배우지 않고도 더 전문가가 되는 분야도 더러 있답니다. 그대는 분명 그런 현상을 목격하셨을 텐데요.

소크라테스 물론 목격합니다, 라케스님. 하지만 그들 스스로 훌륭한 장인(匠人)[12]이라고 말하더라도, 그들의 기술로 훌륭하게 만든 제작물을 그대에게 하나가 아니라 여럿을 보여주지 않는 한 그대는 그들 말을 믿
186a 으려 하지 않을 겁니다.

라케스 옳은 말씀이오.

소크라테스 그러니 라케스님과 니키아스님, 뤼시마코스님과 멜레시아스님이 자제분들의 혼을 최대한 훌륭하게 만들려고 우리에게 자제분

들을 위해 조언해달라고 부탁하신 만큼, 우리를 가르친 교사들이 있었다고 말할 수 있으려면 우리는 그 교사들이 첫째, 훌륭한 분들로 수많은 젊은이의 혼을 돌보았으며, 둘째, 분명 우리를 가르치기도 했다는 것을 이분들에게 밝혀야 합니다. 또는 만약 우리 가운데 누가 자기 b
에게 교사는 없었지만 자신의 실적으로 말할 것이 있다면, 그는 아테나이인이든 외지인이든, 노예든 자유민이든, 누가 자신의 영향을 받아 훌륭한 사람이 되었다는 데 동의했는지 밝혀야 합니다. 그러니 우리가 이 가운데 어느 것도 할 수 없다면 다른 사람들을 찾아보라고 권해야 하며, 친구의 아들들을 망쳐 절친한 친구들에게 크게 비난받을 짓은 하지 않아야 합니다.

뤼시마코스님과 멜레시아스님, 먼저 나 자신에 관해 말씀드리자면 c
내게는 이 주제와 관련하여 교사가 없었습니다. 비록 젊어서부터 교사에게 배우고 싶었지만 말입니다. 그러나 나는 자기들만이 나를 진실로 훌륭한 사람으로 만들 수 있다고 선전하는 소피스트[13]들에게 낼 수업료가 없고, 지금도 자력으로는 그 기술을 찾아낼 수 없습니다. 그러나 니키아스님이나 라케스님이 그 기술을 찾아내거나 배우셨다면 나

12 demiourgos.

13 소피스트의 그리스어 sophistes는 형용사 sophos('지혜로운')에서 파생한 명사로, 그대로 옮기면 '지혜로운 사람'이라는 뜻이다. 이 말은 기원전 5세기에 보수를 받고 지식을 가르쳐주는 순회 교사들을 의미했다. 그들은 수학, 문법, 지리 등 다양한 과목을 가르쳤지만, 출세를 위해 젊은이들에게 주로 수사학을 가르쳤다. 진리의 상대성을 주장한 까닭에 '궤변학파'(詭辯學派)라고 일컬어지기도 한다.

는 놀라지 않을 것입니다. 두 분은 나보다 더 부자이니 남에게 배우셨
을 수도 있고, 또한 나보다 나이가 더 많으니 벌써 찾아내셨을 수도 있
d 으니까요. 그래서 나는 두 분이 사람을 교육할 수 있다고 확신해요. 두
분은 자신들이 충분히 이해하고 있다고 확신하지 않는 한, 어떤 활동
들이 젊은이들에게 유익하고 유해한지 무턱대고 말씀하신 적이 없으
니까요.

다른 일들에서도 나는 두 분을 신뢰합니다. 하지만 두 분이 의견을
달리하셔서 내가 놀랐어요. 그래서 뤼시마코스님, 이번에는 내가 그대
에게 부탁하고 싶어요. 조금 전에 라케스님이 그대에게 나를 떠나보내
지 말고 내게 물어보라고 권했듯이, 나는 지금 라케스님이나 니키아스
님을 떠나보내지 말고 그분들에게 이런 말로 물어보라고 그대에게 권
하고 싶어요. "소크라테스가 말하기를, 자기는 이런 문제를 이해하지
e 도 못하거니와 그대들 두 분 중 누구 말이 옳은지 결정할 능력도 없는
데, 이런 것들을 스스로 찾아낸 적도 없고 누구에게 배운 적도 없기
때문이랍니다. 그러니 라케스님과 니키아스님, 두 분은 각자 자기가 알
고 있는 젊은이 교육의 대가(大家)가 누구인지, 두 분은 그것을 누구
한테 배워 아는 것인지 아니면 자력으로 찾아낸 것인지, 그리고 만약
187a 두 분이 누군가에게 배운 것이라면 두 분 각자의 교사는 누구였으며,
그분 말고 또 누가 같은 분야의 전문가인지 말씀해주시오. 내가 이런
말을 하는 까닭은, 만약 두 분이 나랏일로 너무 바빠 여가가 없다면 우
리가 그분들을 찾아가서 우리 아이들과 두 분의 아이들을 돌봐주도록
선물이나 호의를, 또는 둘 다를 내세워 그분들을 설득해 우리와 두 분

의 아이들이 볼품없는 인물이 되어 조상들 얼굴에 먹칠하는 것을 막
기 위해서랍니다. 반면 만약 두 분이 그 기술을 자력으로 찾아낸 것이
라면, 남들이 여러분의 돌봄을 받아 원래 볼품없는 사람이 진실로 훌
륭한 사람이 된 예를 들어주시오. 만약 두 분이 사람들을 이제 처음으 b
로 교육하려는 것이라면, 반드시 카리아[14] 출신 노예가 아니라 두 분의
아들들과 친구들의 아들이 두 분의 실험 대상이 되는 위험은 피해야
하며, 속담이 말하는 대로 도자기를 제작하되 가장 큰 포도주 저장용
독부터 제작하는 우를 범하지 말아야 하오. 그러니 두 분은 이 가운데
어느 쪽이 자신에게 알맞고 적절한지, 어느 쪽이 그렇지 않은지 말씀
해주시오." 뤼시마코스님, 이분들을 떠나보내지 말고 그런 것들을 물
어보세요.

뤼시마코스 여러분, 나는 소크라테스님이 한 말이 마음에 들어요. 그러
나 그런 종류의 질문을 받고 답변할지는 그대들이 결정할 일이오, 니 c
키아스님과 라케스님. 만약 두 분이 소크라테스님의 모든 질문에 빠짐
없이 답변해주겠다면, 나와 여기 있는 멜레시아스님은 분명히 마음이
흐뭇할 것이오. 내가 첫머리에서 말했듯이, 우리가 여러분을 조언자로
초청한 이유는 무엇보다 여러분의 자제들도 우리 아이들처럼 이제는
교육받을 나이가 된 만큼 여러분도 그런 문제에 당연히 관심이 있으리
라고 생각했기 때문이오. 그러니 이의가 없다면, 여러분도 소크라테스 d

14 Karia. 소아시아의 남서부 지방.

님과 함께 서로 의견을 교환하며 이 문제를 논의하고 고찰하시오. 우
리가 지금 논의하고 있는 것은 우리에게 가장 중요한 일이라는 소크라
테스님 말이 맞기 때문이오. 우리가 그래야 한다고 생각하시는지는 여
러분이 결정하시오.

니키아스 뤼시마코스님, 내가 보기에 그대는 분명 소크라테스님의 아버
지만 알고 소크라테스님과는 안면이 없으신 것 같군요. 물론 이분이
e 어릴 때 아버지를 따라 신전이나 공공 집회에 갔다가 그대와 그대의 같
은 구역민과 마주쳤을 수는 있겠지만 말이에요. 아무튼 그대는 이분
이 장성한 뒤로는 한 번도 만나신 적이 없는 게 분명해요.

뤼시마코스 왜 그런 말씀을 하는 거요, 니키아스님?

니키아스 그대는 소크라테스님에게 바싹 다가가 대화하기 시작하면 어
떻게 되는지 모르시는 것 같습니다. 그대의 원래 대화 주제가 무엇이었
든 간에 그대는 소크라테스님의 논리에 계속 휘둘려서 결국에는 자신
188a 이 지금은 어떻게 살고 있으며 지금까지는 어떻게 살았는지 설명하지
않을 수 없게 된답니다. 그리고 그대가 일단 걸려들면 소크라테스님은
그것들을 하나하나 철저히, 그리고 엄밀히 시험해보기 전에는 놓아주
지 않을 거예요. 나는 소크라테스님에게 익숙해졌고, 사람들은 그에
게 그렇게 당할 수밖에 없을뿐더러 나도 그에게 당하리라는 것을 잘
알고 있습니다. 뤼시마코스님, 나는 그와 함께하는 것이 즐거우니까
b 요. 그리고 나는 우리의 과거 잘못이나 현재 잘못을 지적당하는 것이
해로운 일은 아니라고 생각합니다. 오히려 만약 그대가 그렇게 지적당
하는 것을 피하지 않고 기꺼이 받아들인다면 앞으로는 분명히 더욱더

조심하시겠지요. 솔론의 말처럼,[15] 그대는 살아 있는 동안 배우는 것을
높이 평가할 것이며, 나이가 많아진다고 더 지혜로워지는 것은 아니라
고 생각하실 테니까요. 아무튼 나는 소크라테스님에게 시험당하는 것
이 전혀 이상하지도 불쾌하지도 않아요. 사실 나는 소크라테스님이 함
께하시면 소년들이 아니라 우리 자신이 논의의 초점이 되리라는 것도
진작부터 알고 있었어요. 그러니 나로서는 소크라테스님이 원하시는 c
대로 함께 시간을 보내는 데 반대할 이유가 없어요. 그렇지만 여기 있
는 라케스님은 이런 문제들을 어떻게 생각하시는지 알아보는 것이 좋
겠어요.

라케스 니키아스님, 토론에 대한 내 생각은 단순하답니다. 아니, 그대
만 괜찮으시다면, 단순하지 않고 이중적입니다. 나는 어떤 사람들에
게는 토론을 좋아하는 사람[16]으로 보일 수 있고, 다른 사람들에게는
토론을 싫어하는 사람[17]으로 보일 수도 있을 테니까요. 나는 어떤 사
람이 미덕[18]이나 모종의 지혜에 관해 말하는 것을 들을 때마다, 그가
진실한 사람이고 자기가 말한 대로 살아간다면 그의 언행이 일치하고 d
서로 조화를 이루는 것을 보고는 크게 기뻐합니다. 사실 그런 사람이
야말로 내가 보기에 완전한 음악가인 것 같아요. 그는 뤼라[19] 같은 기

15 솔론, 단편 22 (Diehl). "나는 늙어갈수록 더욱더 많은 것을 배운다."

16 '토론을 좋아하는 사람'(philologos).

17 '토론을 싫어하는 사람'(misologos).

18 arete.

분 전환용 악기를 완벽하게 조율하는 것이 아니라, 이오니아 선법(旋
法)[20]이나 프뤼기아 선법이나 뤼디아 선법이 아니라 유일하게 헬라스[21]
적인 선법인 도리스[22] 선법을 사용해 자신의 언행을 일치시키며 참된
삶을 살기 때문입니다. 아무튼 그런 사람이 말하는 것을 들으면 유쾌
e 해서 그가 하는 말에 열심히 귀기울이는 까닭에 나는 누구에게나 토
론을 좋아하는 사람처럼 보인답니다. 반면 언행이 일치하지 않는 사람
은 나를 짜증나게 해 그런 사람이 말을 잘할수록 그를 더욱더 미워하
게 되어 나를 토론을 싫어하는 사람처럼 보이게 만든답니다.

나는 소크라테스님이 한 말들은 모르지만 전에 그의 행동들은 경
험한 적이 있다고 생각하며, 그때 그가 고상한 말을 구애받지 않고 솔
189a 직히 말할 자격이 있다는 것을 알았소. 만약 그의 말이 정말로 행동과
일치한다면, 나는 그에게 공감하며 흔쾌히 시험받을 것이며 짜증내지
않고 그에게 배울 것이오. "나는 늙어갈수록 더욱더 많은 것을 배운
다"는 솔론의 말에 나도 동의하니까요. 다만 나는 거기에 '훌륭한 사
람들에게서'라는 한 가지 조건을 덧붙이겠습니다. 내가 배우는 것을
즐거워하지 않는 아둔한 제자가 되지 않으려면 가르치는 사람 자신이
훌륭한 사람이어야 한다는 데 솔론도 동의해야 할 것이오. 반면 나를
b 가르치는 사람이 나보다 더 젊은지 또는 아직은 유명하지 않은지 등등
에는 전혀 관심이 없습니다. 그래서 소크라테스님, 나는 그대에게 나
를 맡길 테니 그대 마음에 드는 방법으로 나를 가르치고 내 의견을 반
박하시되, 내가 알고 있는 것은 나한테 배우시오. 그대와 내가 함께 위
험에 빠졌을 때[23] 자기가 훌륭하다는 것을 보여주려는 사람만이 보여

줄 수 있는 방법으로 그대가 자신의 용기를 입증한 그날부터 그대는 내게 그런 분이었으니까요. 그러니 그대는 좋으실 대로 말하고 우리의 나이 차이 따위는 개의치 마시오.

소크라테스 우리는 그대들 두 분이 함께 조언을 구하거나 함께 검토할 c 준비가 되어 있지 않다고 탓할 수 없을 것 같네요.

뤼시마코스 하지만 그것은 분명 우리가 할 일이오, 소크라테스님. 나는 그대를 우리 가운데 한 사람이라고 여기니까요. 그러니 그대가 나 대신 젊은이들을 위해 우리가 알고 싶은 것들을 여기 이분들한테서 알아내고, 이분들과의 토론을 통해 우리에게 조언해주시오. 나는 나이가 많아 기억력이 좋지 못해서 내가 묻고자 한 것도, 내가 들은 답변도 대부분 잊어버린답니다. 특히 대화 도중에 다른 주제가 끼어들기라도 하면 아무것도 기억나지 않아요. 그러니 청컨대, 제기된 문제를 여러분 d 끼리 논의하시오. 나는 들을 것이며, 듣고 나서는 여러분이 결정하시

19 뤼라에 관해서는『뤼시스』주 24 참조.

20 harmonia.

21 Hellas. 그리스의 그리스어 이름.

22 이오니아(Ionia)는 소아시아 서해안과 그 부속 도서로 이루어진 지방이다. 프뤼기아(Phrygia)는 소아시아 중북부 지방이고, 뤼디아(Lydia)는 중서부 지방이다. 도리스(Doris)는 여기서 그리스반도 중동부 지방이 아니라, '도리에이스족(Dorieis)의'라는 뜻이다. 도리에이스족은 아카이오이족(Achaioi)·이오네스족(Iones)과 더불어 고대 그리스의 3대 부족으로, 기원전 1100년께 북쪽에서 그리스반도로 남하하여 주로 펠로폰네소스반도에 정착했다. 다른 선법들이 여성적인 데 반해 도리스 선법은 남성적이라고 한다.

23 델리온 전투에서.

는 대로 행할 것이오. 여기 있는 멜레시아스님도 그럴 것이오.

소크라테스 우리가 뤼시마코스님과 멜레시아스님의 부탁을 들어주도
록 해요, 니키아스님과 라케스님. 우리가 조금 전에 검토하려고 한 문
제들, 말하자면 이런 종류의 교육에서 우리의 교사는 누구누구였으
e 며, 우리는 누구누구를 더 훌륭한 사람으로 만들었는지 자문해보는
것도 나쁜 생각은 아닐 테지요. 그렇지만 나는 같은 결론에 도달하되
제1원리와 더 가까운 데서 출발하는 다른 고찰 방법도 있다고 생각해
요. 그게 무엇이든 어떤 것이 다른 것에 덧붙여지면 다른 것을 더 좋게
만든다는 것을 우리가 알고 있고, 게다가 그것을 덧붙일 수 있다고 가
정해보세요. 그렇다면 우리는 분명 그것이 무엇인지 알고 있으며, 어떻
게 해야 그것을 가장 쉽고 효과적으로 획득할 수 있는지 사람들에게
조언할 수 있어요. 혹시 내 말뜻을 이해하지 못하겠다면, 다음과 같이
190a 생각하면 더 쉽게 이해하실 거예요. 우리는 시각(視覺)이 눈에 부여되
면 시각이 부여된 눈이 더 좋아진다는 것을 알고 있고, 게다가 우리가
시각을 눈에 부여할 수 있다고 가정해보세요. 그러면 우리는 분명 시
각이 무엇인지 알고 있으며, 어떻게 해야 시각을 가장 쉽고 효과적으
로 획득할 수 있는지 사람들에게 조언할 수 있어요. 만약 시각이 무엇
인지 또는 청각이 무엇인지조차 모른다면, 우리는 눈이나 귀에 대해,
그리고 어떻게 해야 청각이나 시각을 획득할 수 있는지에 대해 이렇다
b 할 조언자나 의사가 되기 어려울 테니까요.

라케스 옳은 말씀이오, 소크라테스님.

소크라테스 라케스님, 여기 이분들도 지금 어떻게 하면 자기 아들들의

혼에 미덕이 덧붙여져 아들들이 더 나은 사람이 될 수 있겠는지 조언해달라고 우리에게 부탁하는 것 아닌가요?

라케스 물론 그렇지요.

소크라테스 그렇다면 우리는 먼저 미덕이 무엇인지부터 알아야겠군요.
그도 그럴 것이, 만약 미덕이 도대체 무엇인지 전혀 모른다면, 미덕을
획득하는 최선의 방법이 무엇인지 우리가 어떻게 누구에게 조언할 수 c
있겠어요?

라케스 내 생각에도 그럴 수 없을 것 같아요, 소크라테스님.

소크라테스 그렇다면 라케스님, 우리는 미덕이 무엇인지 알고 있다고 말합시다.

라케스 네, 그렇게 말합시다.

소크라테스 그리고 우리가 아는 것이라면 분명히 그게 무엇인지 말할 수도 있습니다.

라케스 왜 아니겠어요?

소크라테스 그렇다면 가장 훌륭한 분이여, 처음부터 곧장 미덕 전체를
고찰할 것이 아니라—이는 어쩌면 우리에게 힘겨운 작업이 될지도 모
르니까요—먼저 우리가 미덕의 한 부분을 충분히 알고 있는지 살펴보
기로 해요. 그러면 아마 우리가 쉽게 고찰할 수 있을 겁니다. d

라케스 소크라테스님, 그렇게 하기로 해요. 그대가 그러고 싶으시다면.

소크라테스 그렇다면 미덕의 어느 부분을 택할까요? 분명 중무장하고 싸우는 기술의 결과물이라고 생각하는 미덕을 택해야겠지요? 사람들은 대개 그것을 용기[24] 라고 생각할 겁니다. 그러지 않을까요?

라케스 그렇고말고요.

소크라테스 그러면 라케스님, 용기가 대체 무엇인지부터 말해보기로 해
e 요. 그런 다음 젊은이들이 어떤 방법으로 용기를 획득할 수 있는지 고
찰하기로 하지요. 활동이나 학습을 통해 용기를 획득할 수 있는 범위 내
에서 말이에요. 자, 내가 묻는 말에 대답해보세요. 용기는 무엇인가요?

라케스 제우스에 맹세코, 그건 말하기 어렵지 않아요, 소크라테스님. 누가 밀집대형에서 제자리를 지키며 적군을 물리치고 도망치지 않는다면, 잘 알아두시오, 그런 사람이야말로 용감한 사람이겠지요.

소크라테스 옳은 말씀입니다, 라케스님. 한데 그대가 동문서답하신 것은 내가 명확하게 표현하지 않은 탓인 것 같네요.

라케스 무슨 말씀인가요, 소크라테스님?

191a **소크라테스** 내가 할 수 있는 한 설명해보겠어요. 그대 주장에 따르면,
밀집대형에서 제자리를 지키며 적군을 물리치는 사람이 용감한 사람입니다.

라케스 네, 나는 그렇다고 주장하오.

소크라테스 나도 동의해요. 한데 제자리를 지키지 않고 후퇴하면서 적군과 싸우는 사람은 어떤가요?

라케스 '후퇴하면서'라니, 그게 무슨 뜻이지요?

소크라테스 사람들이 말하기를, 스퀴타이족[25]은 후퇴할 때도 적군을
추격할 때 못지않게 효과적으로 싸운다더군요. 호메로스[26]도 '이리저
b 리 추격하거나 도망치는 데 능숙하다'고 아이네이아스[27]의 말들을 칭
찬하는가 하면, 아이네이아스 자신도 공포가 무엇인지 알고 있다고 칭

찬하며 그를 '공포감을 불러일으키는 사람'[28]이라고 부르고 있어요.

라케스 호메로스가 그러는 것은 옳아요, 소크라테스님. 그는 전차(戰車)에 관해 말했으니까요. 그대도 스퀴타이족의 기병들을 말하는 것이고요. 아닌 게 아니라 기병들은 그렇게 싸우지요. 하지만 중무장 보병들은 내가 말한 것처럼 싸워요.

소크라테스 아마도 라케다이몬인들의 중무장 보병들은 예외일 겁니다,
라케스님. 사람들이 말하기를, 플라타이아이[29]에서 버들가지를 엮은 c
방패를 든 페르시아군과 마주쳤을 때 그들은 제자리를 지키며 맞서
싸우려 하지 않고 후퇴하면서 페르시아군의 대오가 흐트러지자 기병
들처럼 돌아서서 싸운 작전 덕분에 그곳 전투에서 이겼다고 하니 말입
니다.

라케스 옳은 말씀이오.

소크라테스 그래서 나는 조금 전에 그대가 동문서답하신 것은 내가 잘

24 andreia.

25 Skythai. 흑해 북쪽의 남러시아에 살던 기마 유목민족.

26 호메로스에 관해서는『뤼시스』주 34 참조.

27 Aineias. 트로이아 전쟁 때 트로이아의 젊은 장수.

28 호메로스는 이 말을 적군에게 공포감을 불러일으킨다는 뜻으로 썼지만, 플라톤은 여기서 자기에게 또는 아군에게 공포감을 불러일으킨다는 뜻으로 사용하고 있다.

29 Plataiai 또는 Plataia. 보이오티아 지방의 수도 테바이(Thebai) 남쪽에 있는 도시. 기원전 479년 이곳에서 스파르테군과 아테나이군을 주축으로 한 그리스 연합군은 살라미스(Salamis) 해전에 패하고 그리스에 남아 있던 페르시아 보병부대를 섬멸하고 페르시아전쟁을 종식한다.

못 질문했기 때문이라고 말한 것입니다. 나는 중무장 보병들을 위한
d 용기뿐 아니라 기병들과 모든 분야의 전사들을 위한 용기에 관해서도
그대에게 묻고 싶었으니까요. 또한 전쟁에서 용감한 사람뿐 아니라 바
다에서 위기에 맞닥뜨려 용감한 사람과 질병과 가난과 나랏일에서 용
감한 사람, 나아가 고통과 두려움에 직면해 용감한 사람, 욕망과 쾌락
e 에 영웅적으로 맞서 싸우는 사람들도 거기에 포함하고 싶었지요. 그들
이 제자리를 지키든 적에게 등을 돌리든 말이에요. 라케스님, 이런 상
황에서도 용감한 사람이 더러 있을 테니까요.

라케스 그렇고말고요, 소크라테스님.

소크라테스 그런 사람들은 모두 용감해요. 하지만 어떤 사람들은 쾌락을 수반하는 상황에서, 어떤 사람들은 고통을 수반하는 상황에서, 어떤 사람들은 욕망을 수반하는 상황에서, 어떤 사람들은 두려움을 수반하는 상황에서 용감할 거예요. 그런가 하면 다른 사람들은 아마 똑같은 상황에서 겁쟁이가 될 거고요.

라케스 물론이지요.

소크라테스 그렇다면 용기와 비겁함은 각각 무엇인가요? 나는 그것이 알고 싶어요. 그러니 먼저 이 모든 상황에서 동일한 것인 용기에 대해 한 번 더 말씀해주세요. 혹시 내 말을 아직도 이해하지 못하셨나요?

라케스 정확히는 이해하지 못했소.

192a **소크라테스** 내 말뜻은 이런 겁니다. 내가 그대에게 속도[30]가 무엇인지
물었다고 가정해보세요. 그런데 속도는 달리기, 뤼라 연주, 말하기, 배
우기 등등에서 우리가 발견할 수 있는 것으로, 사실 우리가 사용하는

것이 손이든 다리든 입이든 목소리든 마음이든 언급할 가치가 있는 모든 활동의 속성입니다. 그대도 속도라는 말을 그렇게 사용하지 않나요?

라케스 물론 그렇게 사용하지요.

소크라테스 그러면 내게 "소크라테스, 그대는 그런 모든 상황에서 그대가 '속도'라고 부르는 것이 대체 무엇이라고 말하시오?"라고 묻는 사람이 있다면, 나는 그에게 "내가 속도라고 부르는 것은 말하기에서든 달 b
리기에서든 그 밖의 다른 경우에서든 짧은 시간에 많은 일은 해내는 능력[31]이오"라고 대답할 겁니다.

라케스 그렇다면 그대는 옳은 말을 하시는 겁니다.

소크라테스 그렇다면 라케스님, 용기에 대해서도 같은 식으로 말씀해주세요. 쾌락과 고통과 그 밖에 우리가 방금 언급한 모든 상황에서 동일한 것인 그것은 대체 어떤 능력이기에 용기라고 불리는 건가요?

라케스 나는 용기가 일종의 혼의 인내[32]라고 생각하오. 만약 그런 모든 c
상황에서 용기의 본성이 무엇인지 꼭 말해야 한다면 말이오.

소크라테스 꼭 그래야 하고말고요. 스스로 제기한 질문에 우리가 답변을 하자면 말입니다. 이번에는 내 생각을 말할게요. 그대는 모든 종류의 인내를 용기로 여기는 것은 아닌 듯해요. 내가 이렇게 말하는 이유는, 나는 그대가 용기를 아주 훌륭한 것으로 여기신다고 사실상 확신

30 tachos.
31 dynamis.
32 karteria.

하기 때문입니다.

라케스 그래요. 용기는 가장 훌륭한 것들 가운데 하나이지요. 믿어도 돼요.

소크라테스 그런데 지혜[33]를 수반하는 인내라야 고상하고 훌륭하겠지요?

라케스 물론이지요.

d **소크라테스** 어리석음[34]을 수반하는 인내는 어떤가요? 그것은 반대로 위험하고 해롭지 않을까요?

라케스 그렇지요.

소크라테스 그대는 해롭고 위험한 것을 고상하다고 말씀하실 텐가요?

라케스 그건 옳지 못하겠지요, 소크라테스님.

소크라테스 그렇다면 그대는 이런 종류의 인내가 용기라는 데 동의하지 않겠군요. 그것은 고상하지 못한데, 용기는 고상한 것이니까요.

라케스 옳은 말씀이오.

소크라테스 그대 논리에 따르면 지혜로운 인내만이 용기로군요.

라케스 그런 것 같네요.

e **소크라테스** 한데 그것이 어떤 점에서 지혜로운지 살펴보도록 합시다. 그것은 크고 작고를 떠나 모든 상황에서 지혜로운가요? 예컨대 지금 돈을 씀으로써 나중에 더 많이 갖게 되리라는 것을 알고서 인내력을 발휘하며 지혜롭게 돈을 쓰는 사람이 있다면, 그대는 그를 용감한 사람이라고 부르실 텐가요?

라케스 제우스에 맹세코, 나는 그러지 않을 것이오.

소크라테스 또한 예컨대 누가 의사인데, 폐렴을 앓는 아들이나 다른 환자가 먹을 것이나 마실 것을 달라고 간청하는데도 청을 들어주지 않고 인내력을 발휘하며 거절한다면 어떨까요? 193a

라케스 그 역시 용기가 전혀 아니오.

소크라테스 누가 전투에서 인내력을 발휘한다고 가정해보세요. 그는 전의를 불태우고 있는데, 지혜에 힘입어 계산할 줄 알기 때문입니다. 말하자면 그는 전우들이 자기를 도우리라는 것과, 아군보다 수도 적고 열등한 적군과 싸우게 되리라는 것과, 게다가 자기 위치가 더 유리하다는 것을 알고 있어요. 그대는 어느 쪽이 더 용감하게 인내력을 발휘할 것이라고 생각하시나요? 이런 지혜와 준비 태세를 갖춘 이 사람인가요, 아니면 반대편 군영에서 제자리를 지키며 인내력을 발휘하려는 사람인가요?

라케스 내 생각엔 반대편 군영에 있는 사람 같아요, 소크라테스님. b

소크라테스 그러나 그의 인내는 분명 다른 사람의 인내보다 더 어리석지요.

라케스 옳은 말씀이오.

소크라테스 그렇다면 그대는 승마술에 근거해 기병전에서 인내력을 발휘하는 사람을 그런 기술이 없는 사람보다 덜 용감하다고 말씀하시겠군요.

라케스 내 생각에는 그럴 것 같아요.

33 phronesis('실천적인 지혜').

34 aphrosyne.

소크라테스 그렇다면 투석병이나 궁수의 기술이나 그 밖의 다른 기술에 근거해 인내력을 발휘하는 사람도 그 점에서는 마찬가지겠네요.

c **라케스** 물론이지요.

소크라테스 그대는 또한 우물로 내려가 잠수하는 일이나 그와 비슷한 일에 별로 능하지 못하면서 인내력을 발휘하려는 사람도 그런 일에 능한 사람보다 더 용감하다고 말씀하시겠군요.

라케스 그 밖에 무슨 다른 말을 할 수 있겠어요, 소크라테스님?

소크라테스 할 수 없겠지요. 그렇게 생각하는 사람이라면.

라케스 한데 나는 그렇게 생각하오.

소크라테스 하지만 라케스님, 그런 일에 능하지 못한 사람들은 기술을 갖추고 그런 일을 하는 사람들보다 분명 더 어리석은 방법으로 위험을 무릅쓰며 인내력을 발휘하는 것입니다.

라케스 그런 것 같아요.

d **소크라테스** 그런데 어리석은 대담성과 인내는 앞서 창피스럽고 해로운 것으로 밝혀지지 않았나요?[35]

라케스 그랬지요.

소크라테스 그러나 용기는 고상한 것이라는 점에 우리는 의견이 일치했어요.

라케스 의견이 일치했고말고요.

소크라테스 그런데 지금 우리는 그와 반대로 창피스러운 것, 즉 어리석은 인내가 용기라고 말하고 있어요.

라케스 그런 것 같군요.

소크라테스 그대는 우리가 그렇게 말하는 것이 옳다고 생각하시나요?

라케스 제우스에 맹세코, 나는 옳다고 생각하지 않아요.

소크라테스 그럼 라케스님, 그대의 표현을 빌리자면 그대와 나는 도리스 선법에 따라 조율되지 않은 것 같군요. 우리는 말과 행동이 일치하 e
지 않으니까요. 누가 행동으로써 우리를 판단한다면 우리가 용감하다고 생각하겠지만, 지금 우리가 대화하는 것을 엿듣고 말로써 우리를 판단한다면 그렇게 생각하지 않을 것 같으니까요.

라케스 지당한 말씀이오.

소크라테스 어떻습니까? 우리가 이런 처지에 놓이게 된 것이 좋은 일일까요?

라케스 어느 모로 보나 좋은 일은 아니지요.

소크라테스 그렇다면 그대는 우리가 말한 원칙에 그 정도는 따르실 건가요?

라케스 그 정도라니 그게 어느 정도이며, 원칙이라니 그게 어떤 원칙인가요?

소크라테스 인내의 원칙 말이에요. 그대만 좋으시다면, 우리도 탐구에 194a
서 굳건하게 버티며 인내력을 발휘하도록 해요. 무엇보다도 인내 자체가 사실은 용기라는 것이 밝혀질 경우, 용기를 찾는 일에 우리가 용감하지 못하다고 용기 자체가 우리를 비웃지 않도록 말입니다.

35 184b와 192d 참조.

라케스 소크라테스님, 내가 미리 포기하는 일은 없을 것이오. 내 비록 이런 종류의 토론에 익숙하지 못하기는 하지만, 오히려 토론을 하다
b 보니 일종의 승부욕에 사로잡혀 내가 이처럼 내 생각을 표현하지 못하는 것에 사실 나는 화가 나 있다오. 용기가 무엇인지 알겠다고 생각하는 순간 나도 모르게 용기가 어디로 달아나는 바람에 말로 포착하여 표현할 수 없으니 말이오.

소크라테스 맞아요, 라케스님. 훌륭한 사냥꾼은 계속해서 추적해야지 포기해서는 안 되겠지요.

라케스 전적으로 동의하오.

소크라테스 그러면 그대는 우리가 여기 있는 니키아스님에게도 사냥에 참여해주십사 부탁하기를 바라시나요? 혹시 이분이 우리보다 사냥을 더 잘한다면 말입니다.

c **라케스** 나야 물론 그러기를 원하지요.

소크라테스 자, 그렇다면 니키아스님, 그대는 토론이라는 폭풍을 만나 길을 찾지 못하는 친구들을 도와주십시오. 그대에게 그럴 능력이 있다면. 그대도 보시다시피 우리는 곤경에 빠져 있어요. 그러니 그대는 용기가 무엇이라고 생각하는지 말씀하시어 우리가 곤경에서 벗어나게 해주시고, 또한 그대의 생각을 말로 표현함으로써 확인해주세요.

니키아스 소크라테스님, 나는 아까부터 그대들이 용기를 제대로 정의하지 못하고 있다는 생각이 들었소. 나는 전에 그대가 기발한 말[36]을 하는 것을 들었건만, 그대들은 그 말을 이용하시지 않더군요.

소크라테스 그게 어떤 말이었지요, 니키아스님?

니키아스 나는 그대가 우리는 저마다 자기가 아는 일에는 훌륭하고 자기가 모르는 일에는 나쁘다고 말하는 것을 여러 번 들었어요. d

소크라테스 제우스에 맹세코, 그대 말씀이 옳아요, 니키아스님.

니키아스 그러니 용감한 사람이 훌륭하다면, 그는 분명 지혜로울 것이오.

소크라테스 들으셨나요, 라케스님?

라케스 들었소. 하지만 그의 말뜻을 정확히 이해하지 못하겠소.

소크라테스 나는 이해했다고 생각해요. 이분은 용기가 일종의 지식[37]이라고 말하는 것 같아요.

라케스 어떤 지식인가요, 소크라테스님?

소크라테스 그건 이분에게 물어보십시오. e

라케스 그러지요.

소크라테스 자, 니키아스님. 그대 생각에 따르면 용기가 어떤 종류의 지식인지 이분에게 말씀해주세요. 설마 피리[38] 연주에 관한 지식은 아니겠지요?

니키아스 아니고말고요.

소크라테스 키타라[39] 연주에 관한 지식도 아닐 테고요.

36 "용기는 무엇을 두려워하고 무엇을 두려워하지 말아야 하는지 아는 지식이다"라는 말을 가리키는 듯하다. 이에 관해서는『프로타고라스』360c~d,『국가』429b~430c 참조.

37 sophia('사변적 지혜').

38 aulos.

39 kithara. 고대 그리스의 발현악기로 뤼라를 개량한 것.

니키아스 물론 아니지요.

소크라테스 그렇다면 그것은 무엇에 관한 어떤 지식[40] 인가요?

라케스 그대는 이분에게 제대로 질문하시는구려, 소크라테스님. 이분이 그걸 어떤 지식이라고 말씀하시는지 들어봅시다.

니키아스 말할게요, 라케스님. 용기는 전쟁이나 그 밖의 모든 다른 상
195a 황에서 무엇이 두려움에 떨게 하고[41] 무엇이 자신감을 불어넣는지[42]에
관한 지식이오.

라케스 이분 참 이상한 말씀을 하시네요, 소크라테스님.

소크라테스 무엇을 염두에 두고 그렇게 말씀하시는 건가요, 라케스님?

라케스 무엇을 염두에 두고 그러느냐고요? 지식과 용기는 완전히 별개라는 거죠.

소크라테스 니키아스님은 동의하지 않으실 텐데요.

라케스 제우스에 맹세코, 동의하지 않겠지요. 그래서 이분은 허튼소리를 하는 것이오.

소크라테스 우리는 이분을 비난할 게 아니라 가르쳐주도록 해요.

니키아스 그래야지요. 하지만 소크라테스님, 라케스님은 방금 내가 자
기를 허튼소리를 하는 사람으로 드러냈기 때문에 나도 허튼소리를 하
b 는 사람으로 드러내고 싶은가 봐요.

라케스 맞아요, 니키아스님. 그리고 나는 그걸 꼭 밝히겠소. 그대는 허튼소리를 하니까요. 비근한 예를 들자면, 병을 치료할 경우에 의사들이야말로 무엇이 두려움에 떨게 하는지에 관한 지식을 가진 사람들 아닌가요? 아니면 그대는 용감한 사람이 그런 지식을 갖고 있다고 생각

하시오? 그것도 아니면 그대는 의사들을 용감한 사람들이라고 일컬으시오?

니키아스 전혀 그러지 않아요.

라케스 아마 농부들도 용감하다고 일컫지는 않겠지요. 비록 농사와 관련해 농부들이야말로 무엇이 두려움에 떨게 하는지에 관한 지식을 가진 사람들이지만 말이오. 또한 다른 장인들도 모두 자신들의 기술 분야에서 무엇이 두려움에 떨게 하고 무엇이 자신감을 불어넣는지에 관 c
한 지식을 가진 사람들이오. 하지만 그럼에도 그들은 용감한 사람들은 아니오.

소크라테스 니키아스님, 이분의 말뜻을 이해하시겠어요? 이분 말씀에도 일리가 있는 것 같아요.

니키아스 이분 말씀에 일리가 있긴 하지만 전혀 사실이 아니오.

소크라테스 어째서 그렇지요?

니키아스 이분은 환자에 관한 의사의 지식이 건강과 질병에 국한된다는 것을 모르고 있으니까요. 의사는 분명 그 이상은 알지 못해요. 라케스님, 건강 회복이 병든 것보다 어떤 사람에게는 더 두려운 것일 경
우, 그대는 의사가 정말로 그것을 알 것이라고 생각하시오? 그대는 건 d
강을 회복하는 것보다 회복하지 못하는 편이 많은 사람에게 더 낫다

40 episteme.

41 '두려움에 떨게 하다'(ta deina).

42 '자신감을 불어넣다'(ta tharrhalea).

고 생각하지 않나요? 말씀해보시오. 그대는 모두에게 사는 것이 더 낫다고 주장하시오? 가끔은 죽는 것이 사람들에게 더 낫지 않을까요?

라케스 그 점에는 나도 동의하오.

니키아스 그대는 죽는 것이 더 나은 사람이나 사는 것이 더 나은 사람이나 똑같은 것들이 두려움에 떨게 할 것이라고 생각하시오?

라케스 나는 그렇게 생각하지 않소.

니키아스 그런데 그대는 의사나 다른 장인은 그것을 알지만, 두려워할 것과 두려워하지 말아야 할 것을 아는 사람, 즉 내가 용감하다고 일컫는 사람은 그것을 모른다고 생각하시오?

소크라테스 이분이 무슨 말씀을 하시는지 아시겠어요, 라케스님?

e **라케스** 알고말고요. 이분은 예언자들을 용감한 사람이라고 부르고 있는 것이오. 왜냐하면 어떤 이에게는 죽는 것보다 사는 것이 더 좋은지를 예언자들 말고 누가 알겠소? 그런데 니키아스님, 그대는 자신을 예언자라고 생각하시오, 아니면 예언자도 아니고 용감하지도 않다고 생각하시오?

니키아스 무슨 말씀이죠? 그대는 무엇이 두려움에 떨게 하고 무엇이 자신감을 불어넣는지 아는 것은 예언자의 몫이라고 주장하는 건가요?

라케스 그렇소. 예언자가 아니면 누구의 몫이겠어요?

니키아스 여보시오, 그건 내가 말하고 있는 사람의 몫이라고 보는 편이 훨씬 더 타당할 것이오. 예언자는 이를테면 누가 죽게 될지 병에 걸릴
196a 지 아니면 돈을 잃게 될지, 또는 전투나 그 밖의 온갖 시합에서 이기게 될지 아니면 지게 될지 미래사의 전조를 풀이할 줄 알면 되지요. 누가

그런 일을 당하는 게 더 좋은지 당하지 않는 게 더 좋은지 판단하는 일이 왜 어느 누구보다도 예언자의 몫이어야 하나요?

라케스 소크라테스님, 솔직히 나는 이분이 무슨 말을 하시는 건지 이해하지 못하겠어요. 이분은 예언자도 의사도 그 밖의 어느 누구도 자기가 생각하는 용감한 사람이라고 밝히지 않고 있으니까요. 이분은 아마도 그것은 신이라고 생각하나 봐요. 내가 보기에 니키아스님은 자기가 허튼소리를 하고 있다는 것을 점잖게 인정하기는커녕, 자신이 곤경 b
에 빠진 것을 감추기 위해 이리저리 발뺌하는 것 같아요. 그렇게 발뺌하는 일이라면 그대와 나도 할 수 있었을 것이오. 만약 우리가 자가당착에 빠졌다는 것을 감추고 싶었다면 말이오. 우리가 법정에서 이런 토론을 한다면, 그러는 것도 일리가 있겠지요. 그렇지만 지금처럼 친구끼리 모인 자리에서 왜 누군가가 빈말로 자신을 꾸며야 하지요?

소크라테스 내 생각에 그럴 이유는 전혀 없는 것 같아요, 라케스님. 하 c
지만 니키아스님은 자기 말에 일리가 있으며 자기는 말을 위해 말을 하는 것이 아니라고 생각할 수도 있어요. 그러니 우리는 이분이 대체 무슨 생각을 하고 있는지 더 자세히 설명해달라고 합시다. 그리하여 이분 말에 일리가 있는 것으로 드러나면 우리가 이분에게 동의할 것이고, 그러지 않으면 우리가 이분의 잘못을 지적해줄 겁니다.

라케스 소크라테스님, 알고 싶은 것이 있으면 그대가 물어보시구려. 나는 이미 충분히 물어본 것 같으니까요.

소크라테스 내가 그러지 못할 이유는 없지요. 나는 우리 두 사람 모두를 위해 묻는 것이니까요.

라케스 그렇고말고요.

d **소크라테스** 그렇다면 니키아스님, 내게, 아니 우리에게 말씀해주십시오. 나와 라케스는 둘 다 토론에 참여하고 있으니까요. 그대의 주장에 따르면, 용기란 무엇이 두려움에 떨게 하고 무엇이 자신감을 불어넣는지에 관한 지식인가요?

니키아스 그렇소.

소크라테스 그렇다면 그것은 누구나 가진 지식이 아닙니다. 만약 그대의 주장처럼 의사도 예언자도 그런 지식이 없고 그런 지식을 따로 획득하지 못하는 한 용감해지지 않는다면 말이에요. 그렇게 말씀하신 것 아닌가요?

니키아스 맞아요. 그렇게 말했소.

소크라테스 그러면 사실 그것은 속담처럼 아무 돼지나 아는 것[43]이 아니며, 따라서 아무 돼지나 용감해지는 것도 아니겠군요.

니키아스 나는 아니라고 생각하오.

e **소크라테스** 그러면 니키아스님, 그대는 분명 크롬뮈온[44]의 암퇘지가 용감했다는 것도 믿지 않으시겠네요. 내가 이런 말을 하는 까닭은 농담하자는 것이 아니라, 그대의 주장에 동조하는 사람은 어떤 야수의 용기도 인정하지 않거나, 아니면 어떤 야수—이를테면 사자나 표범이나 멧돼지—는 대부분의 사람에게는 너무 어려운 것들도 능히 알만큼 지혜롭다는 데 동의하지 않을 수 없다고 생각하기 때문입니다. 그리고 용기를 그대처럼 규정하는 사람은 사자나 수사슴이나, 황소나 원숭이나 똑같은 용기를 타고났다고 주장해야 맞습니다.

라케스 소크라테스님, 정말 훌륭하게 말씀하셨소. 니키아스님, 우리에게 솔직하게 대답해주시오. 그대는 우리 모두 용감하다고 인정하는 이들 야수가 인간보다 더 지혜롭다고 생각하시오, 아니면 감히 보편적인 견해에 맞서 이들 야수는 용감하지 않다고 주장하시오? 197a

니키아스 라케스님, 나는 야수나 그 밖에 어리석기에 두려워해야 할 것을 두려워하지 않는 어떤 것도 용감하다고 부르지 않고, '겁이 없다'거나 '멍청하다'고 부른다오. 아니면 그대는 알지 못하기에 아무것도 두려워하지 않는 모든 아이를 내가 용감하다고 부를 거라 생각하시오? b
아니, 나는 겁 없는 것과 용감한 것은 같은 것이 아니라고 생각하오. 용기와 선견지명은 소수의 사람들만이 지닌 자질이고, 대담성과 무모함과 겁 없음과 앞을 내다보지 못함은 대다수의 남자와 여자와 어린아이와 야수가 지닌 자질이라는 것이 내 생각이오. 그대와 대부분의 사람이 용감하다고 부르는 행위들을 나는 대담하다고 부르며, 내가 말 c
하는 용감한 행위들이란 지혜로운 행위들이오.

라케스 소크라테스님, 이분이 말로 자신을 꾸며대며 스스로가 잘하고 있는 줄 아는 모습 좀 보시구려. 그러면서 이분은 만인이 용감하다고 인정하는 사람들에게서 명예를 빼앗으려 하고 있어요.

43 '개나 돼지도 아는 것'이라는 속담을 말한다고 한다.

44 영웅 테세우스(Theseus)가 아버지를 찾아 아테나이로 가던 중 코린토스 부근의 크롬뮈온(Krommyon) 마을에 살던 사나운 암퇘지를 퇴치한 전설에 관해서는 플루타르코스(Ploutarchos)의 『영웅전』 중 「테세우스전」 9장 참조.

니키아스 라케스님, 내 그대에게는 그러지 않을 테니 안심하시구려. 나는 그대가 용감한 한 지혜롭다고 말할 테니까요. 그 점은 라마코스[45]와 수많은 아테나이인도 마찬가지이고요.

라케스 대꾸할 말이 있기는 하지만 그 말에는 내 대꾸하지 않겠소. 내가 진정한 아익소네[46] 구역민이라고 그대가 말하지 않도록 말이오.

d **소크라테스** 아무 대꾸도 하지 마세요, 라케스님. 그대는 니키아스님이 자신의 이런 기술을 우리 친구인 다몬한테서 전수받았다는 것을 모르시나 보군요. 다몬은 많은 시간을 프로디코스[47]와 함께 보내는데, 프로디코스는 이렇게 낱말 뜻을 구별하는 데는 소피스트 중에서도 대가로 간주되지요.

라케스 아무 대꾸도 하지 않겠어요, 소크라테스님. 그런 것들을 꼬치꼬치 캐묻는 것은 한 국가가 자신들의 지도자가 될 자격이 있다고 여기는 사람에게보다는 소피스트에게 더 어울리니까요.

e **소크라테스** 라케스님, 아닌 게 아니라 가장 무거운 책임을 맡은 사람은 당연히 가장 지혜로워야겠지요. 그렇지만 나는 니키아스님이 무슨 생각에서 용기라는 말을 그런 뜻으로 사용하시는지 알아봐야 한다고 생각합니다.

라케스 소크라테스님, 그대가 직접 물어보시구려.

소크라테스 그러잖아도 그럴까 합니다, 라케스님. 하지만 내가 그대를 대담에서 제외할 것이라고는 생각하지 마세요. 그러니 귀담아듣고 논의된 것들을 같이 고찰하도록 해요.

라케스 내가 그래야 한다고 그대가 생각하신다면 그렇게 하겠소.

소크라테스 아닌 게 아니라 나는 그렇게 생각합니다. 니키아스님, 그대
는 우리에게 처음부터 다시 말씀해주세요. 그대는 기억하시나요? 토 198a
론을 처음 시작했을 때 우리는 용기를 미덕의 일부로 간주했어요.

니키아스 물론이지요.

소크라테스 그대도 용기는 미덕의 일부라고 대답하면서, 그 밖에도 다른 부분이 여럿 있는데 그것들을 다 합치면 '미덕'이라 불린다고 말씀하시지 않았나요?

니키아스 물론 그렇게 말했지요.

소크라테스 부분들에 대해 그대와 나는 같은 말을 하는 것인가요? 나는 용기에 더해 절제[48]와 정의[49] 등등도 미덕의 부분이라고 불러요. 그대도 그렇게 부르지 않나요?

니키아스 물론 나도 그러지요.

소크라테스 이쯤 하겠습니다. 그 점에 대해서는 우리가 합의에 도달했 b
으니까요. 이번에는 무엇이 두려움에 떨게 하고 무엇이 자신감을 불어
넣는지 검토하기로 해요. 그대가 생각하는 것과 우리가 생각하는 것이

45 Lamachos. 니키아스·알키비아데스(Alkibiades)와 함께 아테나이의 시칠리아 원정대를 지휘하다가 기원전 414년 그곳의 쉬라쿠사이(Syrakousai)에서 전사했다.

46 Aixone. 앗티케 지방의 174개 구역(demos) 중 하나. 그곳 사람들은 독설가라는 설도 있고 건방지다는 설도 있다.

47 Prodikos. 케오스(Keos)섬 출신의 소피스트로, 소크라테스와 동년배이다.

48 sophrosyne.

49 dikaiosyne.

서로 다르지 않도록 말이에요. 그것들에 대해 우리가 생각하는 바를 그대에게 말씀드릴 테니, 그대가 동의하지 않으면 대답해주세요. 우리는 두려움을 불러일으키는 것을 두려움에 떨게 하는 것이라고 생각하고, 두려움을 불러일으키지 않는 것을 자신감을 불어넣는 것이라고 생각해요. 그리고 두려움을 불러일으키는 것은 과거의 나쁜 일이나 현재의 나쁜 일이 아니라, 예상할 수 있는 나쁜 일이라고 생각합니다. 두려움은 미래의 나쁜 일을 예상하는 것이니까요. 아니면 그대는 이에 동의하시지 않나요, 라케스님?

c **라케스** 물론 동의하지요, 소크라테스님.

소크라테스 그러면 니키아스님, 우리 주장은 두려움에 떨게 하는 것은 미래의 나쁜 일이고, 자신감을 불어넣는 것은 미래의 나쁘지 않거나 좋은 일이라는 겁니다. 그대는 이에 동의하나요, 아니면 우리와 주장을 달리하나요?

니키아스 동의하오.

소크라테스 그러면 그대가 용기라고 부르는 것은 그런 것들과 관련된 지식인가요?

니키아스 물론이지요.

소크라테스 그렇다면 세 번째 것에 대해서도 우리 견해가 같은지 검토해봅시다.

니키아스 그게 뭐지요?

d **소크라테스** 말씀드릴게요. 나와 여기 이분이 생각하기에는, 옛날에 일어난 일에 관한 지식이 따로 있고, 지금 일어나고 있는 일에 관한 지식

이 따로 있으며, 앞으로 어떤 일이 일어날지 아니면 어떻게 하면 가장
훌륭하게 일어날지에 관한 지식이 따로 있지 않고, 이 세 가지는 모두
같은 지식인 듯해요. 이를테면 건강의 경우에는 의술 말고 과거와 현
재와 미래에 모두 관련된 기술이 따로 있는 것이 아니며, 의술은 비록
하나의 기술이지만 과거와 현재와 미래를 살펴봐요. 대지의 결실에 관 e
한 한 농사 기술도 마찬가지지요. 전쟁에 관한 한 과거와 현재의 사건
뿐 아니라 특히 미래사를 가장 효과적으로 예견하는 것은 장군의 기
술이라고 두 분께서 몸소 증언해주시리라 나는 확신해요. 장군의 기
술은 예언자의 기술의 종이 아니라 주인인 셈입니다. 장군의 기술은 군
사작전에서 무슨 일이 벌어지고 있으며 무슨 일이 벌어질지 더 잘 알 199a
기 때문입니다. 그래서 법은 예언자가 장군을 지배하지 않고 장군이
예언자를 지배하도록 규정하는 것입니다. 라케스님, 우리는 이렇게 말
할까요?

라케스 네, 우리 그렇게 말해요.

소크라테스 어떤가요, 니키아스님? 같은 분야에서는 같은 지식이 미래사도 현재사도 과거사도 안다는 데에 그대는 동의하나요?

니키아스 동의하오. 나는 그렇다고 생각하니까요, 소크라테스님.

소크라테스 그런데 니키아스님, 그대 주장에 따르면 용기는 무엇이 두려
움에 떨게 하고 무엇이 자신감을 불어넣는지에 관한 지식이에요. 그렇 b
지 않은가요?

니키아스 네, 맞아요.

소크라테스 그런데 우리는 두려움에 떨게 하는 것은 미래의 나쁜 일이고

자신감을 불어넣는 것은 미래의 좋은 일이라는 데 의견이 일치했어요.

니키아스 물론이지요.

소크라테스 그리고 같은 분야에서는 같은 지식이 미래사도 현재사도 과거사도 알아요.

니키아스 그렇고말고요.

소크라테스 그러면 용기는 무엇이 두려움에 떨게 하고 무엇이 자신감을 불어넣는지 아는 것에 국한되지 않아요. 왜냐하면 용기는 미래의 좋은 일과 나쁜 일만 아는 것이 아니라, 다른 종류의 지식들이 그러하듯
c 미래사뿐 아니라 현재사와 과거사도 아는 것이기 때문이지요.

니키아스 그런 것 같아요.

소크라테스 그렇다면 니키아스님, 우리는 용기 전체가 무엇인지 물었는데 그대는 용기의 3분의 1 정도만 우리에게 말씀해주셨습니다. 또한 그대의 주장대로라면 용기는 무엇이 두려움에 떨게 하고 무엇이 자신감을 불어넣는지 아는 것에 국한되지 않고, 사실상 현재와 과거와 미래의 모든 좋은 일과 나쁜 일에 관한 지식인 것 같아요. 지금의 그대
d 주장대로라면 말입니다. 니키아스님, 그대의 주장이 이렇게 바뀐 것을 인정하시나요? 아니면 뭐라고 말씀하시겠어요?

니키아스 인정하오, 소크라테스님.

소크라테스 그러면 니키아스님, 누가 모든 좋은 일과 모든 나쁜 일의 현재와 미래와 과거를 다 안다고 가정해보세요. 그런 사람은 절제든 정의든 경건[50]이든 어떤 미덕에도 부족함 없이 완벽할 것이라고 그대는 생각하시지 않나요? 그런 사람만이 신들에 관해서든 인간들에 관해

서든 두려워해야 할 것과 두려워하지 말아야 할 것을 구별할 줄 알고, 만사가 잘되도록 적절히 사전 대책을 강구할 겁니다. 그런 사람은 신들 e
과 인간들을 올바르게 대할 줄 아니까요.

니키아스 나는 그대 말씀에 일리가 있다고 생각하오, 소크라테스님.

소크라테스 그렇다면 니키아스님, 지금 그대가 말씀하시는 것은 미덕의 일부가 아니라 미덕 전체입니다.

니키아스 그런 것 같아요.

소크라테스 그러나 우리는 용기는 미덕의 일부라고 말했습니다.

니키아스 네, 그렇게 말했소.

소크라테스 그러면 지금 그대가 말씀하시는 것은 미덕의 일부가 아닌 것 같네요.

니키아스 네, 아닌 것 같아요.

소크라테스 그렇다면 니키아스님, 용기가 무엇인지 찾아내는 데 우리는 실패했습니다.

니키아스 네, 실패한 것 같아요.

라케스 친애하는 니키아스님, 나는 그대가 꼭 찾아낼 줄 알았소. 내가
소크라테스님에게 대답했을 때 그대가 나를 무시하기에 나는 그대가 200a
다몬에게서 배운 지혜에 힘입어 분명히 찾아내실 거라고 잔뜩 희망에 부풀어 있었단 말이오.

50 hosiotes.

니키아스 잘하는 일입니다, 라케스님. 그대는 조금 전 용기에 대해 전적
으로 무지한 사람으로 드러났는데도 그런 것은 그대에게 중요하지 않
으니 말이오. 지금 그대의 유일한 관심사는 나도 그런 사람으로 드러
나는지 보는 것인 듯하오. 그대는 자긍심이 있는 사람이라면 반드시
b 알아야 할 것들을 몰라도 아무렇지도 않은 것 같군요. 나도 그대처럼
무지하기만 하다면 말이오. 그대는 그야말로 세상 사람들처럼 자신은
보지 않고 남만 보는 것 같구려. 하지만 나는 우리 토론에 크게 기여했
다고 생각하며, 아직도 바룰 게 있다면 나중에 바룰 것이오. 그대가
만난 적도 없는데 조롱할 수 있다고 생각하는 다몬과 그 밖의 다른 사
람들 도움을 받아서 말이요. 내가 일단 문제를 해결하고 나면 그대에
c 게도 아낌없이 가르쳐주겠소. 내가 보기에 그대는 누구보다도 배울 필
요가 있는 것 같으니까.

라케스 하긴 그대는 지혜로운 분이니까요, 니키아스님. 그렇지만 나는
여기 계신 뤼시마코스님과 멜레시아스님에게 조언하겠소. 젊은이들의
교육을 그대와 내게 맡길 것이 아니라 내가 첫머리에서 말했듯이 여기
있는 소크라테스님을 떠나보내지 마시라고 말이오. 내 아들들이 그럴
나이가 되면 나도 그럴 것이오.

니키아스 나도 동감이오. 만약 소크라테스님이 정말로 소년들을 돌봐
d 주시겠다면, 다른 사람은 찾지 마시오. 나는 니케라토스[51]를 이분에게
기꺼이 맡길 것이오. 이분이 받아주시겠다면 말이오. 그런데 내가 그
런 이야기를 꺼내기만 하면 소크라테스님은 내게 다른 사람들을 소개
하면서 자신이 그 일을 맡으려 하지 않으세요. 뤼시마코스님, 혹시 그

대의 부탁이라면 이분이 더 잘 들어주실지도 모르지요.

뤼시마코스 니키아스님, 이분은 당연히 그렇게 해야 하오. 나는 이분에게는 다른 누구에게보다도 더 많이 해드리고 싶으니까요. 뭐라고 말씀하시겠소, 소크라테스님? 그대는 우리의 요청을 받아들여 젊은이들을 최대한 훌륭하게 만드는 일에 열성적으로 참여하시겠소?

소크라테스 뤼시마코스님, 누군가를 최대한 훌륭하게 만드는 일에 열 e
성적으로 참여하기를 거절한다는 것은 확실히 몹쓸 짓이겠지요. 만약
우리가 방금 나눈 대화에서 나는 아는 사람으로, 이 두 분은 모르는
사람으로 드러났다면, 특히 내게 그 일을 하라고 맡기는 것은 정당하
겠지요. 그렇지만 지금 우리 모두 똑같이 곤경에 처해 있는데, 어째서
누가 우리 가운데 한 사람을 더 선호해야 하나요? 내 생각에 그는 우
리 가운데 어느 누구도 선택하지 말아야 해요. 사정이 이러하니, 여러
분은 내가 드리려는 조언이 도움이 되겠는지 살펴보세요. 여러분, 이 201a
는 비밀에 부칠 일이 아니기에 내 기탄없이 말씀드리겠습니다. 우리는
힘을 모아 최대한 훌륭한 교사를 첫째, 우리 자신을 위해—우리에게
도 교사가 필요하니까요—, 그다음에는 젊은이들을 위해 찾되, 돈도
그 밖의 다른 어떤 것도 아끼지 말아야 합니다. 그러나 나는 우리가 지
금 상태로 머물러 있어야 한다고 조언하지는 않겠습니다. 그리고 이
나이에 우리가 학교에 가야 한다고 생각한다고 혹시 우리를 비웃는 사 b

51 Nikeratos. 니키아스의 아들.

람이 있다면, 나는 우리가 "염치는 궁핍한 사람에게 좋은 동반자가 아니다"[52]라는 호메로스의 말을 내세워야 한다고 생각합니다. 그러니 우리는 사람들이 하는 말은 무시해버리고 우리 자신과 소년들을 동시에 돌보도록 해요.

뤼시마코스 나는 그대의 제안이 마음에 드오, 소크라테스님. 그리고 나는 우리 가운데 나이가 가장 많지만, 누구 못지않게 열심히 소년들과 함께 배우고 싶소. 내 그대에게 한 가지 부탁이 있소. 내일 아침 꼭 우
c 리집에 와주시오. 우리가 이 일에 대해 상의할 수 있도록 말이오. 하지만 지금은 우리 모임을 파하기로 합시다.

소크라테스 뤼시마코스님, 내일 꼭 댁으로 방문하겠습니다. 신의 뜻이라면.

52 호메로스, 『오뒷세이아』 17권 347행.

카르미데스

절제에 관하여

대담자

소크라테스 아테나이의 철학자(기원전 429년에 이 대화를 나누었을 것으로 추정된다)

카르미데스 플라톤의 외삼촌. 기원전 432년 포테이다이아 전투에 참가했다가 아테나이로 돌아온 소크라테스와 대담할 때 그는 10대 초중반의 소년인 것 같다.

카이레폰(Chairephon) 소크라테스의 죽마고우.

크리티아스(Kritias) 플라톤의 외종숙. 기원전 404년 펠로폰네소스전쟁에 패한 아테나이에 스파르테인들이 임명한 이른바 '30인 참주'의 우두머리로 반(反)민주 과두정체 지지자였으나, 이듬해인 기원전 403년 반란을 일으킨 민주정체 지지자들의 손에 카르미데스와 함께 죽는다. 크리티아스와 카르미데스는 기원전 6세기 초의 시인이자 정치가인 솔론(Solon)의 후손으로 아테나이의 명문거족 출신이다. 소크라테스와 대담할 때 그는 10대 후반의 청년인 것 같다.

소크라테스가 이름 모를 친구에게 자신이 전에 나눈 대화를 전한다

153a 우리는 엊저녁에 포테이다이아[1]에 있는 군영(軍營)에서 돌아왔네. 나는 꽤 오랫동안 이곳 아테나이를 떠나 있던 터라 내가 늘 시간을 보내곤 한 장소들을 흐뭇한 마음으로 둘러보다가 여왕[2]의 사당 맞은편에 있는 타우레아스[3]의 레슬링 도장을 찾았네. 내가 들어갔을 때 그곳에는 사람들이 아주 많이 모여 있었는데, 더러 모르는 사람도 있었지만
b 대부분은 아는 사람이었네. 예기치 못한 방문이기에 그들은 내가 들어오는 것을 멀리서 보고는 여기저기서 큰 소리로 인사했네. 그때 언제나 미친 사람 행세를 하는 카이레폰이 그들 사이에서 벌떡 일어나더니 내게로 달려와 손을 잡으며 "소크라테스, 자네 어떻게 전쟁에서 살아남았는가?"라고 물었네. 우리가 떠나오기 며칠 전에 포테이다이아에

서 전투가 벌어졌는데, 그 소식이 이제야 아테나이에 도착한 것이지.

그래서 내가 대답했네. "자네도 보다시피, 나는 무사하다네."

"하지만 여기 있는 우리는 치열한 그 전투에서 우리가 아는 많은 사람이 전사했다는 보고를 받았네." 하고 그가 말을 이었네. c

"그건 정확한 보고일세." 하고 내가 말했네.

"자네도 그 전투에 참가했는가?" 하고 그가 물었네.

"나도 참가했네."

"그러면 이리 와 여기 앉아서 우리에게 자세히 이야기해주게." 하고 그가 말했네. "사실 우리는 자초지종을 다 듣지는 못했네." 그렇게 말하고 그는 나를 데려가더니 칼라이스크로스[4]의 아들 크리티아스 옆에 앉혔네.

나는 자리에 앉은 다음 크리티아스와 그 밖의 다른 사람들에게 인사하고 나서 그들의 온갖 질문에 답하며 군영 소식을 전하기 시작했는 d

1 Poteidaida. 북부 그리스 칼키디케(Chalkidike) 반도에 있는 도시. 이곳에서 벌어진 공방전(기원전 432~430년)에 관해서는 투퀴디데스(Thoukydides)의 『펠로폰네소스전쟁사』(*Ho polemos ton Peloponnesion kai Athenaion*) 1권 56~65장, 2권 58·70장 참조. 소크라테스가 이 전투에 참가하여 놀라운 용기와 인내력을 보여준 일에 관해서는 플라톤의 『향연』 219e~220e 참조. 소크라테스는 기원전 429년 초여름에 아테나이로 돌아온 것 같다.

2 basile. 누구를 가리키는 말인지 확실하지 않다. '여왕의 사당'은 아크로폴리스 남쪽에 있었다고 한다.

3 Taureas. 체육관장인 그에 관해서는 달리 알려진 것이 없다.

4 Kallaischros.

데, 그들의 질문은 각인각색이었네.

우리가 그런 것들에 관해 충분히 대화를 나누었을 때, 이번에는 내가 그들에게 이곳 사정을 묻기 시작했네. 철학의 영역에서 지금 무슨 일이 일어나고 있는지, 지혜[5] 나 아름다움[6] 이나 이 둘 다를 통해 두각

154a 을 나타낸 젊은이들이 있는지 알고 싶어서였네. 그러자 크리티아스가 문간 쪽으로 시선을 돌려 몇몇 소년들이 서로 흉을 보며 들어오고 다른 사람들의 무리가 뒤따라오는 모습을 보고 있다가 말했네. "소크라테스님, 어느 소년들이 아름다운지 알아내기 위해 오래 기다리실 필요는 없을 것 같네요. 지금 안으로 들어오고 있는 저들이 지금 가장 아름답기로 평이 나 있는 소년의 선발대이자 연인[7]들이니까요. 그러니 그 소년은 이리로 오는 중이며 벌써 가까이 와 있는 것 같아요."

"그런데 그 소년은 누구이며, 그 소년의 아버지는 누구인가?" 하고 내가 물었네.

"그대도 분명히 그 소년을 아실 텐데요. 하지만 그대가 이곳을 떠날

b 때 그 애는 아직은 다 자라지 않았지요. 그 애는 이름이 카르미데스인데, 제 숙부인 글라우콘[8]의 아들이니 저와는 사촌 간이지요." 하고 크리티아스가 말했네.

"알다마다. 그는 어린 소년인 그때도 장래가 촉망되었는데, 지금쯤은 벌써 청년이 다 됐겠구먼." 하고 내가 말했네.

"그대는 그 애가 얼마나 성장했으며, 어떤 사람이 되었는지 이제 곧 보시게 될 거예요." 하고 그가 말했네. 그가 이렇게 말하고 있을 때 카르미데스가 안으로 들어왔네.

여보게, 이제 자네는 내 말을 곧이곧대로 믿지 말게. 아름다운 사람
들에 관한 한 나는 흰 대리석에 표시해놓은 흰 줄에 불과하네. 내 눈
에는 그 또래의 소년은 누구나 다 아름다워 보이니까. 그렇지만 특히
그때 그는 내게 놀랍도록 키가 크고 아름다워 보였으며, 다른 사람들 c
은 모두 그에게 반했다는 느낌이 들었네. 그가 들어오자 그들은 모두
놀라고 당황했으니 말일세. 게다가 다른 연인들의 무리가 그를 뒤따라
왔네. 이런 반응은 우리 남자들 사이에서는 사실 놀라운 것도 아니지
만, 나도 소년들을 지켜보았는데, 나는 그중 어느 누구도, 심지어 가장
작은 소년도 다른 쪽으로 시선을 향하는 것을 보지 못했네. 소년들은
모두 신상(神像)인 양 그를 뚫어져라 쳐다보고 있었네. 그러자 카이레
폰이 나를 부르며 말했네. "소크라테스, 자네가 보기에 저 젊은이가 어 d
떤가? 미남이지 않은가?"

"빼어난 미남일세." 하고 내가 말했네.

"하지만 만약 그가 벗고 싶어 한다면, 자네는 그의 얼굴에는 관심도 없을 걸세. 그의 몸은 그만큼 완벽하니까." 하고 그가 말을 이었네.

다른 사람들도 모두 카이레폰의 말에 동의하기에 내가 말했네. "단언컨대, 그대들이 말하는 그 사람은 말 그대로 적수가 없겠구려. 그가

5 sophia.

6 kallos.

7 erastes. 남성들끼리의 동성애에서 능동적 역할을 하는 연상의 남자.

8 Glaukon.

다른 사소한 자질을 겸비하고 있다면 말일세."

"그게 뭐지요?" 하고 크리티아스가 물었네.

e 그래서 내가 말했네. "만약 그가 훌륭한 혼을 타고났다면 말일세. 그는 자네 가족의 구성원이니 마땅히 그래야겠지, 크리티아스."

"하지만 그 애는 그 점에서도 더없이 훌륭해요." 하고 그가 말했네.

내가 말했네. "그렇다면 왜 우리는 그의 몸을 살펴보기 전에 그의 그 부분을 가리고 있는 옷을 벗기고 검증하지 않는 것인가? 그는 확실히 토론을 좋아할 나이가 된 것 같으이."

"물론이지요. 그 애는 철학자일뿐더러 자타가 공인하는 훌륭한 시
155a 인이에요." 하고 크리티아스가 말했네.

내가 말했네. "친애하는 크리티아스, 이 아름다운 자질은 솔론 때부터 자네 집안에 이어져 내려오는 유서 깊은 전통일세. 한데 자네는 왜 그 소년을 이리 불러서 내게 보여주지 않는가? 그가 지금보다 더 어리다 해도 그의 보호자이자 사촌인 자네 면전에서 우리와 대화하는 것은 그에게 도리에 어긋나는 짓이 아닐 걸세."

"좋은 말씀이에요. 우리가 그 애를 부를게요." 하고 그가 말했네. 그
b 러고 수행원에게 말했네. "얘야, 카르미데스를 이쪽으로 부르면서, 그가 그저께 내게 호소한 고통을 치료해줄 의사를 내가 소개해주고 싶어 하더라고 전해라." 그러고 나서 크리티아스는 나를 향해 말했네. "며칠 전 그 애는 아침에 잠자리에서 일어나면 두통에 시달린다고 말했어요. 그대가 그 애에게 두통약을 알고 있는 척하면 안 될까요?"

"안 될 것도 없지. 그가 오기만 한다면." 하고 내가 말했네.

"그 애는 올 거예요." 하고 그가 말했네.

그리고 그대로 되었네. 그가 다가오자 장내는 웃음바다가 되었네.
자리에 앉아 있던 우리는 벌써 저마다 카르미데스를 자기 옆에 앉히려 c
고 옆 사람을 밀어내기 시작했는데, 그 결과 한쪽 끝에 앉아 있던 사람은 자리에서 일어서야만 했고, 다른 쪽 끝에 앉아 있던 사람은 옆으로 굴러떨어졌기 때문일세. 카르미데스는 와서 나와 크리티아스 사이에 앉았네. 그러자 여보게, 나는 당황하기 시작했네. 나는 전에는 그와 아주 쉽게 대화할 수 있으리라고 자신했지만 이제 그런 자신감이 사라져버렸네. 크리티아스가 그에게 내가 바로 두통약을 아는 사람이라고
말하자, 카르미데스가 말로 형언할 수 없는 눈빛으로 나를 바라보며 d
내게 질문하려 했네. 여보게, 레슬링 도장을 찾은 사람들이 모두 우리 주위에 빙 둘러섰을 때, 나는 그의 겉옷 안을 들여다보고는 불이 붙어 이미 제정신이 아니었네. 그리고 미소년에 관해 말하며 "새끼 사슴이 사자에게 다가갈 때는 사자의 밥이 되지 않도록 조심해야 한다"고 조
언한 퀴디아스[9]야말로 연애의 대가(大家)라는 것을 알았네. 정말이지 e
나는 그런 야수에게 사로잡힌 것 같은 느낌이 들었으니까. 하지만 그가 두통약을 알고 있느냐고 물었을 때, 나는 힘들긴 했지만 알고 있다고 대답했네.

"그게 뭐지요?" 하고 그가 물었네.

9 Kydias. 시인인 그에 관해서는 달리 알려진 것이 없다.

그래서 내가 그건 어떤 약초인데 주문(呪文)도 함께 외워야 하며, 약초를 쓸 때 주문을 함께 외우면 효험이 있지만 주문을 외우지 않으면 약초는 아무 효험도 없다고 대답했네.

156a “그렇다면 제가 그 주문을 받아써야겠네요.” 하고 그가 말했네.

“내 동의를 구하고, 아니면 내 동의를 구하지도 않고?” 하고 내가 물었네.

“선생님의 동의를 구하고요, 소크라테스 선생님.” 하고 그가 웃으며 대답했네.

“좋아. 자네는 내 이름을 정확히 알고 있는가?” 하고 내가 말했네.

“모른다면 제가 잘못하는 것일 테지요. 우리 또래 소년들 사이에서 선생님은 명성이 자자하니까요. 또한 제가 어렸을 때 선생님과 크리티아스님이 여기서 함께 시간을 보내시던 기억도 나고요.” 하고 그가 말했네.

b 내가 말했네. “자네가 나를 기억한다니 고마우이. 그러니 그 주문이 어떤 것인지 내 자네에게 솔직히 말하겠네. 지금 주문의 효과를 자네에게 보여주기 위해 내가 어떤 방법을 써야 할지 잘 모르겠네. 카르미데스, 그것은 머리만 낫게 하는 그런 것이 아닐세. 자네도 아마 들었겠지만, 훌륭한 의사들은 누가 눈이 아파서 찾아오면, 눈만 따로 치유할
c 수 없으며 눈의 상태가 좋아지려면 머리도 함께 치유해야 한다고 말한다네. 그들은 또한 몸 전체를 치유하지 않고서 머리만 치유할 수 있다고 생각하는 것은 어리석기 짝이 없는 짓이라고 주장한다네. 이런 원칙에 따라 그들은 부분을 전체와 함께 돌보고 치유하겠다는 생각에서

몸 전체를 위해 처방한다네. 혹시 자네는 그들이 그렇게 말하고 사실이 그러하다는 것을 몰랐는가?"

"물론 알았지요." 하고 그가 말했네.

"자네는 그들의 주장이 옳다고 생각하고 그들의 원칙을 받아들이겠지?"

"당연히 그래야겠지요." 하고 그가 말했네.

그가 동의하자 나는 사기가 오르고 점차 자신감을 회복하며 다시 d
활력이 넘쳤네. 그래서 내가 말했네. "카르미데스, 이 주문도 그와 마찬가지일세. 나는 이 주문을 군대에 있을 때 잘목시스[10]의 트라케 출신 사제 치료사 중 한 명에게 배웠는데, 이 치료사들은 죽은 사람도 살려낸다고 했네. 그 트라케인은 헬라스[11]인 의사들이 내가 방금 말한 것처럼 말하는 것이 옳다고 했네. 그러면서 하는 말이 이러했네. '그러
나 신이신 우리 왕께서 말씀하시기를, 머리를 치유하지 않고 눈을 치 e
유하려 해서는 안 되고 몸을 치유하지 않고 머리를 치유하려 해서는 안 되듯이, 혼을 치유하지 않고 몸을 치유하려 해서는 안 된다고 하셨소. 그래서 헬라스인 의사들은 대부분의 병을 치유하지 못하는데, 그것은 전체가 나쁜 상태에 있으면 부분이 좋은 상태에 있을 수 없으므로 당연히 전체에 주의를 기울여야 하는데 그러지 않기 때문이라고 하

10 Zalmoxis. 지금의 불가리아에 해당하는 트라케(Thraike) 지방에 살던 게타이족(Getai)의 신. 헤로도토스(Herodotos, 『역사』 94~96장)에 따르면 그는 원래 그리스 철학자 퓌타고라스(Pythagoras)의 노예였는데, 샤머니즘적인 주술을 배운 뒤 고향으로 돌아가 그곳의 왕이 되었다가 나중에는 신격화되었다고 한다.

11 Hellas. 그리스의 그리스어 이름.

셨소.' 그 트라케인이 말하기를, 마치 머리가 눈의 원천이듯 혼은 몸과
157a 인간 전체에 일어나는 모든 좋은 일과 나쁜 일의 원천이며, 따라서 머리와 몸의 나머지 부분들이 건강하려면 무엇보다도 먼저 혼을 돌봐야 한다고 했네. 여보게, 이어서 그는 또, 혼은 어떤 주문들로 돌봐야 하는데, 그 주문들은 바로 혼에 절제[12]가 생겨나게 하는 아름다운 말들로 구성되며, 일단 혼에 절제가 생겨나 자리잡으면 머리와 몸의 다른 부분을 치유하기는 쉽다고 했네. 그는 약과 주문들을 가르쳐주며 말
b 했네. '그대는 명심하고 먼저 주문으로 자신의 혼을 돌보게 하지 않으면 누가 무슨 말을 해도 이 약으로 그의 머리를 돌봐주지 마시오. 아닌 게 아니라 요즘에는 절제와 건강을 분리해서 따로따로 치유하려는 과오가 사람들 사이에 만연하고 있지요.' 그러면서 그는 아무리 부유하거나 고상하거나 아름다운 사람이 다른 방법으로 치유해달라고 부
c 탁하더라도 들어주지 말라고 신신당부를 했네. 그래서 나는 일단 약속한 이상 반드시 지켜야 하니 그가 시킨 대로 할 걸세. 그러니 자네가 그 이방인이 시킨 대로 먼저 자네 혼에 그 트라케인의 주문을 외우는 것을 받아들이게 한다면, 나는 자네 머리에 약을 쓸 걸세. 그러지 않으면 내가 자네를 위해 해줄 것이 아무것도 없네, 친애하는 카르미데스."

내가 그렇게 말하는 것을 듣고 크리티아스가 말했네. "소크라테스님, 제 젊은 사촌에게는 두통이 일종의 횡재가 될 것 같네요. 만약 머
d 리 때문에 생각도 더 나아질 수밖에 없다면 말이에요. 하지만 제가 그대에게 단언컨대, 카르미데스는 외모뿐 아니라 그대가 그것을 위해 주문을 외우시겠다는 절제에서도 동년배 가운데 걸출하다는 평이 나 있

어요. 그대는 지금 절제에 관해 말씀하시는 것 아닌가요?"

"그렇다네." 하고 내가 말했네.

"그러면 알아두세요. 이 애는 요즘 젊은이 가운데 누구보다 절제 있으며, 나이를 고려하면 그 밖의 다른 모든 자질에서도 누구 못지않아요." 하고 그가 말을 이었네.

그래서 내가 말했네. "아닌 게 아니라 카르미데스, 자네가 그 모든
점에서 남보다 뛰어나다는 것은 당연한 일일세. 사실 이 도시의 어느 e
누구도 자네가 그 사이에서 태어난 두 가문 말고 그 결합에서 더 아름
답고 훌륭한 인물이 태어날 법한 아테나이의 두 가문을 지적하기란 쉽
지 않을 걸세. 드로피데스[13]의 아들 크리티아스[14]의 후손인 자네 부친
의 가문은 아나크레온[15]과 솔론을 포함한 수많은 시인이 아름다움과
미덕과 행복이라고 일컬어지는 그 밖의 다른 것에서 걸출하다고 극찬 158a
한 바 있네. 그 점은 자네 외가도 마찬가지일세. 자네 외삼촌 퓌릴람페
스[16]는 대왕[17]의 궁전과 아시아의 다른 여러 지역에 여러 번 사절(使
節)로 가신 적이 있는데, 아시아의 어느 누구도 아름다움과 신장에서
그분보다 더 뛰어나다는 평을 듣지 못했으니 말일세. 자네 외가 쪽 사

12 sophrosyne.

13 Dropides.

14 이 대화편에 나오는 크리티아스의 고조부로 솔론과 동시대 사람이다.

15 Anakreon. 기원전 6세기의 그리스 서정시인.

16 Pyrilampes.

17 페르시아 왕.

람들은 모두 자네 친가 쪽 사람들에 견주어 전혀 손색이 없네. 자네가 그런 두 명문거족 사이에서 태어났으니 모든 영역에서 자네를 당할 자가 없다는 것은 당연한 일일세.

b 친애하는 글라우콘의 아들이여, 겉모습으로 판단하건대 자네는 자네 선조 가운데 어느 분에게도 뒤지지 않는 것 같네. 만약 자네가 여기 있는 크리티아스의 말처럼 절제와 그 밖의 다른 자질도 충분히 타고났다면, 자네 어머니는 진실로 행복한 아들을 낳으셨네, 카르미데스. 그러니 요약하면 다음과 같네. 만약 자네가 여기 있는 크리티아스의 주장처럼 충분히 절제 있다면, 자네에게는 잘목시스의 주문도, 휘페르
c 보레오이족인 아바리스[18]의 주문도 필요 없으니 나는 곧바로 자네에게 두통약을 주겠네. 반면 만약 자네가 그런 점들에서 아직 부족하다 싶으면, 나는 자네에게 약을 주기 전에 주문을 외우지 않을 수 없네. 여기 있는 크리티아스의 말에 동의하는지 자네가 직접 말해보게. 자네는 자신이 이미 충분히 절제 있다고 주장하는가, 아니면 아직 절제가 부족하다고 말할 텐가?"

처음에 카르미데스는 얼굴을 붉혔는데, 그러는 그가 더욱 아름다워 보였네. 수줍어하는 것이 그의 나이에 걸맞았으니까. 그러나 이어서 그는 점잖게 답변했네. 그는 말하기를, 현재 상황에서는 묻는 말에 '네' 또는 '아니요'라고 대답하기가 쉽지 않다고 했네. 그가 말을 이었
d 네. "왜냐하면 만약 제가 절제가 없다고 말하면 첫째, 자신에 대해 그렇게 말하는 것은 이상한 일이고, 둘째, 여기 계신 크리티아스님뿐 아니라 그분의 주장에 따르면 저를 절제 있다고 생각하는 다른 많은 사

람을 거짓말쟁이로 만들 테니까요. 반면 제가 절제 있다고 자화자찬하면 건방져 보이겠지요. 그래서 저는 선생님께 어떻게 답변해야 할지 모르겠어요."

내가 말했네. "카르미데스, 자네 말에 일리가 있는 것 같네. 내 생각에 우리는 내가 말하는 자질이 자네에게 있는지 여부를 함께 고찰해야 할 것 같네. 그러면 자네는 말하고 싶지 않은 것을 억지로 말하지 e
않아도 될 테고, 나는 사전검사도 해보지 않고 치료를 시작하지 않아도 될 걸세. 그러니 자네만 좋다면 나는 자네와 함께 그 문제를 검토하고 싶으며, 자네가 싫다면 그만두겠네."

"저야 더할 나위 없이 좋지요. 그러니 선생님께서는 가장 좋다고 생각하는 방법으로 고찰하기 시작하세요." 하고 그가 말했네.

"그렇다면 내 생각에 다음과 같은 방법으로 고찰하는 것이 가장 좋을 듯하네. 만약 절제가 자네 안에 있다면 자네는 분명 절제에 관해 어떤 의견을 갖고 있을 걸세. 만약 절제가 실제로 자네 안에 있다면 자네 159a
는 필연적으로 이를 느낄 것이고, 그러면 그에 힘입어 절제가 무엇인지 또는 어떤 종류의 것인지 나름대로 의견을 갖게 될 테니 말일세. 아니면 자네는 그렇게 생각하지 않는가?" 하고 내가 말했네.

"저도 그렇게 생각해요."

18 휘페르보레오이족(Hyperboreioi 또는 Hyperboreoi '북풍 너머에 사는 사람들')은 북쪽 끝의 낙원에 산다는 전설적인 부족이며, 아바리스(Abaris)는 북쪽 끝에 산다는 전설적인 샤먼(shaman)이다.

"그렇다면 자네는 헬라스 말을 할 줄 아니까 자네 의견을 분명 제대로 표현할 수 있겠지?"

"아마도 그렇겠지요."

"그렇다면 자네 의견에 따르면 절제가 무엇인지 말해주게. 절제가 자네 안에 있는지 없는지 우리가 짐작할 수 있도록 말일세." 하고 내가 말했네.

b 처음에 그는 망설이며 별로 대답하고 싶어 하지 않다가, 그의 의견에 따르면 절제는 거리를 거닐든 사람들과 이야기하든 매사를 규칙에 따라 차분하게 행하고 그 밖의 다른 일도 모두 그렇게 행하는 것이라고 말했네. "제 생각에 선생님께서 물어보시는 것은 한마디로 일종의 차분함[19]인 것 같아요." 하고 그가 말을 이었네.

"과연 자네 말이 옳을까? 하긴 사람들이 말하기를, 차분한 사람들은 절제 있다고 하지. 그들의 말이 일리 있는지 살펴보기로 하세. 말해
c 보게, 절제는 훌륭한 것 가운데 하나 아닌가?" 하고 내가 말했네.

"물론이지요." 하고 그가 말했네.

"그렇다면 학교에서는 어느 쪽이 더 훌륭한가? 글자를 고르게 빨리 쓰는 쪽인가, 아니면 차분하게[20] 쓰는 쪽인가?"

"빨리 쓰는 쪽이에요."

"읽기는 어떤가? 빨리 읽는 쪽인가, 차분하게 읽는 쪽인가?"

"빨리 읽는 쪽이에요."

"키타라[21]도 빨리 연주하고 레슬링 경기도 활기차게 하는 쪽이 차분하고 느리게 하는 쪽보다 훨씬 더 훌륭하지 않을까?"

"네, 그래요."

"권투와 팡크라티온[22]은 어떤가? 이 또한 마찬가지 아닐까?"

"마찬가지고말고요."

"달리기와 높이뛰기와 체력단련 일반은 어떤가? 활기차고 빨리 행하는 것들은 아름답고, 힘들고 차분하게 행하는 것들은 추하지 않을까?" d

"그런 것 같아요."

"그러니 우리가 보기에 몸에 관한 한 가장 아름다운 것은 차분한 동작이 아니라, 가장 빠르고 가장 활기찬 동작인 것 같네. 그렇겠지?" 하고 내가 말했네.

"물론이지요."

"그런데 절제는 아름다운 것이었지?"

"네."

"그렇다면 적어도 몸과 관련해서는 차분함이 아니라 빠름이 더 절제 있는 방법일 걸세. 절제는 아름다운 것이니까."

"그런 것 같아요." 하고 그가 말했네.

"어느 쪽이 더 아름다운가? 쉬이 배우는 쪽인가, 아니면 어렵게 배우는 쪽인가?" 하고 내가 말했네. e

19 hesychiotes.

20 hesychei. 그리스어 hesychei에는 '느리게' '천천히'라는 뜻도 있다.

21 kithara. 고대 그리스의 발현악기로 뤼라(lyra)를 개량한 것. 『뤼시스』 주 24 참조.

22 pankration. 레슬링과 권투를 합친 고대 그리스의 격투기.

“쉬이 배우는 쪽이에요.”

“쉬이 배우는 것은 빨리 배우는 것이고, 어렵게 배우는 것은 차분하고 느리게 배우는 것이겠지?” 하고 내가 말했네.

“네.”

“가르치는 일과 관련해서는 남을 활기차게 빨리 가르치는 것이 차분하고 느리게 가르치는 것보다 더 아름답지 않을까?”

“물론이지요.”

“어느 쪽이 더 아름다운가? 차분하고 느리게 회상하고 기억하는 쪽인가, 아니면 활기차게 빨리 회상하고 기억하는 쪽인가?”

“활기차게 빨리 회상하고 기억하는 쪽이에요.” 하고 그가 대답했네.

160a “또한 영리함은 차분함이 아니라 혼의 활력의 일종이 아닐까?”

“옳은 말씀이에요.”

“글쓰기 교사의 집에서든 음악 교사의 집에서든 그 밖의 다른 곳에서든 누가 한 말을 이해하는 것과 관련해서는, 최대한 차분하게가 아니라 최대한 빨리 이해하는 것이 가장 아름답겠지?”

“네.”

“또한 혼의 탐구나 숙고와 관련해서도 칭찬받아 마땅한 사람은 가장 차분한 사람이나 간신히 숙고하여 어렵사리 목표에 도달하는 사람
b 이 아니라, 가장 쉽게 그리고 가장 빨리 목표에 도달하는 사람이라고 나는 생각하네.”

“그렇고말고요.” 하고 그가 말했네.

“그렇다면 카르미데스, 혼에 관련되든 몸에 관련되든 인간의 모든

활동에서는 빠름과 활력이 느림과 차분함보다 더 아름다운 것 같네." 하고 내가 말했네.

"그런 것 같네요." 하고 그가 말했네.

"그렇다면 우리가 말한 것에서 절제는 일종의 차분함이 아니고 절제 있는 삶은 차분한 삶이 아니라는 결론이 나오네. 절제 있는 삶은 아름다운 삶이어야 하니까. 우리에게는 두 가지 가능성이 있네. 첫째, 인 c
생에서 차분한 행위가 빠르고 활기찬 행위보다 더 아름다워 보이는 영역은 없거나 극소수일세. 둘째, 설령 더 적지 않은 차분한 행위들이 활기차고 빠른 행위들보다 더 아름다워 보인다 해도, 여보게, 절제가 활기찬 행위라기보다는 오히려 차분하게 행동하는 것이라는 결론은 나지 않을 걸세. 걷기에서든 말하기에서든 그 밖의 다른 행위에서든. 또한 차분한 삶이 차분하지 않은 삶보다 더 절제 있는 삶이라는 결론도 d
나오지 않을 걸세. 절제는 아름답다는 것이 우리 논의의 전제였고, 빠른 것이 차분한 것 못지않게 아름답다는 점이 밝혀졌으니 말일세."

"소크라테스 선생님, 제 생각에 선생님 말씀이 옳은 것 같아요." 하고 그가 말했네.

"그렇다면 카르미데스, 이번에는 더 집중해서 자네 자신을 들여다보게. 자네 안에 절제가 있다는 것이 자네를 어떤 사람으로 만들며, 자네를 그런 사람으로 만들기 위해서는 절제가 어떤 자질이어야 하는지 고찰해보게. 이 모든 것을 숙고해보고 나서 절제가 무엇이라고 생각하는 e
지 분명하고 용감하게 말해주게나." 하고 내가 말했네.

그러자 그가 잠시 결연히 자신을 들여다보더니 말했네. "제 생각에 절제는 사람을 부끄럽고 수줍게 만드는 것 같아요. 그러니 절제는 염치[23]와 같은 것인 듯해요."

"좋아. 그런데 자네는 조금 전에 절제는 아름다운 것이라는 데 동의하지 않았는가?" 하고 내가 말했네.

"물론 그랬지요." 하고 그가 말했네.

"그렇다면 절제 있는 사람들은 훌륭한 사람들이기도 하겠지?"

"네."

"사람들을 훌륭하게 만들지 않는 것이 훌륭할 수 있을까?"

"단연코 그럴 수 없어요."

"그렇다면 절제는 아름다운 것일뿐더러 훌륭한 것이기도 하네."

161a "그렇고말고요."

"어떤가? 자네는 호메로스가 다음과 같이 말하는 것은 옳다고 생각하지 않는가?" 하고 내가 말을 이었네.

염치는 궁핍한 사람에게 좋은 동반자가 아니다.[24]

"저도 옳다고 생각해요." 하고 그가 말했네.

"그러면 염치는 훌륭하지 않은 것이기도 하고 훌륭한 것이기도 한 것 같으이."

"그런 것 같아요."

"하지만 절제는 훌륭한 것일세. 만약 절제가 그것을 가진 사람들을 훌륭하게 만들고 나쁘게 만들지 않는다면 말일세."

"제 생각에 선생님께서 말씀하신 대로인 것 같아요."

"그렇다면 절제는 염치일 수 없네. 만약 절제는 정말로 훌륭한 것이고, 염치는 훌륭한 것이기도 하고 나쁜 것이기도 하다면 말일세." b

"소크라테스 선생님, 제 생각에 역시 선생님 말씀이 옳은 것 같아요. 그렇지만 절제에 대한 다음과 같은 의견을 어떻게 생각하시는지 말씀해주세요. 방금 생각났는데, 저는 전에 절제는 제 할 일을 하는 것이라고 누가 말하는 것을 들은 적이 있어요. 선생님 생각에 이런 말을 하는 사람이 옳은 말을 하는 것인지 고찰해주세요." 하고 그가 말했네.

그래서 내가 말했네. "이런 사람이 있나! 자네는 이 말을 여기 있는 크리티아스나 다른 현자한테 들었구먼." c

"다른 사람한테 들은 것 같은데요. 저한테서 듣지는 않았으니까요." 하고 크리티아스가 말했네.

"소크라테스 선생님, 제가 누구한테 들었건 그게 무슨 상관이죠?" 하고 카르미데스가 물었네.

"전혀 상관없네. 우리가 고찰해야 하는 것은 누가 그렇게 말했는지가 아니라, 그것이 참인지 참이 아닌지니까." 하고 내가 대답했네.

"지금 그 말씀이 옳아요." 하고 그가 말했네.

23 aidos.

24 호메로스(Homeros), 『오뒷세이아』(*Odysseia*) 17권 347행. 호메로스는 기원전 730년경에 활동한 고대 그리스의 서사시인이다.

"그야 그렇지. 하지만 그것이 참인지 아닌지 찾아낼 수 있을지 의문스럽네. 그 말이 수수께끼처럼 들리니 말일세." 하고 내가 말했네.

"어떤 점에서 그렇지요?" 하고 그가 물었네.

d "왜냐하면 그가 절제는 제 할 일을 하는 것이라고 말했을 때 그 말이 과연 그의 마음속 생각을 전달하는 것일까? 아니면 자네는 글쓰기 선생이 쓰거나 읽을 때 아무것도 하지 않는다고 생각하는가?" 하고 내가 말했네.

"아니요, 저는 그가 무엇인가를 한다고 생각해요."

"자네가 생각하기에 글쓰기 선생은 자기 이름만 쓰고 읽고 자네들 소년들에게도 그렇게 하도록 가르치는가? 아니면 자네들은 자네들 자신과 친구들의 이름 못지않게 적들의 이름도 썼는가?"

"우리는 우리 자신과 친구들 이름 못지않게 적들의 이름도 썼어요."

e "그럴 때 자네들은 남의 일에 참견하는 것이니까 절제 있는 것이 아니겠지?"

"물론 아니지요."

"그렇지만 자네는 자네 할 일을 하지 않는 것일세. 만약 쓰기와 읽기가 무엇인가를 하는 것이라면."

"쓰기와 읽기는 분명 무엇인가를 하는 것이에요."

"여보게, 의술도 건축술도 직조술도 그 밖에 전문기술에 의해 어떤 제품을 생산하는 기술도 모두 무엇인가를 하는 것으로 분류될 걸세."

"물론이지요."

"어떤가? 만약 남의 것들에 손대지 않고 저마다 제 것을 제작하고 제 할 일을 해야 한다는 원칙에 따라 각자 제 외투를 짜고 세탁하고 제 구두와 기름병과 때밀이 기구 따위를 만들어야 한다는 취지의 규정이 162a 있다면, 자네 생각에 국가가 잘 경영될 것 같은가?" 하고 내가 말했네.

"제 생각에 잘 경영될 것 같지 않아요." 하고 그가 말했네.

"하지만 절제 있게 다스려지면 잘 경영되는 국가일 걸세." 하고 내가 말했네.

"왜 아니겠어요." 하고 그가 말했네.

"그렇다면 절제는 제 할 일을 하는 것이 아닐세. 적어도 그런 일들을 그런 식으로 하는 것은 아닐세." 하고 내가 말했네.

"아닌 것 같아요."

"그렇다면 내가 방금 말했듯이, 절제는 제 할 일을 하는 것이라고 말한 사람은 수수께끼를 낸 것 같네. 아니면 자네는 어떤 바보한테서 b 이 말을 들었는가, 카르미데스?"

"천만의 말씀입니다! 그는 아주 지혜롭기로 소문난 사람이에요." 하고 그가 말했네.

"그렇다면 그의 우선적인 관심사는 분명 자기 생각을 수수께끼로 내는 것일세. 제 할 일을 한다는 것이 도대체 무슨 뜻인지 알기 어렵다는 점에서 말일세."

"그런 것도 같네요." 하고 그가 말했네.

"그렇다면 제 할 일을 한다는 것이 도대체 무슨 뜻이지? 자네가 설명할 수 있겠는가?"

"제우스에 맹세코, 저는 모르겠어요. 어쩌면 그렇게 말한 사람 자신도 자기가 무슨 뜻으로 그런 말을 하는지 모를지도 몰라요." 그는 웃으며 이렇게 말하고 크리티아스를 힐끔 쳐다보았네.

c 크리티아스는 분명 한동안 언짢아하는 것 같았고, 카르미데스와 그곳에 모인 다른 사람들에게 감명을 주고 싶어 하는 것 같았네. 그는 지금까지는 간신히 자신을 억제할 수 있었지만 이제 더는 그럴 수 없었네. 그래서 나는 절제에 관한 이런 답변을 카르미데스가 크리티아스한테 들었을 것이라는 내 의심이 사실이라고 확신하게 되었네. 그리하여
d 카르미데스는 자신이 아니라 이런 답변을 한 장본인이 논의를 떠맡기를 원했기에 계속 크리티아스를 자극하며 그가 논박당했다는 점을 일깨워주었네. 그러자 크리티아스가 참다못해 카르미데스에게 화가 난 것 같았네. 마치 시인이 자기가 쓴 작품을 망쳐놓는 배우에게 화를 내듯이 말일세. 크리티아스가 카르미데스를 보며 말했네. "카르미데스, 절제는 제 할 일을 하는 것이라고 말한 사람이 무슨 생각으로 그런 말을 했는지 네가 모른다고 해서 너는 정말로 그 자신도 그걸 모를 거라고 생각하는 게냐?"

내가 말했네. "여보게 크리티아스, 이렇게 젊은 사람이 그걸 모른다
e 는 것은 놀랄 일이 아닐세. 하지만 자네는 나이도 더 많고 그런 문제들에 관심이 많으니 아마 알고 있을 걸세. 그러니 자네가 절제에 대해 카르미데스가 말한 것에 동의하고 논의를 넘겨받는다면, 나는 훨씬 더 흐뭇한 마음으로 그 말이 참인지 아닌지 자네와 함께 고찰할 걸세."

"저는 전적으로 동의하며 기꺼이 토론을 넘겨받겠어요." 하고 그가 말했네.

"잘했네. 자, 말해주게. 나는 조금 전에 모든 장인(匠人)은 무엇인가를 한다고 말했는데, 자네도 이에 동의하는가?" 하고 내가 말했네.

"동의하고말고요."

"자네가 생각하기에 그들은 제 할 일만 하는가, 아니면 남의 일도 163a
하는가?"

"남의 일도 하지요."

"제 할 일만 하지 않는 사람들이 절제 있는 사람들인가?"

"그러지 말라는 법이라도 있나요?" 하고 그가 물었네.

"나는 없다고 생각하네." 하고 내가 대답했네. "그러나 절제는 제 할 일을 하는 것이라고 말하다가 이어서 남의 일을 하는 사람들도 절제가 있을 수 있다고 주장한다면 문제가 있는 게 아닌지 살펴보게."

"하지만 만약 제가 남의 물건을 만드는[25] 사람들도 절제 있다는 데 동의했다면, 저는 남의 일을 하는[26] 사람들이 절제 있다는 데 동의한 거예요." 하고 그가 말했네.

"말해보게. '만들다'와 '하다'를 자네는 같은 뜻으로 쓰고 있는 게 b
아닌가?" 하고 내가 말했네.

그가 말했네. "결코 그렇지 않아요. '일하다'[27]와 '만들다'가 같지 않듯이 말이에요. 저는 그것을 '일은 수치가 아니오'[28]라고 말한 헤시오

25 poiein. 그리스어 poiein은 '하다'라는 뜻으로도 사용된다.

26 prattein.

27 ergazesthai.

도스한테 배웠어요. 만약 그가 그대가 조금 전에 말한 활동들을 '일하다'와 '하다'라고 불렀다면, 그대는 그가 구두 만드는 일이나 소금에 절인 물고기를 파는 일이나 몸을 파는 일은 수치가 아니라고 주장했을 것이라고 생각하세요? 그건 생각할 수 없는 일이에요, 소크라테스님.
c 내 생각에 헤시오도스도 '만들다'를 '하다'나 '일하다'와 구별한 것 같아요. 그리고 만들어진 것은 아름다움이 수반되지 않을 경우 때로는 수치스러운 것이 될지 몰라도, 일은 결코 수치가 아니라고 생각한 거예요. 그는 아름답고 쓸모 있게 만들어진 것들은 '일'[29]이라고 부르고, 그런 '만들기'를 '일하기'와 '하기'라고 불렀으니까요. 우리는 그가 아름답고 쓸모 있는 것들만이 '제 것'이고, 해로운 것들은 언제나 '남의 것'이라고 믿었다고 생각해서는 안 돼요. 따라서 우리는 헤시오도스도 다른 지혜로운 사람과 마찬가지로 제 할 일을 하는 사람을 절제 있는 사람이라고 불렀을 것이라고 봐야 할 거예요."

d 내가 말했네. "크리티아스, 나는 자네가 말하기 시작하자마자 자네가 자기에게 속하는 제 것들은 좋은 것이라고 부르고, 좋은 것들을 만드는 것을 '하기'라고 부를 줄 바로 알아차렸네. 나는 프로디코스[30]가 낱말들의 의미 차이를 구별하는 것을 골백번도 넘게 들었으니까. 나는 자네가 어떤 낱말이든 자네 마음대로 사용하는 것에 반대하지 않겠네. 자네가 사용하는 낱말이 무엇을 가리키는지 설명해주기만 한다면
e 말일세. 자, 처음부터 다시 더 명확하게 정의해주게. 자네는 훌륭한 것들을 '하는 것'이나 '만드는 것'—낱말은 자네 좋을 대로 사용하게—이 절제라고 주장하는 것인가?"

"그래요." 하고 그가 말했네.

"그러면 나쁜 짓을 하는 사람이 아니라 좋은 일을 하는 사람이 절제 있겠지?"

"그대는 그렇게 생각하지 않으시나요?" 하고 그가 말했네.

"그 문제는 제쳐두기로 하세. 지금 우리가 고찰하는 것은 내가 어떻게 생각하는지가 아니라, 자네가 말하는 것이 무슨 뜻인지이니까." 하고 내가 말했네.

"좋아요. 제 주장은 좋은 것이 아니라 나쁜 것을 만드는 사람은 절제 있는 사람이 아니고, 나쁜 것이 아니라 좋은 것을 만드는 사람은 절제 있는 사람이라는 거예요. 나는 절제란 좋은 일을 하는 것이라고 그대에게 명확히 정의하니까요." 하고 그가 말했네.

"어쩌면 자네 말이 옳을지도 모르지. 그러나 만약 자네가 절제 있는 164a
사람들은 자신이 절제 있는 사람이라는 것을 모른다고 생각한다면 나는 놀라움을 금치 못할 걸세." 하고 내가 말했네.

"하지만 저는 그렇게 생각하지 않아요."

"그렇지만 조금 전에 자네는 말하지 않았나? 장인들은 남의 것을 만들 때도 절제 있지 말라는 법이 없다고."

28 헤시오도스(Hesiodos), 『일과 날』(*Erga kai hemerai*) 311행. 헤시오도스는 기원전 700년경에 활동한 그리스의 서사시인이다. 작품으로는 『일과 날』 외에 『신들의 계보』(*Theogonia*) 등이 남아 있다.

29 erga.

30 Prodikos. 케오스(Keos)섬 출신의 소피스트로, 소크라테스와 동년배이다.

"그렇게 말했지요. 그래서 어쨌다는 거죠?"

"아무것도 아닐세. 하지만 말해주게. 자네는 환자를 치유하는 의사
b 는 자신에게도 유익하고 환자에게도 유익한 것을 만든다고 생각하는
가?" 하고 내가 말했네.

"그래요."

"그러는 사람은 해야 할 일을 하는 것이겠지?"

"네."

"그리고 해야 할 일을 하는 사람은 절제 있는 사람이지 않을까?"

"절제 있는 사람이고말고요."

"그렇다면 의사는 자신의 치료가 언제 유익하고 언제 유익하지 않은지도 알아야 하지 않을까? 모든 장인도 마찬가지로 자신이 하는 일에서 언제 덕을 보고 언제 덕을 보지 못할지 알아야 하지 않을까?"

"아마 그렇지는 않겠지요."

"그렇다면 의사는 자기가 유익한 짓을 하는지 해로운 짓을 하는지
c 모르고 무엇인가를 할 때도 있겠구먼. 그런데 자네 주장에 따르면, 의
사가 유익한 짓을 했으면 절제 있게 행동한 것일세. 자네 주장은 그런
뜻이 아니었나?" 하고 내가 말했네.

"맞아요. 그런 뜻이었어요."

"그렇다면 그는 어떤 때는 유익한 짓을 함으로써 절제 있게 행동하는 절제 있는 사람이지만, 자신이 절제 있다는 것을 모르는 것 같구먼."

그가 말했네. "하지만 소크라테스님, 그건 있을 수 없는 일이에요. 그리고 만약 그대가 앞서 제가 동의한 것에서 그런 결론이 날 수밖에

없다고 생각하신다면, 자기 자신을 모르는 사람이 절제 있다고 인정하
느니 차라리 저는 제가 동의한 것 가운데 일부를 취소하고 제 주장이 d
틀렸다는 것을 인정하기를 부끄러워하지 않을 거예요. 사실 저는 자
기 자신을 아는 것이 절제의 핵심이라고 생각하며, 그 점에서 저는 델
포이[31]에 '너 자신을 알라'[32]는 비명(碑銘)을 봉헌한 사람에게 동조해
요. 제생각에 이 비명은 신전에 들어오는 사람들에게 신이 '안녕'이라
는 인사 대신 세운 것 같으니까요. '안녕'이라는 인사는 적절하지 못하
고 그보다는 오히려 서로에게 절제를 권하는 것이 더 중요하다는 취지
에서 말이에요. 그래서 신은 신전에 들어오는 사람들에게 통상적인 인 e
사를 하지 않는 것이지요. 나는 이것이 비명을 봉헌한 사람의 의도라
고 생각해요. 그의 주장에 따르면 신이 신전에 들어오는 사람에게 말
하는 것은 '절제 있으라'는 것이지요. 신은 물론 그것을 예언자처럼 모
호하게 말하지요. '너 자신을 알라'와 '절제 있으라'[33]는 같은 말이니까
요. 비명도 주장하고 저도 동의하듯 말이에요. 그러나 어떤 이는 그것 165a
들이 다른 말이라고 생각할지도 모르지요. 훗날 '어떤 것도 지나치지
않게'[34]라는 비명과 '빚보증을 서면 망한다'[35]는 비명을 봉헌한 사람들

31 Delphoi. 그리스 중부 지방의 파르나소스(Parnasos)산 남쪽 기슭에 있는 도시. 유명한 아폴론(Apollon) 신의 신전과 신탁소가 그곳에 있었다.

32 gnothi sauton.

33 sophronei.

34 meden agan.

35 engye para d' ate.

도 그것들이 다른 말이라고 생각한 것 같아요. 그들은 '너 자신을 알라'는 하나의 조언이지 신전 방문자들에 대한 신의 인사가 아니라고 생각했기 때문에, 그에 못지않게 유익한 조언들을 바치고 싶어서 그런 비명을 세운 것이지요. 아무튼 소크라테스님, 제가 이 모든 것을 말한 이
b 유는 다음과 같아요. 제가 앞서 말한 것은 모두 그대에게 양보하겠어요. 그대의 말이 더 맞을지도 모르고 제 말이 더 맞을지도 모르지만 우리는 명쾌한 결론에 이르지 못했으니까요. 그러나 지금은 절제가 자기 자신을 아는 것이라는 데 그대가 동의하지 않는다면, 제가 이를 그대에게 설명하고 싶어요."

"하지만 크리티아스. 자네는 마치 내가 묻고 있는 것을 내가 알고 있다고 주장하는 것처럼, 그리고 내가 원한다면 자네 주장에 동의할 것처럼 나를 대하는구려. 그러나 사실은 그렇지 않네. 나는 무지한 탓에
c 그때그때 제시하는 모든 문제를 자네와 함께 검토하고 있으니까. 일단 검토하고 나서 자네에게 동의하는지 동의하지 않는지 내 기꺼이 말할 테니, 내가 검토하는 동안 기다려주게." 하고 내가 말했네.

"검토하세요." 하고 그가 말했네.

"좋아, 검토하겠네. 절제가 무엇인가를 아는 것이라면, 그것은 분명 일종의 지식[36]이며 무엇인가에 관한 지식일세. 그렇지 않은가?" 하고 내가 말했네.

"그래요. 그것은 자신에 관한 지식이에요." 하고 그가 말했네.

"그렇다면 의술은 건강에 관한 지식이겠지?" 하고 내가 말했네.

"물론이지요."

내가 말했네. "자네가 지금 내게 '의술이 건강에 관한 지식이라면 그
것은 어디에 쓸모가 있으며 그 결과물은 무엇이오?'라고 묻는다면, 나
는 그 결과물이 건강이라면 그것은 아주 유익한 것이라고 대답할 걸 d
세. 건강은 인간들에게 훌륭한 것이니까. 인정하는가?"

"인정해요."

"그리고 자네가 내게 '집 짓기가 집을 짓는 지식이라면 그 결과물은
무엇이라고 생각하시오?'라고 묻는다면, 나는 집이라고 대답할 걸세.
나는 다른 기술들에 대해서도 같은 대답을 할 걸세. 자네도 절제가 자
기 자신에 관한 지식이라고 주장하는 만큼 누가 자네에게 '크리티아
스, 절제가 자기 자신에 관한 지식이라면 그것의 이렇다 할 아름다운
결과물은 무엇이오?'라고 물을 경우 절제를 위해 답변해야 할 걸세. e
자, 대답해보게."

그가 말했네. "하지만 소크라테스님, 그대의 탐구 방법은 옳지 못해
요. 절제는 여느 지식들과는 달라요. 물론 여느 지식들도 서로 다르기
는 하지만. 한데 그대는 그것들이 모두 같다고 보고 탐구하고 있단 말
이에요. 말씀해보세요. 건축술의 집이나, 직조술의 외투나, 수많은 기
술의 결과물이라고 말할 수 있는 수많은 다른 것에 맞먹는 산술이나
기하학의 결과물은 무엇이죠? 그대는 산술이나 기하학의 그런 결과 166a
물을 제게 보여주실 수 있나요? 물론 보여주실 수 없겠지요."

내가 말했네. "자네 말이 옳으이. 그렇지만 나는 이 지식들이 각각 무엇에 관한 지식인지는 자네에게 보여줄 수 있는데, 그것은 지식 자체와는 다른 것일세. 이를테면 산술은 짝수와 홀수들 자체의 양과 짝수와 홀수들 사이의 관계에 대한 지식일세. 동의하는가?"

"물론이지요." 하고 그가 말했네.

"그러면 홀수와 짝수는 산술 자체와는 다른 것이겠지?"

"왜 아니겠어요."

b "또한 무게 달기는 더 무거운 것과 더 가벼운 것과 관계가 있네. 그러나 무거운 것과 가벼운 것은 무게 달기 자체와는 다른 것일세. 동의하는가?"

"네."

"그러면 절제도 어떤 것에 관한 지식이니, 그 어떤 것은 절제 자체와는 다른 것이겠지?"

그가 말했네. "소크라테스님, 제 말이 그 말이에요. 그대는 지금 탐구 끝에 절제는 여느 지식과는 다르다는 결론에 도달했는데도 절제와 다른 지식들 사이의 유사성을 찾고 있군요. 하지만 절제는 그런 것이
c 아니에요. 다른 지식은 모두 다른 것에 관한 지식이고 그 자체에 관한 지식이 아니지만, 절제만은 다른 지식들에 관한 지식이자 그 자체에 관한 지식이기 때문이에요. 그대가 그걸 모를 리 없을 텐데도, 그대는 그러지 않겠다던 조금 전 약속[37]을 지키기는커녕 우리 논의의 주제에 초점을 맞추는 대신 오히려 저를 떠보려 하시는군요."

내가 말했네. "그럴 리가 있나. 내가 자네를 논박하려 하더라도 그것

은 내가 한 말이 옳은지 검토하려는 것인데, 자네는 어떻게 내가 다른
동기에서 그런다고 생각한단 말인가. 내가 그러는 것은 사실은 내가
모르는 것을 무의식중에 안다고 생각하는 것이 아닌지 두렵기 때문일
세. 내가 지금 하고 있는 것도 주로 나 자신을 위해, 어쩌면 또 내 친구
들을 위해 논의를 검토하는 것이라네. 아니면 자네는 존재하는 모든 d
것의 본성을 밝히는 것이 거의 모든 사람을 위한 공동선이라고 생각하
지 않는가?"

"물론 그렇게 생각하지요, 소크라테스님." 하고 그가 말했네.

"그렇다면 여보게, 자네는 용기를 내어 내가 묻는 말에 정직하게 답
변하고, 논박당하는 것이 크리티아스인가 아니면 소크라테스인가에
는 괘념치 말게. 대신 논의에만 전념하여 그것이 논박당하면 어떤 일 e
이 일어나는지 살펴보도록 하게." 하고 내가 말했네.

"그럴게요. 그대의 말씀이 온당하니까요."하고 그가 말했네.

"그렇다면 자네는 절제가 무엇이라고 주장하는지 말해주게." 하고 내가 말했네.

"좋아요. 저는 절제가 자기 자신도 알고 다른 지식들도 아는 유일한 지식이라고 주장해요." 하고 그가 말했네.

"만약 절제가 지식의 지식이기도 하다면 지식이 결여된 지식이기도 하겠지?" 하고 내가 말했네.

37 165b~c 참조.

"물론이지요." 하고 그가 말했네.

167a "그렇다면 절제 있는 사람만이 자신을 알 것이며 자신이 아는 것과 자신이 모르는 것을 검증할 수 있을 걸세. 마찬가지로 절제 있는 사람만이 어떤 사람이 아는 것과 안다고 생각하는 것과 관련하여, 그리고 그가 안다고 생각하지만 사실은 알지 못하는 것과 관련하여 남을 검증할 수 있을 걸세. 다른 사람은 아무도 그럴 수 없을 걸세. 그래서 자기가 아는 것도 알고 자기가 모르는 것도 아는 것, 바로 이것이 절제 있는 것이요, 절제요, 자기 자신을 아는 것이라는 말이지?"

"그래요." 하고 그가 말했네.

"그렇다면 처음으로 되돌아가 이번에는 세 번째로 두 가지를 검토해
b 보기로 하세. 첫째, 누군가가 자신이 아는 것과 자신이 모르는 것을 안다는 것이, 그리고 자신이 아는 것과 자신이 모르는 것을 모른다는 것이 가능한지 여부를 검토해야 할 걸세. 그다음에는 설령 그것이 가능하다 해도 그것을 아는 것이 우리에게 도대체 무슨 쓸모가 있는지 검토해야 할 걸세." 하고 내가 말했네.

"당연히 그렇게 고찰해야겠지요." 하고 그가 말했네.

그래서 내가 말했네. "자, 크리티아스, 이런 문제들에 대해 자네가 나보다 더 나은 답변을 할 수 있는지 살펴보게. 나는 답변할 수가 없네. 내가 왜 답변할 수 없는지 말할까?"

"네, 그래주세요." 하고 그가 말했네.

"만약 방금 자네가 말한 것이 사실이라면 자기 자신과 다른 지식들
c 을 제외한 그 어떤 것의 지식도 아닌 하나의 지식이 존재하며, 이 지식

은 또한 지식이 결여된 지식이기도 하다는 결론이 나겠구먼?" 하고 내가 말했네.

"물론이지요."

"그렇다면 여보게, 우리가 해괴한 주장을 하려는 것이 아닐까? 만약 자네가 다른 경우에서 같은 현상을 찾으려 한다면, 그건 아마도 불가능할 테니까."

"왜죠? 그리고 '다른 경우'라니 그게 무슨 뜻인가요?"

"다음과 같은 경우 말일세. 다른 시각(視覺)이 모두 보는 것은 보지
못하고 자기 자신과 다른 시각들을 모두 보는가 하면 또한 시각이 결
여된 시각이기도 한 시각이 존재할 수 있는지 자네는 검토해보게. 그
런 시각은 시각이면서도 색깔은 보지 못하고 자기 자신과 다른 시각들 d
만 볼 뿐일세. 자네는 그런 시각이 있다고 생각하는가?"

"제우스에 맹세코, 저는 그런 시각은 없다고 생각해요."

"청각은 어떤가? 어떤 소리도 듣지 못하고 자기 자신과 다른 청각들과 청각의 결여만 듣는 청각이 있을까?"

"저는 그런 청각도 없다고 생각해요."

"그러면 모든 감각을 통틀어 다른 감각들과 자기 자신은 지각하면서 다른 감각들이 지각하는 것을 아무것도 지각하지 못하는 감각이 있다고 생각하는가?"

"저는 없다고 생각해요."

"또한 자네는 어떤 쾌락도 욕구하지 않으면서 자기 자신과 다른 욕 e
구들을 욕구하는 욕구가 있다고 생각하는가?"

"물론 없다고 생각해요."

"또한 내 생각에는 훌륭한 것은 아무것도 소망하지 않으면서 자기 자신과 다른 소망들을 소망하는 소망도 없을 걸세."

"없고말고요."

168a "또한 자네는 훌륭한 것은 아무것도 사랑하지 않으면서 자기 자신과 다른 사랑들을 사랑하는 사랑이 있다고 말할 텐가?"

"저는 없다고 생각해요." 하고 그가 말했네.

"또한 자네는 자기 자신과 다른 두려움들은 두려워하면서 무서운 것은 하나도 두려워하지 않는 두려움을 본 적이 있는가?"

"본 적이 없어요." 하고 그가 말했네.

"또한 자네는 자기 자신과 다른 의견들에는 의견을 말하면서 다른 의견들이 의견을 말하는 것들에는 아무 의견도 말하지 않는 의견을 본 적이 있는가?"

"아니요."

"그런데 우리는 분명 어떤 학과목의 지식도 아니면서 자기 자신과 다른 지식들의 지식인 그런 지식이 있다고 말하고 있는 것 아닌가?"

"네, 우리는 그렇게 말하고 있어요."

"한데 그런 것이 실제로 있다면 이상하지 않은가? 하지만 우리는 그런 것은 없다고 단언하지 말고 그런 것이 있는지 더 살펴보기로 하세."

b "옳은 말씀이에요."

"좋아. 그렇다면 지식은 어떤 것에 관한 지식이며, 본성적으로 어떤 것에 관한 지식일 수밖에 없네. 그렇지 않은가?"

"물론 그렇지요."

"또한 우리는 더 큰 것은 본성적으로 어떤 것보다 더 클 수밖에 없다고 말하겠지?"

"그렇고말고요."

"그 어떤 것은 더 작겠지? 더 큰 것이 더 큰 것이 되려면."

"당연하지요."

"만약 우리가 큰 것들보다 더 크고 자기 자신보다 더 크지만 그것에 견주어 다른 큰 것들이 더 큰 것보다는 더 크지 않은 어떤 것을 발견한다면, 그것은 필연적으로 자기 자신보다 더 크기도 하고 자기 자신보 c
다 더 작기도 한 특성을 띨 걸세. 그러지 않을까?"

"그야 당연하지요, 소크라테스님." 하고 그가 말했네.

"마찬가지로 만약 다른 갑절들과 자기 자신의 갑절인 어떤 것이 있다면, 그것이 갑절이 되자면 자기 자신과 다른 갑절들은 절반이어야 하네. 갑절은 절반의 갑절이니까."

"맞아요."

"또한 자기 자신보다 더 많은 것은 자기 자신보다 더 적은 것이기도 하고, 더 무거운 것은 더 가벼운 것이기도 하며, 더 늙은 것은 더 젊은 것이기도 할 걸세. 그 점은 다른 것들도 마찬가지일 걸세. 자기 자신과 관련해 어떤 특성을 띠는 것은 그것의 대상의 특성도 띨 것이라는 말 d
일세. 무슨 말인지 예를 들어 설명하자면, 우리는 듣는 것은 소리를 듣는 것이라고 말하지 않는가? 동의하는가?"

"네."

"청각이 정말로 자기 자신을 들으려면 반드시 소리를 들어야 하네. 달리는 들을 방법이 없을 테니까."

"당연히 그렇지요."

"여보게, 그 점은 시각도 마찬가지일세. 시각이 정말로 자기 자신을 보려면 반드시 어떤 색깔을 가져야 하네. 시각은 색깔 없는 것은 아무
e 것도 볼 수 없으니까."

"볼 수 없고말고요."

"그렇다면 크리티아스, 자네가 보기에 우리가 예를 든 것 가운데 어떤 것들은 자기 자신과 관련해 자신의 특성을 발휘한다는 것이 전적으로 불가능하고, 다른 것들은 매우 의심스러워 보이지 않았는가? 그리고 크기와 수 따위가 그러는 것은 전적으로 불가능했네. 그렇지 않은가?"

"물론이지요."

"그렇지만 청각이나 시각이나 나아가 운동이 자기 자신을 움직일 수 있다거나 열이 자기 자신을 태울 수 있다는 따위의 생각에 대해 전
169a 부는 아니라도 대부분의 사람은 불신할 걸세. 그러니 여보게, 존재하는 것은 어떤 것도 다른 것보다는 자기 자신에 관계되는 고유한 특성을 띠게 되어 있지 않다거나, 어떤 것은 그렇고 어떤 것은 그렇지 않다는 점을 충분히 규명하기 위해서는 위대한 인간이 필요할 걸세. 그리고 만약 자기 자신에 관계되는 것들이 있다면, 그는 우리가 절제라고 부르는 지식이 이 범주에 속하는지도 규명해야 할 걸세. 나는 이런 문
b 제들을 규명할 자신이 없으며, 그래서 지식의 지식이 존재할 수 있다

고 단언하지 못하는 거라네. 게다가 설령 그게 가능하다 해도 나는 절제가 그런 지식이라고 인정할 수 없네. 그런 것이 우리에게 유익한지 아닌지 검토하기 전에는 말일세. 그런데 칼라이스크로스의 아들이여, 자네는 절제가 지식의 지식이기도 하고 지식이 결여된 지식이기도 하다고 주장하니, 우선 내가 방금 말한 것이 가능하다는 것을 보여주고, 그다음에는 그것이 가능할뿐더러 유익하다는 것을 보여주게. 그러면 c
자네는 절제에 관한 자네 주장이 옳다는 것을 내게 충분히 입증할 수 있을 걸세."

크리티아스가 내 말을 듣고는 내가 곤경에 놓인 것을 보았을 때, 마치 남들이 면전에서 하품하는 모습을 보면 그것을 보는 사람도 하품이 나듯, 그도 내 곤경에 이끌려 본의 아니게 곤경에 빠진 것 같았네. 그는 늘 호평만 받던 터라 많은 사람이 모인 앞에서 입장이 난처했네. 그는 내가 제기한 문제들을 해결할 능력이 없다는 것을 시인하고 싶지 않았기 때문에 자신이 곤경에 처했다는 것을 감추려고 횡설수설했네. d
그래서 논의를 진척시키기 위해 내가 말했네. "크리티아스, 자네만 좋다면 우리는 지금은 지식의 지식이 가능하다고 인정하고, 그것이 과연 가능한지 아닌지 검토하는 일은 다음 기회로 미루기로 하세. 그것이 전적으로 가능하다고 보고, 자네는 그런 지식이 어떻게 우리가 아는 것과 우리가 모르는 것을 알게 해주는지 말해주겠나? 우리는 분명 그것이 자기 자신을 알고 절제하는 것이라고 말했으니까. 우리는 그렇게 말하지 않았나?"

"물론 그렇게 말했지요. 그리고 그게 바로 결론이지요, 소크라테스

e 님. 자기 자신을 아는 지식을 가진 사람은 자기가 가진 지식을 닮을 테니까요. 이를테면 빠름을 가진 사람은 빠르고, 아름다움을 가진 사람은 아름답고, 지식을 가진 사람은 알듯이 말이에요. 그러니 자기 자신을 아는 지식을 가진 사람은 자기 자신을 알게 될 거예요." 하고 그가 말했네.

"내가 미심쩍어하는 것은 자기 자신을 아는 지식을 가진 사람이 자기 자신을 알게 되리라는 것이 아니라, 자기 자신을 아는 지식을 가진 사람이 어째서 자기가 아는 것과 자기가 모르는 것을 반드시 아는지일세." 하고 내가 말했네.

170a "소크라테스님, 이거나 저거나 마찬가지니까요."

"그럴지도 모르지. 하지만 나는 아직도 잘 모르겠네. 자기가 아는 것과 자기가 모르는 것을 아는 것이 어째서 자기 자신을 아는 것과 같은지 이해할 수 없으니까." 하고 내가 말했네.

"무슨 말씀이신지요?" 하고 그가 물었네.

"내 말은 이런 뜻일세. 지식의 지식이 있다고 한다면, 그것은 이 둘 중 하나는 지식이고 다른 것은 지식이 아니라고 구별하는 것 이상을 할 수 있을까?" 하고 내가 말했네.

"아니, 그만큼만 할 수 있어요."

"그렇다면 건강에 관한 지식과 지식의 결여, 그리고 정의에 관한 지
b 식과 지식의 결여는 지식에 관한 지식과 같은 것인가?"

"결코 그렇지 않아요."

"그것들은 각각 의술이고 통치술인 데 반해, 다른 것은 순수 지식이

기 때문인 것 같구먼."

"물론이지요."

"만약 건강과 정의는 모르고 지식만 아는 사람이 있다면—이것이 그가 아는 전부이니까—, 그는 아마도 자기가 뭔가를 안다는 것을, 자기 자신과 남과 관련해 자기가 모종의 지식이 있다는 것을 알 걸세. 동의하는가?"

"네."

"그런데 그가 어떻게 이런 지식에 힘입어 그가 아는 것이 무엇이든 그것을 알 수 있을까? 그가 건강이 무엇인지 알게 해주는 것은 절제가 c
아니라 의술이고, 그가 화음이 무엇인지 알게 해주는 것은 절제가 아니라 음악이고, 그가 집 짓는 방법을 알게 해주는 것은 절제가 아니라 건축술이며, 이 점은 지식의 모든 분야도 마찬가지니까. 그렇지 않은가?"

"그런 것 같네요."

"그렇다면 절제 있는 것과 절제는 자기가 아는 것과 자기가 모르는 d
것을 아는 것이 아니라, 자기가 안다는 것과 자기가 모른다는 것을 알 뿐인 듯하구먼."

"그런 것도 같아요."

"또한 그런 지식을 가진 사람은 남이 뭔가를 안다고 주장할 때, 그가 안다고 주장하는 것을 아는지 모르는지 알아낼 수가 없을 걸세. 그런 사람은 단지 남이 어떤 지식을 가지고 있다는 것만 알 뿐일세. 절제는 남이 어떤 지식을 갖고 있는지 알게끔 해주지 않을 걸세."

"알게끔 해주지 않을 것 같아요."

e “그렇다면 그런 사람은 돌팔이 의사와 진짜 의사도, 다른 전문가와 문외한도 구별할 수 없을 걸세. 우리는 이 문제를 다음과 같이 고찰해 보세. 절제 있는 사람이나 그 밖의 어떤 사람이 진짜 의사와 돌팔이 의사를 구별하려면 다음과 같이 하지 않을까? 그는 의술에 관해서는 의사와 대화하지 않을 걸세. 우리가 앞서 말했듯이, 의사가 아는 것은 건강과 질병이 전부이니까. 그렇지 않은가?”

“네, 그래요.”

“하지만 지식에 관해서는 의사는 아무것도 모르네. 우리는 그런 능력을 절제에만 배정했으니까.”

“네.”

171a “의술에 관해서는 의사도 아무것도 모르네. 의술은 지식의 한 분야이니까.”

“맞아요.”

“그리하여 절제 있는 사람은 의사가 모종의 지식이 있다는 것을 알게 되겠지만, 그것이 어떤 종류의 지식인지 정확하게 이해하려 한다면 그것이 무엇에 관한 지식인지 고찰하지 않을까? 모든 지식은 지식이라는 단순한 사실에 의해서가 아니라, 무엇에 관한 지식인지에 의해서 구별되었으니까.”

“아닌 게 아니라, 그것에 의해 구별되었지요.”

“그리고 의술은 건강과 질병에 관한 지식으로 규정됨으로써 다른 분야의 지식들과 구별되었네.”

“네.”

“따라서 의술을 고찰하기를 원하는 사람은 그것을 찾을 수 있는 곳에서 찾아야 하네. 찾을 수 없는 곳에서는 발견하지 못할 테니까. 그렇게 생각하지 않는가?” b

“그렇게 생각해요.”

“그러니 스스로 훌륭한 의사라고 주장하는 의사를 검증하려면 건강과 질병과 관련하여 검증하는 것이 올바른 방법일 걸세.”

“그런 것 같아요.”

“그러니 그는 건강과 질병과 관련하여 의사의 말이 참말이고, 의사의 행동이 적절한지 검증할 걸세.”

“당연하지요.”

“하지만 누가 의술에 관한 지식 없이 의사의 말이나 행동을 검증할 수 있을까?”

“물론 검증할 수 없겠지요.”

“의사 말고는 아무도 검증할 수 없을 것 같네. 절제 있는 사람도 검증할 수 없고. 만약 절제 있는 사람이 검증할 수 있다면, 그는 절제 있는 사람일뿐더러 의사이겠지.” c

“그렇고말고요.”

“그러니 만약 절제가 지식과 지식의 결여에 관한 지식에 불과하다면, 절제 있는 사람은 자기 직업에 관해 아는 의사와 자기 직업에 관해 모르면서 아는 체하거나 안다고 생각하는 의사를 분명히 구별할 수 없을 걸세. 그는 또한 그 밖의 다른 전문지식을 가진 사람들도 구별할 수 없을 걸세. 절제 있는 사람은 자신과 같은 전문분야에 속하는 사람들만 알아볼 걸세. 다른 장인들처럼."

"그럴 것 같아요." 하고 그가 말했네.

d 그래서 내가 말했네. "크리티아스, 만약 절제가 그런 것이라면, 우리
는 절제에서 대체 무슨 덕을 보게 될까? 만약 우리가 첫머리에서 가정
했듯이,[38] 절제 있는 사람이 자기가 아는 것도 알고 자기가 모르는 것
도 알며—그것은 곧 자기가 아는 것을 안다는 것도 알고, 모르는 것
을 모른다는 것도 안다는 뜻이겠지—같은 처지에 있는 남들도 검증할
수 있다면, 절제 있다는 것은 단언컨대 우리에게 큰 이익이 될 것이기
에 하는 말일세. 우리 가운데 절제 있는 사람들은 과오에서 자유로운
삶을 살게 될 테고, 우리의 피치자(被治者)들도 그럴 테니까. 우리는 우
e 리가 모르는 것은 아무것도 시도하지 않고 오히려 그 분야의 전문가들
을 찾아내 그들에게 일을 맡길 걸세. 우리는 또한 우리의 피치자들에
게도 그들이 잘할 만한 일들 외에는 아무것도 맡기지 않을 텐데, 그들
이 잘할 만한 일들이란 그들이 아는 것들일세. 이렇듯 절제의 도움을
받으면 가정은 잘 정돈되고, 국가는 잘 다스려지며, 그 밖의 다른 것도
172a 절제의 지배를 받으면 모두 그러할 걸세. 과오가 근절되고 올바름이
인도하는 곳에서는 사람들은 무엇을 하든 훌륭하게 잘나가기 마련이
며, 잘나가는 사람들은 행복하기 마련이니까. 크리티아스. 우리가 절
제의 큰 이익이라고 말한 것은 그런 것이 아니던가? 자기가 아는 것도
알고 자기가 모르는 것도 안다는 것 말일세."

"그야 물론이지요." 하고 그가 말했네.

"그러나 지금 자네도 보다시피 그런 지식은 어디에도 모습을 드러내

지 않았네." 하고 내가 말했네.

"저도 그렇게 생각해요." 하고 그가 말했네.

내가 말했네. "아무튼 우리는 지금 절제는 지식에 관한 지식이자 지 b
식의 결여에 관한 지식이라는 것을 알아냈네. 그런데 그것이 과연 이런
지식을 가진 사람은 무엇이든 더 쉽게 배우고, 배우는 것에 덧붙여 지
식을 하나의 전체로 볼 수 있으므로 모든 것을 더 명료하게 볼 수 있다
는 의미에서 유익한 것일까? 또한 그런 사람은 자기가 배운 것과 관련
해 남을 더 훌륭하게 검증할 수 있지만, 지식에 관한 지식이 없는 사람
들은 확실하고 효과적으로 검증하지 못하는 것일까? 여보게, 우리는 c
절제에서 그런 혜택들을 누리게 되는가? 아니면 우리는 그것을 큰 것
으로 여기면서도 그것이 실제보다 더 큰 것이기를 요구하는 것인가?"

"아마도 절제는 그런 것인 듯해요." 하고 그가 말했네.

내가 말했네. "그럴지도 모르지. 하지만 우리의 탐구는 무익한 것일
지도 모른다네. 내가 이런 말을 하는 까닭은, 만약 절제가 그런 것이
라면 절제와 관련해 이상한 일들이 벌어질 것 같은 느낌이 들기 때문
일세. 자네만 좋다면, 우리는 지식을 아는 것도 가능할뿐더러 우리가
처음에 가정한 대로 절제는 자기가 아는 것도 알고 자기가 모르는 것
도 안다고 인정하고서 문제를 고찰해보세. 마음속으로 이 모든 것을 d
인정하고 우리는 그런 것이 우리에게 이득이 되는지 더 면밀히 살펴보

38 167a.

세. 크리티아스, 만약 절제가 그런 것이라면 가정과 국가를 경영하는 데 큰 이익이 될 것이라고 조금 전 우리가 합의한 것은 내 생각에 잘못인 것 같네."

"왜 그렇지요?" 하고 그가 물었네.

그래서 내가 대답했네. "우리 각자가 자기가 아는 것만 행하고 자기가 모르는 것은 그것을 아는 사람들에게 맡기는 것이 사람들에게 큰 이익이 될 것이라는 점에 우리가 너무 쉽게 합의했기 때문일세."

e "우리가 그렇게 합의한 건 잘한 일 아닌가요?" 하고 그가 물었네.

"내 생각에는 아닌 것 같네." 하고 내가 대답했네.

"그대는 정말 이상한 말씀을 하시는군요, 소크라테스님."

"정말 내가 생각해도 이상한 말 같으이. 그래서 나는 조금 전에 그것
을 알아차리고 이상한 일들이 벌어질 것 같다고, 그리고 우리가 검증
을 잘못하고 있는 게 아닌지 걱정스럽다고 말한 것이라네. 솔직히 말
173a 해 절제가 그런 것이라 해도, 내 생각에 그것이 우리에게 유익하다는
것은 분명하지 않은 것 같네."

"왜 그렇죠? 말씀해주세요. 그대가 무슨 뜻으로 그런 말씀을 하시는지 우리도 알도록 말이에요." 하고 그가 말했네.

"내가 허튼소리를 하고 있는 것 같구먼. 그렇지만 자기 자신을 위해 조금이라도 염려하는 사람이라면 마음에 떠오르는 생각들을 검토해야지 무관심하게 그냥 지나쳐버려서는 안 되네." 하고 내가 말했네.

"옳은 말씀이에요." 하고 그가 말했네.

내가 말했네. "그렇다면 자네는 내 꿈 이야기를 들어보게. 그리고

그 꿈이 뿔의 문으로 나왔는지 아니면 상아의 문으로 나왔는지[39] 말해 주게. 내 꿈은 다음과 같네. 만약 절제가 우리가 정의한 것처럼 정말로 우리를 지배한다면, 만사는 분명 지식에 따라 행해질 걸세. 그리하여 b
사실은 선장이 아니면서 선장이라고 주장하는 사람도 우리를 속이지 못할 것이며, 우리는 또한 사실은 모르면서 아는 척하는 의사나 장군이나 그 밖의 다른 돌팔이들도 언제나 분간할 수 있을 걸세. 상황이 그렇다면 우리는 지금보다 몸이 더 건강하지 않을까? 그리고 바다와 전장에서 위험에 빠진 사람들이 더 많이 살아남고, 우리의 그릇과 의복 c
과 신발과 다른 소유물 등도 모두 더 정교하게 제작되지 않을까? 우리를 위해 그것들을 만드는 것은 진정한 장인일 테니까. 또한 그대만 좋다면, 우리는 예언술은 미래사를 다루는 지식이니만큼 절제가 예언술을 주관하게 되면 돌팔이들은 내쫓고 진정한 예언자들을 임명해 우리를 위해 미래사를 예언하게 할 것이라는 데 동의하기로 하세. 그런 조건에서라면 인류는 지식에 따라 행하고 살아갈 것이라고 나는 확신하 d
네. 절제가 망을 보고 있다가 지식의 결여가 기어들어와 우리의 공범이 되는 것을 허용하지 않을 테니까. 그러나 우리가 지식에 따라 행동함으로써 잘나가고 행복할는지는 아직은 알 수 없는 일일세, 친애하는 크리티아스."

39 꿈의 문은 두 가지인데, 상아의 문으로 나오는 꿈은 이루어지지 않지만 뿔의 문으로 나오는 꿈은 이루어진다는 설화에 관해서는 호메로스, 『오뒷세이아』 19권 564~567행 참조.

"그렇지만 만약 그대가 지식에 따라 행동하는 것의 가치를 평가절하한다면 다른 것에서 '잘나가는 것'의 진수를 찾기는 쉽지 않을 거예요." 하고 그가 말했네.

"그렇다면 사소한 것 한 가지만 더 가르쳐주게. '지식에 따라 행한다'고 할 때 자네가 말하는 것은 어떤 지식인가? 구두 만드는 지식인가?" 하고 내가 말했네.

e "제우스에 맹세코, 제가 말하는 것은 그런 게 아니에요."

"그렇다면 청동으로 제작하는 지식인가?"

"아니요."

"그렇다면 양모나 목재 따위로 제작하는 지식인가?"

"물론 아니지요."

"그렇다면 우리는 지식에 따라 사는 사람이 행복하다는 원칙을 더
는 고수할 수 없네. 우리가 방금 언급한 장인들은 지식에 따라 살건만
자네는 그들이 행복하다는 것을 인정하지 않으니 말일세. 오히려 자네
는 특정 사물과 관련해 지식에 따라 사는 사람을 행복한 사람으로 규
정하는 것 같네. 이를테면 내가 방금 언급했듯이 미래사를 모두 아는
174a 예언자처럼 말일세. 자네가 말하는 것은 이런 사람인가, 아니면 다른
사람인가?" 하고 내가 말했네.

"저는 그런 사람을 행복하다고 해요. 하지만 저는 다른 사람도 행복하다고 하지요." 하고 그가 말했네.

"그게 누구지? 미래사뿐 아니라 과거사와 현재사를 알며 모르는 것이 없는 그런 사람 아닌가? 우리는 그런 사람이 존재한다고 가정하세.

그러면 확신컨대 자네는 그런 사람보다 더 지식에 따라 사는 사람은 세상에 아무도 없다고 말할 걸세." 하고 내가 말했네.

"아무도 없고말고요."

"그런데 내가 알고 싶은 게 한 가지 더 있네. 지식 가운데 어떤 것이 그를 행복하게 만드는가? 아니면 모든 지식이 똑같이 그를 행복하게 만드는가?"

"물론 똑같지는 않겠지요." 하고 그가 말했네.

"하지만 어떤 것이 가장 그를 행복하게 만드는가? 그가 현재사와 과 b
거사와 미래사 가운데 어느 것을 알게 해주는 지식인가? 그가 장기(將棋) 두는 법을 알게 해주는 지식인가?"

"맙소사, 장기라니요!" 하고 그가 말했네.

"그렇다면 그가 산술을 알게 해주는 지식인가?"

"물론 아니지요."

"그렇다면 그가 건강을 알게 해주는 지식인가?"

"그건 사실에 좀 더 가깝네요." 하고 그가 말했네.

"하지만 사실에 가장 가까운 것은 그가 무엇을 알게 해주는 지식인가?" 하고 내가 물었네.

"그가 좋음과 나쁨을 알게 해주는 지식이에요." 하고 그가 대답했네.

내가 말했네. "예끼, 고약한 사람 같으니라고! 자네는 그동안 내내 나를 뱅뱅 돌리며 우리가 모든 지식을 다 가지고 있다 해도 우리를 잘
나가고 행복하게 해주는 것은 지식에 따라 사는 것이 아니라, 우리가 c
좋음과 나쁨에 관한 이 한 가지 지식을 가져야 하는 것이라는 사실을

숨겼네그려. 크리티아스, 이 특정한 지식을 다른 지식들에서 떼어낸다고 해서 도대체 무슨 차이가 있겠나? 치료술은 여전히 우리를 건강하게 해주고, 제화술은 여전히 우리에게 구두를 대주며, 직조술은 여전히 옷을 대주지 않을까? 또한 조타술과 용병술은 여전히 우리가 바다나 전장에서 죽는 것을 막아주지 않을까?"

"여전히 그러겠지요." 하고 그가 말했네.

"하지만 친애하는 크리티아스, 그런 특정한 지식이 없다면 그런 것
d 들은 저마다 훌륭하고 유익해질 기회를 박탈당할 걸세."

"옳은 말씀이에요." 하고 그가 말했네.

"그렇다면 이 특정한 지식은 절제가 아니라 우리를 이롭게 하는 지식인 것 같네. 그것은 지식과 지식의 결여에 관한 지식이 아니라 좋음과 나쁨에 관한 지식이니까. 그러니 그것이 우리를 이롭게 하는 것이라면, 절제는 그와는 다른 것임이 분명하네."

"어째서 절제는 우리를 이롭게 하지 않지요?" 하고 그가 말했네.

e "만약 절제가 진실로 지식에 관한 지식이고 다른 지식들을 지배한다면, 절제는 당연히 좋음의 지식도 지배해서 우리를 이롭게 할 텐데요."

내가 물었네. "그렇다면 절제가 우리를 건강하게 만드는 걸까? 의술이 아니고? 아니면 절제가 다른 기술들이 하는 일을 하는 걸까? 다른 기술들이 저마다 제 할 일을 하는 것이 아니고? 조금 전에 우리는 절제는 지식과 지식의 결여의 지식이고, 다른 어떤 것의 지식도 아니라고 단언하지 않았는가? 그러지 않았나?"

"그런 것 같아요."

"그렇다면 절제는 건강의 생산자는 아닐세."

"아니고말고요."

"건강은 다른 기술의 산물이니까. 그렇지 않은가?" 175a

"네, 다른 기술의 산물이에요."

"절제는 또한 이익의 생산자도 아닐세. 우리는 방금 그런 일을 다른 기술에 배정했으니까. 그렇지 않은가?"

"네, 맞아요."

"절제가 어떤 이익도 생산하지 못한다면 어떻게 이롭겠는가?"

"결코 이롭지 않을 것 같아요, 소크라테스님."

"그렇다면 크리티아스, 자네도 보다시피 내가 절제에 관해 제대로
검토하지 못하는 것이 아닌지 염려하고 자책한 것은 정당했네. 내가
제대로 검토했다면, 우리가 세상에서 가장 훌륭하다고 인정한 것이 우 b
리에게 쓸모없는 것으로 드러나지 않았을 테니까. 지금 우리는 완패
(完敗)했고, 존재하는 것 가운데 입법자가 무엇에다 '절제'라는 이름
을 지어 붙였는지 알아내지 못했네. 또한 우리는 논리에 맞지 않는 양
보를 자주 했네. 이를테면 우리는 논리가 허용하지 않고 거부하는데
도 지식의 지식 같은 것이 있다는 데 동의했네. 우리는 또한 논리가 허
용하지 않는데도 이 지식은 다른 지식이 하는 일을 안다는 데에도 동 c
의했네. 절제 있는 사람은 자기가 아는 것은 안다는 것을, 그리고 자기
가 모르는 것은 모른다는 것을 알게 하려고 말일세. 우리는 여기에 통
크게 동의했네. 어떤 사람에게는 자기가 전혀 모르는 것을 어떤 의미
에서 안다는 것이 불가능하다는 점을 간과하고서 말일세. 무엇보다도

우리가 동의한 바에 따르면 그는 자기가 모르는 것을 안다는 것인데,
내 생각에 이보다 더 불합리한 것은 없는 듯하네. 우리는 느긋하고 까
d 다롭지 않은 자세로 검증에 임했는데도 진리를 찾아내는 데 실패하고
말았네. 오히려 우리의 검증은 진리를 비웃었네. 우리가 앞서 동의하
고 꿰맞춘 절제의 정의는 아무 쓸모없는 것이라는 오만불손한 결론을
내림으로써 말일세. 그래도 나는 애석할 게 없지만." 나는 카르미데스
에게 말했네. "자네는 애석하기 그지없네그려, 카르미데스. 만약 자네
가 몸의 아름다움과 가장 절제 있는 혼을 겸비하고도 그런 절제의 덕
e 을 보지 못한다면, 그리고 절제가 있어도 그것이 자네 삶에 아무 이득
이 되지 못한다면 말일세. 나는 또한 쓸데없이 트라케인한테 애써 주
문을 배웠다고 생각하니 더욱 화가 치민다네. 나는 그것은 사실이 아
니라고, 오히려 내가 보잘것없는 탐구자라고 생각하네. 절제는 큰 좋
음이고, 자네가 정말로 절제 있다면 자네야말로 행복한 사람이라는
176a 것이 내 생각이니까. 만약 자네가 절제 있다면 자네에게는 내 주문이
필요 없으니, 나를 토론으로는 아무것도 검증하지 못하는 수다쟁이로
여기고, 자네 자신은 절제 있을수록 그만큼 더 행복하다고 여기라고
조언해주고 싶네."

그러자 카르미데스가 말했네. "소크라테스 선생님, 제우스에 맹세
코 제가 절제가 있는지 없는지 저는 모르겠어요. 두 분 말씀에 따르면
두 분 자신도 그게 무엇인지 알아낼 수 없는 것을 제가 어떻게 알 수 있
b 겠어요? 소크라테스 선생님, 저는 선생님 말씀을 곧이듣지 않으며, 제
게는 여전히 주문이 필요하다고 생각해요. 저로서는 선생님께서 날마

다 제게 주문을 외워주셨으면 좋겠어요. 선생님께서 '이젠 충분해'라고 말씀하실 때까지."

크리티아스가 말했네. "좋아, 카르미데스. 네가 그런다면 내게는 그것이 네가 절제 있다는 증거가 될 거야. 네가 조금도 옆길로 새지 않고 소크라테스님이 너에게 주문을 외우시게 한다면 말이야."

카르미데스가 말했네. "걱정하지 마세요. 옆길로 새지 않고 꼭 그렇
게 할 테니까요. 제가 만약 내 수호자이신 그대의 명령을 따르지 않고 c
그대에게 불복종한다면 큰 잘못을 저지르는 것이겠지요."

"아닌 게 아니라 그건 내 명령이야" 하고 크리티아스가 말했네.

"그렇다면 그렇게 할게요. 오늘부터라도." 하고 카르미데스가 말했네.

"여보게들, 둘이서 도대체 무슨 의논을 하고 있는 겐가?" 하고 내가 물었네.

"아무 의논도 하지 않아요. 우리는 이미 의논을 끝냈으니까요." 하고 카르미데스가 대답했네.

"자네는 내게서 선택의 기회를 박탈할 참인가? 내 말도 들어보지 않고 다짜고짜로." 하고 내가 말했네.

"선생님께는 선택의 기회를 드리지 않을래요. 여기 이분[40]이 그렇게 하라고 명령하니까요. 그러니 이번에는 선생님께서 이에 어떻게 대처할지 의논하시는 것이 좋을 거예요." 하고 카르미데스가 말했네.

40 크리티아스.

d “의논하고 자시고 할 게 있나? 자네가 상대방의 의사를 무시하고 무엇인가를 하려 들면, 아무도 자네에게 저항할 수 없을 텐데.” 하고 내가 말했네.

“그러니 선생님께서도 제게 저항하시지 않는 게 좋을 거예요.” 하고 그가 말했네.

“그렇다면 내 자네에게 저항하지 않겠네.” 하고 내가 말했네.

에우튀프론

경건에 관하여

대담자
에우튀프론, 소크라테스

기원전 399년 일흔 살쯤 된 소크라테스가 재판을 앞두고
아르콘 바실레우스[1]의 주랑에서 에우튀프론을 우연히 만나 나눈 대화이다.

2a **에우튀프론** 소크라테스 선생님, 어인 일로 늘 찾으시던 뤼케이온[2]을 버리고 지금은 이곳 아르콘 바실레우스의 주랑(柱廊)에서 시간을 보내시는 겁니까? 설마 저처럼 아르콘 바실레우스를 찾아가 소송을 제기하시려는 것은 아니겠지요.

소크라테스 에우튀프론, 나 같은 경우는 아테나이인들이 '소송'이라 부르지 않고 '고발'이라고 부른다네.

b **에우튀프론** 무슨 말씀인지요? 누군가가 선생님을 고발한 것 같군요. 제가 알기에 선생님께서는 남을 고발하실 분이 아니니까요.

소크라테스 물론 아니지.

에우튀프론 누군가가 선생님을 고발했나요?

소크라테스 그렇다네.

에우튀프론 그 사람이 누구인가요?

소크라테스 그 사람이 누군지는 잘 모르겠네, 에우튀프론. 그는 젊고 잘 알려지지 않은 사람 같으이. 내가 알기에 그는 이름이 멜레토스[3]이고,

1 archon basileus. 아르콘(archon '통치자')은 아테나이를 포함하여 대부분의 그리스 도시국가에서 사법권과 행정권을 가진 최고 관리들에게 주어진 명칭이다. 기원전 11세기경 왕정이 끝나면서 아테나이에서는 귀족계급에서 선출된 세 명의 아르콘이 정부를 맡았는데, 이들의 임기는 처음에는 10년이었으나 기원전 683년부터는 1년이었으며 기원전 487년부터는 추첨으로 임명되었다. 그중 아르콘 에포뉘모스(eponymos '이름의 원조')는 수석 아르콘으로, 그의 임기에 해당하는 해는 당시에는 널리 쓰이는 연호가 없어 '아무개가 아르콘이었던 해'라는 식으로 그의 이름에서 연호를 따온 까닭에 그렇게 불렸다. 그는 주로 재산과 가족의 보호에 관한 광범위한 권한을 행사하며 판아테나이아제(Panathenaia)와 디오뉘소스제(Dionysia)를 주관했다. 기원전 7~6세기에는 이 관직을 차지하려고 정파끼리 치열한 각축전을 벌였으나 아르콘들이 추첨으로 선출되기 시작한 기원전 487년부터는 야심가들도 더이상 이 관직을 탐내지 않았다. 아르콘 바실레우스(basileus '왕')는 왕정 시대에 왕들이 주관하던 여러 종교적 임무를 수행했는데, 각종 비의(秘儀)와 레나이아제(Lenaia) 등을 주관했으며 아레이오스 파고스(Areios pagos 라/Areopagus) 회의도 주관했다. 아르콘 폴레마르코스(polemarchos '장군', '대장')는 원래 군대를 지휘하는 일을 맡았으나 기원전 487년부터는 군 지휘권이 장군(strategos)들에게 넘어가면서 주로 아테나이 시민이 아닌 주민들에 관한 사법 업무를 맡았다. 기원전 7세기 들어 언젠가 세 명의 아르콘에 여섯 명의 테스모테테스(thesmothetes '입법관')가 추가되었는데 이들은 주로 각종 소송 업무를 주관했다. 기원전 6세기 초 솔론(Solon)은 아르콘의 관직을 상위 두 재산등급에만 개방했으나, 기원전 457년부터는 세 번째 재산등급에도 아르콘의 관직이 개방되었다. 퇴직 아르콘들은 아레이오스 파고스 회의체의 종신회원이 되었으나, 나중에 그들도 추첨으로 임명되면서 정치적 영향력을 상실했다.

2 Lykeion. 아테나이 시 남동쪽에 있는 체육관 겸 공원으로 이곳에 후일 아리스토텔레스가 학원을 개설했다.

핏토스[4] 구역 출신일세. 혹시 머리털이 곧고 수염은 적은 편이며 매부리
코를 가진 핏토스 구역 출신 멜레토스가 생각난다면 말일세.
c **에우튀프론** 기억나지 않습니다, 소크라테스 선생님. 한데 그가 무슨 죄
목으로 선생님을 고발했나요?

소크라테스 무슨 죄목이냐고? 내 생각에 예사롭지 않은 죄목인 것 같네.
그렇게 젊은 사람이 그런 중대사를 알아냈다는 것은 예사롭지 않은 일
이기 때문일세. 그의 주장에 따르면 그는 우리 젊은이들이 어떻게 타락
하며, 우리 젊은이들을 타락시키는 자들이 누구인지 안다고 하니 말일
세. 그는 또한 영리한 것 같으며, 내가 무지해서 그와 같은 또래들을 타
락시키는 것을 보자 이를 일러바치려고 마치 아이가 어머니에게 달려가
듯 국가로 달려가고 있네. 내가 보기에 그는 나랏일을 올바로 시작하는
d 유일한 인물인 것 같네. 마치 훌륭한 농부가 당연히 먼저 어린 식물을
돌보고 나서 다른 것도 돌보듯이, 최대한 훌륭해지도록 먼저 젊은이들
부터 돌보는 것은 옳은 일이니 말일세. 그래서 멜레토스도 그의 말처럼
3a 젊은이들의 어린 새싹을 타락시키는 나 같은 사람들을 먼저 제거하는
듯하네. 그러고 나면 그는 분명 나이 많은 사람도 돌봄으로써 나라에
큰 은혜를 베풀 걸세. 그렇게 전도유망하게 출발한 사람에게 이는 당연
한 결과가 아니겠는가!

에우튀프론 소크라테스 선생님, 그랬으면 얼마나 좋겠어요? 하지만 결과
가 그와 정반대가 되지 않을까 두렵군요. 제가 보기에 그자는 선생님께
불의한 짓을 하려고 함으로써 그야말로 나라의 근본을 흔들기 시작하
는 것 같으니까요. 말씀해주세요, 그자는 선생님께서 무엇을 하면서 젊

은이들을 타락시킨다고 주장하는 거죠?

소크라테스 여보게, 그의 말대로라면 내가 이상한 짓을 한다는 걸세. 내 b
가 신들을 만들어낸다고 주장하고 있다네. 내가 옛날부터 믿어온 신들을 믿지 않고 생소한 신들을 만들어내는 까닭에 나를 고발했다고 말하고 있네.

에우튀프론 알겠습니다, 소크라테스 선생님. 그것은 어떤 신적 존재[5]가 매번 나타난다고 선생님께서 말씀하시기 때문입니다. 그래서 그자는 종교를 개혁하려 한다고 선생님을 고발했고, 선생님을 모함하려고 법정으로 가는 것입니다. 그런 종류의 모함이 대중에게는 잘 통한다는 것
을 알기 때문이죠. 민회[6]에서 종교에 관해 무슨 말을 하며 미래사를 예 c
언하면 그들은 저를 미친 사람인 양 비웃는답니다. 하지만 저는 나중에 일어나지 않은 일을 예언한 적이 한 번도 없어요. 그들은 그런 자질을 가진 우리 같은 사람들을 모두 시기하는 겁니다. 하지만 우리는 그들 때문에 속을 썩일 것이 아니라 맞받아쳐야 합니다.

소크라테스 여보게 에우튀프론, 그들이 우리를 비웃기만 한다면 아마도 별일 없을 걸세. 내 생각에 아테나이인들은 누군가를 똑똑하다고 생각할 경우 그가 자신의 지혜를 가르치려들지 않는 한 별로 관심을 갖지 않

3 Meletos.

4 Pitthos. 앗티케(Attike) 지방의 174개 구역(區域 demos) 중 하나.

5 to daimonion.

6 ekklesia.

지만, 그가 남들을 자기처럼 만든다고 생각되면 자네 말처럼 시기심 때
d 문이든 다른 이유에서건 그에게 화를 내기 때문일세.

에우튀프론 저는 이 일과 관련해 저에 대한 그들의 태도를 시험해보고 싶은 생각은 추호도 없습니다.

소크라테스 자네는 아마도 좀처럼 자신을 드러내지 않고 자네의 지혜를 가르치려들지 않는 사람으로 보일 걸세. 그러나 나는 사람을 좋아하는 지라 내가 가진 것을 누구에게나 아낌없이 말해주는 사람으로 보일 걸세. 보수를 받지도 않을뿐더러 누가 내 말을 듣고 싶어 하면 기꺼이 내 돈을 주면서까지 말일세. 방금 내가 말했듯이, 그들이 자네를 비웃는
e 다는 자네 말처럼 그들이 나를 비웃을 작정이라면, 법정에서 농담을 하고 웃으면서 시간을 보내는 것도 불쾌하기만 한 것은 아닐 걸세. 하지만 그들이 진심으로 그런다면, 결말이 어떻게 날지 자네들 같은 예언자 말고는 아무도 알 수 없네.

에우튀프론 소크라테스 선생님, 별일 없겠지요. 선생님께서는 계획대로 법정 다툼을 하십시오. 저도 그럴 생각입니다.

소크라테스 에우튀프론, 자네가 법정에서 다투는 것은 무엇인가? 자네는 피고인인가 고발인인가?

에우튀프론 고발인입니다.

소크라테스 누구를 고발하는가?

4a **에우튀프론** 제가 고발하면 사람들이 또다시 저를 미쳤다고 생각할 그분을요.

소크라테스 뭐라고? 자네는 날아가버릴 수 있는 누군가를 고발하는 것

인가?

에우튀프론 그분은 날아가버리는 것과는 거리가 멀어요. 아주 연로하시니까요.

소크라테스 그분이 누구신가?

에우튀프론 제 아버지입니다.

소크라테스 자네 아버지라고, 에우튀프론?

에우튀프론 그렇습니다.

소크라테스 죄목은 무엇이며, 무엇에 관한 소송인가?

에우튀프론 살인죄입니다, 소크라테스 선생님.

소크라테스 맙소사. 에우튀프론, 대부분의 사람은 이 일을 어떻게 처리해야 옳은지 알지 못할 걸세. 이 일을 제대로 처리하는 것은 아무나 할
수 있는 것이 아니라, 지혜의 길을 이미 상당히 나아간 사람만이 할 수 b
있다는 말일세.

에우튀프론 제우스에 맹세코, 그건 그렇습니다, 소크라테스 선생님.

소크라테스 그런데 자네 아버지가 살해한 사람은 친족 가운데 한 명인가? 물론 그렇겠지. 친족이 아닌 사람을 죽였다고 해서 자네가 아버지를 살인죄로 고발하지는 않을 테니까.

에우튀프론 소크라테스 선생님, 살해된 사람이 남인지 친족인지에 따라 차이를 두어야 한다고 생각하신다면 우스운 일입니다. 살인자의 살인 행위가 정당한지, 그렇지 못한지에만 유의하셔야 합니다. 그의 행위가 정당하면 그를 놓아주고, 그렇지 못하면 그를 고발해야 합니다. 비록 그가 같은 화로를 쓰고 같은 식탁에서 식사한다 하더라도 말입니다.

c 만약 선생님께서 그런 사실을 알면서도 그런 사람과 함께하고 그를 고발함으로써 선생님 자신과 그를 정화(淨化)하지 않으신다면 선생님의 부정(不淨)[7]도 그의 부정만큼이나 큽니다. 이번 사건에서 살해된 사람은 우리집 품팔이꾼이었는데, 우리가 낙소스[8]에서 농장을 경영할 때 그곳에 있는 토지에서 품을 팔았지요. 그런데 그자가 술에 취해 홧김에 우리집 노예 가운데 한 명을 살해했어요. 그래서 아버지께서 그자의 손발을 묶고 구덩이에 처넣게 하고 나서 이곳 아테나이로 사람을 보내 어떻게 처리해야 하는지 종교 문제 해설자[9]에게 물어보게 하셨어요. 그사
d 이 아버지께서는 살인자라 하여 결박된 자에게 사실상 관심을 갖지 않으셨고 그자가 죽더라도 문제될 게 없다고 생각하셨어요. 그런데 실제로 그런 일이 일어났어요. 그자가 춥고 배고프고 결박된 탓에 심부름꾼이 종교 문제 해설자에게서 돌아오기 전에 죽어버렸으니 말입니다. 그래서 지금 제 아버지와 친족들은 제가 살인자를 위해 아버지를 살인자로 고발한다고 하며 못마땅해합니다. 그분들의 주장인즉 아버지께서는 그자를 죽이지 않으셨고, 설령 죽이셨다 하더라도 죽은 자는 살인자인 만큼 그런 인간은 배려해줄 필요가 없다는 것입니다. 아들이 아버지
e 를 살인죄로 고발하는 것은 불경하다는 것이지요. 한데 그분들은 종교적 관점에서 무엇이 경건하고, 무엇이 불경한지 전혀 모르고 있어요, 소크라테스 선생님.

소크라테스 하지만 에우튀프론, 자네는 정말로 종교에 관해 그리고 무엇이 경건하고 무엇이 불경한지 정확히 알고 있어서 자네가 말하는 그런 상황에서 아버지를 살인죄로 고발해도 자네가 불경한 짓을 하는 것이

라고 두려워하지 않을 자신이 있는가?

에우튀프론 소크라테스 선생님, 그렇지 않다면 저는 아무짝에도 쓸모없
겠지요. 그리고 제가 그런 모든 것을 정확히 알지 못한다면 저 에우튀프 5a
론은 남보다 조금도 나을 게 없겠지요.

소크라테스 그렇다면 놀라운 에우튀프론이여, 내가 자네의 제자가 되는 것이 가장 좋겠구먼. 멜레토스의 고발에 맞서 변론하기 전에 그자에게 이의를 제기하며 나는 전에도 종교에 관해 아는 것을 아주 중요시했거니와 내가 경솔하게도 종교를 개혁하려는 우를 범하고 있다고 그자가 주장하는 지금은 내가 자네 제자가 되었다고 말할 수 있을 테니까. 그리
고 나는 이렇게 말을 이을 걸세. "멜레토스, 만약 에우튀프론이 이런 문 b
제들에 권위자라고 인정한다면, 내 믿음도 올바르다고 인정하고 나를 재판에 넘기지 말게. 만약 그렇다고 인정하지 않는다면 나를 고발할 것이 아니라 내 스승인 그를 고발하여, 나이 많은 사람들인 나와 그의 아버지를 그가 나는 가르침으로써, 그의 아버지는 비난하고 벌줌으로써 타락시킨다고 문책하게." 만약 그자가 내 말대로 나에 대한 고소를 취하하고 나 대신 자네를 고발하지 않는다면 나는 법정에서도 똑같은 말로 이의를 제기할 수 있을 걸세. 그렇지 않은가?

에우튀프론 그렇고말고요, 소크라테스 선생님. 그리고 만약 그자가 저

7 to miasma.

8 Naxos. 에게해의 섬.

9 '종교 문제 해설자'(exegetes).

c 를 고발하려 한다면 생각건대 저는 그자의 약점을 찾아낼 것이고, 그러면 법정에서는 저보다 먼저 그자가 심문받게 되겠지요.

소크라테스 친구여, 나도 그 점을 알고 자네 제자가 되려는 걸세. 내가 알기에 다른 사람들과 마찬가지로 멜레토스란 자도 자네는 지켜보지 않지만, 나는 힘들이지 않고 예의 주시하기에 나를 불경죄로 고발한 것 같으니 말일세. 그러니 제발 자네가 방금 잘 안다고 장담한 것을 내게 말해주게. 자네는 살인과 그 밖의 다른 것들과 관련하여 경건과 불경(不
d 敬)[10]이 무엇이라고 주장하는가? 또는 경건한 것은 모든 행위에서 언제나 자신과 같은 것이 아닐까? 그리고 불경한 것도 모든 경건한 것과 상반되고 언제나 자신과 같아서, 불경하다고 불려야 할 모든 것은 동일한 특성[11]을 가지는 것이 아닐까?

에우튀프론 전적으로 동의합니다, 소크라테스 선생님.

소크라테스 그러면 말해보게. 자네는 경건은 무엇이며, 불경은 무엇이라고 주장하는가?

에우튀프론 말씀드리지요. 경건이란 살인을 하거나 성물(聖物)을 절취하거나 그 밖의 다른 범행을 저지른 범인을 지금 제가 하고 있는 것처럼 그
e 가 아버지이건 어머니이건 그 밖의 누구건 고발하는 것이고, 고발하지 않는 것은 불경입니다. 보십시오, 소크라테스 선생님, 그러는 것이 법률이라는 결정적인 증거를 제가 제시하겠습니다. 불경죄를 저지른 자는 그가 누구건 놓아주어서는 안 된다는 법률 말입니다. 저는 그러는 것이 올바른 처리 방법이라는 것을 남들에게 여러 번 보여주었습니다. 사람들은 제우스가 신들 중에 가장 훌륭하고 가장 정의롭다고 믿으면서, 아

들들을 부당하게 삼켰다고 해서 제우스가 아버지 크로노스를 결박했 6a
으며, 크로노스도 비슷한 이유로 자기 아버지 우라노스를 거세했다는 것을[12] 인정합니다. 하지만 사람들은 불의한 짓을 하는 아버지를 고발한다고 저에게는 화를 내는데, 이는 그들이 신들의 처신과 제 처신을 놓고 상반된 주장을 하는 것입니다.

소크라테스 에우튀프론, 그것이 내가 고발당한 이유가 아닐까? 사람들이 신들에 관해 그런 이야기를 하면 나는 받아들이기를 싫어하니 말일세. 그래서 사람들은 내가 죄를 짓는다고 주장할 것 같네. 그러나 지금
그런 것들에 관해 잘 아는 자네가 그런 이야기들을 받아들인다면 우리 b
도 당연히 따라야겠지. 솔직히 말해 그런 것들에 관해 아무것도 모르는 우리가 무슨 말을 더 할 수 있겠는가? 하지만 우정의 신 제우스에 맹세코, 말해주게. 자네는 정말로 그런 일들이 사실이라고 믿는가?

에우튀프론 그렇습니다, 소크라테스 선생님. 그리고 대중이 알지 못하는 더 놀라운 일들도 믿습니다.

소크라테스 그러니까 자네는 신들끼리의 교전(交戰)과 상호 적개심과 싸

10 '경건'(to eusebes), '불경'(to asebes).

11 idea.

12 그리스신화에서 우라노스(Ouranos '하늘')가 횡포를 부리자 아내이자 어머니인 가이아(Gaia '대지')가 막내아들 크로노스(Kronos)를 시켜 아버지를 거세하게 한다. 그 뒤 권좌에 오른 크로노스는 자신도 아들에 의해 권좌에서 축출될 것임을 알고 자식들이 태어나는 족족 모두 삼켜버린다. 그러나 어머니 레아(Rhea)의 기지로 살아남은 막내아들 제우스가 형제들을 토하게 한 다음 이들과 힘을 모아 크로노스를 축출하고 하늘의 지배자가 된다.

움질과, 시인들의 이야기와 위대한 화가들이 우리 성소(聖所)들을 장식
c 한 그림들과 특히 대(大)판아테나이아 축제[13] 때 아크로폴리스로 운반되던, 그런 장면들을 잔뜩 수놓은 겉옷에서 볼 수 있는 그 밖의 다른 것들이 사실이라고 믿는단 말인가? 에우튀프론, 우리는 그런 것들이 다 사실이라고 말해야 하는가?

에우튀프론 소크라테스 선생님, 그뿐이 아닙니다. 방금 말씀드렸듯이 선생님께서 원하신다면 저는 신들에 관해 다른 이야기도 많이 들려드릴 텐데, 그것들을 들으시면 틀림없이 깜짝 놀라실 겁니다.

소크라테스 나는 놀라지 않을 걸세. 하지만 그것들은 나중에 짬이 날 때 들려주게. 지금은 내가 방금 자네에게 질문한 것을 설명해보도록 하게.
d 친구여, 앞서 내가 경건이 무엇이냐고 물었을 때, 자네는 충분히 설명하지 않고, 자네가 지금 하고 있는 행위, 말하자면 살인죄로 아버지를 고발하는 것이 경건하다고만 말했으니까.

에우튀프론 그리고 제가 말씀드린 것은 사실입니다, 소크라테스 선생님.

소크라테스 그럴지도 모르지. 하지만 에우튀프론, 자네는 다른 많은 행위도 경건하다고 말하고 있네.

에우튀프론 실제로 그러니까요.

소크라테스 자네도 기억하겠지만, 내가 자네에게 요청한 것은 수많은 경
e 건한 행위 가운데 한두 가지 예를 들어달라는 것이 아니라, 모든 경건한 것이 경건한 것이게끔 하는 특성[14]을 말해달라는 것이었네. 자네는 하나의 기준[15]에 따라 모든 불경한 행위가 불경하고, 모든 경건한 행위가 경건하다고 말했으니 말일세. 기억나지 않는가?

에우튀프론 기억납니다.

소크라테스 그러면 그 기준이란 게 무엇인지 가르쳐주게. 내가 그것을 눈여겨보고 본보기[16]로 사용해 자네나 다른 누군가의 행위가 그것과 일치하면 경건하다고 말하고, 일치하지 않으면 불경하다고 말할 수 있도록 말일세.

에우튀프론 소크라테스 선생님, 그렇게 설명해주기를 원하신다면 그렇게 하겠습니다.

소크라테스 나는 그렇게 해주기를 원하네.

에우튀프론 그러면 신들에게 사랑받는 것은 경건하고, 신들에게 사랑받 7a
지 못하는 것은 불경합니다.

소크라테스 아주 훌륭해, 에우튀프론. 이번에는 내가 대답해달라고 부탁한 대로 자네가 대답했네. 한데 자네 대답이 옳은지는 아직 모르겠네. 하지만 자네가 말한 것이 옳다는 걸 자네가 증명해보이겠지.

에우튀프론 물론입니다.

13 판아테나이아(Panathenaia) 축제는 아테나이 시의 수호 여신 아테나(Athena)의 탄생을 기리는 대규모 여름 축제로 해마다 지금의 7월 말에 개최되었다. 이때 아테나이 시민들은 파르테논(Parthenon) 신전의 프리즈(frieze)에서 볼 수 있듯이 아크로폴리스(akropolis)를 향해 행렬을 지어 올라갔고 황소들을 제물로 바쳤으며 신전 안에 안치된 거대한 여신상에 새 겉옷(peplos)을 지어 바쳤다. 4년에 한 번씩 대규모로 개최된 대(大) 판아테나이아 축제 때는 각종 경기, 경마, 시가 경연도 곁들여졌다.

14 eidos.

15 idea.

16 paradeigma.

소크라테스 그러면 자, 우리가 무슨 말을 하고 있는지 검토해보세. 신들에게 사랑받는 것과 신들에게 사랑받는 사람은 경건하고, 신들에게 미움받는 것과 신들에게 미움받는 사람은 불경하다는 것, 이 둘은 같지 않다는 것, 경건한 것과 불경한 것은 정반대라는 것, 이것이 우리의 주장 아닌가?

에우튀프론 그렇습니다.

소크라테스 그것은 바른말 같지 않은가?

b **에우튀프론** 저는 그렇다고 생각합니다, 소크라테스 선생님.

소크라테스 하지만 에우튀프론, 우리는 신들이 서로 다투고 불화하고 적대시한다고도 말하지 않았던가?

에우튀프론 아닌 게 아니라 그렇게 말했습니다.

소크라테스 여보게, 무엇에 관한 의견 차이가 증오와 분노를 일으킬까? 문제를 이렇게 살펴보도록 하세. 이를테면 두 수(數) 가운데 어느 것이 큰지에 관해 자네와 나 사이에 의견 차이가 있다면 이에 대한 의견 차이가 우리를 서로 적으로 만들고 서로 화내게 만들까, 아니면 우리는 세어
c 봄으로써 의견 차이를 금세 해소할까?

에우튀프론 물론 그러겠지요.

소크라테스 그리고 물건들의 상대적 크기와 관련하여 의견 차이가 나면 우리는 재어봄으로써 의견 차이를 종식하겠지?

에우튀프론 그렇습니다.

소크라테스 그리고 상대적인 무게와 관련해서는 생각건대 우리는 저울로 달아봄으로써 의견 차이를 해소할 걸세.

에우튀프론 왜 아니겠습니까?

소크라테스 그러면 무엇에 관한 의견 차이를 해소할 수 없어 우리가 서로 적이 되고 화를 내는 것일까? 아마도 자네는 즉답을 할 수 없을 걸세. 그러니 내가 말하거든 검토해보게. 그것은 올바른 것과 올바르지 못한 것, 아름다 d
운 것과 추한 것, 좋은 것과 나쁜 것에 관해서가 아닐까? 이런 것들에 관해 의견 차이가 있는데 만족스러운 합의에 이를 수 없을 때 우리는 서로 적이 되는 게 아닐까? 자네도 나도 다른 사람들도 말일세.

에우튀프론 그렇습니다, 소크라테스 선생님, 우리가 적이 되는 것은 그런 문제들에 관해 의견 차이가 생길 때입니다.

소크라테스 에우튀프론, 신들은 어떤가? 신들 사이에 의견 차이가 있다 e
면 이런 문제들과 관련하여 생기지 않을까?

에우튀프론 당연히 그럴 수밖에 없겠지요.

소크라테스 훌륭한 에우튀프론이여, 자네 말대로라면 신들도 더러는 이것을 더러는 저것을 올바르다거나, 올바르지 못하다거나, 아름답다거나, 추하다거나, 좋다거나 나쁘다고 여길 걸세. 이런 것들과 관련하여 의견 차이가 생기지 않는다면 신들이 서로 다툴 일이 없을 테니 말일세. 그렇지 않은가?

에우튀프론 옳은 말씀입니다.

소크라테스 그리고 신들은 저마다 좋다거나 올바르다고 여기는 것들은 사랑하지만 그와 정반대되는 것들은 미워하겠지?

에우튀프론 물론입니다.

소크라테스 자네 말대로라면, 같은 것들을 신들 가운데 더러는 올바르다

8a 고 여기고, 더러는 올바르지 못하다고 여기며, 신들이 서로 다투고 교전하는 것은 이런 것들과 관련하여 의견 차이가 있기 때문일세. 그렇지 않은가?

에우튀프론 그렇습니다.

소크라테스 그렇다면 신들은 같은 것들을 미워하고 사랑하며, 같은 것들이 신들에게 미움받고 사랑받는 것 같네.

에우튀프론 그런 것 같군요.

소크라테스 에우튀프론, 그런 논리대로라면 같은 것들이 경건하기도 하고 불경하기도 할 걸세.

에우튀프론 그런 것 같아요.

소크라테스 그렇다면 여보게, 자네는 내 물음에 답변한 것이 아닐세. 나는 무엇이 경건하면서도 불경한지 물은 것이 아닌데, 자네 답변대로라면 신들에게 사랑받는 것이 또한 신들에게 미움받는 것인 듯하니 말일
b 세. 그러면 에우튀프론, 지금처럼 자네가 아버지를 벌주려 하는 것은 제우스에게는 사랑받지만 크로노스와 우라노스에게는 미움받는 짓 또는 헤파이스토스에게는 사랑받지만 헤라에게는 미움받는 짓이라 해도 전혀 놀랄 일이 아닐 걸세. 다른 신들이 서로 의견 차이를 보일 경우에도 이는 마찬가지일세.

에우튀프론 하지만 소크라테스 선생님, 저는 이와 관련하여 즉 누군가를 부당하게 죽이는 자는 벌받아야 한다는 데 대해서는 어떤 신도 다른 신과 의견 차이를 보이지 않을 것이라고 믿어요.

c **소크라테스** 에우튀프론, 사람들의 경우는 어떤가? 자네는 부당하게 누

군가를 죽이거나 불의한 짓을 한 자가 벌을 받아서는 안 된다고 누군가가 주장하는 것을 들은 적이 있는가?

에우튀프론 있지요. 사람들은 그런 것들을 두고 쉴 새 없이 다투는 걸요. 특히 법정에서 말입니다. 사람들은 수많은 죄를 짓고 나서 벌을 피하려고 별의별 짓을 다 하고 별의별 말을 다 하니까요.

소크라테스 에우튀프론, 사람들은 자기가 죄를 지었다고 인정하는가? 그리고 그렇다고 인정하면서도 자기는 벌을 받아서는 안 된다고 주장하는가?

에우튀프론 아니요. 그들은 결코 인정하지 않아요.

소크라테스 그렇다면 그들은 별의별 짓을 다 하고 별의별 말을 다 하는 것이 아닐세. 그들은 자신들이 죄를 지었지만 벌을 받아서는 안 된다고 감히 주장하지는 못하고, 자신들은 죄를 짓지 않았다고 주장하는 것 d
같으니 말일세. 그렇지 않은가?

에우튀프론 맞는 말씀입니다.

소크라테스 그렇다면 그들은 죄지은 자는 벌받아야 한다는 것을 반박하는 것이 아니라, 죄지은 자가 누구이며 언제 무엇을 했는지를 두고 다투는 것 같네.

에우튀프론 맞는 말씀입니다.

소크라테스 이 점은 신들의 경우도 마찬가지가 아닐까? 만약 신들이 자네 말처럼 정말로 올바른 것과 올바르지 못한 것들을 두고 서로 다투고, 어떤 신들은 다른 신들이 죄를 지었다고 주장하고 다른 신들은 이를 부인한다면 말일세. 신이든 인간이든 어느 누구도 죄지은 자가 벌받 e

으면 안 된다고 감히 주장하지 못할 테니까.

에우튀프론 그렇습니다, 소크라테스 선생님. 원칙적으로는 맞는 말씀입니다.

소크라테스 하지만 에우튀프론, 생각건대 다투는 자들은 인간들이건 신들이건—신들도 다툰다면 말일세—개별 행위를 두고 다투는 것 같네. 그들이 어떤 행위에 대해 의견을 달리할 경우 한쪽은 그 행위가 올바르다고 말하고 다른 쪽은 올바르지 못하다고 말하네. 그렇지 않은가?

에우튀프론 그렇고말고요.

9a **소크라테스** 자, 친애하는 에우튀프론, 내가 더 지혜로워지도록 내게도 가르쳐주게. 자네는 품을 팔다가 살인자가 되어 살해된 자의 주인에 의해 포박되었다가 포박한 사람이 종교 문제 해설자들에게서 그를 어떻게 처리할 것인지 듣기도 전에 포박 상태에서 죽은 그 사람의 죽음을 모든 신이 부당하다고 여긴다는 어떤 증거를 갖고 있는가? 또한 그런 사람을 위해 아들이 아버지를 제소하고 살인죄로 고발하는 것이 올바르다
b 는 어떤 증거를 갖고 있는가? 자, 그런 행위를 의심할 여지 없이 모든 신이 올바르다고 믿는다는 명확한 증거를 보여주게. 자네가 적절한 증거를 제시한다면 살아 있는 한 나는 자네의 지혜를 찬양할 걸세.

에우튀프론 그건 아마도 작은 일이 아닐 겁니다, 소크라테스 선생님. 제가 선생님께 명확한 증거를 제시할 수 있다 해도 말입니다.

소크라테스 알겠네. 자네는 내가 배심원들보다 머리가 둔하다고 생각하는구먼. 자네는 분명 배심원들에게는 그런 행위가 올바르지 못하고 모든 신이 싫어한다는 것을 증명할 수 있을 테니까.

에우튀프론 아주 명확하게 증명할 겁니다. 그들이 제 말에 귀를 기울이기만 한다면 말입니다.

소크라테스 그들은 귀를 기울일 걸세. 자네 말이 그럴듯하다 싶으면 말 c
일세. 하지만 자네가 말하는 동안 나는 한 가지 의문이 떠올라 자문(自
問)하는 중일세. "설령 그러한 죽음을 모든 신이 불의하다고 여긴다는
것을 에우튀프론이 명확히 가르쳐준다 하더라도 무엇이 경건하고 무엇
이 불경한지라는 문제와 관련해 나는 에우튀프론한테서 무엇을 더 배
웠는가? 그런 행위는 분명 신들에게 미움받는 것 같기는 하지만, 방금
보았듯이 경건한 것과 경건하지 못한 것은 그런 방법으로 구별되는 것
은 아닌 것 같아. 그도 그럴 것이 신들에게 미움받는 것이 신들에게 사
랑받기도 한다는 것이 밝혀졌으니 말이야." 그래서 에우튀프론, 나는
자네를 이 과제에서 면제해주겠네. 자네가 원한다면 모든 신이 그런 행 d
위를 불의하다고 여기고 미워한다고 가정하세. 한데 지금 우리는 논의
를 이런 취지로 수정하려는 것인가? 모든 신에게 미움받는 것은 불경한
것이고, 모든 신에게 사랑받는 것은 경건한 것이며, 어떤 신들에게는 미
움받지만 다른 신들에게는 사랑받는 것은 경건하지도 불경하지도 않거
나 경건하기도 하고 불경하기도 하다고 말일세. 자네는 지금 우리가 경
건한 것과 불경한 것을 그렇게 정의하기를 원하는가?

에우튀프론 그러면 왜 안 되죠, 소크라테스 선생님?

소크라테스 나와 관련해서는 안 될 게 없네, 에우튀프론. 하지만 자네는 자네 관점에서 생각해보게. 그런 정의를 받아들일 경우 자네가 약속한 것을 내게 가장 쉽게 가르쳐줄 수 있겠는지 말일세.

e **에우튀프론** 저는 모든 신이 사랑하는 것은 경건한 것이고 반대로 모든 신이 미워하는 것은 불경한 것이라고 단언하겠습니다.

소크라테스 에우튀프론, 우리는 그것이 맞는 말인지 다시 살펴봐야 할까, 아니면 내버려둬야 할까, 그리고 우리 가운데 누군가가 또는 다른 어떤 사람이 그것은 이러저러하다고 말하기만 하면 그렇다고 받아들여야 할까? 아니면 말하는 사람이 무슨 뜻으로 그런 말을 하는지 검토해야 할까?

에우튀프론 검토해야지요. 하지만 방금 그 말씀을 저는 훌륭하다고 생각합니다.

10a **소크라테스** 여보게, 우리는 그게 과연 그런지 곧 더 잘 알게 될 걸세. 이렇게 생각해보게. 경건한 것은 경건하기 때문에 신들에게 사랑받는가, 아니면 신들에게 사랑받기 때문에 경건한가?

에우튀프론 무슨 말씀인지 모르겠어요, 소크라테스 선생님.

소크라테스 그러면 더 명확히 설명해보겠네. 우리는 어떤 것이 '운반된다'거나 '운반한다'고, '이끌린다'거나 '이끈다'고, '보인다'거나 '본다'고 말하는데, 자네는 그런 모든 표현에서 두 부분이 서로 다르다는 것을, 그리고 어떻게 다른지도 알겠지?

에우튀프론 저는 안다고 생각해요.

소크라테스 그러면 사랑받는 것도 있고, 사랑하는 것도 있겠지? 그리고 이 둘은 서로 다르겠지?

에우튀프론 왜 아니겠습니까?

b **소크라테스** 말해주게. 운반되는 것이 운반되는 것은 운반되기 때문인

가, 아니면 다른 이유 때문인가?

에우튀프론 아니요. 운반되기 때문입니다.

소크라테스 또한 이끌리는 것이 이끌리는 것은 이끌리기 때문인가? 그리고 보이는 것이 보이는 것은 보이기 때문인가?

에우튀프론 물론입니다.

소크라테스 그렇다면 보이는 것이기 때문에 누군가가 그것을 보는 것이 아니라 반대로 누군가가 그것을 보기 때문에 보이는 것이며, 또한 이끌리는 것이기 때문에 누군가가 이끄는 것이 아니라 누군가가 그것을 이끌기 때문에 이끌리는 것이며, 또한 운반되는 것이기 때문에 누군가가 그것을 운반하는 것이 아니라 누군가가 그것을 운반하기 때문에 운반되는 것일세. 에우튀프론, 내가 말하고자 하는 것은 명백하지 않은가? c
내가 말하고자 하는 것은 이런 것일세. 어떤 것이 되거나 무엇인가를 겪는다면 그것이 되는 상태에 있기 때문에 되는 것이 아니라 되기 때문에 되는 상태에 있는 것이며, 그것이 겪는 것이기 때문에 겪는 것이 아니라 겪기 때문에 겪는 것일세. 자네는 이에 동의하지 않는가?

에우튀프론 저는 동의합니다.

소크라테스 그러면 사랑받는다는 것은 어떤 것이 되거나 다른 것에 의해 무엇인가를 겪는 것이 아닐까?

에우튀프론 그야 물론이지요.

소크라테스 그렇다면 이 점도 앞서 말한 경우들과 같겠지? 어떤 것이 사랑받는 것이기 때문에 그것을 사랑하는 사람들에게 사랑받는 것이 아니라, 그들이 그것을 사랑하기 때문에 그것이 사랑받는 것 아닐까?

에우튀프론 당연하지요.

d **소크라테스** 그렇다면 경건한 것은 무엇이라고 말할까, 에우튀프론? 자네 말대로라면 그것은 모든 신에게 사랑받는 것이겠지?

에우튀프론 네.

소크라테스 그것이 사랑받는 것은 그것이 경건하기 때문인가, 어떤 다른 이유 때문인가?

에우튀프론 아니요. 그 이유 때문입니다.

소크라테스 그렇다면 그것이 경건하기 때문에 사랑받는 것이지 사랑받기 때문에 경건한 것은 아니겠지?

에우튀프론 그런 것 같아요.

소크라테스 하지만 그것이 신들에게 사랑받고 신들의 마음에 드는 것은 신들이 그것을 사랑하기 때문일세.

에우튀프론 왜 아니겠습니까?

소크라테스 그렇다면 에우튀프론, 신들에게 사랑받는 것과 경건한 것은 자네 말처럼 같은 것이 아니라 서로 다른 것일세.

e **에우튀프론** 어째서 그렇습니까, 소크라테스 선생님?

소크라테스 경건한 것은 경건하기 때문에 사랑받는 것이지 사랑받기 때문에 경건한 것이 아니라는 데 우리가 동의했기 때문이지. 그렇지 않은가?

에우튀프론 그렇습니다.

소크라테스 반면에 신들에게 사랑받는 것은 신들이 그것을 사랑하기 때문에 말하자면 그런 행위 때문에 신들에게 사랑받는 것이지, 사랑받는 것이기 때문에 신들이 그것을 사랑하는 것이 아니라는 데도 우리는 동의했네.

에우튀프론 맞는 말씀입니다.

소크라테스 하지만 친애하는 에우튀프론, 만약 신들에게 사랑받는 것과 경건한 것이 같은 것이라면 다음과 같은 일이 생길 걸세. 경건한 것이 사랑받는 것은 그것이 경건하기 때문이라면, 신들에게 사랑받는 것이 사랑받는 것도 그것이 신들에게 사랑받기 때문일 걸세. 또한 신들에게 사 11a
랑받는 것이 신들에게 사랑받기 때문에 신들에게 사랑받는 것이라면, 경건한 것이 경건한 것도 그것이 사랑받기 때문일 걸세. 하지만 자네도 보다시피 사실은 그와 정반대이며, 이 둘은 전혀 다른 것일세. 그중 하나 즉 신들에게 사랑받는 것은 사랑받기 때문에 사랑받을 만하고, 다른 하나 즉 경건한 것은 그 자체로 사랑받을 만하기 때문에 사랑받기 때문일세. 그리고 에우튀프론, 자네는 경건이 무엇이냐는 질문을 받고는 그것의 본질[17]은 설명해주려 하지 않고, 경건은 모든 신에게 사랑받는다며 그것의 속성[18]을 말해주려 하네. 경건이 무엇인지 자네는 아직 말 b
하지 않았네. 그러니 자네만 좋다면 경건이 도대체 무엇인지 처음부터 다시 설명해주게. 그것이 신들에게 사랑받는 것이건 그 밖의 다른 속성을 갖고 있건 말일세. 우리는 그 때문에 다투지는 않을 테니까. 자, 어서 말해주게. 경건은 무엇이며, 불경은 무엇인가?

17 ousia.

18 pathos.

에우튀프론 하지만 소크라테스 선생님, 제 생각을 어떻게 말씀드려야 할지 모르겠어요. 우리가 어떻게 설명해도 그것은 언제나 빙글빙글 돌며 우리가 세워둔 자리에 머물려 하지 않을 것 같으니까요.

소크라테스 에우튀프론, 자네의 설명은 내 선조이신 다이달로스[19]의 작
c 품과도 같네. 만약 내가 그런 설명을 하고 그런 주장을 했다면, 자네는
아마 나를 조롱하며 내가 그분의 후예이기 때문에 말로 된 나의 작품들
이 달아나고 세워둔 자리에 머물지 않는다고 말할 걸세. 그러나 그 설명
은 자네 것일세. 그러니 우리에게는 다른 조롱이 필요하네. 그 설명은
자네 말마따나 자네를 위해 머물려 하지 않으니 말일세.

에우튀프론 소크라테스 선생님, 제가 보기에 우리 설명에는 같은 조롱이
필요한 것 같은데요. 그것들이 빙빙 돌고 같은 자리에 머물지 않게 하는
d 것은 제가 아니니까요. 오히려 선생님께서 다이달로스이십니다. 제가
관련되는 한 그것들은 제자리에 머물렀을 테니까요.

소크라테스 그렇다면 여보게, 다이달로스보다 내가 더 뛰어난 장인인 것
같네. 그는 자기 작품들만 움직이게 만들지만, 나는 내 작품들뿐 아니
라 남의 작품들도 움직이게 만드는 것 같으니까. 그리고 내 기술에서 가
장 눈에 띄는 부분은 내가 본의 아니게 영리하다는 것일세. 다이달로스
e 의 지혜에 더해 탄탈로스[20]의 재물을 소유하는 것보다도 자네의 설명
들이 움직이지 않고 머물기를 바라니 말일세. 하지만 이에 대해서는 이
쯤 해두세. 내가 보기에 자네는 게으름을 부리니 내게 경건함을 가르쳐
줄 수 있도록 내가 자네를 돕겠네. 미리 포기하지 말게. 자네는 경건한
것은 필연적으로 모두 올바르다고 생각하는지 살펴보게.

에우튀프론 저는 그렇다고 생각합니다.

소크라테스 그러면 올바른 것은 모두 경건한가? 아니면 경건한 것은 모

19 Daidalos. 아테나이 출신의 전설적인 장인(匠人). 그는 자기 밑에 견습생으로 들어온, 누이의 아들 페르딕스(Perdix 일명 Talos)가 뱀의 아래턱뼈 또는 물고기의 등뼈를 모방해 톱을 발명하고 기하학자의 컴퍼스와 도공(陶工)의 돌림판을 발명하자 장차 자기를 능가할까 두려워서 그를 아크로폴리스에서 떠밀어 죽인다. 이로 인해 그는 크레테로 망명해 미노스(Minos)왕을 찾아간다. 미노스의 아내 파시파에가 해신(海神) 포세이돈이 보낸 황소를 향한 애욕을 참다못해 다이달로스에게 도움을 청하자, 그는 암소 한 마리를 만들어주며 파시파에가 그 안에 들어가 황소와 교합하게 한다. 이 둘 사이에서 우두인신(牛頭人身)의 식인 괴물 미노타우로스(Minotauros '미노스의 황소')가 태어나자 다이달로스는 이번에는 미노스의 지시에 따라 미노타우로스를 가둘 미궁(迷宮 labyrinthos)을 짓는다. 훗날 미노스는 자기 아들 안드로게오스(Androgeos)가 아테나이에 갔다가 살해되자 아테나이를 공격해 해마다 또는 9년마다 소년 소녀 일곱 명씩을 크레테로 보내게 하여 미노타우로스에게 먹이로 준다. 그러자 아테나이의 영웅 테세우스(Theseus)가 그중 한 명으로 자원해 미노스의 딸 아리아드네(Ariadne)의 도움을 받아 미노타우로스를 제거한다. 아리아드네는 다이달로스의 조언에 따라 테세우스에게 실꾸리를 주어 그가 미노타우로스를 죽인 뒤 미궁에서 빠져나오게 해준다. 이 사실이 발각되자 미노스는 다이달로스와 그의 아들 이카로스(Ikaros)를 옥에 가두지만, 이들은 날개를 만들어 달고 크레테를 탈출해 북쪽으로 날아간다. 하지만 이카로스는 너무 높이 날아 태양열에 밀랍(蜜蠟)이 녹으며 날개가 떨어져나가 바다에 빠져죽고 다이달로스는 서쪽으로 날아가 시칠리아 섬 코칼로스(Kokalos)왕의 궁전에서 일한다. 소크라테스의 아버지 소프로니스코스(Sophroniskos)는 조각가 또는 석수(石手)였고 소크라테스 자신도 조각가가 되도록 교육받았다고 한다. 그런 의미에서 소크라테스가 자신을 다이달로스의 후예라고 부르는 것 같다.

20 Tantalos. 제우스의 아들로 소아시아 뤼디아(Lydia) 지방에 있는 시필로스(Sipylos)산 주변 지방을 다스렸으며 부유하기로 유명했다. 그의 아들 펠롭스(Pelops)는 그리스의 펠로폰네소스반도로 건너가 손자 아트레우스(Atreus), 증손자 아가멤논(Agamemnon), 고손자 오레스테스(Orestes)에 이르는, 대대로 그리스에서 가장 영향력 있는 가문을 세운다.

12a 두 올바르지만, 올바른 것은 모두 경건하지 않고, 그중 어떤 것은 경건하고 어떤 것은 경건하지 않은가?

에우튀프론 선생님 말씀을 따라가지 못하겠어요.

소크라테스 사실 자네는 나보다 더 젊은 것 못지않게 더 지혜롭네. 하지만 내가 말했듯이 자네는 지혜가 풍부해 게으름을 부리고 있는 걸세. 여보게, 분발하게. 내 말뜻을 이해하는 것은 어려운 일이 아닐세. 내가 말하고자 하는 것은 다음 시행들을 작시한 시인[21]이 말한 것과 정반대되는 것이니까.

그는 이 모든 일이 일어나게 하고 이 모든 것이 자라게 한 제우스를 비
b 난하고 싶어 하지 않는다.

두려움이 있는 곳엔 공경도 있는 법이니까.[22]

나는 이 시인과 의견을 달리하네. 어째서 그런지 말할까?

에우튀프론 물론 그렇게 하셔야죠.

소크라테스 나는 '두려움이 있는 곳엔 공경이 있다'고 생각하지 않네. 내가 보기에 질병과 가난과 그 밖에 그런 것들을 두려워하는 많은 사람이 그런 것들을 두려워하지만 자신들이 두려워하는 것들을 조금도 공경하지는 않는 것 같으니 말일세. 자네는 그렇게 생각하지 않는가?

에우튀프론 물론 그렇게 생각합니다.

소크라테스 그러나 공경이 있는 곳엔 두려움도 있네. 그도 그럴 것이 어

떤 행위를 공경하거나 부끄러워하는 사람이라면 누구나 사악하다는 평판도 무서워하고 두려워하지 않겠는가? c

에우튀프론 분명히 두려워하겠지요.

소크라테스 그렇다면 '두려움이 있는 곳엔 공경도 있다'고 말하는 것은 옳지 못하네. 오히려 공경이 있는 곳엔 두려움도 있네. 공경은 두려움이 있는 곳이면 어디에나 있는 것이 아닐세. 생각건대 두려움은 공경보다 더 포괄적이기 때문일세. 공경은 두려움의 한 부분이니까. 그것은 홀수가 수의 일부분이어서 수가 있는 곳엔 홀수도 있다는 것은 사실이 아니지만 홀수가 있는 곳엔 수도 있다는 것은 사실인 것과 같다네. 이젠 따라올 수 있겠지?

에우튀프론 물론입니다.

소크라테스 내가 아까 올바름이 있는 곳엔 경건도 있는지, 아니면 경건이 있는 곳엔 올바름도 있는지 물었을 때 내가 말하고자 한 것도 그런 d
것이었네. 하지만 올바름이 있는 곳엔 어디나 경건이 있는 것은 아닐세. 경건은 올바름의 한 부분이니까. 자네는 이에 동의하는가, 아니면 의견을 달리하는가?

21 서사시권 서사시 『퀴프리아』(*Kypria* '퀴프로스에서 쓴 시')를 쓴 스타시노스(Stasinos)를 말한다. 단편만 남아 있는 이 서사시에는 펠레우스(Peleus)와 테티스(Thetis)의 결혼식, 파리스(Paris)의 심판, 헬레네(Helene)의 납치, 그리스 연합함대의 집결, 희생되려는 순간 이피게네이아(Iphigeneia)를 아르테미스(Artemis) 여신이 구한 이야기가 포함되어 있다.

22 『퀴프리아』 단편 20 (Kinkel).

에우튀프론 아니요, 동의합니다. 선생님 말씀이 옳은 것 같으니까요.

소크라테스 그렇다면 그다음 것을 보게. 만약 경건이 올바름의 한 부분이라면 우리는 올바름의 어떤 부분이 경건인지 찾아내야 할 것 같네. 내가 방금 말한 것 가운데 어떤 것을 자네가 묻는다면 이를테면 수의 어떤 부분이 짝수이고 어떤 수가 짝수인지 묻는다면, 나는 '똑같은 두 부분으로 나눠지지 않는 수가 아니라 똑같은 두 부분으로 나눠는 수'라고 말할 걸세. 자네는 그렇게 생각하지 않는가?

에우튀프론 저는 그렇게 생각합니다.

e **소크라테스** 자네도 이처럼 올바름의 어떤 부분이 경건인지 내게 가르쳐 주게. 무엇이 경건하고 신성하며, 무엇이 그렇지 않은지 내가 자네에게 충분히 배운 만큼, 더이상 내게 불의한 짓을 하거나 불경죄로 나를 고발하지 말라고 멜레토스에게 말할 수 있도록 말일세.

에우튀프론 그러면 소크라테스 선생님, 제 생각은 이렇습니다. 올바름의 부분 가운데 신들을 돌보는 일과 관계가 있는 것은 경건하고 신성하며, 인간들을 돌보는 일과 관계가 있는 것이 올바름의 나머지 부분입니다.

소크라테스 에우튀프론, 훌륭하게 말해주었네. 사소한 것이기는 하지만
13a 아직도 내가 알고 싶은 게 있네. 자네가 말하는 '돌봄'이 무슨 뜻인지 나는 모르겠네. 자네 말은 우리가 다른 것들을 돌보듯이 신들을 돌본다는 뜻은 아닐 테니까. 예를 들어 우리는 누구나 말을 돌볼 줄 아는 것이 아니라, 마부만이 그럴 줄 안다고 말하네. 그렇지 않은가?

에우튀프론 물론입니다.

소크라테스 그렇다면 마부의 기술은 말을 돌보는 것이겠지?

에우튀프론 네.

소크라테스 그리고 누구나 사냥개를 돌볼 줄 아는 것이 아니라, 사냥꾼만이 그럴 줄 아네.

에우튀프론 그렇습니다.

소크라테스 그렇다면 사냥꾼의 기술은 개를 돌보는 기술일세.

에우튀프론 네. b

소크라테스 소 먹이는 기술은 소떼를 돌보는 기술일세.

에우튀프론 물론입니다.

소크라테스 그리고 에우튀프론, 경건과 신들을 공경하는 것은 신들을 돌보는 기술이고? 자네는 그렇게 말하겠지?

에우튀프론 저는 그렇게 말하겠습니다.

소크라테스 그러면 모든 돌봄은 같은 목적을 달성하려는 게 아닐까? 말하자면 그것은 돌봄을 받는 쪽에게 좋은 것과 유익한 것을 목표로 삼네. 마부가 돌봄으로써 말이 덕을 보고 더 좋아지는 것을 볼 수 있듯이 말일세. 자네는 그렇게 생각하지 않는가?

에우튀프론 저는 그렇게 생각합니다.

소크라테스 그리고 사냥개는 사냥꾼의 기술의 덕을 보고, 소떼는 소 먹
이는 목자의 기술의 덕을 보고, 그 밖의 모든 것도 마찬가지일 걸세. 아 c
니면 자네는 돌봄이 돌봄을 받는 쪽에게 해를 끼치는 것을 목표로 삼는다고 생각하는가?

에우튀프론 제우스에 맹세코, 저는 그렇게 생각하지 않습니다.

소크라테스 그렇다면 돌봄을 받는 쪽에게 유익한 것을 목표로 삼겠지?

에우튀프론 왜 아니겠습니까?

소크라테스 그러면 경건도 신들을 돌보는 것인 만큼 신들에게 유익하고 신들을 더 훌륭하게 만들겠지? 그래서 자네가 경건한 행위를 할 때마다 여러 신 가운데 한 분을 더 좋게 만든다는 데 동의하는가?

에우튀프론 제우스에 맹세코, 동의하지 않습니다.

소크라테스 에우튀프론, 나도 자네 말이 그런 뜻이라고는 생각하지 않네. 천만의 말씀. 그래서 자네가 말하는, 신들을 돌보는 것이 무슨 뜻이
d 냐고 내가 물은 걸세. 나는 자네 말이 그런 뜻이 아니라고 믿었으니까.

에우튀프론 옳은 말씀입니다, 소크라테스 선생님. 제 말은 그런 뜻이 아니었어요.

소크라테스 좋아. 그렇다면 어떻게 신들을 돌보는 것이 경건일까?

에우튀프론 소크라테스 선생님, 노예가 주인을 돌보는 그런 종류의 돌봄입니다.

소크라테스 알겠네. 그렇다면 그것은 신들에게 하는 일종의 봉사인 것 같구먼.

에우튀프론 물론입니다.

소크라테스 그렇다면 의사에게 봉사하는 기술이 어떤 목적을 달성하는 데 봉사하는지 말해줄 수 있겠나? 건강이 아닐까?

에우튀프론 저는 그렇게 생각합니다.

e **소크라테스** 배를 건조하는 목수에게 봉사하는 기술은 어떤가? 그것은 어떤 목적을 달성하는 데 봉사할까?

에우튀프론 분명 배를 건조하는 데 봉사합니다, 소크라테스 선생님.

소크라테스 그리고 집 짓는 목수에게 봉사하는 기술은 집을 짓는 데 봉사하겠지?

에우튀프론 네.

소크라테스 말해주게, 여보게. 신들에게 봉사하는 기술은 어떤 목적을 달성하는 데 봉사하는가? 자네는 종교에 관해서는 누구보다도 잘 안다고 자부하는 만큼 분명히 알고 있을 걸세.

에우튀프론 그리고 제가 말씀드리는 것은 사실입니다, 소크라테스 선생님.

소크라테스 그렇다면 제우스에 맹세코, 말해주게. 신들이 우리를 조력자로 이용함으로써 이루려고 하는 그 놀라운 일이 도대체 무엇인가?

에우튀프론 신들은 수많은 훌륭한 일을 이룹니다, 소크라테스 선생님.

소크라테스 여보게, 장군들도 그런다네. 그럼에도 자네는 전쟁에서 승리 14a
를 쟁취하는 것이 그들의 주된 관심사라고 쉽게 말할 수 있을 걸세. 그렇지 않은가?

에우튀프론 왜 아니겠습니까?

소크라테스 내 생각에 농부들도 수많은 훌륭한 일을 이루네. 하지만 그들의 주된 업적은 땅에서 먹을거리를 얻는 일일세.

에우튀프론 물론입니다.

소크라테스 신들이 이루는 수많은 훌륭한 일은 어떤가? 그중 어떤 것이 그들의 주된 활동인가?

에우튀프론 소크라테스 선생님, 이런 모든 것이 어떠한지 정확히 아는
것은 결코 쉬운 일이 아니라고 제가 조금 전에 말씀드렸을 텐데요. 그렇 b

지만 간단히 말씀드리겠어요. 어떤 사람이 기도하거나 제물을 바칠 때 어떻게 말하고 어떻게 행동해야 신들을 기쁘게 한다는 것을 안다면, 그것은 경건한 것이며 그런 행위는 개개인의 가정과 나라를 구합니다. 그리고 신들을 기쁘게 하는 것과 반대되는 것들은 불경하며 모든 것을 뒤엎고 파괴합니다.

소크라테스 에우튀프론, 자네는 그리하기로 마음먹었다면 내가 물은 것들에 훨씬 더 간략하게 답변했을 걸세. 하지만 자네는 내게 가르쳐주고
c 싶지 않은 게 분명해. 답변에 다가선 순간 옆으로 피해버렸으니까. 답변했더라면 나는 경건함이 무엇인지 자네한테서 이미 충분히 배웠을 걸세. 하지만 지금은 질문하는 사람은 질문받는 사람이 인도하는 대로 따라갈 수밖에 없네. 그래서 다시 묻겠는데, 자네가 말하는 경건한 것 또는 경건이란 대체 무엇인가? 그것은 제물을 바치고 기도할 줄 아는 일종의 지식이 아닐까?

에우튀프론 저는 그렇다고 생각해요.

소크라테스 제물을 바치는 것은 신들에게 선물을 바치는 것이고, 기도하는 것은 신들에게 청하는 것이겠지?

에우튀프론 그렇습니다, 소크라테스 선생님.

d **소크라테스** 자네 말대로라면, 경건이란 신들에게 청하고 선물을 바칠 줄 아는 지식일 걸세.

에우튀프론 소크라테스 선생님, 제 말뜻을 아주 제대로 이해하셨어요.

소크라테스 에우튀프론, 그것은 내가 자네의 지혜에 열광하고, 자네가 하는 말을 한 마디도 놓치지 않으려고 정신을 집중하기 때문일세. 말해

주게. 신들에게 이렇게 봉사한다는 것이 대체 무엇인가? 그것은 신들에게 청하고 신들에게 바치는 것이라고 자네는 주장하는가?

에우튀프론 저는 그렇다고 주장합니다.

소크라테스 올바르게 청하는 것은 우리에게 필요한 것들을 신들에게 청하는 것이 아닐까?

에우튀프론 그게 아니면 무엇이겠습니까?

소크라테스 그리고 올바르게 바치는 것은 우리한테서 필요한 것들을 신 e
들에게 보답으로 바치는 것이겠지? 어떤 사람에게 필요 없는 것을 바치는 것은 기술이라 할 수 없을 테니까.

에우튀프론 맞는 말씀입니다, 소크라테스 선생님.

소크라테스 그렇다면 에우튀프론, 경건이란 신들과 인간들 사이의 일종의 거래 기술일 걸세.

에우튀프론 거래 기술이지요, 그렇게 부르는 것이 더 마음에 드신다면 말입니다.

소크라테스 하지만 참이 아니라면 어떤 것도 마음에 든다고 말하고 싶지 않네. 내게 말해보게. 우리한테서 선물을 받음으로써 신들에게 무슨 이득이 생기는가? 신들이 우리에게 무엇을 주는지는 누구나 다 아
니까. 좋은 것치고 신들이 우리에게 주지 않은 것은 아무것도 없으니 말 15a
일세. 하지만 우리한테서 받는 것들에서 신들에게 무슨 이득이 생기는가? 아니면 그 거래에서 우리가 신들보다 훨씬 많은 이득을 보게 되어 우리는 신들한테서 좋은 것을 다 얻지만 신들은 우리한테서 아무것도 얻지 못하는가?

에우튀프론 소크라테스 선생님, 선생님은 신들이 우리한테서 받는 것들이 과연 신들에게 이득이 된다고 생각하세요?

소크라테스 에우튀프론, 우리가 신들에게 바치는 이 선물들은 대체 무엇일까?

에우튀프론 존경과 찬양과, 제가 방금 말씀드린 감사하는 마음 외에 무엇이라고 생각하세요?

b **소크라테스** 그러면 에우튀프론, 경건이란 신들에게 감사하는 것이고 신들에게 유익하거나 사랑받는 것이 아닌가?

에우튀프론 저는 그 무엇보다도 사랑받는 것이라고 생각합니다.

소크라테스 그러면 경건은 또다시 신들에게 사랑받는 것인 듯하네.

에우튀프론 그렇고말고요.

소크라테스 자네가 그런 말을 한다면, 자네가 한 말들이 머물러 있지 않고 걸어서 돌아다니는 것처럼 보여 놀라움을 금치 못할 걸세. 그런데도 나를 그것들이 걸어 다니게 만든 다이달로스라고 탓할 텐가? 자네 자신이 다이달로스보다 훨씬 재주가 좋아 그것들이 빙빙 돌아다니게 만들면서 말일세. 아니면 자네는 우리 논의가 돌고 돌아 원점으로 되돌아온
c 것도 보이지 않는가? 자네도 기억하겠지만, 조금 전 논의에서 경건한 것과 신들에게 사랑받는 것은 같은 것이 아니라 서로 다른 것으로 우리에게 드러났으니 말일세. 자네는 기억나지 않는가?

에우튀프론 기억납니다.

소크라테스 그러면 자네가 지금 신들에게 사랑받는 것이 경건한 것이라고 말하고 있다는 것을 깨닫지 못하겠는가? 아니면 신들에게 사랑받는

것이 경건한 것이 아닌가?

에우튀프론 분명히 그렇습니다.

소크라테스 그렇다면 조금 전 우리 결론이 잘못된 것이거나, 그것이 옳은 것이라면 지금의 우리 논의가 잘못된 것일세.

에우튀프론 그런 것 같아요.

소크라테스 그렇다면 우리는 경건이 무엇인지 처음부터 다시 탐구해야
하네. 그걸 알기 전에 나는 자진하여 포기할 의사는 없으니까. 그러니
나를 우습게 보지 말고 최대한 정신을 가다듬어 진실을 말해주게. 세상 d
에 누가 진실을 안다면 그것은 자네이고, 진실을 말하기 전에는 자네는
프로테우스[23]처럼 붙잡혀 있어야 하네. 자네가 경건한 것과 불경한 것
을 명확히 알고 있지 않았더라면 품팔이꾼을 죽였다고 해서 늙으신 아
버지를 감히 고발하지는 못했을 테니 말일세. 오히려 자네의 행위가 잘
못된 것일 경우 그런 모험을 하다가 신들의 노여움을 살까 두렵고 사람
들을 볼 면목이 없었을 걸세. 하지만 경건한 것이 무엇이고 경건하지 못 e
한 것이 무엇인지 자네가 분명히 안다고 믿는다는 것을 나는 잘 알고 있
다네. 그러니 가장 훌륭한 에우튀프론이여, 자네는 그것이 무엇이라고
생각하는지 내게 말해주고 숨기지 말게.

에우튀프론 소크라테스 선생님, 다른 기회에 말씀드릴게요. 지금은 다른

23 Proteus. 자유자재로 변신할 수 있는 해신(海神). 그는 트로이아 전쟁이 끝나고 귀국하다 이집트로 표류한 메넬라오스(Menelaos) 일행에게 붙잡혀 마지못해 귀국길을 알려준다. 호메로스, 『오뒷세이아』(*Odysseia*) 4권 382행 이하 참조.

곳에 볼일이 있어 제가 가봐야 할 시간이거든요.

소크라테스 이 사람, 이게 무슨 짓인가? 내가 큰 희망을 품게 해놓고는 기대를 저버리고 가버리다니. 자네한테서 경건한 것이 무엇이고 경건하
16a 지 못한 것이 무엇인지 배운 다음 내가 에우튀프론 덕분에 종교에 관한 한 이미 지혜로워졌고, 무지한 탓에 종교와 관련하여 더는 분별없는 짓을 하거나 개혁을 시도하지 않을 것이라는 것을 멜레토스에게 보여줌으로써 그의 고발에서 벗어날뿐더러 앞으로는 더 나은 삶을 살게 될 것이라는 희망을 품었었는데 말일세.

에우튀데모스

논쟁에 관하여

대담자
크리톤(Kriton), 소크라테스

소크라테스의 이야기에 등장하는 인물들
소크라테스, 에우튀데모스, 디오뉘소도로스(Dionysodoros), 클레이니아스(Kleinias), 크테십포스(Ktesippos)

271a **크리톤** 소크라테스, 어제 자네가 뤼케이온[1]에서 대담한 사람은 누구였나? 하도 많은 청중이 자네 일행을 둘러서 있는 바람에 내가 다가가 듣고 싶었지만 아무것도 또렷이 들을 수 없었네. 하지만 내가 목을 쑥 빼고 언뜻 보니 자네가 대담하는 사람은 외지인 같던데, 그가 누구였지?

소크라테스 크리톤, 더 정확하게 물어야지. 그들은 한 명이 아니라 두 명이었네.

크리톤 한 사람 건너 자네 오른쪽에 앉아 있던 사람 말일세. 자네들 두
b 명 사이에는 악시오코스[2]의 어린 아들이 앉아 있었네. 그런데 소크라테스, 내가 보기에 그 소년은 훌쩍 자라 내 아들 크리토불로스[3]만큼 키가 컸더군. 하지만 내 아들은 좀 여윈 편인데 그 소년은 헌헌장부로 잘

자랐더군.

소크라테스 크리톤, 자네가 묻는 사람은 에우튀데모스이고, 내 왼쪽에 앉아 있던 사람은 그의 형인 디오뉘소도로스인데, 그도 우리 대담에 참가했지.

크리톤 소크라테스, 나는 그들 둘 다 알지 못하네. 그들은 새로 나타난 소피스트[4]인 것 같구먼. 그들은 어디 출신이며, 그들의 남다른 지혜[5]는 c
무엇인가?

소크라테스 생각건대 그들은 키오스[6]섬 아니면 그 근처 출신으로 투리오이[7]로 이민을 갔다가 추방되어 이 나라에서 벌써 여러 해 동안 유랑 생활을 하고 있네. 자네가 묻는 그들의 지혜는 놀랍다네, 크리톤. 그 둘은 그야말로 전지(全知)하다네. 나는 전에는 만능선수가 무엇인지 잘 몰랐는데, 그 둘이야말로 진정한 만능선수일세. 아카르나니아 출신 팡크라

1 Lykeion. 아테나이 시 남동쪽에 있는 체육관 겸 공원으로 이곳에 후일 아리스토텔레스가 학원을 개설했다.

2 Axiochos.

3 Kritoboulos.

4 소피스트의 그리스어 sophistes는 형용사 sophos('지혜로운')에서 파생한 명사로 그대로 옮기면 '지혜로운 사람'이란 뜻이다. 이 말은 기원전 5세기에 보수를 받고 지식을 가르쳐주는 순회 교사들을 의미했다. 그들은 수학, 문법, 지리 등 다양한 과목을 가르쳤으나 출세를 위해 젊은이들에게 주로 수사학을 가르쳤다. 진리의 상대성을 주장한 까닭에 '궤변학파'(詭辯學派)라고 불리기도 한다.

5 sophia.

6 Chios. 소아시아 이오니아(Ionia) 지방 앞바다에 있는 섬.

7 Thourioi. 남이탈리아에 아테나이인들이 세운 식민시.

티온 선수 형제[8]와는 다른 의미에서 말일세. 이 형제는 몸으로만 싸울
d 줄 아니까. 그러나 저 둘은 무엇보다도 체력이 잘 단련되어 있고 그런 싸
움에 능하여 상대가 누구든 다 이길 수 있네. 그들 자신도 무장을 하고
싸우는 데 능하지만, 누구든지 수업료만 내면 그런 기술을 남에게 가르
272a 쳐주기에 하는 말일세. 그들은 또한 법정투쟁에도 아주 능하며, 법정에
걸맞은 연설을 하는 법과 그런 연설문을 작성하는 법을 남에게 가르치
기도 하네. 얼마 전까지 그들은 이 분야에만 능했으나, 이제는 만능선
수로서의 자신의 기술을 완성했네. 그들은 아직 시도해보지 않은 유일
한 분야에도 완전히 통달했으며, 그래서 한순간이라도 그들과 감히 대
b 적할 사람이 아무도 없다네. 그들은 말로 싸우거나 참이건 거짓이건 모
든 명제를 반박하는 데서 그런 대가가 되었단 말일세. 그래서 크리톤,
나는 이 두 사람의 제자가 될까 하네. 그들은 누구든 다른 사람도 단기
간에 지금 말한 분야의 대가로 만들 수 있다고 장담하니 말일세.

크리톤 뭐라고, 소크라테스? 그러기에는 자네 나이가 너무 많을까 걱정
되지 않는가?

소크라테스 전혀 걱정되지 않네, 크리톤. 내게는 그런 우려를 불식할 충
분한 증거가 있으니까. 말하자면 그 둘도 내가 갖기를 원하는 이 기술
즉 논쟁술[9]을 배우기 시작했을 때는 이미 나이가 꽤 들었다고 할 걸세.
c 1년 전이나 2년 전만 해도 그들은 아직 지혜롭지 못했네. 내가 우려하는
것은 딱 한 가지, 즉 이 두 외지인이 나 때문에 망신을 당하지 않을까 하
는 것일세. 지금도 내게 키타라 연주법을 가르치고 있는 키타라 연주자,
메트로비오스의 아들 콘노스[10]가 나 때문에 망신을 당한 것처럼 말일

세. 그래서 나와 함께 그에게 배우러 다니는 소년들은 나를 놀려대는가
하면 콘노스를 '영감님들 교사'라고 부른다네. 나는 두 외지인에게도 누
군가 같은 욕을 하고, 그래서 두 외지인이 그런 일이 일어날까 봐 나를
제자로 받아주지 않을까 두렵다네. 크리톤, 나는 다른 노인들도 나와 함
께 가서 콘노스에게 배우도록 설득했듯이, 이번에도 다른 노인들을 설
득해볼 참이네. 나는 자네도 함께 갈 것이라고 믿네. 그리고 우리는 자 d
네 아들들을 그들을 유인하기 위한 미끼로 쓸 걸세. 그들은 자네 아들
들을 끌어들이고 싶은 욕심에서 우리도 확실히 제자로 받아줄 테니까.

크리톤 소크라테스, 자네 생각이 정 그렇다면 그렇게 못할 것도 없지. 하지만 우리가 무엇을 배우게 될지 알 수 있도록, 먼저 그 두 사람의 지혜가 무엇인지 설명해주게.

소크라테스 당장 들려주겠네. 내가 그 두 사람에게 주목하지 않았다고
말한다면 그것은 거짓말일 테니까. 사실 나는 그들에게 아주 주목했고
그때 주고받은 말을 기억하고 있는 만큼 그때 있었던 일의 자초지종을
설명해보겠네. 나는 운 좋게도 자네가 나를 본 그 탈의실에 혼자 앉아 e
있었고, 막 일어서서 나가려던 참이었네. 그런데 그 순간 예(例)의 그 신
적인 신호[11]가 나타났네. 그래서 내가 도로 앉자, 잠시 뒤에 이들 두 사

8 아카르나니아(Akarnania)는 그리스반도의 중서부 지방이다. 팡크라티온(pankration)은 권투와 레슬링을 합친 격투기이다. 이들에 관해서는 달리 알려진 것이 없다.

9 eristike.

10 Metrobios, Konnos.

273a 람 에우튀데모스와 디오뉘소도로스가 들어섰고, 그들의 제자로 보이는 사람들 꽤 여러 명이 뒤따랐네. 그 두 사람은 안으로 들어와 주랑(柱廊)을 거닐기 시작했고, 그들이 두세 번을 채 돌지 않았을 때 클레이니아스[12]가 들어왔네. 과연 자네 말처럼 훌쩍 자랐더군. 그의 뒤에는 수많은 연인[13]이 뒤따랐는데, 그들 중에 파이아니아[14] 구역 출신의 젊은이 크테십포스[15]가 본성이 진실로 훌륭한 사람[16]이지만 젊은 까닭에 좀 건방

b 진 편이었네. 클레이니아스는 문간에 들어섰을 때 내가 혼자 앉아 있는 것을 보고는 곧장 내게로 와서 자네 말처럼 내 오른쪽에 앉았네. 디오뉘소도로스와 에우튀데모스는 그를 보고 처음에는 서서 자꾸 우리 쪽을 언뜻언뜻 쳐다보다가—내가 그들을 눈여겨보고 있었거든—나중에는 우리에게로 다가와서 에우튀데모스는 소년 옆에 앉고 디오뉘소도로스는 내 왼쪽 옆에 앉았으며, 나머지 사람들은 각자 되는대로 앉았네.

c 나는 이들 형제를 한동안 보지 못한 터라 만나서 반갑다고 인사를 하고 나서 클레이니아스에게 말했네. "클레이니아스, 이 두 분 에우튀데모스와 디오뉘소도로스는 하찮은 일들에 지혜로운 게 아니라 큰일들에 지혜롭네. 이분들은 전쟁에 관한 모든 것, 다시 말해 부대의 대형과 통솔과 중무장하고 싸우는 법 등 훌륭한 장군이 되려면 반드시 알아야 하는 것을 다 알고 있네. 이분들은 또한 불의를 당하는 사람이 법정에서 자신을 지킬 수 있게 해줄 수도 있네."

d 둘은 그런 말을 하는 나를 분명 우습게 보는 것 같았네. 둘은 서로 쳐다보며 웃더니 에우튀데모스가 이렇게 말했네. "소크라테스님, 그건 이제 우리의 주업이 아니라 부업이랍니다."

내가 놀라 물었네. "그런 중요한 일이 부업이라면 두 분의 주업은 대단한 것이겠소그려. 그러니 부탁하겠소. 그 대단한 일이 대체 무엇인지 말해주시오."

그가 말했네. "미덕[17]이올시다, 소크라테스님. 미덕이라면 우리가 누구보다 더 훌륭하게 더 빨리 가르칠 자신이 있어요."

내가 말했네. "맙소사, 그렇게 엄청난 주장을 하시다니! 어디서 그런 e
횡재를 하셨소? 나는 방금 말했듯이 두 분이 중무장하고 싸우는 데 특히 능하다고 생각했고, 그래서 두 분에 관해 그렇게 말했는데 말이오. 저번에 이곳을 방문했을 때 두 분이 그렇게 말한 것으로 나는 기억하고 있소. 한데 두 분이 정말로 그와 같은 다른 지혜를 갖고 있다면 자비를 베풀어주시오. 보시다시피 나는 그대들이 신인 양 말을 걸며 내가 앞서
말한 것을 용서해주기를 간청하고 있소. 하지만 에우튀데모스님과 디 274a
오뉘소도로스님, 두 분의 그런 주장이 사실인지 잘 살펴보시오. 두 분처럼 엄청난 약속을 하면 누구나 불신하기 마련이니까."

11 '신적인 신호'(semeion to daimonion).

12 Kleinias.

13 erastes. 남자들끼리의 동성애에서 능동적 역할을 하는 연상의 남자. 남자들끼리의 동성애에서 수동적 역할을 하는 연하의 남자는 그리스어로 eromenos 또는 ta paidika라고 한다.

14 Paiania. 앗티케 지방의 174개 구역(demos) 가운데 하나.

15 Ktesippos.

16 '진실로 훌륭한 사람'(kalos kagathos).

17 arete.

그들이 대답했네. "안심하시오, 소크라테스님. 그것은 우리가 말한 그대로입니다."

"그렇다면 나는 그런 지혜를 가진 두 분이야말로 제국을 가진 대왕[18]보다 훨씬 더 행복하다고 축하하겠소. 다만 두 분이 그런 지혜를 증명할 작정인지, 아니면 어떻게 할 계획인지 말해주시오."

"소크라테스님, 그러려고 우리가 이곳에 온 것이랍니다. 원하는 사람
b 이면 누구에게나 그것을 증명하고 가르쳐주려고 말이오."

"단언컨대 그런 지혜를 갖지 못한 사람은 누구나 그런 지혜를 갖고 싶
어 할 겁니다. 우선 나도 그렇고, 여기 있는 클레이니아스도 그렇고, 우
리 말고도 우리 친구 크테십포스도 그렇고, 이들 다른 사람도 그렇다
오." 나는 어느새 우리 주위에 둘러선 클레이니아스의 연인들을 가리키
며 그렇게 말했네. 그렇게 된 것은 크테십포스가 클레이니아스에게서
좀 떨어져 앉았기 때문일세. 에우튀데모스가 나와 이야기하며 상체를
c 앞으로 구부려 우리 둘 사이에 앉아 있던 클레이니아스를 크테십포스
가 보지 못하게 가리는 바람에 크테십포스가 자기 연동을 보고 싶기도
하고 토론을 듣고 싶기도 해서 앉은 자리에서 먼저 벌떡 일어서 우리 맞
은편에 자리잡고 섰고, 그러자 다른 사람들 즉 클레이니아스의 연인들
과 에우튀데모스와 디오뉘소도로스의 추종자들도 그가 그러는 것을
보고 우리 주위에 둘러섰으니 말일세. 이들을 가리키며 나는 모두가 배
울 준비가 되어 있다고 에우튀데모스에게 말했네. 그러자 크테십포스
d 도 전적으로 동의했고 다른 사람들도 그렇게 했네. 그들은 두 사람에게
그들의 지혜의 힘을 증명해달라고 한목소리로 간청했네.

그래서 내가 말했네. "에우튀데모스님과 디오뉘소도로스님, 두 분은
이 사람들을 만족시키기 위해 부디 최선을 다하고 나를 위해서도 그것
을 증명해주시오. 물론 그것을 전부 다 증명하는 것은 분명 방대한 일
이겠지요. 하지만 이것만은 말해주시오. 그대들은 어떤 사람을 훌륭하
게 만들 수 있나요? 그대들에게 배워야 한다고 이미 확신하는 사람뿐인
가요, 아니면 미덕이란 것은 아예 배울 수 없는 것이라고 믿기에 또는 그 e
대들이 그것을 가르칠 만한 교사가 못 된다고 생각하기에 그렇게 확신
하지 못하는 사람도 훌륭하게 만들 수 있나요? 자, 말해주시오. 그런 사
람에게도 미덕이란 가르쳐질 수 있는 것이며, 그대들이야말로 미덕을
가장 잘 가르칠 수 있는 사람들이라고 확신시키는 것은 바로 그 기술이
할 일인가요, 아니면 다른 기술이 할 일인가요?"

디오뉘소도로스가 말했네. "그것은 그 기술이 할 일이오, 소크라테
스님."

내가 말했네. "그렇다면 디오뉘소도로스님, 두 분 형제는 지혜[19]를 사 275a
랑하고 미덕을 돌보도록 권유하는 일을 지금 살아 있는 사람들 중에서
가장 잘 해낼 수 있다는 건가요?"

"우리는 그렇다고 생각하오, 소크라테스님."

내가 말했네. "다른 것들을 증명하는 일은 다음 기회로 미루고 이 하
나만 증명해보시오. 두 분은 여기 이 소년에게 지혜를 사랑하고 미덕을

18 megas basileus. 페르시아 왕.

19 philosophia. 문맥에 따라 '철학'으로 옮길 수도 있다.

돌보아야 한다고 설득해주시오. 그러면 나를 비롯해 지금 여기 모인 모든 사람이 두 분에게 고마워할 것이오. 나도 여기 모인 이들 모두도 이 소년이 최대한 훌륭한 사람이 되기를 간절히 바라기 때문이지요. 이 소년은 노(老)알키비아데스[20]의 아들인 악시오코스의 아들이고, 지금 살
b 아 있는 알키비아데스의 친사촌으로 이름은 클레이니아스라고 합니다. 그가 아직은 어린지라 우리는 다른 소년들을 걱정하듯 그를 걱정한답니다. 누군가 선수를 써서 그의 마음을 다른 데로 돌려 그를 망치지나 않을까 해서 말이오. 그러고 보니 그대들 두 분은 때맞춰 잘 오셨소이다. 괜찮으시다면 두 분은 이 소년을 떠보고 우리 앞에서 대화를 나눠 보시죠."

내가 그렇게 말했을 때 에우튀데모스가 용감하고 자신만만하게 말
c 했네. "소크라테스님, 나는 괜찮습니다. 소년이 대답하려고만 한다면 말이오."

내가 말했네. "그는 그런 일에는 숙달되어 있어요. 여기 이 사람들이 자꾸 그에게 다가가 수많은 질문을 해대며 그와 대화하기에 그는 대답하는 데는 아주 자신만만하거든요."

크리톤, 그다음에 일어난 일을 어떻게 해야 내가 자네에게 적절히 이야기할 수 있을까? 그들의 그토록 엄청난 지혜를 세세히 되살려내는 것이 작은 일이 아니기에 하는 말일세. 그래서 나는 시인들처럼 무사 여신
d 들과 므네모쉬네 여신[21]을 부르는 것으로 이야기를 시작해야 할 것 같네. 어쨌거나 내가 기억하기에 에우튀데모스는 대충 다음과 같은 말로 시작했네. "클레이니아스, 배우는 사람들은 어떤 사람들인가? 지혜로

운 사람들인가, 무지한 사람들인가?"

그러자 소년은 어려운 질문을 받고 얼굴이 벌게지더니 어쩔 줄 몰라 하며 나를 바라보았네. 그가 당황한 것을 알고 내가 말했네. "클레이니아스, 기운을 내게. 자네에게는 어느 쪽이라고 생각되는지 용감하게 대 e
답하게. 그러는 것이 자네에게 아마도 큰 덕이 될 걸세."

그때 디오뉘소도로스가 만면에 웃음을 띠며 내 쪽으로 몸을 기울여 내 귀에 대고 속삭였네. "소크라테스님, 내 그대에게 미리 일러두거니와 저 소년은 어떤 대답을 하더라도 논박당할 겁니다."

그가 그렇게 말하는 사이 클레이니아스가 대답을 해버려 나는 소년에게 조심하라고 조언해줄 수가 없었고, 클레이니아스는 지혜로운 사 276a
람들이 배우는 사람들이라고 대답했네.

그러자 에우튀데모스가 말했네. "자네가 선생이라고 부르는 사람들이 있는가? 아니면 없는가?" 있다는 데 클레이니아스가 동의했네. "선생들은 배우는 사람들의 선생이겠지? 마치 자네들이 학생일 때 키타라 교사와 글쓰기 교사가 자네와 다른 소년들의 선생이듯이 말일세."

20 펠로폰네소스전쟁(기원전 431~404년) 때 아테나이의 정치가이자 장군이었던 알키비아데스(Alkibiades)를 말한다. 그는 기원전 404년 44살에 죽었는데, 그에게는 두 아들 클레이니아스와 악시오코스가 있었다. 그리고 클레이니아스에게는 할아버지와 이름이 같은 알키비아데스라는 아들이, 악시오코스에게는 삼촌과 이름이 같은 클레이니아스라는 아들이 있었다.

21 무사(Mousa 복수형 Mousai)는 시가(詩歌)의 여신이고, 므네모쉬네(Mnemosyne)는 기억의 여신으로 무사 여신들의 어머니이다.

클레이니아스가 동의했네.

“그리고 자네들이 배울 때는 자네들이 배우는 것들을 아직 알지 못했겠지?

“알지 못했습니다.” 하고 그가 말했네.

“그런 것들을 알지 못했을 때 자네들은 지혜로웠을까?”

b “그렇지 않았습니다.” 하고 그가 말했네.

“지혜롭지 못했다면 무지했겠지?”

“물론입니다.

“그렇다면 알지 못하는 것을 배웠을 때 자네들은 무지한 자로서 배운 걸세.”

그러자 소년이 머리를 끄덕였네.

“그렇다면 클레이니아스, 배우는 자들은 무지한 자들이지, 자네 생각처럼 지혜로운 자들이 아닐세.”

그가 그렇게 말하자 감독에게 신호를 받은 합창가무단처럼 디오뉘소
c 도로스와 에우튀데모스의 추종자들이 일제히 갈채를 보내며 웃음을
터뜨렸네. 소년에게 숨 돌릴 틈도 주지 않고 디오뉘소도로스가 토론을
이어받아 이렇게 말했네. “어떤가, 클레이니아스? 글쓰기 교사가 자네
들에게 음송할 때 그것을 배운 소년들은 어떤 소년들인가? 지혜로운 소
년들인가, 무지한 소년들인가?”

“지혜로운 소년들입니다.” 하고 클레이니아스가 말했네.

“그렇다면 배우는 자들은 지혜로운 자들이지 무지한 자들이 아닐세. 그러니 자네는 방금 에우튀데모스에게 틀린 대답을 한 걸세.”

그러자 이 두 사람을 사모하는 자들이 이 두 사람의 지혜에 감탄하여 아주 요란하게 웃으며 갈채를 보냈네. 하지만 우리들 다른 사람들은 놀라서 잠자코 있었네. 에우튀데모스는 우리가 놀라는 것을 보고 우리를 더욱더 놀라게 하려고 소년을 놓아주지 않고 질문을 해댔네. 능숙한 무용수처럼 같은 질문을 요리조리 비틀며, "배우는 사람들은 아는 것을 배우는가, 아니면 알지 못하는 것을 배우는가?" 하고 물었으니 말일세. d

그리고 디오뉘소도로스가 다시 내게 나직이 속삭였네. "소크라테스님, 이것도 먼젓번 것과 똑같은 것이지요." e

내가 말했네. "제우스에 맹세코, 두 분의 첫 번째 질문도 분명 훌륭한 질문이었을 텐데요."

그가 말했네. "소크라테스님, 우리 질문은 모두 그처럼 벗어날 수 없는 올가미랍니다."

"그래서 두 분이 제자들 사이에서 명성이 자자한 것 같군요." 하고 내가 말했네. 그때 클레이니아스가 배우는 사람들은 알지 못하는 것을 배운다고 에우튀데모스에게 대답했네. 그러자 에우튀데모스가 앞서와 같은 방식으로 질문을 해댔네. "어떤가? 자네는 글자를 알지 못하는가?" 277a

클레이니아스가 대답했네. "압니다."

"글자를 다 아는가?"

그가 동의했네.

"누군가 무엇을 음송한다면 문자를 음송하지 않을까?"

그가 동의했네.

"자네가 정말로 문자를 다 안다면 그는 자네가 아는 것을 음송하지 않을까?"

그것에도 그는 동의했네.

" 어떤가?" 하고 에우튀데모스가 물었네. "누군가가 음송하는 것을 배우는 것은 자네가 아니라, 글자를 모르는 사람이 글자를 배우는 것 아닐까?"

"아니, 내가 배우는 겁니다." 하고 클레이니아스가 대답했네.

b "그렇다면 자네는 아는 것을 배우는 걸세. 자네가 문자를 다 안다면 말일세." 하고 에우튀데모스가 말했네.

클레이니아스가 동의했네.

"그렇다면 자네는 틀린 대답을 한 걸세." 하고 에우튀데모스가 말했네.

그가 하던 말을 채 끝내기도 전에 디오뉘소도로스가 논의를 공처럼 넘겨받아 또다시 소년을 겨냥하며 말했네. "클레이니아스, 에우튀데모스가 자네를 속이고 있네. 내게 말해보게. 배운다는 것은 자기가 배우는 것에 대한 지식을 받아들이는 것 아닌가?"

클레이니아스가 동의했네.

디오뉘소도로스가 말을 이었네. "안다는 것은 바로 이미 지식을 가지고 있는 것이겠지?"

클레이니아스가 동의했네.

"그러면 알지 못한다는 것은 아직은 지식을 가지고 있지 않다는 것이겠지?"

c 클레이니아스가 그에게 동의했네.

“무엇인가를 받아들이는 사람들은 이미 가지고 있는 사람들인가, 아니면 가지고 있지 않은 사람들인가?”

“가지고 있지 않은 사람들입니다.”

“그러면 자네는 알지 못하는 사람들도 가지고 있지 않은 사람들에 속한다는 것을 인정한 것 아닌가?” 클레이니아스가 머리를 끄덕였네. “그리고 배우는 사람들은 받아들이는 사람들에 속하고 가지고 있는 사람들에 속하지 않겠지?”

클레이니아스가 동의했네.

“그러니 클레이니아스, 배우는 것은 알지 못하는 사람들이지 아는 사람들이 아닐세.”

에우튀데모스가 이 레슬링 시합에서 소년을 세 번째로 메어치려고 d
서둘렀을 때 나는 소년이 곤경에 처한 것을 보고는 완전히 주눅 들지 않도록 숨 돌릴 틈을 주려고 이런 말로 격려했네. “클레이니아스, 자네에게 그런 논리들이 낯설어 보인다고 놀라지 말게. 그건 아마도 두 분 내방객이 자네에게 무엇을 하고 있는지 자네가 알지 못하기 때문일 걸세. 두 분은 코뤼바스[22]들이 입교식에서 새로 입교시킬 사람을 왕좌에 앉힐 때 하는 것과 같은 짓을 자네에게 하고 있는 걸세. 혹시 입교식을 치렀다면 자네도 알겠지만 그때는 춤과 익살도 곁들이네. 그래서 지금 이 두 분도 이따가 자네를 입교시키려고 유희 삼아 자네 주위에서 춤출 뿐 e

22 Korybas 복수형 Korybantes. 소아시아의 지모신(地母神) 퀴벨레(Kybele)의 사제들로 피리 반주에 맞춰 미친 듯이 춤추었다고 한다.

일세. 그러니 소피스트 의식의 첫 부분을 듣고 있다고 생각하게. 사실 프로디코스[23]의 말처럼, 자네는 맨 먼저 어휘의 올바른 용법부터 배워야 하네. 두 분 내방객이 지적하는 것도 바로 그 점일세. 사람들이 '배우다'라는 말을 두 가지 의미로 사용하고 있다는 것을 자네가 알지 못했기 때문일세. 첫째, 어떤 사람이 처음에는 어떤 것에 대해 지식을 가지
278a 고 있지 않다가 나중에 그 지식을 습득하는 경우에도 그 말을 사용하고 둘째, 이미 지식을 가진 자가 그 지식을 이용해 행위든 말이든 같은 대상을 검토할 때도 그 말을 사용하네. 나중 경우는 사람들이 '배우다'라고 부르기보다 '이해하다'라고 부르기는 하지만 '배우다'라고 부를 때도 있네. 그런데 이분들이 보여주듯이 자네는 그 점을 간과한 걸세. 상반된 처지에 있는 사람들에게 즉 아는 사람과 알지 못하는 사람에게 같은
b 어휘가 사용된다는 것 말일세. 사람들이 아는 것을 배우는지 알지 못하는 것을 배우는지 물은 이분들의 두 번째 질문도 그 점에서는 비슷하네. 이런 것들이 배움의 놀이 같은 부분이고, 그래서 나는 이분들이 자네를 데리고 놀이를 한다고 말하는 걸세. 내가 그것을 놀이라고 부르는 것은, 누군가 그런 것들을 많이 또는 다 배운다 해도 사물이 실제로 어떠한지는 조금도 더 잘 알지 못하고 어휘들의 의미 차이에 힘입어 딴죽을 걸거나 넘어뜨림으로써 사람들을 갖고 놀기 때문일세. 누군가 의자
c 를 빼자 그 순간 의자에 앉으려던 사람이 벌러덩 자빠지는 것을 보고 재미있다고 웃는 사람들처럼 말일세. 그런 것들은 모두 이분들이 자네에게 장난치는 것이라고 생각하게. 이분들은 앞으로는 분명 진지한 것들을 자네에게 보여줄 것이고, 이분들이 내게 약속한 것을 주도록 내가 이

분들의 길라잡이 노릇을 하겠네. 자네도 기억하겠지만 이분들은 권유 하는 기술을 보여주겠다고 약속했으니까. 그런데 그러기 전에 먼저 자네에게 장난을 쳐보아야겠다고 생각하신 것 같네.

에우튀데모스님과 디오뉘소도로스님, 장난치는 것은 그쯤 하세요.
그 정도면 아마 충분할 겁니다. 이번에는 이 소년에게 지혜와 미덕을 돌 d
보는 일에 전념해야 한다는 것을 설득하고 증명해주시오. 그런데 먼저
내가 이 문제를 어떻게 생각하며, 어떤 말을 듣고 싶어 하는지 두 분에
게 설명하겠소. 그리고 내가 하는 짓이 서투르고 우스워 보이더라도 두
분은 나를 비웃지 마시오. 나는 두 분의 지혜를 듣겠다는 일념에서 두
분 앞에서 감히 즉석연설을 하는 것이니까요. 그러니 두 분도 두 분의 e
제자들도 꾹 참고 웃지 말고 들어주시오. 그리고 악시오코스의 아들이
여, 자네는 내게 대답하게. 사람은 누구나 잘나가기[24]를 원하는 걸까?
아니면 이런 질문은 내가 방금 우려한 우스운 질문 가운데 하나인가?
그런 것을 묻는 것 자체가 멍청한 짓이니까. 사실 잘나가기를 원하지 않
는 사람이 어디 있겠는가?"

"그런 사람은 한 명도 없습니다." 하고 클레이니아스가 대답했네.

그래서 내가 말했네. "좋아. 그다음 질문은 우리가 잘나가기를 원하 279a
는 만큼 어떻게 해야 잘나갈 수 있느냐는 것일세. 우리에게 좋은 것이
많이 있으면 그럴까? 아니면 이번 질문은 먼젓번 질문보다 더 어리석은

23 Prodikos. 케오스(Keos)섬 출신의 소피스트로 소크라테스와 동년배이다.

24 eu prattein. 문맥에 따라 '잘하다' '잘되다'로 옮길 수도 있다.

질문인가? 그렇다는 것이 분명한 것 같기에 하는 말일세."

클레이니아스가 동의했네.

"자, 존재하는 것들 중에 어떤 것들이 우리에게 좋은 것인가? 아니면 그것은 어려운 질문도 아니고, 대답을 하려면 근엄한 인물이 필요한 것도 아닌가? 부유한 것이 좋다고 누구나 우리에게 말해줄 수 있을 테니까. 그렇지 않은가?"

"물론입니다." 하고 그가 말했네.

b "그렇다면 건강한 것과 잘생긴 것과, 몸과 관련하여 그 밖의 다른 복을 타고나는 것도 마찬가지겠지?" 그가 동의했네.

"또한 좋은 가문과 권력과 자기 나라에서의 명예도 분명 좋은 것이겠지?"

그가 동의했네.

그래서 내가 물었네. "그렇다면 좋은 것들 중에 아직 우리에게 남아 있는 것은 무엇인가? 절제 있는 것과 올바른 것과 용감한 것은 어떤가? 클레이니아스, 말해보게. 자네는 우리가 어떻게 할 때 그런 것들을 제자리에 놓는다고 생각하는가? 우리가 그런 것들을 좋은 것으로 분류할 때인가, 아니면 그렇게 분류하지 않을 때인가? 이의를 제기할 사람이 있을 것 같아 묻는 걸세. 자네 생각은 어떤가?"

"그런 것들은 좋은 것들입니다." 하고 클레이니아스가 대답했네.

c 그래서 내가 말했네. "좋아. 지혜는 우리 대열의 어디쯤에 배치할까? 좋은 것들 사이에 배치할까? 아니면 어떻게 말할 텐가?"

"좋은 것들 사이에 배치해야지요."

"좋은 것들 가운데 언급할 가치가 있는 것은 하나도 빠뜨리지 않도록 조심하게."

"제가 생각하기에 우리가 빠뜨린 것은 하나도 없는 것 같아요." 하고 클레이니아스가 대답했네.

그러자 한 가지가 생각나서 내가 말했네. "맙소사, 우리는 하마터면 좋은 것들 중에서 가장 중요한 것을 빠뜨릴 뻔했구먼."

"그게 뭐죠?" 하고 클레이니아스가 물었네.

"행운[25]일세, 클레이니아스. 누구나 행운을 좋은 것들 중에서 가장 중요한 것이라고 말하고, 가장 멍청한 바보도 그렇게 말한다네."

그가 말했네. "맞는 말씀입니다."

나는 또다시 생각나는 게 있어 말했네. "악시오코스의 아들이여, 하 d
마터면 자네와 내가 내방객들 앞에서 웃음거리가 될 뻔했네."

"어째서 그렇지요?" 하고 그가 물었네.

"우리가 앞서 행운을 명단에 포함시켜 놓고는 같은 것에 관해 다시 논의했기 때문이지."

"그게 무슨 말씀이신지요?"

"어떤 것이 아까부터 우리 앞에 있었는데 그것을 다시 우리 앞에 놓고 같은 것에 대해 두 번이나 말한다는 것은 분명 우스운 일일세."

"무슨 뜻으로 그렇게 말씀하시는 거죠?" 하고 그가 물었네.

그래서 내가 대답했네. "지혜는 분명 행운일세. 그것은 어린아이도

25 eutychia.

알 걸세."

그러자 그가 놀라더군. 그는 그만큼 아직 어리고 순진했으니까. 그가
e 놀라는 것을 보고 내가 말을 이었네. "클레이니아스, 예를 들어 피리 연주에 성공하려면 피리 연주자가 누구보다 운이 좋아야 한다는 것도 자네는 모르겠는가?"

그가 이에 동의했네.

"글쓰기 선생과 읽기 선생도 그렇겠지?"

"물론입니다."

"어떤가? 바다의 위험과 관련하여 자네는 설마 어떤 선장이든 지혜로운 선장보다도 운이 더 좋다고는 생각하지 않겠지? 일반적으로 말해서 말일세."

"물론 그렇게 생각하지 않아요."

"어떤가? 전쟁터에 나간다면 자네는 어느 쪽과 위험과 운을 기꺼이
280a 나눌 텐가? 지혜로운 장군인가, 무지한 장군인가?"

"지혜로운 장군입니다."

"어떤가? 자네가 몸이 아프다면 어느 쪽과 함께 위험을 견뎌내고 싶은가? 지혜로운 의사인가, 무지한 의사인가?"

"지혜로운 의사입니다."

그래서 내가 말했네. "그것은 자네가 무지한 자보다는 지혜로운 자와 함께할 때 운이 더 좋을 것이라고 생각하기 때문이겠지?"

그가 동의했네.

"그렇다면 지혜는 어디서나 사람들을 운 좋게 만드는구먼. 생각건대

지혜는 결코 실수하게 할 수 없고 반드시 올바로 행하고 성공하게 하기 때문일 걸세. 그렇지 않으면 지혜는 더이상 지혜가 아닐 걸세."

결국 우리는 어떻게 해서 그랬는지는 몰라도 진리는 일반적으로 다 b
음과 같다는 데, 즉 지혜가 있는 사람에게는 별도로 행운이 필요하지 않다는 데 동의했네. 우리가 이에 동의했을 때 나는 앞서 우리가 동의한 것으로 되돌아가 지금은 그것이 어떻겠는지 그에게 물었네. "우리에게 좋은 것이 많이 있으면 행복하고 잘나갈 것이라는 데 우리는 동의했네." 하고 내가 말했네.

그가 동의했네.

"우리가 좋은 것들을 가져서 행복해지려면 좋은 것들이 우리에게 전 c
혀 이롭지 않을 때인가, 이로울 때인가?"

"이로울 때입니다." 하고 그가 말했네.

"우리가 어떤 것을 가지기만 할 뿐 사용하지 않는다면 그것이 우리에게 이로울까? 예를 들어 우리에게 먹을 것이 많이 있는데 먹지 않거나 마실 것이 많이 있는데 마시지 않는다면, 그런 것들이 우리에게 이로울까?"

"아니요." 하고 그가 말했네.

"어떤가? 모든 장인이 저마다 자신의 작업에 필요한 것들을 모두 구비해놓고 사용하지 않는다면 장인에게 필요한 것을 다 가지고 있다고 해서 잘나갈 수 있을까? 예를 들어 목수가 모든 도구와 충분한 목재를 준비해놓고 목공일을 하지 않는다면 그가 가진 것들이 그에게 이로울까?"

"전혀 이롭지 않아요." 하고 그가 말했네. d

"어떤가? 어떤 사람이 부와 방금 우리가 말한 좋은 것들을 다 가지고 있지만 그것들을 사용하지 않는다면 그런 좋은 것들을 가지고 있다 해서 행복할까?"

"그렇지 않아요, 소크라테스 선생님."

내가 말했네. "그러니 누군가가 행복하려면 그런 좋은 것들을 가지고 있어야 할뿐더러 그것들을 사용하기도 해야 하며, 그러지 않으면 그런 것들을 가지고 있는 것이 이로울 게 없는 것 같네."

"맞는 말씀입니다."

e "그렇다면 클레이니아스, 좋은 것들을 가지고 있고 그것들을 사용하면 그것으로 누군가를 행복하게 만들기에 충분한가?"

"저는 그렇다고 생각합니다."

내가 물었네. "그가 그것들을 올바로 사용할 때인가, 아니면 잘못 사용할 때도 마찬가지인가?"

"올바르게 사용할 때입니다."

내가 말했네. "훌륭한 대답일세. 내 생각에 누군가가 무엇을 내버려 둘 때보다 올바르지 못하게 사용할 때 해악이 더 큰 것 같으니 말일세. 후자의 경우는 나쁘지만 전자의 경우는 나쁘지도 좋지도 않으니까. 우리는 그렇게 말하지 않는가?"

281a 그가 동의했네.

"어떤가? 목재로 작업하고 목재를 다룰 때 올바르게 사용할 수 있게 해주는 것은 목수의 지식 외의 다른 어떤 것일까?"

"아닙니다." 하고 그가 말했네.

"도구들을 올바르게 사용하게 해주는 것도 지식인 것 같네." 그가 동의했네.

내가 말했네. "그렇다면 우리가 앞서 말한 좋은 것들 즉 부, 건강, 아름다움을 사용하는 데서도 그런 것들 모두를 올바르게 사용하는 방법을 제시하고 그리하여 우리가 목적을 달성하게 해주는 것은 지식일까, b
아니면 다른 어떤 것일까?"

"지식입니다." 하고 그가 말했네.

"그렇다면 어떤 것을 소유하고 어떻게 행동하건 인간이 행운을 누리게 해줄뿐더러 잘나가게 해주는 것은 지식인 것 같네."

그가 동의했네.

그래서 내가 말했네. "제우스에 맹세코, 다른 것들을 소유하더라도 분별과 지혜가 없다면 이득이 될까? 어떤 사람이 지성이 없다면 많이 소유하고 많이 행한다고 더 이득이 될까? 오히려 지성을 갖고 적게 행하는 것이 더 이롭지 않을까? 이렇게 검토해보게. 그런 사람은 덜 행하면 덜 실수하고, 덜 실수하면 나쁜 짓을 덜 하고, 나쁜 짓을 덜 하면 덜 c
비참하지 않을까?"

"물론입니다." 하고 그가 말했네.

"어느 경우에 덜 행할 성싶은가? 가난할 때인가, 부유할 때인가?"

"가난할 때입니다." 하고 그가 말했네.

"그리고 약할 때인가, 강할 때인가?"

"약할 때입니다."

"고위직에 있을 때인가, 하위직에 있을 때인가?"

"하위직에 있을 때입니다."

"용감하고 절제 있는 사람과 겁쟁이 가운데 어느 쪽이 덜 행할까?"

"겁쟁이입니다."

"부지런한 사람보다 게으른 사람이 더 그렇겠지?"

그가 동의했네.

"또한 빠른 사람보다는 느린 사람이, 시력과 청력이 날카로운 사람보다는 무딘 사람이 더 그렇겠지?"

d 이 모든 것에 우리는 의견이 일치했네.

그래서 내가 말했네. "클레이니아스, 요약하자면 우리가 처음에 좋은 것이라고 말한 모든 것과 관련하여 그것들이 그 자체로 본성상 좋은 것이라고 말해서는 안 되고 이렇게 말해야 할 것 같네. 그것들은 나쁜 인도자에게 봉사할 능력이 더 있는 만큼 무지의 인도를 받는다면 반대되는 것들보다 더 큰 악이 되고 분별과 지혜의 인도를 받는다면 더 큰 좋음이 되겠지만 그 자체로는 어느 것도 아무런 가치가 없다고 말일세."

e "선생님께서 말씀하시는 그대로인 것 같아요." 하고 그가 말했네.

"그렇다면 우리가 나눈 대화의 결론은 무엇인가? 다른 것들은 어느 것도 좋지도 않고 나쁘지도 않지만 이 둘 중 지혜는 좋고 무지는 나쁘다는 것 아닌가?"

그가 동의했네.

282a 그래서 내가 말했네. "그렇다면 남은 것도 살펴보세. 행복이 우리 모두의 소망이고, 사물을 사용하되 올바로 사용함으로써 행복하게 되고, 올바름과 행운을 제공하는 것은 지식이라는 사실이 밝혀진 만큼 저마다 모든 방법을 동원해 최대한 지혜로워지려고 노력해야 할 것 같네. 그

렇지 않은가?"

"네." 하고 그가 말했네.

"그러니 아버지는 물론이고 후견인과 친구와 외지인이든 동료 시민이든 그의 연인이라고 주장하는 사람들한테서 재산보다 지혜를 훨씬 더 b 많이 물려받아야 한다고 생각하는 사람은 지혜를 나누어달라고 요구하고 간청해야 하네. 클레이니아스, 지혜를 위해 연인이나 어떤 사람의 종이나 노예가 되는 것은 부끄러운 일도 비난받을 일도 아닐세. 지혜로워지고 싶은 염원에서 명예로운 봉사를 자원하는 것이니까. 자네는 그렇게 생각하지 않는가?" 하고 내가 말했네.

"참으로 좋은 말씀인 것 같습니다." 하고 그가 말했네.

내가 말했네. "클레이니아스, 만약 지혜가 가르쳐질 수 있는 것이고 c 사람에게 저절로 생기는 것이 아니라면 그렇겠지. 이 문제는 우리가 아직 살펴보지도 서로 의견이 일치하지도 않았기에 하는 말일세."

"하지만 소크라테스 선생님, 저는 지혜는 가르쳐질 수 있는 것이라고 생각합니다." 하고 그가 말했네.

그래서 나는 기뻐하며 말했네. "더없이 훌륭한 소년이여, 좋은 말을 해주었네. 그리고 지혜는 가르쳐질 수 있는 것인지 아닌지의 문제와 오랫동안 씨름하지 않아도 되게 해주었으니 자네는 내게 좋은 일을 해주었네. 이제 자네는 지혜는 가르쳐질 수 있는 것이고 세상에서 지혜만이 인간을 행복하고 운 좋게 만든다고 믿는 만큼 모름지기 지혜를 사랑해 d 야 한다고, 그리고 자네도 그럴 작정이라고 말할 수밖에 없겠지?"

그가 말했네. "소크라테스 선생님, 저는 힘닿는 데까지 그렇게 할 작정입니다."

그의 말을 듣고 기뻐하며 내가 말했네. "디오뉘소도로스님과 에우튀데모스님, 이상으로 내가 원하는 권유하는 연설이 어떤 것인지 본보기를 보여주었소. 아마도 미숙하고 장황하고 지루하게 보여준 것 같지만 말이오. 이제 두 분 중에 그러고 싶은 분이 같은 것을 전문가답게 보여
e 주시오. 두 분이 그러고 싶지 않다면 내가 중단한 곳에서 시작하여 순서에 따라 이 소년에게 그가 모든 지식을 습득해야 하는지, 아니면 그가 행복하고 훌륭한 사람이 되려면 어떤 한 가지 지식을 습득해야 하는지 그리고 그것이 어떤 것인지 보여주시오. 내가 첫머리에서 말했듯이 이 소년이 지혜롭고 훌륭한 인물이 되는 것이 우리에게는 아주 중요한 일이니까요."

283a 크리톤, 나는 그렇게 말하고는 그다음에 일어날 일에 온 정신을 집중하며 그들이 논의를 어떻게 다루며 어디서 시작하여 지혜와 미덕을 닦으라고 소년에게 권할지 지켜보았네. 둘 중 형인 디오뉘소도로스가 먼저 말하기 시작했고, 우리 모두는 당장 놀라운 말을 듣게 될 것이라고 기대하고 그를 응시했네. 그리고 실제로 그런 일이 일어났네. 크리톤, 그
b 는 분명 놀라운 말을 하기 시작했고, 그 말은 미덕을 권유하는 만큼 자네가 들어둘 만한 가치가 있기 때문일세.

그가 말했네. "내게 말해주시오, 소크라테스님과 이 소년이 지혜로운 사람이 되기를 바란다고 말하는 그대들 다른 사람들이여, 여러분은 농담을 하는 거요, 아니면 정말로 진심에서 그렇게 되기를 바라시오?"

그러자 나는 앞서 우리가 그들에게 소년과 대화하기를 청했을 때 두

사람은 우리가 장난친다고 여겼고, 그래서 그들도 장난치며 진지하게 받아들이지 않았구나 하는 생각이 들었네. 그런 생각이 들자 우리는 정 c
말로 진심에서 그런 것이라고 내가 확언했네.

그러자 디오뉘소도로스가 말했네. "소크라테스님, 지금 그 말씀을 부인하지 않도록 조심하시오."

내가 말했네. "나는 이미 조심하고 있소이다. 내가 그것을 부인하는 일은 없을 것이오."

그가 말했네. "어떻습니까? 여러분은 그가 지혜롭게 되기를 바란다고 말씀하시는 겁니까?"

"물론입니다."

그가 물었네. "지금 클레이니아스는 지혜롭습니까, 아닙니까?"

"그는 아직은 그렇지 못하다고 말하오. 그리고 그는 허풍쟁이가 아니오." 하고 내가 말했네.

그가 말을 이었네. "여러분은 그가 지혜로워지기를 바라고 무지하기 d
를 바라지 않겠지요?"

우리는 동의했네.

"그렇다면 여러분은 그가 그 아닌 사람이 되기를 바라고, 더이상 지금의 그가 아니기를 바라는 것이로군요."

나는 그 말을 듣고 어리둥절해했고, 내가 어리둥절해하자 그 틈을 타 그가 물었네. "그가 더이상 지금의 그가 아니기를 바란다면 여러분은 그가 죽기를 바라는 것 같군요. 그렇지 않은가요? 그리고 무엇보다도 자신들의 연동이 죽어 없어지기를 바라는 그런 친구들과 연인들이야말로 아주 가치 있는 사람들이겠소이다."

e 그러자 크테십포스가 이 말을 듣고 자기 연동을 위해 분개하며 말했네. "투리오이에서 온 손님이여, 이런 말을 하는 것이 무례가 아니라면 나는 '당신이나 죽어 없어지시오!'라고 말하고 싶소. 나와 그 밖의 다른 사람들과 관련하여 어떻게 내가 이 소년이 죽어 없어지기를 바란다는, 입에 담지 못할 거짓말을 할 수 있단 말이오!"

그러자 에우튀데모스가 말했네. "어떤가, 크테십포스? 자네는 거짓말을 하는 게 가능하다고 생각하는가?"

크테십포스가 말했네. "물론이지요. 그러지 않으면 내가 미친 것이겠지요."

"논의에 관련된 대상을 말할 때 그런가, 아니면 그것을 말하지 않을 때 그런가?"

"말할 때 그렇습니다." 하고 그가 말했네.

284a "그가 그것을 말한다면 존재하는 것들 중에서 바로 그것을 말하고 다른 것은 어떤 것도 말하는 게 아니겠지?"

"물론이지요." 하고 크테십포스가 말했네.

"그렇다면 그가 말하는 것은 존재하는 것들 중 하나이고, 다른 것들과 별개의 것이겠지?"

"물론이지요."

"그렇다면 그것을 말하는 사람은 존재하는 것을 말하는 것이겠지?"

"네."

"그리고 그것을 말하는 사람은 존재하는 것을 말하고 존재하는 것을 말하는 사람은 참을 말하는 것일세. 그러니 디오뉘소도로스가 존재하는 것들을 말한다면 참을 말하는 것이고 자네에게 거짓말을 하는 게 아닐세.”

크테십포스가 말했네. “네. 하지만 에우튀데모스님, 그런 것들을 말 b
하는 사람은 존재하는 것들을 말하는 것이 아닙니다.”

에우튀데모스가 물었네. “존재하지 않는 것들은 분명 존재하지 않겠지?”

“존재하지 않습니다.”

“그렇다면 존재하지 않는 것들은 어디에도 존재할 수 없겠지?”

“존재할 수 없습니다.”

“그렇다면 그게 누구든 어떤 사람이 존재하지 않는 것에게 무엇인가를 행하여 그것이 어디에도 존재하지 않지만 존재하게 만들 수 있을까?”

“나는 없다고 생각합니다.” 하고 크테십포스가 대답했네.

“어떤가? 민중 속에서 말할 때 연설가들은 아무것도 행하지 않는가?”

“아니, 무엇인가를 행합니다.” 하고 그가 대답했네.

“행한다면 그들은 만들기도 하겠지?”

“네.” c

“그러면 말하는 것은 행하는 것이자 만드는 것이겠지?”

그는 동의했네.

그러자 에우튀데모스가 말했네. “그렇다면 존재하지 않는 것들을 말하는 사람은 아무도 없네. 왜냐하면 그는 말함으로써 무엇인가를 만들고 있고, 어느 누구도 존재하지 않는 것을 만들 수 없다는 데 자네가 동의했기 때문일세. 그러니 자네 말에 따르면 거짓말하는 사람은 아무도 없으며, 디오뉘소도로스가 말한다면 그는 참과 존재하는 것을 말하는 것일세."

그러자 크테십포스가 말했네. "하지만 에우튀데모스님, 그분은 어떤 의미에서는 존재하는 것들을 말하지만, 있는 그대로 말하지는 않습니다."

그러자 디오뉘소도로스가 말했네. "무슨 말을 하는가, 크테십포스? 사물을 있는 그대로 말하는 사람들이 있다는 말인가?"

d "물론 있지요." 하고 크테십포스가 말했네. "진실로 훌륭한 사람들과 참을 말하는 사람들 말입니다."

"어떤가?" 하고 디오뉘소도로스가 말했네. "좋은 것들은 좋고, 나쁜 것들은 나쁘지 않을까?"

크테십포스가 동의했네.

"진실로 훌륭한 사람들은 사물을 있는 그대로 말한다는 데 자네는 동의하겠지?"

"동의합니다."

"그러면 크테십포스, 훌륭한 사람들은 나쁜 것들을 나쁘게 말할 걸세. 그들은 사물을 있는 그대로 말하니까."

크테십포스가 말했네. "제우스에 맹세코, 그들은 나쁜 사람들을 특히 나쁘게 말합니다. 그대가 내 조언을 받아들이겠다면 나쁜 사람들에 속하지 않도록 조심하십시오. 그러지 않으면 훌륭한 사람들이 그대를
e 나쁘게 말할 겁니다. 단언컨대 훌륭한 사람들은 나쁜 사람들을 나쁘게 말하니까요."

그러자 에우튀데모스가 물었네. "그러면 그들은 큰 사람은 크게 말하고, 뜨거운 사람은 뜨겁게 말하는가?"

크테십포스가 대답했네. "물론입니다. 아무튼 그들은 차가운 사람들을 차갑게 말하며, 그들의 논의는 차갑다고 말합니다."

"크테십포스, 자네는 욕설을 하고 있구먼, 그것도 심한 욕설을 말일세." 하고 디오뉘소도로스가 말했네.

크테십포스가 말했네. "전혀 그렇지 않습니다, 디오뉘소도로스님. 나는 그대를 좋아하니까요. 친구로서 조언하고 설득하려는 것입니다. 내가 가장 아끼는 친구들이 죽어 없어지기를 바란다는 그런 무례한 말 285a
씀을 내 면전에서 하지 말아달라고 말입니다."

그들이 점점 거칠게 서로를 대하는 것을 보고 나는 크테십포스에게 농담 삼아 말했네. "크테십포스, 우리는 내방객들이 우리에게 말하는 것을 받아들여야 한다고 생각하네. 그들이 우리에게 그런 호의를 베풀 만큼 친절하고 우리가 어휘를 두고 서로 다투는 것이 아니라면 말일세. 만약 이 두 분이 정말로 사람들을 죽여서 나쁘고 어리석은 사람을 쓸모 있고 분별 있는 사람으로 만들어낼 줄 안다면, 그리고 두 분이 스스로 알아냈건 남에게 배웠건 그런 특별한 죽음과 파멸로 나쁜 사람을 없애 b
고 대신 쓸모 있는 사람을 만들어낼 수 있다면, 만약 두 분이 그럴 줄 안다면—두 분은 분명 그럴 줄 아네. 아무튼 두 분은 자신들이 최근에 발명한 기술은 나쁜 사람을 훌륭한 사람으로 만드는 것이라고 주장하고 있네—우리는 그 점을 인정하고 두 분이 우리를 위해 소년을 죽여 지혜롭게 만들도록 해주고, 우리들 나머지 사람들도 그렇게 하도록 해주세.

c 만약 자네들 젊은이들이 그러기가 두렵다면 내 몸을 실험용 사체로 사용하게. 나는 늙은이라 위험을 무릅쓰고, 마치 콜키스의 메데이아[26]에게 맡기듯 여기 있는 디오뉘소도로스님에게 나 자신을 맡길 각오가 되어 있네. 이분이 나를 죽이게 하고, 원한다면 나를 삶게 하게. 다만 나를 쓸모 있게 만들어내도록 하게."

그러자 크테십포스가 말했네. "소크라테스 선생님, 저도 제 자신을 두 분 내방객에게 맡길 각오가 되어 있으며, 이분들이 원하신다면 지금 그러시는 것보다 더 심하게 내 가죽을 벗겨도 좋습니다. 제 가죽이 마
d 르쉬아스[27]의 가죽처럼 포도주를 담는 가죽부대가 되는 것으로 끝나지 않고 미덕이 되는 것으로 끝난다면 말입니다. 여기 있는 디오뉘소도로스님은 내가 자기에게 화를 낸다고 생각하시는데, 나는 화를 내는 것이 아니라 나에 대해서 부적절하다고 생각되는 발언을 반박하는 것입니다. 점잖으신 디오뉘소도로스님, 반박하는 것을 욕하는 것이라고 부르지 마십시오. 욕하는 것은 전혀 다른 것이니까요."

그러자 디오뉘소도로스가 물었네. "크테십포스, 자네는 반박이란 것이 정말로 존재한다고 믿고 그런 말을 하는 겐가?"

e "단연코 그렇다고 믿습니다." 하고 크테십포스가 대답했네. "디오뉘소도로스님, 그대는 반박이란 것이 존재하지 않는다고 생각하시오?"

디오뉘소도로스가 말했네. "아무튼 자네는 어떤 사람이 다른 사람을 반박하는 것을 들은 적이 있다는 것을 증명하지 못할 걸세."

"정말로 그럴까요? 그렇다면 크테십포스가 디오뉘소도로스를 반박하는 것을 들어보시오. 내가 증명하는 것을 듣고 싶으시다면 말입니

다." 하고 크테십포스가 대답했네.

"정말로 그렇게 해볼 텐가?"

"물론입니다." 하고 크테십포스가 대답했네.

디오뉘소도로스가 말했네. "어떤가? 존재하는 것들에는 각각 기술(記述)하는 말들이 있는가?"

"물론입니다."

"그 말들은 그 각각을 존재하는 것으로 기술하는가, 존재하지 않는 것으로 기술하는가?"

"존재하는 것으로 기술합니다."

디오뉘소도로스가 말했네. "크테십포스, 자네도 기억하겠지만, 방금 286a
우리는 어느 누구도 어떤 것을 존재하지 않는 것으로 말하지는 않는다는 것을 보여주었네. 존재하지 않는 것을 말하는 사람은 아무도 없다는 것이 분명하기에 하는 말일세."

26 Medeia. 흑해 동쪽 기슭에 있던 나라 콜키스(Kolchis)의 공주이자 마법사. 황금 양모피를 구하러 온 그리스 영웅 이아손(Iason)에게 첫눈에 반해 조국을 배반하고 그리스의 이올코스(Iolkos)로 그를 따라간다. 그곳에서 메데이아는 먼저 이아손의 늙은 아버지를 끓는 솥에 넣어 마법의 약초로 회춘시켜 준다. 그러고 나서 이아손의 가족을 못살게 군 숙부 펠리아스(Pelias)를 같은 방법으로 회춘시켜 주겠다고 그의 딸들을 속이며 이번에는 효험 없는 약초를 넣게 하여 딸들의 손에 죽게 만든다. 그래서 두 사람은 이올코스에서 추방되어 코린토스로 도피한다.

27 Marsyas. 소아시아 프뤼기아(Phrygia) 지방 출신으로 상반신은 사람이고 하반신은 염소인 사튀로스(Satyros). 아폴론에게 음악 경연을 자청했다가 져서 산 채로 가죽이 벗겨지는 벌을 받는다.

"그래서 어쨌다는 겁니까? 그렇다고 나와 그대가 서로 덜 반박하게 될까요?" 하고 크테십포스가 말했네.

디오뉘소도로스가 말했네. "우리가 어떤 사물에 대해 무슨 말을 해야 할지 둘 다 안다면 서로 반박하게 될까? 아니면 그런 경우에 우리는 같은 것을 말하게 될까?"

그가 동의했네.

디오뉘소도로스가 물었네. "하지만 우리 둘 중 어느 누구도 그 사물
b 을 기술하는 말을 하지 않는다면 우리는 서로 반박하게 될까? 아니면 이 경우 우리는 분명 둘 중 어느 누구도 문제의 사물을 전혀 염두에 두지 않는 것일까?"

이에도 그는 동의했네.

"끝으로 나는 그 사물을 기술하는 말을 하고 자네는 다른 사물을 기술하는 말을 한다면 우리는 서로 반박하는 것일까? 아니면 나는 그 사물을 기술하는데 자네는 그 사물을 전혀 기술하지 않는 것일까? 하긴 기술하지 않는 사람이 어떻게 기술하는 사람을 반박하겠는가?"

그러자 크테십포스는 침묵했네. 나는 그 논리에 놀라며 말했네. "디
c 오뉘소도로스님, 무슨 말씀을 하시는 거요? 사실 나는 그런 논리를 여러 사람에게서 여러 번 들었지만 들을 때마다 놀란다오. 프로타고라스[28]의 추종자들이 그런 논리를 많이 사용했고, 그들 이전 사람들도 그랬으니까요. 나는 그런 논리가 다른 논리들도 뒤엎고 자기 자신도 뒤엎는 것에 늘 놀라거든요. 하지만 나는 그것의 진실을 그대에게서 가장 잘 배울 수 있으리라 믿어요. 그런 논리의 핵심은 거짓말하는 것은 불가능

하다는 것입니다. 아닌가요? 말을 하면 참을 말하는 것이거나 아니면 아무것도 말하지 않는 것인가요?"

그가 동의했네.

"그렇다면 거짓된 것을 말하는 것은 불가능하지만 거짓된 의견을 가 d
지는 것은 가능한가요?"

"거짓된 의견을 가지는 것도 불가능하오." 하고 그가 말했네.

그래서 내가 말했네. "그렇다면 거짓된 의견 같은 것은 전혀 존재할 수 없겠구려."

"없지요." 하고 그가 말했네.

"그렇다면 무지도 무지한 사람들도 없겠군요. 혹시 무지가 존재한다면 사물에 대해 거짓말하는 것이 무지가 아닐까요?"

"물론이지요." 하고 그가 말했네.

"하지만 그것은 불가능합니다." 하고 내가 말했네.

"불가능하지요." 하고 그가 말했네.

"디오뉘소도로스님, 그대는 말을 위해 그런 말을 하는 거요? 깜짝 놀랄 말을 하려고 말이오. 아니면 그대는 정말로 세상의 어느 누구도 무지하지 않다고 생각하는 거요?"

"그대가 반박해보시오." 하고 그가 말했네. e

"그대의 논리에 따르면 반박한다는 것이 가능할까요? 아무도 거짓말

28 Protagoras. 압데라(Abdera) 출신의 유명 소피스트.

을 하지 않는데 말이오."

"불가능하지요." 하고 에우튀데모스가 말했네.

"그런데 방금 디오뉘소도로스님이 내게 자기를 반박해보라고 시키지 않았던가요?" 하고 내가 말했네.

"불가능한 일을 누가 어떻게 시킬 수 있겠소? 그대는 시키나요?"

내가 말했네. "에우튀데모스님, 그것은 내가 아둔해서 그런 지혜로운 것들을 이해하지 못했기 때문이랍니다. 그래서 내가 더 어리석은 질
287a 문을 하려 하니 두 분은 나를 용서하시오. 보시오. 만약 거짓말을 하는 것도 거짓된 의견을 가지는 것도 무지한 것도 불가능하다면, 무엇을 행하다가 실수하는 것은 불가능하지 않을까요? 누군가가 무엇인가를 행할 때 행하는 일에 실수할 수 없다면 말이오. 두 분 말씀은 그런 뜻 아닌가요?"

"물론입니다." 하고 그가 대답했네.

내가 말했네. "내 어리석은 질문이란 이런 것이오. 우리가 행하거나 말하거나 생각할 때 실수하지 않는다면, 만약 그게 사실이라면 두 분은 도대체 누구를 가르치려고 여기 오신 겁니까? 두 분은 방금 배우기를
b 원하는 사람에게 미덕을 누구보다도 잘 전수할 수 있다고 말하지 않았던가요?"

디오뉘소도로스가 끼어들었네. "소크라테스님, 그대는 노망한 늙은이처럼 우리가 처음에 말한 것을 이제 와서 상기하는 겁니까? 그러면 그대는 내가 작년에 말한 것을 이제야 상기하고, 현재의 논의에는 어떻게 대처해야 할지 모르시겠구려."

내가 말했네. "현재의 논의가 너무 어려워서 그런다오. 지혜로운 사람들이 말한 것들이니 그럴 만도 하지요. 그리고 그대가 말한 마지막 논의가 특히 대처하기 어려워요. 디오뉘소도로스님, '어떻게 대처해야 할지 모른다'는 말은 도대체 무슨 뜻이지요? 그것은 분명 내가 논박할 수 c 없다는 뜻 아닌가요? '논의에 어떻게 대처해야 할지 모른다'는 그대의 표현이 그 밖의 어떤 다른 것을 뜻하는지 말해주시오."

그가 말했네. "그대의 그 표현은 대처하기 그다지 어렵지 않소. 그러니 내가 묻는 말에 대답하시오."

"디오뉘소도로스님, 그대가 대답하기 전에 말인가요?" 하고 내가 말했네.

"대답 안 하실 건가요?" 하고 그가 말했네.

"그게 공정한가요?"

"공정하고말고요." 하고 그가 말했네.

그래서 내가 말했네. "어떤 원칙에 따라 그런가요? 아니면 이것이 그대의 원칙인가요? 그대는 지금 말에 관한 한 전지(全知)한 사람으로 이곳에 와 있고, 언제 대답해야 하고 언제 대답하지 말아야 할지 안다는 것 말이오? 그래서 그대는 지금 대답해서는 안 된다는 것을 알기에 어 d 떤 대답도 하지 않겠다는 것인가요?"

"대답할 생각은 않고 허튼소리만 늘어놓는구려." 하고 그가 말을 이었네. "여보시오, 그대는 내가 시키는 대로 대답이나 하시오. 그대도 내가 지혜롭다는 것을 인정하니 말이오."

내가 말했네. "그러면 그대가 시키는 대로 할 수밖에 없을 것 같네요.

여기서는 그대가 지휘하니까요. 자, 물어보시죠."

"의도하는 것은 혼을 가진 것들이오, 아니면 혼을 갖지 않은 것들도 의도하오?"

"혼을 가진 것들이오."

"그러면 그대는 혼을 가진 표현을 아시오?"

"아니, 모릅니다."

e "그러면 방금 내 표현이 무엇을 의도하는지 왜 물었지요?"

그래서 내가 대답했네. "내가 멍청해서 실수를 한 것인가요? 아니면 내가 실수한 것이 아니고, 표현은 무엇인가를 의도한다는 내 말이 옳았는지도 모르지요. 그대는 내가 실수했다고 말하는 거요, 실수하지 않았다고 말하는 거요? 내가 실수하지 않았다면 그대가 지혜롭기로서니 나를 반박하지 못할 것이고, 내 표현에 어떻게 대처해야 할지 알지 못할 것이오. 만약 내가 실수했다면 실수하는 것은 불가능하다는 그대의 주장
288a 은 틀린 말이 될 것이오. 그리고 나는 그대가 작년에 말한 것을 겨냥하는 것이 아니라오. 그러니 디오뉘소도로스님과 에우튀데모스님, 우리의 이 논의는 제자리걸음을 하고 있으며 남을 넘어뜨리려다 자기도 함께 넘어지는 오래된 문제점을 여전히 갖고 있는 것 같소이다. 그리고 그대들의 기술조차도 비록 논의에서는 놀랄 정도의 정밀성을 보이기는 하지만 그런 일이 일어나지 않도록 막을 방법을 아직은 찾아내지 못한 것 같네요."

그러자 크테십포스가 말했네. "두 분은 놀라운 것들을 말씀하시는군
b 요. 두 분이 투리오이인이든 키오스인이든 그 밖의 다른 곳 출신이든 그

리고 어떻게 불리는 것이 마음에 들건 말이오. 두 분은 아무렇지도 않다는 듯이 허튼소리를 해대는군요."

나는 이러다간 욕설이 나오지 않을까 두려워서 또다시 크테십포스를 달래며 말했네. "크테십포스, 방금 클레이니아스에게 한 말인데 나는 자네에게도 같은 말을 하겠네. 자네는 내방객들의 지혜가 놀랍다는 것을 모르고 있네. 하지만 이 두 분은 그것을 진지하게 보여주려 하지 않고 아이컵토스의 소피스트인 프로테우스[29]를 흉내내며 우리를 호리려 하고 있네. 그러니 우리는 메넬라오스를 흉내내어 두 분이 본래 모습을 c
드러낼 때까지 놓아주지 말기로 하세. 나는 두 분이 진지해지기 시작하면 두 분 안에서 더없이 아름다운 그 무엇이 나타나리라고 믿기 때문일세. 그러니 본래 모습을 보여달라고 이분들에게 간청하고 기도하고 애원하세. 그래서 이번에도 내가 앞장서서 이분들이 어떤 모습으로 나타나기를 내가 원하는지 보여주어야 할 것 같네. 말하자면 나는 아까 내가 중단한 곳에서 시작해 그다음에 오는 것을 최대한 철저히 검토할 것이 d
네. 내가 이 두 분을 불러내고, 내가 진지하게 노력하는 것을 가상히 여겨 이분들 자신도 진지해지리라 기대하며 말일세."

내가 말을 이었네. "클레이니아스, 자네는 우리가 어디서 논의를 중

29 Aigyptos. 이집트의 그리스어 이름. Proteus. 자유자재로 변신할 수 있는 해신(海神). 그는 트로이아 전쟁이 끝나고 귀국하다 이집트로 표류한 메넬라오스(Menelaos) 일행에게 붙잡혀 마지못해 귀국길을 알려준다. 호메로스, 『오뒷세이아』(*Odysseia*) 4권 382행 이하 참조.

단했는지 일깨워주게. 내가 기억하기에는 우리가 마침내 지혜를 사랑해야 한다는 데 동의한 그 어디쯤에서 그런 것 같네만. 그렇지 않은가?"[30]

"네." 하고 그가 말했네.

"지혜에 대한 사랑은 지식의 습득일세. 그렇지 않은가?" 하고 내가 물었네.

"네." 하고 그가 말했네.

"그렇다면 우리가 어떤 지식을 습득해야 지식을 올바르게 습득하는
e 것인가? 간단히 말해 우리에게 유익한 지식을 습득하는 것이 아닐까?"

"물론입니다." 하고 그가 말했네.

"그렇다면 우리가 돌아다니며 대지의 어느 곳에 황금이 가장 많이 묻혀 있는지 안다면 그게 우리에게 유익할까?"

"아마도 그렇겠지요." 하고 그가 말했네.

그래서 내가 말했네. "하지만 앞서[31] 우리는 땅을 파는 수고도 없이
즉석에서 세상의 모든 황금이 우리 것이 된다 하더라도 더 나아질 게
아무것도 없다는 것을, 그래서 우리가 바위를 황금으로 바꿀 줄 안다
하더라도 우리 지식은 아무런 가치가 없다는 것을 철저히 증명한 바 있
289a 네. 우리가 황금을 사용할 줄 알아야지 그러지 못하면 황금이 있어도
분명 이로울 게 없을 테니까. 자네는 기억나지 않는가?"

"물론 기억납니다." 하고 그가 말했네.

"마찬가지로 다른 지식, 이를테면 돈 버는 지식이든 의술이든 무엇인가를 만들 줄은 알지만 만든 것을 사용할 줄 모르는 다른 지식도 이로울 게 없을 걸세. 그렇지 않은가?"

그가 동의했네.

"또한 사람을 불멸하게 만드는 지식이 있다 하더라도 불멸성을 사용 b
할 줄 모른다면 이로울 게 아무것도 없을 것 같네. 우리가 동의한 것들에 근거해 추론하자면 말일세."

이 모든 것에 우리는 의견이 일치했네.

내가 말했네. "고매한 소년이여, 우리에게 필요한 것은 무엇인가를 만들 줄도 알고 만든 것을 사용할 줄도 아는 그런 지식일세."

"그런 것 같습니다." 하고 그가 말했네.

"그렇다면 우리는 뤼라[32]를 제작하는 사람이나 그런 지식에 통달한
사람이 될 필요는 전혀 없을 것 같네. 이 경우 제작하는 기술 다르고, c
사용하는 기술 다르기 때문일세. 각 기술이 똑같이 뤼라를 다루기는 하지만 말일세. 뤼라를 제작하는 것과 뤼라를 연주하는 것은 아주 다른 것이기 때문일세. 그렇지 않은가?"

그가 동의했네.

"우리에게는 분명 피리[33] 제작술도 필요하지 않네. 그것은 같은 종류의 다른 기술이니까."

30 282d 참조.

31 280d 참조.

32 lyra. 고대 그리스의 발현악기.

33 '피리'라고 옮긴 아울로스(aulos)는 지금의 오보에나 클라리넷에 가까운 관악기로 디튀람보스, 비극과 희극 합창가무단 반주악기로 사용되었으며 잔치 때나 제물을 바칠 때나 장례 때도 연주되었다.

그가 동의했네.

"신들에 맹세코, 우리가 연설문을 작성하는 기술을 배운다면 그것은 우리가 행복해지기 위해 배워야 할 기술일까?" 하고 내가 말했네.

"저는 그렇게 생각하지 않습니다." 하고 클레이니아스가 끼어들었네.

d "무슨 근거로 그런 말을 하는가?" 하고 내가 물었네.

그가 대답했네. "저는 연설문을 작성하는 사람들을 몇 명 아는데 그들은 자신이 작성한 연설문을 사용할 줄 모르더군요. 뤼라 제작자가 자신이 만든 뤼라를 사용할 줄 모르듯이 말입니다. 연설문의 경우에도 연설문 작성자가 만든 것을 사용할 줄 아는 것은 다른 사람들이지만 그들 자신은 연설문을 작성하지 못하더군요. 따라서 연설문의 경우에도 분명 만드는 기술 다르고 사용하는 기술 다릅니다."

내가 말했네. "자네는 연설문 작성 기술이 누군가 그것을 얻기만 하면 행복해지는 그런 기술이 아니라는 것을 충분히 입증한 것 같네. 사
e 실 나는 그 근처 어딘가에서 우리가 아까부터 찾던 지식이 모습을 드러낼 것이라고 믿었네. 클레이니아스, 내가 연설문 작성자들을 만날 때면 그들은 아주 지혜로워 보이고, 그들의 기술은 신적이고 원대하며 드높은 것으로 보이기에 하는 말일세. 하긴 놀랄 것도 없지. 그것은 마법사
290a 들의 기술의 일부이고 조금밖에 열등하지 않으니까. 마법사들의 기술은 뱀과 독거미와 전갈과 그 밖의 다른 독충과 질병을 호리지만, 연설문은 배심원들과 민회에 모인 사람들과 그 밖의 다른 군중을 호리고 설득하니까. 자네는 다르게 생각하는가?"

"아닙니다. 저도 선생님께서 말씀하신 대로라고 생각합니다." 하고

그가 말했네.

"이번에는 어디로 향할까? 어떤 기술로 향할까?" 하고 내가 물었네.

"저는 어떻게 해야 할지 모르겠습니다." 하고 그가 말했네.

"하지만 나는 찾던 것을 찾은 것 같네." 하고 내가 말했네.

"그게 뭐죠?" 하고 클레이니아스가 말했네.

내가 말했네. "내가 보기에 장군의 기술이 무엇보다도 습득하기만 하 b
면 누구든 행복해지는 기술인 것 같네."

"저는 그렇게 생각하지 않습니다."

"어째서?" 하고 내가 물었네.

"그것은 인간을 사냥하는 기술의 하나입니다."

"그래서 어쨌다는 거지?" 하고 내가 물었네.

그가 대답했네. "사냥술 자체는 어떤 것을 뒤쫓아 가서 포획하는 것 이상이 아닙니다. 사냥꾼은 뒤쫓던 것을 포획하고 나면 그것을 사용할 수 없어 사냥꾼도 어부도 요리사에게 넘깁니다. 기하학자와 천문학자
와 산술학자—도형들을 만들어내는 게 아니라 기존 도형들을 찾아내 c
는 만큼 이들도 일종의 사냥꾼입니다—도 잡은 것을 사용할 줄 모르고 단지 사냥할 줄만 알기에 자신들이 발견한 것들을 사용하는 일은 변증술 전문가에게 넘깁니다. 그들 중 아주 멍청하지 않은 자들은 다 그렇게 합니다."

"좋아. 더없이 훌륭하고 지혜로운 클레이니아스여. 그게 과연 그럴까?" 하고 내가 말했네.

"그렇고말고요." 하고 그가 대답했네. "그리고 장군들도 마찬가지입 d

니다. 장군들은 도시나 군대를 사냥하면 정치가들에게 넘깁니다. 자신들은 사냥한 것을 사용할 줄 모르니까요. 메추라기 사냥꾼들이 메추라기 사육사에게 넘기듯이 말입니다. 따라서 만들거나 사냥해서 획득한 것을 스스로 사용할 줄 알뿐더러 우리를 행복하게 해줄 그런 기술이 필요하다면 우리는 장군의 기술 대신 다른 기술을 찾아야 합니다." 하고 그가 말을 이었네.

e **크리톤** 소크라테스, 무슨 말을 하는 겐가? 그 소년이 그런 말을 다 했단 말인가?

소크라테스 자네는 믿어지지 않는가, 크리톤?

크리톤 전혀 믿어지지 않네. 그 소년이 그런 말을 한다면 에우튀데모스에게도 그 밖의 다른 사람에게도 교육받을 필요가 없을 것 같으니 말일세.

소크라테스 그렇다면 그렇게 말한 것은 크테십포스였는데, 내가 잘못 기억하고 있는 건가?

291a **크리톤** 뭣이, 크테십포스라고?

소크라테스 아무튼 그런 말을 한 것은 에우튀데모스도 아니고 디오뉘소도로스도 아니란 것은 확실하다네. 여보게 크리톤, 더 우월한 어떤 존재가 그곳에 있다가 그런 말을 한 것일까? 내가 그런 말을 들은 것은 확실하니까 말일세.

크리톤 그랬겠지, 소크라테스. 그것은 우월한 존재, 그것도 매우 우월한 존재였던 것 같네. 그건 그렇고 그 뒤에도 자네들은 해당하는 기술을 계속해서 찾았는가? 그리고 자네들이 찾던 기술을 발견했는가, 발견하지 못했는가?

소크라테스 여보게, 찾기는 어디서 찾는단 말인가? 우리는 완전히 웃음 거리가 되었네. 종달새를 쫓는 아이들처럼 우리가 찾던 지식을 당장 잡겠구나 싶을 때마다 그 지식은 번번이 달아나버렸으니 말일세. 그 이야기를 왜 또 장황하게 늘어놓아야 하나? 하지만 왕의 기술에 이르러 그것이 행복을 제공하고 만들어내는 기술인지 철저히 검토했을 때 우리는 미궁에 빠졌네. 우리는 종점에 도착했다고 믿었다가 다시 돌아섰고, 우리가 처음 출발했을 때와 똑같은 어려움을 겪으며 탐구의 시발점에 다시 와 있다는 것을 발견했기 때문이지. b c

크리톤 어쩌다가 자네들에게 그런 일이 일어났는가, 소크라테스?

소크라테스 내 말하겠네. 우리는 정치의 기술이 왕의 기술과 같은 것이라고 생각했네.

크리톤 그래서?

소크라테스 그리고 이 기술에 장군의 기술과 그 밖의 다른 기술들이 자신이 만드는 것들을 관리하도록 맡긴다고 생각했네. 이 기술만이 그것들이 만드는 것들을 사용할 줄 아는 것처럼 말일세. 그래서 이 기술이 분명 우리가 찾던 기술이고, 국가에서 올바른 처신의 원인이며, 아이스퀼로스의 말[34]처럼 그야말로 국가라는 배의 선미(船尾)에 혼자 앉아 모든 것을 조종하고 모든 것을 지배하며 모든 것을 쓸모 있게 만드는 것이라고 우리는 확신했네. d

34 아이스퀼로스, 『테바이를 공격한 일곱 장수』(*Hepta epi Thebas*) 2행.

크리톤 자네들 생각은 훌륭하지 않은가, 소크라테스?

소크라테스 크리톤, 그것은 자네가 판단하게 될 걸세. 그다음에 우리에
게 어떤 일이 일어났는지도 듣고 싶다면 말일세. 우리는 대략 다음과 같
이 문제를 제기했네. 자, 모든 것을 지배하는 왕의 기술은 우리에게 어
떤 결과물을 가져다주는가, 아니면 아무것도 가져다주지 않는가? "물
e 론 가져다주겠지." 하고 우리는 서로에게 말했네. 자네는 그렇게 말하지
않을 텐가, 크리톤?

크리톤 나는 그렇게 말하겠네.

소크라테스 그러면 자네는 그것의 결과물이 무엇이라고 말할 텐가? 예
292a 를 들어 의술이 그것이 지배하는 모든 것을 지배하여 어떤 결과물을 가
져다주느냐고 내가 자네에게 묻는다면 자네는 그 결과물이 건강이라고
말하지 않을 텐가?

크리톤 나는 그렇게 말하겠네.

소크라테스 자네들의 농사 기술은 어떤가? 그것이 지배하는 모든 것을 지배하여 어떤 결과물을 만드는가? 자네는 그것이 우리를 위해 대지에서 식량을 생산한다고 말하지 않을 텐가?

크리톤 나는 그렇게 말하겠네.

소크라테스 왕의 기술은 어떤가? 그것이 지배하는 모든 것을 지배하여 무엇을 생산하는가? 이 경우 자네는 아마도 대답하기가 쉽지 않을 걸세.

크리톤 아닌 게 아니라 그렇구먼, 소크라테스.

소크라테스 우리도 그랬네, 크리톤. 하지만 자네는 적어도 이 점은 알고 있을 걸세. 이것이 우리가 찾는 기술이라면 분명히 이로우리라는 것 말

일세.

크리톤 물론이지.

소크라테스 그러니 그것은 분명히 좋은 것을 우리에게 가져다주겠지?

크리톤 당연하지, 소크라테스.

소크라테스 그리고 나와 클레이니아스는 어떤 기술 말고는 좋은 것은 아 b
무것도 없다는 데 의견을 같이했네.

크리톤 그래, 자네가 그렇게 말했지.

소크라테스 또한 정치가의 기술 덕으로 돌릴 수 있는 다른 많은 결과물
—시민들을 부유하게 하고 자유롭게 하고 내분을 겪지 않게 하는 등 그
런 것들은 많이 있네—은 그 모든 것이 나쁘지도 좋지도 않은 것으로 드
러났지만, 이 기술이 정말로 우리를 이롭게 하고 행복하게 만드는 것이
려면 반드시 우리를 지혜롭게 하고 지식을 전수해야 하네. c

크리톤 그랬지. 아무튼 이 논의에 관해 자네가 전하는 대로라면 자네들은 그때 그렇다는 데 의견을 같이했네.

소크라테스 그러면 왕의 기술은 사람들을 지혜롭고 훌륭하게 만들겠지?

크리톤 못할 것도 없지 않은가, 소크라테스?

소크라테스 하지만 그 기술은 모든 사람을 모든 점에서 훌륭하게 만들까? 그리고 그것은 제화술, 목공술 등 모든 지식을 전수해주는 기술일까?

크리톤 나는 그렇게 생각하지 않네, 소크라테스.

소크라테스 그렇다면 그것은 어떤 지식을 전수할까? 그리고 우리는 그것 d
을 어떤 용도로 사용할 수 있을까? 그것은 나쁘지도 않고 좋지도 않은
결과물들을 생산해도 안 되고, 자기 말고는 어떤 지식도 전수해서는 안

되네. 이 기술이 도대체 어떤 것이며, 우리가 어떻게 사용해야 하는지 말해볼까? 크리톤, 자네는 그것이 우리가 그것을 사용해 다른 사람들을 훌륭하게 만들 기술이라고 우리가 말하기를 원하는가?

크리톤 물론이지.

소크라테스 그러면 이들은 어떤 점에서 훌륭할 것이며, 어디에 쓸모 있을 것인가? 아니면 우리는 이들이 다른 사람들을 훌륭하게 만들고 이들 다른 사람들은 또 다른 사람들을 훌륭하게 만들 것이라고 계속해서 말할 것인가? 우리가 일반적으로 정치가의 기술의 산물이라고 여겨지
e 는 모든 것을 멸시한 까닭에 이들이 어디에 좋다는 것이 밝혀지지 않고, 그야말로 제우스의 아들 코린토스의 꼴이 되었기에[35] 하는 말일세. 그래서 우리는 내가 말했듯이, 우리를 행복하게 만들 지식이 무엇인지 아는 것과 관련하여 똑같은 곤경에, 아니 더 심한 곤경에 처했다네.

크리톤 소크라테스, 자네는 정말로 심한 곤경에 빠졌던 것 같네.

293a **소크라테스** 크리톤, 그런 곤경에 빠지자 나는 목청껏 소리를 지르며 디오스쿠로이들[36]에게 빌듯 두 내방객에게 우리 두 사람 즉 나와 소년을 논의의 세 번째 파도[37]에서 구해주고, 우리가 여생을 편안히 보내려면 반드시 얻어야 하는 그 지식이 도대체 무엇인지 이제는 최선을 다해 설명해달라고 간청했네.

크리톤 에우튀데모스가 자네들에게 그것을 가르쳐주려 하던가?

소크라테스 여보게, 그는 아주 통 크게 이렇게 말하기 시작했네.

b "소크라테스님, 아까부터 그대들을 곤경에 빠뜨린 그 지식을 내가 가르쳐드릴까요, 아니면 그대가 이미 그것을 갖고 있다는 것을 입증할까요?"

"복받은 분이여, 그래주실 수 있겠소?" 하고 내가 말했네.

"물론이오." 하고 그가 대답했네.

"그렇다면 제발 내가 그것을 갖고 있다는 것을 입증해주시오. 나처럼 늙은 사람에게는 배우는 것보다 그러는 편이 훨씬 더 쉬울 테니까요." 하고 내가 말했네.

"자, 대답해보시오. 그대가 아는 것이 있나요?" 하고 그가 물었네.

"물론이오. 사소한 것들이지만 많은 것을 알지요." 하고 내가 대답했네.

그가 말했네. "그만하면 됐소. 그대는 존재하는 어떤 것이 현재의 그것이 아닐 수도 있다고 생각하시오?"

"나는 단연코 그렇게 생각하지 않소." c

그가 말했네. "그대는 무엇인가를 안다고 했지요?"

"그렇소. 나는 알고 있소."

"그러면 그대는 실제로 알기에 아는 것이겠지요?"

"물론이오. 그 특정한 것과 관련해서는."

35 아무 진척 없이 제자리에서 맴돈다는 뜻이다. 코린토스 동쪽에 있는 메가라(Megara) 시가 반란을 일으키자 코린토스인들이 사자(使者)를 보내 메가라의 전설적인 창건자가 제우스의 아들 코린토스였다고 호소했으나 메가라인들은 그들이 같은 말만 되풀이한다며 내쫓았다고 한다.

36 Dioskouroi. 제우스의 쌍둥이 아들인 카스토르(Kastor)와 폴뤼데우케스(Polydeukes)는 죽은 뒤 하늘의 별자리가 되어 해난 사고를 당한 선원들이 기도하면 도와주었다고 한다.

37 파도는 세 번씩 치는데 그중 세 번째 파도가 가장 강하다고 고대 그리스인들은 생각했다.

"그래도 매한가지요. 그대가 안다면 모든 것을 알 수밖에 없지 않을까요?"

내가 말했네. "맙소사! 내가 알지 못하는 다른 것이 많이 있는 데도요!"

"그대가 알지 못하는 것이 있다면 그대는 알지 못하오."

"그것과 관련해서는 알지 못하오, 친구여!" 하고 내가 말했네.

그가 말했네. "그렇다고 해서 그대가 덜 알지 못하게 될까요? 방금 그
d 대는 안다고 말했소. 그러니 그대는 동일한 것과 관련하여 동시에 현재의 그대이기도 하고 또 그렇지 않기도 하오."

그래서 내가 말했네. "좋습니다, 에우튀데모스님. 사람들 말마따나 '그대는 매번 아름다운 말만 하는군요.' 하지만 우리가 찾던 그 지식을 내가 어떻게 안다는 거죠? 같은 것이 존재하기도 하고 존재하지 않는 것은 불가능하기에 내가 하나를 알면 모든 것을 알고—나는 동시에 알기도 하고 알지 못할 수는 없으니까—또 나는 모든 것을 알기에 그 지식도 안다? 이것이 그대의 논리이고, 이것이 그대의 지혜인가요?"

e "소크라테스님, 그대 자신이 그대를 논박했소이다." 하고 그가 말했네.

내가 말했네. "어때요 에우튀데모스님, 그대도 똑같은 어려움을 겪고 있지 않나요? 나는 그대와 함께라면, 그리고 여기 있는 친애하는 디오뉘소도로스님과 함께라면 어떤 일을 당해도 불쾌해하지 않을 것이오. 말씀해주시오. 두 분은 존재하는 것들 가운데 어떤 것들은 알고 어떤 것들은 알지 못하지 않나요?"

"결코 그렇지 않소, 소크라테스님." 하고 디오뉘소도로스가 말했네.

"무슨 말씀이시오? 두 분은 아무것도 알지 못한단 말인가요?" 하고

내가 말했네.

"정반대지요." 하고 그가 말했네.

"두 분은 무엇인가를 알기에 모든 것을 아는 것인가요?" 하고 내가 물었네. 294a

"모든 것을 알지요. 그대 역시 하나라도 알면 모든 것을 알고요." 하고 그가 대답했네.

그래서 내가 말했네. "참으로 놀라운 말씀을 하시는군요. 얼마나 큰 좋음이 모습을 드러낸 것인가! 그러면 다른 사람도 모두 모든 것을 알거나 아무것도 알지 못하겠네요?"

"그렇소. 그들이 어떤 것은 알고 다른 것은 알지 못한다는 것은, 그래서 알면서 동시에 알지 못한다는 것은 불가능하니까요." 하고 그가 말했네.

"그래서요?" 하고 내가 말했네.

"모든 사람은 하나라도 알면 모든 것을 압니다." 하고 그가 말했네.

내가 말했네. "신들에 맹세코, 디오뉘소도로스님, 아까는 내가 부탁 b
해도 진지해지지 않더니 이제는 두 분이 진지해지시는 것을 내가 보기에 묻겠는데, 두 분은 정말로 모든 것을 아나요? 예를 들어 두 분은 목공술과 제화술을 아나요?"

"물론이지요." 하고 그가 대답했네.

" 두 분은 가죽 꿰매는 일도 할 수 있나요?"

"물론이오. 구두창을 댈 줄도 알고요." 하고 그가 말했네.

"그러면 별들이 얼마나 많으며 모래알이 얼마나 많은지와 같은 것도 아나요?"

"물론이오. 그대는 우리가 그것은 시인하지 않을 것이라 생각하나요?" 하고 그가 말했네.

c 그러자 크테십포스가 끼어들었네. "제발 디오뉘소도로스님, 두 분이 진실을 말한다고 내가 확신할 만한 증거를 제시해주세요."

"무엇을 입증할까?" 하고 그가 말했네.

"그대는 에우튀데모스님의 치아가 얼마나 많은지 알고, 에우튀데모스님은 그대의 치아가 얼마나 많은지 아시나요?"

"우리는 모든 것을 안다는 말을 들은 것으로 충분하지 않은가?" 하고 그가 물었네.

"아니요." 하고 크테십포스가 대답했네. "이 한 가지만 더 말씀해주시고 두 분 말씀이 진실이라는 것을 입증해주세요. 만약 두 분의 치아가 각각 얼마나 많은지 두 분이 말씀해주시고 우리가 세어봐서 두 분이 그것을 아시는 것으로 밝혀진다면, 그때는 다른 것들과 관련해서도 우리는 두 분의 말씀을 믿을 것입니다."

d 둘은 자기들을 놀리는 줄 알고 응하려 하지 않았지만 크테십포스가 하나하나 캐묻자 자기들은 모든 것을 안다는 데 동의했네. 크테십포스가 그들에게 묻지 않은 것은 아무것도 없었고, 마지막에는 가장 수치스러운 것들도 그들이 아는지 거리낌없이 물었네. 둘은 그의 질문에 용감하게 덤벼들며 자기들은 그것을 안다고 주장했는데, 그 모습은 공격자들에게 덤벼드는 멧돼지들과 같았네. 그래서 크리톤, 나는 믿기지 않아
e 결국 디오뉘소도로스가 춤출 줄도 아는지 에우튀데모스에게 묻지 않

을 수 없었네.

그러자 그가 말했네. "물론입니다."

내가 물었네. "설마 그런 나이에 칼들 사이로 재주를 넘고 둥근 테 위에서 빙글빙글 돌 수 있을 만큼 지혜가 그런 경지에 이른 것은 아니겠지요?"

"내가 할 수 없는 것은 아무것도 없다오." 하고 그가 말했네.

"두 분은 지금만 모든 것을 아나요, 아니면 항상 아나요?" 하고 내가 말했네.

"항상 알지요." 하고 그가 말했네.

"두 분은 어릴 때도, 갓 태어나서도 모든 것을 알았나요?"

둘이 동시에 그렇다고 대답했네.

우리는 믿을 수 없는 일이라고 생각했네. 그러자 에우튀데모스가 물 295a
었네. "소크라테스님, 믿어지지 않나요?"

내가 대답했네. "내가 말할 수 있는 것은 두 분이 아마도 지혜로운 사람이리라는 것뿐이라오."

"하지만 그대가 대답하겠다면 나는 그대도 이런 놀라운 것들을 인정한다는 것을 입증하겠소." 하고 그가 말했네.

내가 말했네. "그런 것들과 관련해서라면 나는 기꺼이 논박당하겠소. 그도 그럴 것이 만약 나 자신도 모르게 내가 지혜롭다면, 그리고 내가 모든 것을 알되 항상 안다는 것을 그대가 입증하겠다면, 내 평생에 어디서 이보다 더 큰 횡재를 할 수 있겠소?"

"그렇다면 대답해보시오!" 하고 그가 말했네.

b “대답할 테니 물어보시오.”

그가 물었네. “소크라테스님, 그대가 안다면 어떤 것을 압니다, 그렇지 않습니까?”

“나는 어떤 것을 압니다.”

“그러면 그대가 아는 것은 그것에 의해 그대가 아는 그것에 의해서인가요, 아니면 다른 어떤 것에 의해서인가요?”

“그것에 의해 내가 아는 그것에 의해서죠. 혼을 두고 그렇게 말씀하시는 것 같군요. 그것을 두고 말씀하시는 게 아닌가요?”

그가 말했네. “소크라테스님, 질문받으면서 질문하다니 부끄럽지도 않으시오?”

내가 말했네. “좋아요. 하지만 내가 어떻게 해야 하죠? 나는 그대가 시키는 대로 할게요. 그대가 묻는 것이 무엇인지 모를 때도 대답만 하고 더 묻지 말라는 것인가요?”

c “그대는 분명 내가 말하는 것을 짐작은 하겠지요?” 하고 그가 말했네.

“네, 나는 짐작해요.” 하고 내가 말했네.

“그러면 그대가 짐작하는 대로 대답하시오.”

내가 말했네. “어떻소, 그대는 A를 염두에 두고 묻는데 나는 B로 이해하고 그것에 맞춰 대답한다면, 그대는 내가 엉뚱한 대답을 해도 만족하시겠소?”

“나는 만족할 것이오. 내 생각에 그대는 만족하지 못하겠지만 말이오.” 하고 그가 말했네.

내가 말했네. “그렇다면 나는 질문을 이해할 때까지는 결코 대답하지 않겠소."

그가 말했네. "그대가 그때그때 짐작하는 것에 따라 대답하려 하지 않는 것은, 그대가 계속해서 허튼소리를 하고 있고 사실상 노망이 들었기 때문이오."

나는 그가 말한 것을 내가 구별하는 것에 화를 내는 것은 그가 어휘 d
들의 덫으로 나를 사냥하고 싶어 하기 때문이라는 것을 알았네. 그러자
콘노스[38] 생각이 나더군. 그도 내가 순종하지 않을 때는 화를 냈고, 나
를 무지하다고 여기고 나를 위해 신경을 덜 썼거든. 그래서 나는 에우튀
데모스한테서도 배우기로 마음먹은 이상 그가 나를 제자로 받아주지
않을까 겁이 나서 그에게 순종해야 한다고 생각했네. 그래서 내가 말했 e
네. "에우튀데모스님, 그러는 것이 좋겠다고 생각하신다면 우리는 당연
히 그렇게 해야지요. 아무튼 그대는 토론하는 법을 나보다 더 잘 알고
있으니까요. 그대는 그 분야의 전문가이고 나는 문외한에 불과하니 말
이오. 자, 처음부터 다시 물어보시오."

그가 말했네. "처음부터 다시 대답해보시오. 그대가 아는 것을 아는 것은 무엇인가에 의해서인가요, 아닌가요?"

"그렇소. 그것은 혼에 의해서입니다." 하고 내가 말했네.

그가 말했네. "이 양반이 또 질문받은 것에 무엇인가를 보태서 대답 296a
하는구먼. 내가 물은 것은 그대가 무엇에 의해 아는가가 아니라, 무엇인

38 272c 참조.

가에 의해 아느냐의 여부라오."

내가 말했네. "내가 또 필요 이상의 대답을 했군요. 교육을 받지 못했기 때문이지요. 하지만 용서해주시오. 내가 아는 것을 아는 것은 무엇인가에 의해서인지 여부만 대답할 테니까요."

"그대가 아는 것은 언제나 동일한 것에 의해서인가요, 아니면 때로는 이것에 의해서고 때로는 다른 것에 의해서인가요?" 하고 그가 물었네.

"내가 알 때면 언제나 이것에 의해서입니다." 하고 내가 말했네.

"그 덧붙이는 것 좀 그만두지 못하겠소?" 하고 그가 말했네.

"하지만 나는 이 '언제나'가 우리에게 딴죽 거는 것을 원치 않아요."

b 그가 말했네. "그렇다 하더라도 그것은 우리가 아니라 그대라오. 대답하시오. 그대가 아는 것은 언제나 이것에 의해서요?"

"언제나 그렇지요. 내가 '알 때면'을 빼야 한다면 말이오." 하고 내가 말했네.

"그렇다면 그대는 언제나 이것에 의해 아는군요. 한데 그대가 언제나 안다니, 그대는 어떤 것들은 이것에 의해 알고 다른 것들은 다른 것에 의해 아시오, 아니면 모든 것을 이것에 의해 아시오?"

"이것에 의해 알지요. 내가 아는 모든 것은." 하고 내가 대답했네.

"또 그놈의 덧붙이기로군요." 하고 그가 말했네.

"'내가 아는'은 빼겠소." 하고 내가 말했네.

"하나도 빼지 마시오." 하고 그가 말했네. "나는 그대에게 아무것도
c 요구하지 않겠소. 하지만 대답해보시오. 그대가 하나하나를 다 알지 못한다면 모든 것을 다 알 수 있을까요?"

"내가 그럴 수 있다면 참 놀라운 일이겠지요." 하고 내가 말했네.

그러자 그가 말했네. "이제는 그대가 원하는 것을 덧붙이시오. 그대는 모든 것을 다 안다는 데 동의했으니까요."

"보아하니 '내가 아는'이란 말이 아무런 힘을 못 쓰니까 내가 하나하나를 다 아는 것 같군요." 하고 내가 말했네.

"이상으로 그대는 그것에 의해 그대가 아는 것에 의해 언제나 안다는 데 동의했소. 그대가 알 때면 또는 그대가 어떻게 표현하든 말이오. 그대는 언제나 알며 동시에 하나하나를 다 안다는 데 동의했으니까요. 그
러니 그대는 아이일 때도 태어날 때도 어머니 뱃속에 있을 때도 알고 있 d
었음이 분명하오. 그리고 그대 자신이 태어나기 전에도, 하늘과 땅이 생기기 전에도 그대는 모든 것을 다 알고 있었소. 그대가 언제나 안다면 말이오. 그리고 제우스에 맹세코, 그대는 언제나 알고 모든 것을 다 알 것이오. 내가 그러기를 원한다면 말이오."

내가 말했네. "더없이 존경스러운 에우튀데모스님, 나는 그대가 그러기를 원했으면 좋겠어요. 그대의 말씀이 정말로 참말이라면 말이오. 하지만 나는 그대가 그렇게 하리라고 전적으로 믿을 수 없어요. 여기 있는 그대의 형 디오뉘소도로스도 그러기를 원하지 않는다면 말이오. 그대
들 두 분이라면 아마도 그럴 수 있겠지요. 두 분은 말해주시오." 하고 내 e
가 말을 이었네. "다른 것들과 관련해서는 내가 하나하나를 다 안다고 두 분이 말씀하시는데 나는 그렇지 않노라고 놀라운 지혜를 가진 두 분에게 어떻게 이의를 제기해야 할지 알지 못합니다. 하지만 에우튀데모스님, 예를 들어 훌륭한 사람들이 불의하다는 것을 안다고 내가 어떻게

말할 수 있겠소? 말해보시오. 나는 그것을 아는 건가요, 알지 못하는 건가요?"

"물론 그대는 알지요." 하고 그가 말했네.

"무엇을 안다는 거죠?" 하고 내가 말했네.

"훌륭한 사람들은 불의하지 않다는 것 말이오."

297a 내가 말했네. "그것은 오래전부터 알지요. 하지만 나는 그게 아니라, 훌륭한 사람들은 불의하지 않다는 것을 내가 어디서 배웠느냐고 묻는 것이오."

"어디서도 배우지 않았소." 하고 디오뉘소도로스가 대답했네.

"그렇다면 나는 그것을 알지 못하겠네요." 하고 내가 말했네.

"형님이 토론을 망치고 있어요. 그리고 여기 이 친구는 알지 못하는 것으로, 그리고 알면서 동시에 알지 못하는 것으로 밝혀질 겁니다." 하고 에우튀데모스가 디오뉘소도로스에게 말했네.

그러자 디오뉘소도로스는 얼굴이 벌게졌네.

내가 말했네. "에우튀데모스님, 그대는 무슨 말을 하는 거요? 그대는
b 모든 것을 다 아는 그대의 형이 틀린 말을 한다고 생각하시오?"

"내가 에우튀데모스의 형이라고요?" 하고 디오뉘소도로스가 재빨리 말을 가로챘네.

그래서 내가 말했네. "여보시오, 훌륭한 사람들이 불의하다는 것을 내가 안다는 것을 에우튀데모스님이 내게 가르쳐주실 때까지 가만 계시고, 내가 배우는 것을 시샘하지 마시오."

"그대는 도망치는군요, 소크라테스님. 그리고 대답하기를 원치 않는

군요." 하고 디오뉘소도로스가 말했네.

내가 말했네. "당연하지요. 나는 그대들 두 분 가운데 어느 한 분보다도 더 약하니까요. 그래서 나는 주저하지 않고 두 분에게서 도망치는 것이라오. 나는 헤라클레스[39]보다 훨씬 보잘것없으니까요. 하지만 그도 c
누가 논의의 머리 가운데 하나를 자르면 그 자리에 머리 여러 개가 돋아나게 할 만큼 지혜로운 여자 소피스트 휘드라[40]와, 내가 생각하기에 최근에 바다에서 상륙한 또 다른 소피스트인 게[41]를 상대로 1대 2로 싸워낼 수는 없었소. 게가 그를 괴롭히며 왼쪽에서[42] 떠들어대며 물어뜯자 그는 조카 이올라오스에게 도움을 청했고, 그러자 이올라오스가 그를 구해주었지요. 하지만 내 이올라오스[43]가 온다면 그는 사태를 더 악화 d
시킬 것이오."[44]

39 Herakles. 고대 그리스의 대표적인 영웅으로 인간들을 위협하던 수많은 괴물을 퇴치한 공로로 죽은 뒤에 하늘의 신이 되었다.

40 휘드라(Hydra '물에 사는 짐승' 또는 '물뱀')는 머리가 여럿인 괴물로 이를 퇴치하는 것이 헤라클레스의 이른바 12고역 중 하나였다. 이 괴물은 머리 하나를 베면 여러 개가 돋아나기 때문에 헤라클레스는 불을 붙인 화살을 쏘아, 또는 그가 머리를 베면 그의 조카 이올라오스(Iolaos)가 머리가 잘린 목 부분을 불타는 나무로 지져서 제압할 수 있었다.

41 남편 제우스가 외도해서 낳은 아들이어서 헤라클레스를 집요하게 미워하던 여신 헤라(Hera)는 그가 휘드라와 싸울 때 게를 보내 휘드라를 돕게 했다. 여기서 "혼자서는 둘을 상대로 싸울 수 없다"는 속담이 생겨났다고 한다. 이 게도 헤라클레스에게 죽임을 당한다.

42 디오뉘소도로스는 소크라테스의 왼쪽에 앉아 있다. 271b 참조.

43 여기서는 크테십포스를 가리킨다.

44 희생자가 더 늘어날 것이라는 뜻.

"그대가 그렇게 읊어댔으니 대답해보시오. 이올라오스는 그대의 조카라기보다도 헤라클레스의 조카였나요?" 하고 디오뉘소도로스가 말했네.

내가 말했네. "디오뉘소도로스님, 내가 그대에게 대답하는 것이 가장 좋겠군요. 그대는 끊임없이 질문을 해댈 테니 말이오. 그럴 것이라고 나는 확신하오. 그대가 샘이 나서 에우튀데모스님이 그 지혜로운 것을 내게 가르쳐주지 못하도록 막을 것이란 말이오."

"그렇다면 대답해보시오." 하고 그가 말했네.

내가 말했네. "내가 대답하겠소. 이올라오스는 헤라클레스의 조
e 카이고, 내가 아는 한 결코 내 조카가 아니오. 내 아우인 파트로클레스[45]는 이올라오스의 아버지가 아니고, 헤라클레스의 아우인 이피클레스[46]와 이름이 비슷할 뿐이지요."

"파트로클레스가 그대의 아우인가요?" 하고 그가 말했네.

"물론이오. 우리는 어머니는 같지만 아버지는 달라요." 하고 내가 말했네.

"그렇다면 그는 그대의 아우이자 아우가 아니군요."

"여보시오, 아버지는 같지 않아요. 그의 아버지는 카이레데모스이고, 내 아버지는 소프로니스코스[47]이니까요." 하고 내가 말했네.

"그러면 소프로니스코스와 카이레데모스는 아버지였겠군요?" 하고 그가 말했네.

298a "물론이오. 한 분은 내 아버지이고 다른 한 분은 그의 아버지였소." 하고 내가 말했네.

“그렇다면 카이레데모스는 아버지와 다르겠군요?” 하고 그가 말을 이었네.

“아무튼 내 아버지와는 다르지요.” 하고 내가 말했네.

“그렇다면 그는 아버지와 다르면서 아버지였나요? 아니면 그대는 돌과 같나요?”

내가 말했네. “나는 그대가 내가 돌이라는 것을 입증하지 않을까 두렵군요. 나는 그렇게 느끼지 않는데 말이오.”

“그렇다면 그대는 돌과 다른가요?” 하고 그가 말했네.

“다르고말고요.”

“돌과 다르다면 그대는 돌이 아니겠지요? 그리고 금과 다르다면 금이 아니고?” 하고 그는 말을 이었네.

“그렇고말고요.”

“그렇다면 카이레데모스는 아버지와 다르니까 아버지가 아니군요.” 하고 그가 말했네.

“그는 아버지가 아닌 것 같네요.” 하고 내가 말했네.

에우튀데모스가 끼어들었네. “만약 카이레데모스가 아버지라면 이 b
번에는 소프로니스코스가 아버지와 다르니 아버지가 아니오. 그렇다면 소크라테스, 그대는 아버지가 없어요.”

45 Patrokles.

46 Iphikles.

47 Chairedemos, Sophroniskos.

그러자 크테십포스가 논의를 이어받았네. "두 분의 아버지도 똑같은 처지가 아닌가요? 그 분은 내 아버지와 다른가요?"

"조금도 다르지 않네." 하고 에우튀데모스가 말했네.

"뭣이, 같다고요?" 하고 크테십포스가 말했네.

"분명히 같네."

c "나는 동의할 수 없어요. 에우튀데모스님, 그는 내 아버지이기만 한가요, 다른 사람들의 아버지이기도 한가요?"

"다른 사람들의 아버지이기도 하지. 아니면 자네는 같은 사람이 아버지이기도 하고 아버지가 아니기도 하다고 생각하는가?" 하고 에우튀데모스가 말했네.

"나도 그렇다고 생각했습니다." 하고 크테십포스가 말했네.

에우튀데모스가 말했네. "어떤가? 자네는 어떤 것이 황금이 아니면서 황금이라고 생각하는가? 또는 사람이면서 사람이 아니라고 생각하는가?"

크테십포스가 말했네. "에우튀데모스님, 그대는 사람들 말마따나 아마포를 아마포에 잇지 않는 것 같군요.[48] 만약 그대의 아버지가 모두의 아버지라고 말씀하신다면 그대는 놀라운 주장을 하는 것이니까요."

"하지만 그렇다네." 하고 에우튀데모스가 말했네.

"사람들의 아버지입니까? 아니면 말들과 다른 모든 동물의 아버지이기도 합니까?" 하고 크테십포스가 물었네.

"모두의 아버지이지." 하고 그가 말했네.

d "그대의 어머니도 모두의 어머니인가요?"

“내 어머니도 그렇다네.”

“그렇다면 그대의 어머니는 성게들의 어머니이기도 하겠군요.” 하고 크테십포스가 말했네.

“자네 어머니도 마찬가지일세.” 하고 에우튀데모스가 말했네.

“그렇다면 그대는 송아지[49]나 강아지나 새끼 돼지들과 형제간이겠군요.”

“자네도 마찬가지일세.” 하고 에우튀데모스가 말했네.

“그렇다면 그대의 아버지는 수퇘지이고 수캐로군요.”

“자네 아버지도 마찬가지일세.” 하고 에우튀데모스가 말했네.

디오뉘소도로스가 말했네. “크테십포스, 내가 묻는 말에 대답한다면 자네는 당장 이 모든 것에 동의할 걸세. 말해보게. 자네에게는 수캐가 있는가?”

“네, 아주 고약한 녀석이지요.” 하고 크테십포스가 말했네.

“녀석에게 강아지들이 있는가?”

“네. 녀석들은 그 녀석을 쏙 빼닮았지요.” e

“그러면 그 수캐는 녀석들의 아버지이겠지?”

“아닌 게 아니라 나는 그 수캐가 암캐와 교미하는 것을 보았어요.”

“어떤가? 그 수캐는 자네 것이 아닌가?”

48 서로 다른 두 가지를 같은 것으로 취급한다는 뜻.

49 버넷(Burnet)판의 ton kobion(‘멸치들의’) 대신 프랑스 Les Belles Lettres판에 따라 ton boidion(‘송아지들의’)으로 읽었다.

"물론 내 것입니다." 하고 크테십포스가 말했네.

"그렇다면 그 수캐는 아버지이고 자네 것이니, 그 수캐는 자네 아버지이고, 자네는 강아지들과 형제간이겠지?"

크테십포스가 먼저 대답하지 못하게 하려고 이번에도 디오뉘소도로스가 재빨리 끼어들며 말했네. "내 사소한 질문에 대답해주게. 자네는 그 수캐를 때리는가?"

크테십포스가 웃으며 말했네. "물론이지요. 그대를 때릴 수는 없으니까요."

"그렇다면 자네는 자네 아버지를 때리는 것 아닌가?" 하고 디오뉘소도로스가 말했네.

299a 그러자 크테십포스가 말했네. "이토록 유식한 아들들을 낳을 생각을 했으니 나로서는 그대들의 아버지를 때리는 것이 훨씬 더 옳을 것 같군요. 에우튀데모스님, 그대들의 아버지이자 강아지들의 아버지인 그분은 그대들의 이러한 지혜로부터 틀림없이 톡톡히 이득을 보았을 겁니다."

"하지만 그분에게는 좋은 것이 많이 필요하지 않네, 크테십포스. 그분에게도 그렇고 자네에게도 그렇고."

"에우튀데모스님, 그대에게도 그런가요?" 하고 크테십포스가 말했네.

b "다른 누구에게도 그렇다네. 말해보게, 크테십포스, 자네는 필요할 때에 약을 마시는 것이 환자에게 좋다고 생각하는가, 아니면 자네가 보기에 그러는 것은 좋지 않은가? 또는 누군가 싸움터에 나갈 때는 무장하지 않는 것보다 무장하는 것이 좋다고 생각하는가?"

"나는 무장하는 것이 좋다고 생각합니다. 하지만 그대는 또 놀라운 말씀을 하시려는 것 같군요." 하고 크테십포스가 말했네.

"곧 알게 될 걸세. 대답해보게. 필요할 때에 약을 마시는 것이 사람에게 좋다는 데 자네가 동의했으니 말인데, 그렇다면 그는 이 좋은 것을 되도록 많이 마셔야 하지 않겠는가? 그럴 경우 미나리아재비[50] 한 수레를 빻아 거기에 섞어도 좋을까?" 하고 에우튀데모스가 말했네.

그러자 크테십포스가 말했네. "물론 아주 좋겠지요, 에우튀데모스님. 마시는 사람이 델포이에 있는 입상(立像)만큼 크다면 말입니다." c

에우튀데모스가 말을 이었네. "전시에는 무장하는 것이 좋은 것이므로 창과 방패를 되도록 많이 갖고 있어야 하지 않을까? 그러는 것이 정말로 좋은 것이라면 말일세."

크테십포스가 말했네. "그렇고말고요. 하지만 에우튀데모스님, 그대는 그렇게 생각하지 않고, 방패 하나와 창 한 자루면 족하다고 생각하시지 않나요?"

"나는 그렇게 생각하네."

크테십포스가 말했네. "그대는 게뤼오네스와 브리아레오스[51]도 그렇게 무장시키시렵니까? 나는 그대와 여기 있는 그대의 동료가 중무장 전

50 helleboros. 약성도 있고 독성도 있는 풀.

51 게뤼오네스(Geryones, Geryon 또는 Geryoneus)는 몸 또는 머리가 셋인 거한으로 그의 소떼를 빼앗아 오는 것이 헤라클레스의 12고역 중 하나였다. 브리아레오스(Briareos)는 팔이 100개인 거한으로 티탄신족(Titanes)을 제압하도록 제우스를 돕는다.

투원이라서 그보다는 더 똑똑한 줄 알았어요."

그러자 에우튀데모스는 입을 다물었고, 디오뉘소도로스는 크테십
d 포스가 앞서 대답한 것들로 되돌아가서 물었네. "황금을 갖고 있는 것도 자네는 좋은 것이라고 생각하는가?"

"물론입니다. 그것도 많이요." 하고 크테십포스가 말했네.

"어떤가? 그렇다면 좋은 것들은 언제 어디서나 가져야 하지 않을까?"

"물론이지요." 하고 크테십포스가 말했네.

"자네는 황금도 좋은 것이라는 데 동의하겠지?"

"나는 이미 동의했습니다." 하고 크테십포스가 말했네.

"그러면 황금을 언제 어디서나 무엇보다도 자신 안에 갖고 있어야겠
e 지? 그러면 뱃속에는 3탈란톤[52]의 황금을, 두개골 안에는 1탈란톤의 황금을, 각 눈에는 1스타테르[53]의 금화를 가진 사람이 가장 행복하지 않을까?"

크테십포스가 말했네. "에우튀데모스님, 아닌 게 아니라 사람들이 말하기를 스퀴타이족[54] 사이에서는 자기 두개골 안에 황금을 많이 가진 자들—그것은 조금 전에 그대가 수캐를 나의 아버지라 부른 것과 다를 바 없지요—이 가장 행복하고 가장 훌륭한 사람이라는 말이 있더군요. 더 놀라운 이야기는 그들이 금박을 입힌 자기 두개골로 술을 마시며 자기 머리를 손에 든 채 그 속을 들여다본다는 것입니다."[55]

300a 에우튀데모스가 말했네. "말해보게. 스퀴타이족과 그 밖의 다른 인간들은 볼 수 있는 것을 보는가, 볼 수 없는 것을 보는가?"

"물론 볼 수 있는 것을 보겠지요."

"자네도 그렇겠지?" 하고 에우튀데모스가 물었네.

"나도 그렇습니다."

"그러면 자네는 우리 겉옷들을 보는가?"

"네."

"그러면 이 겉옷들은 볼 수 있겠구먼."

"아주 잘 볼 수 있지요." 하고 크테십포스가 말했네.

"그것들은 무엇을 보는가?" 하고 에우튀데모스가 물었네.

"무(無)를 보지요. 그대는 그것들이 보지 않는다고 생각할 겁니다. 그대는 그만큼 순진하니까요. 에우튀데모스님, 나는 그대가 눈을 뜬 채 잠들었으며, 그리고 말을 하면서도 동시에 아무것도 말하지 않는 것이 가능하다면 그대가 하는 짓이 그런 것이라고 생각합니다."

디오뉘소도로스가 말했네. "침묵하는 사람이 말한다는 것은 정말로 b
불가능할까?"

52 talanton. 고대 그리스의 화폐단위이자 무게단위. 1탈란톤은 26킬로그램쯤 된다.

53 stater. 1스타테르는 20므나(mna)에 해당한다. 당시 그리스의 화폐단위는 다음과 같다.

탈란톤(talanton)	므나(mna)	드라크메(drachme)	오볼로스(obolos)
1	60	6,000	36,000
	1	100	600
		1	6

54 skythai. 흑해 북쪽 기슭과 남러시아에 거주하던 기마 유목민족.

55 스퀴타이족은 적군의 두개골에 금박을 입혀 술잔으로 사용했다고 한다. 헤로도토스(Herodotos), 『역사』 4권 65장 참조.

"전적으로 불가능합니다." 하고 크테십포스가 말했네.

"말하는 사람[56]이 침묵하는 것도 불가능한가?"

"더 불가능합니다." 하고 크테십포스가 말했네.

"하지만 돌과 목재와 무쇠를 말한다면 자네는 침묵하는 것들을 말하는 것이 아닌가?"

크테십포스가 말했네. "내가 대장간 옆을 지나갈 때면 그렇지 않지요. 그곳에서는 누가 건드리면 무쇠가 말을 하고 소리를 지르니까요. 그러니 이 경우에는 그대의 지혜가 그대도 모르는 사이에 무의미한 말을 하게 했군요. 그건 그렇고 말하는 사람이 어떻게 침묵할 수 있는지도 증명해주십시오."

c 내가 보기에 크테십포스는 자기 연동 때문에 지나치게 들떠 있는 것 같았네.

에우튀데모스가 말했네. "자네가 침묵할 때면 모든 것에 대해 침묵하지 않는가?"

"나는 그렇습니다." 하고 크테십포스가 말했네.

"말하는 사람도 모든 것에 포함된다면, 자네는 말하는 사람에 대해서도 침묵하겠지?"

"어떻습니까? 모든 것은 침묵하지 않나요?" 하고 크테십포스가 말했네.

"나는 그렇지 않다고 생각하네." 하고 에우튀데모스가 말했네.

"여보시오, 모든 것이 말하나요?"

"말하는 것들은 다 말하지."

크테십포스가 말했네. "내가 묻는 것은 그게 아니라, 모든 것은 침묵하는지, 아니면 말하는지입니다."

디오뉘소도로스가 끼어들며 말했네. "둘 다 아니기도 하고 둘 다이기 d
도 하네. 나는 자네가 답변이 궁하리라고 확신하네."

그러자 크테십포스가 늘 하던 버릇대로 갑자기 웃음을 터뜨리며 말했네. "에우튀데모스님, 그대의 형님은 논의를 '둘 다'란 말로 모호하게 만들었고, 그럼으로써 패하고 결딴났어요."

그러자 클레이니아스가 몹시 기뻐하며 웃었고, 크테십포스는 열 배나 더 우쭐해졌네. 내가 생각하기에 크테십포스는 영리한 사람이기에 그런 수법을 그들한테서 귀동냥으로 배운 것 같았네. 요즘 사람들 가운데 그런 지혜를 가진 사람은 그들 말고는 아무도 없으니 말일세.

그래서 내가 말했네. "클레이니아스, 자네는 이런 진지하고 아름다운 e
일들에 왜 웃는가?"

"소크라테스님, 그대가 아름다운 것을 본 적이 있나요?" 하고 디오뉘소도로스가 물었네.

"보았지요. 그것도 많이요, 디오뉘소도로스님." 하고 내가 대답했네.

"그것들이 아름다운 것과 다르던가요, 아니면 같던가요?" 하고 그가 301a
물었네.

그러자 나는 정말로 곤경에 처했고, 그것은 내가 투덜거린 데 대한 당연한 벌이라고 생각했네. 하지만 나는 그것들이 아름다운 것 자체와는

56 legonta. 또는 '말하는 것들'.

달라도 그것들에는 저마다 어떤 아름다움이 있다고 대답했네.

그러자 그가 말했네. "그러면 만약 소가 그대와 함께 있으면, 그대는 소인가요? 그리고 내가 그대와 함께 있으니까 그대가 디오뉘소도로스인가요?"

"에끼, 그런 말씀 마시오." 하고 내가 말했네.

그가 말했네. "하지만 다른 것이 다른 것과 함께 있다고 해서 다른 것이 어떻게 다른 것일 수 있겠소?"

b 내가 말했네. "그 점이 염려되시오? 나는 두 분의 지혜를 갖고 싶어 그것을 흉내내려 한 것이라오."

그가 말했네. "어찌 염려되지 않겠소? 어떤 것이 불가능하다면 그럴 수밖에 없지요. 나도 다른 모든 사람도."

"무슨 말씀이신지요, 디오뉘소도로스님? 아름다운 것은 아름답고, 추한 것은 추하지 않나요?" 하고 내가 말했네.

"그렇지요, 내가 그렇게 생각한다면." 하고 그가 말했네.

"그대는 그렇게 생각하지 않나요?"

"물론 그렇게 생각하지요." 하고 그가 말했네.

"그러면 같은 것은 같고 다른 것은 다르지 않나요? 다른 것은 분명 같
c 은 것이 아닐 테니까요. 아니, 어린아이도 다른 것은 다르다는 것을 의
심하지 않을 것이라고 나는 생각해요. 하지만 디오뉘소도로스님, 그대
는 고의적으로 이 점을 간과한 것 같아요. 다른 점에서는 그대들 두 분
은 마치 훌륭한 장인들이 각자에게 고유한 업무를 수행하듯이 대화를
탁월하게 구성한 것으로 생각되었으니까요."

그가 물었네. "그렇다면 그대는 각 장인의 고유한 업무가 무엇인지 아나요? 먼저, 대장일은 누구의 고유한 업무지요?"

"알고말고요. 대장장이지요."

"어떤가요, 도기 만드는 일은?"

"도공의 고유한 업무지요."

"어떤가요, 도살하여 가죽을 벗기고 토막을 내어 삶고 굽는 일은?"

"요리사의 고유한 업무지요." 하고 내가 대답했네.

그가 말했네. "고유한 업무를 행하는 사람이 있다면 그는 올바르게 d
행하는 것이겠지요?"

"그렇고말고요."

"요리사의 고유한 업무는 그대 말처럼 토막 내고 가죽을 벗기는 것인가요? 그대는 이에 동의했나요, 동의하지 않았나요?"

"동의했소. 하지만 너그럽게 보아주시구려." 하고 내가 말했네.

그러자 그가 말했네. "그러면 요리사를 도살하고 토막 내어 삶고 굽는 사람이 있다면 그는 분명 고유한 업무를 행하는 것이겠네요. 그리고 대장장이를 망치로 두들겨 펴고 도공을 돌림판 위에서 돌리는 사람이 있다면 그 사람도 고유한 업무를 행하는 것이겠네요."

내가 말했네. "맙소사! 이제는 그대의 지혜가 꼭짓점에 다다랐군요. e
그런 지혜가 언젠가는 나와 함께하며 내 것이라 불릴 수 있을까요?"

"소크라테스님, 그것이 그대 것이 된다면 그대가 알아보게 될까요?" 하고 그가 물었네.

"그대가 원한다면 확실히 알아보겠지요." 하고 내가 대답했네.

"어떤가요, 그대는 그대 자신의 것을 안다는 말인가요?" 하고 그가 물었네.

"내가 그대의 말뜻을 제대로 이해한다면. 내 모든 희망은 그대에게서 시작하여 여기 있는 에우튀데모스에게서 끝나야 하니까요."

그가 말했네. "그대는 그대가 지배하고 임의로 처분할 수 있는 것들을
302a 그대 것이라 생각하시오? 예를 들어 그대가 내다팔 수도 있고 줄 수도 있
으며 그대가 원하는 신에게 제물로 바칠 수도 있는 소나 양을 그대 것이
라 생각하시오? 그럴 수 없는 것들은 그대 것이 아니라고 생각하고요?"

나는 그런 질문들에서 뭔가 아름다운 것이 불쑥 나타날 줄 알았고 어서 그것이 듣고 싶어서 말했네. "그렇고말고요. 그런 것들만이 내 것이오."

그가 말했네. "어떻소? 그대는 혼을 가진 것들을 동물이라 부르지 않나요?"

"네. 그렇게 부릅니다." 하고 내가 말했네.

b "그러면 그대는 내가 방금 말한 모든 것을 할 수 있는 권한이 그대에
게 있는 것들만이 그대 것이라는 데 동의하나요?"

"동의해요."

그러자 그는 무슨 대단한 것이라도 숙고하는 것처럼 잠시 멈추는 척하더니 말을 이었네. "소크라테스님, 말해보시오. 그대는 조상들의 보호 신 제우스를 모시나요?"

나는 우리 논의가 드디어 끝날 지점에 다다른 게 아닌가 하는 의심이 들어 내가 이미 그물에 걸려들기라도 한 것처럼 거기서 벗어나려고 절망적으로 몸부림치기 시작했네. "나는 모시지 않아요, 디오뉘소도로스님."

"만약 그대에게 조상신도 없고 사당도 없고 그 밖에 진실로 훌륭한 것이 아무것도 없다면 그대야말로 비참한 인간이며 아테나이인도 아 c
니오."

내가 말했네. "디오뉘소도로스님, 그만하면 됐어요. 제발 말조심하시고 그렇게 엄하게 가르치지 마시오. 내게는 가족과 조상의 제단과 사당이 있으며, 다른 아테나이인들에게 있는 그런 것들은 다 있으니까요."

"그러면 다른 아테나이인들은 조상들의 보호 신 제우스를 모시지 않나요?" 하고 그가 물었네.

내가 대답했네. "이오네스족[57]은 아무도 그런 호칭을 사용하지 않아요. 이 도시에서 이민 간 사람들도 우리도. 대신 우리는 조상들의 보호 신 아폴론을 모시는데, 그분이 이온[58]의 아버지이기 때문이지요. 하지 d
만 우리는 제우스에게는 '조상들의 보호 신'이란 이름을 붙이지 않아요. 그분은 '가정의 보호 신' 또는 '부족의 보호 신'이라 부르고, 아테나 여신도 '부족의 보호 신'이라 부른답니다."

"그만하면 됐소. 그대에게는 아폴론과 제우스와 아테나가 있는 것 같으니까요." 하고 디오뉘소도로스가 말했네.

"물론입니다." 하고 내가 말했네.

57 Iones. 고대 그리스의 4대 부족 가운데 하나로 주로 앗티케 지방과 에우보이아(Euboia)섬과 소아시아 서해안과 부속 도서에 거주했다.

58 Ion. 아테나이 왕 에렉테우스(Erechtheus)의 딸 크레우사(Kreousa)와 아폴론 사이에서 태어난 아들로 이오네스족의 조상.

"그렇다면 이분들도 그대에게는 신이겠지요?" 하고 그가 말했네.

"조상들이자 주인들이기도 하고요." 하고 내가 말했네.

"아무튼 그대의 것들이오. 아니면 그대는 그분들이 그대의 것들이라는 데 동의하지 않았나요?" 하고 그가 말했네.

내가 대답했네. "나는 동의했소. 내가 달리 어떡하겠어요?"

e 그가 말했네. "이 신들은 동물들이기도 하겠지요? 혼을 가진 것들은 동물이라는 데 그대가 동의했으니 말이오. 아니면 이 신들은 혼을 가지고 있지 않나요?"

"가지고 있어요." 하고 내가 말했네.

"그러면 이 신들도 동물이겠지요?"

"네, 동물들입니다." 하고 내가 말했네.

그가 말했네. "그런데 동물 중에서 그대가 줄 수도 있고 내다팔 수도 있고 그대가 원하는 신에게 제물로 바칠 수도 있는 것들은 그대 것이라는 데 그대는 동의했소."

"동의했지요. 에우튀데모스님, 내게는 물러설 곳이 없으니까요."

"그렇다면 솔직히 말씀해주시오. 제우스와 다른 신들이 그대 것이라
303a 는 데 동의한다면 그대는 그분들을 다른 동물들처럼 내다팔거나 주거나 그대가 원하는 대로 다룰 수 있나요?" 하고 에우튀데모스가 말했네.

그래서 크리톤, 나는 논의에 난타당한 사람처럼 말없이 누워 있었네. 그때 크테십포스가 나를 구하기 위해 달려와 말했네. "브라보, 헤라클레스! 멋진 논의로군요."

디오뉘소도로스가 말했네. "헤라클레스가 브라보란 말인가, 브라보

가 헤라클레스란 말인가?"

크테십포스가 말했네. "포세이돈이여, 얼마나 무서운 논리인가? 나
는 손들었습니다. 두 분에게는 이길 수가 없어요."

그러자 크리톤, 그곳에 있는 사람들은 너나없이 두 사람과 그들의 논 b
리를 치켜세웠고, 웃고 박수 치고 기뻐하느라 숨이 끊어질 지경이었네.
지금까지는 두 사람의 논의가 성공적이면 그때그때 에우튀데모스의 추
종자들만이 갈채를 보냈는데, 이번에는 사실상 뤼케이온의 원주(圓柱)
들조차도 두 사람의 성공을 함께 기뻐하며 갈채를 보내는 것 같았다네.
나 자신도 그토록 지혜로운 사람들은 본 적이 없다는 데에 동의하고 싶 c
었으니까. 그래서 나는 그들의 지혜에 완전히 매료되어 두 사람을 다음
과 같은 말로 칭찬하고 찬양하기 시작했네.

"오오 복받은 두 분이여, 그토록 짧은 시간에 그토록 큰일을 해내다
니 두 분이야말로 놀라운 재능을 타고났소이다. 에우튀데모스님과 디
오뉘소도로스님, 두 분의 논의에는 훌륭한 점들이 많지만, 그중에서도
가장 탁월한 점은 두 분이 대중이나 근엄한 사람들이나 젠체하는 사람
들에게는 전혀 관심이 없고, 두 분과 같은 사람들에게만 관심이 있다 d
는 것이오. 그리고 나는 두 분과 같은 소수의 사람들만이 그런 논리들
을 높이 평가하고, 대다수는 그런 논리들을 잘 이해하지 못해 자신이
그런 논리들로 논박당하는 것보다도 그런 논리들로 남을 논박하는 것
을 분명히 더 창피하게 여길 것이라고 확신하오. 또한 두 분의 말씀에는
공공심과 상냥함도 있는데, 두 분이 아름다운 것이나 좋은 것이나 흰
것 따위는 없고 차이 같은 것은 존재하지 않는다고 말할 때면 두 분 말

e 씀처럼 말 그대로 사람들의 입을 꿰매기는 하지만, 남들의 입뿐 아니라 두 분 자신의 입도 꿰매는 것처럼 보여 두 분의 말씀이 정중하게 들리고 귀에 거슬리지 않는다는 것입니다. 그러나 가장 대단한 점은 두 분이 그런 능력을 훌륭하게 계발하여 누구나 두 분한테서 그것을 단기간에 배울 수 있다는 것입니다. 나는 크테십포스가 즉석에서 얼마나 빨리 두 분을 흉내낼 수 있는지 유심히 지켜보다가 그렇다는 것을 알게 되었소.
304a 두 분의 성취는 빨리 전수한다는 점에서는 탁월하지만 공개토론에는 적합하지 않습니다. 두 분에게 조언하겠는데 대중 앞에서는 그렇게 말하지 않도록 조심해야 합니다. 그러지 않으면 듣는 사람들이 그 기술을 금세 배우게 되어 두 분에게 고마워하지 않을 겁니다. 가장 좋은 것은 두 분끼리 대화를 나누는 것이지만, 그러지 않고 다른 사람이 있는 경우에는 두 분에게 수업료를 내는 사람 앞에서만 대화를 나누시오. 그
b 리고 두 분이 신중하다면 제자들에게도 똑같은 조언을 하시오. 두 분 앞이나 자기들끼리 말고는 어느 누구와도 대화를 나누지 말라고 말이오. 에우튀데모스님, 귀한 것은 값지고, 물은 핀다로스[59]의 말처럼 '가장 좋은 것'[60]이지만 가장 값싸기 때문이오." 그리고 나는 말을 이었네. "자, 두 분은 나와 여기 있는 클레이니아스를 제자로 받아주십시오."

크리톤, 이런 말들과 그 밖의 다른 짤막한 말들을 주고받은 뒤 우리는 헤어졌네. 그러니 우리와 함께 두 분의 제자가 될 방도를 찾아보게. 두 분은 수업료를 낼 의향이 있는 사람은 누구든지 가르쳐줄 수 있으
c 며, 그들의 지혜를 쉽게 배우는 데서 나이나 능력 부족은 아무런 방해가 되지 않는다고 주장하니 말일세. 자네가 특히 귀담아들어야 할 것은

그들의 지혜는 재물을 모으는 데도 전혀 방해가 되지 않는다고 두 분이 약속했다는 점일세.

크리톤 소크라테스, 나도 듣기를 좋아하고 기꺼이 배우는 편이지만, 나는 역시 에우튀데모스와 같은 사람들이 아니라, 자네 말처럼 그런 논리로 논박하기보다는 논박당하기를 더 좋아하는 사람들 축에 드는 것 같 d
네. 자네에게 충고한다는 것이 우습기는 하지만 그럼에도 내가 들은 것을 자네에게 전해주고 싶네. 나는 산책을 하다가 자네들과 헤어진 사람들 가운데 한 명과 마주쳤는데, 그는 자신이 아주 지혜롭다고 생각하는 사람으로 법정 연설문 작성에 능한 사람들 가운데 한 명이었네.[61] 그가 말했네. "크리톤님, 그대는 저 지혜로운 사람들의 말씀을 아무것도 귀담아듣지 못했나요?" 내가 말했네. "아니요. 가까이 서 있었지만 사람들이 너무 많아 아무것도 알아들을 수 없었소." 그가 말했네. "안됐군요. 참으로 들을 만했는데." "어째서죠?" 하고 내가 물었네. "그런 종류 e
의 논의에 오늘날 가장 지혜로운 사람들이 대화를 나누는 것을 들었을 테니까요." 그래서 내가 물었네. "그대에게는 그들이 무엇을 보여주던가요?" 그가 대답했네. "쓸데없는 일에 쓸데없이 법석을 떠는 수다쟁이들한테 들을 수 있는 것 말고 무엇을 기대하겠습니까?"(실제로 그는 그렇게 말했네.) 그래서 내가 말했네. "하지만 철학은 매력적인 것이오." 그

59 Pindaros (기원전 522~442년). 테바이 출신의 그리스 서정시인.

60 『올륌피아 경기 우승자를 위한 송시』(*Olympionikai*) 1가(歌) 1행.

61 이소크라테스(Isokrates)처럼.

가 말했네. "여보시오, 매력은 무슨 매력? 아무런 가치도 없어요. 그대
305a 가 그 자리에 있었다면 아마도 친구를 창피하게 여겼을 것이오. 그는 이
상하게도 자신들은 아무렇지도 않게 무슨 말이든 하면서 남이 하는 말
은 번번이 꼬투리를 물고 늘어지는 사람들에게 자신을 내맡기려 했으
니 말이오. 그들은 방금 내가 말했듯이 오늘날 가장 영향력 있는 사람
들 축에 듭니다. 하지만 크리톤님, 그런 활동이나 그런 활동에 종사하는
사람들이나 사실은 보잘것없고 우스꽝스럽지요." 소크라테스, 나로서
b 는 그가 그런 활동을 비난하는 것이 옳다고 생각되지 않았고, 다른 누
가 비난하더라도 마찬가지였을 걸세. 그러나 많은 사람 앞에서 그런 사
람들과 대화하려 하는 것을 그가 비난하는 것은 내게는 옳다고 생각되
었네.

소크라테스 크리톤, 그런 사람들은 놀라운 사람들일세. 하지만 자네에게 뭐라고 대답해야 할지 아직 모르겠네. 자네를 만나 철학을 비난한 사람은 어떤 부류의 사람이던가? 법정 싸움에 능한 사람 즉 연설가이던가, 아니면 연설가를 법정에 들여보내는 사람 즉 연설가가 사용할 연설문을 작성하는 사람이던가?

c **크리톤** 제우스에 맹세코, 그는 연설가는 결코 아니고, 법정에 나타난 적
도 없었던 것 같았네. 그러나 사람들이 말하기를, 그는 그런 일에는 밝
으며, 똑똑한 사람이고 똑똑한 연설문들을 작성한다더군.

소크라테스 이제야 알겠네. 그러잖아도 그런 사람들에 관해 말하려던 참이었네. 크리톤, 그들은 프로디코스가 철학자와 정치가 사이의 경계인들이라고 부른 사람들일세. 그들은 자신들이 모든 사람 가운데 가장

지혜롭다고, 지혜로울뿐더러 대부분의 사람에게는 그렇게 보이기에 그
들이 모든 사람에게 존경받는 데 방해가 되는 것은 철학에 전념하는 사 d
람들 외에는 아무도 없다고 생각한다네. 그래서 그들은 이들의 명성을
깎아내려 이들을 무가치한 자들로 보이게 한다면 자신들이 만인이 보
는 앞에서 이론의 여지 없이 당장 승리의 영관을 차지하고 가장 지혜롭
다는 명성을 누리게 될 것이라고 믿는다네. 그들은 자신들이 사실은 가
장 지혜롭다고 생각하며, 사적인 대화에서 뒤지면 에우튀데모스와 그
의 추종자들 탓으로 돌린다네. 그들은 자신들이 아주 지혜롭다고 생각
하는데, 그럴 만도 하지. 그들은 자신들이 철학에도 적당히 조예가 깊
고 정치학에도 적당히 조예가 깊다고 생각하며 그 근거도 그럴듯하니
까. 왜냐하면 그들은 필요한 만큼만 이 둘에 관여하고, 위험과 투쟁을 e
멀리하며 지혜의 열매를 따 모으기 때문이지.

크리톤 어떤가, 소크라테스? 자네는 그들이 하는 말에 의미가 있다고 생
각하는가? 그들의 논의가 나름대로 그럴듯하게 들린다는 것은 부인할
수 없으니 말일세.

소크라테스 맞았어, 크리톤. 그들이 하는 말은 진리라기보다는 그럴듯하
게 들리는 것들이지. 그들에게 다음과 같은 사실을 설득하기란 쉽지 않 306a
기 때문이지. 사람이든 사물이든 다른 둘의 중간에 있으면서 둘 다에
관여하는 것은 나쁜 것과 좋은 것으로 이루어진 경우 그중 하나보다는
더 좋고 다른 하나보다는 더 나쁘네. 그러나 그것이 같은 대상에 관련되
지 않은 두 개의 좋은 것들로 이루어진 경우, 자신을 구성하는 것들이
저마다 유용한 것과 관련하여 자신을 구성하는 둘 다보다 더 나쁘네.

반면 그것이 같은 대상에 관련되지 않은 두 개의 나쁜 것들로 이루어지
b 고 이 둘의 중간에 있다면, 이것이야말로 그것이 관여하는 둘 각각보다 더 나은 유일한 경우일세. 그러니 만약 철학과 정치 활동이 둘 다 좋은 것이고 그것들의 대상이 저마다 다르다면, 그리고 이 둘에 관여하는 사람들이 이 둘의 중간에 있다면 그들은 둘 모두보다 열등하므로 그들이 하는 말은 아무런 의미도 없네. 만약 그중 하나는 좋은 것이고 다른 하나는 나쁜 것이라면 이 둘에 관여하는 사람들은 후자에 종사하는 사람들보다는 더 낫고 전자에 종사하는 사람들보다는 더 나쁘네. 반면 만약 둘 다 나쁜 것이라면 이 경우에는 그들이 말하는 것이 나름대로 참이겠
c 지만 다른 경우에는 전혀 그렇지 않네. 생각건대 그들은 철학과 정치 활동이 둘 다 나쁘다는 데도, 그중 하나는 좋고 다른 하나는 나쁘다는 데도 동의하지 않을 걸세. 그러나 이 둘에 관여하는 사람들은 사실은 정치술이나 철학이 이렇다 할 가치를 갖는 각각의 대상과 관련하여 사실은 더 열등하고 실제로는 셋째이면서 첫째로 보이려고 한다네. 하지만 우리는 그런 사람들의 야망을 용서하고 못마땅하게 여겨서는 안 되며, 있는 그대로 그들을 받아들여야 하네. 우리는 이성적인 말을 하고 그런
d 것을 열심히 용감하게 추구하는 사람이 있다면 그것으로 만족해야 하니까.

크리톤 소크라테스, 아들들과 관련해서는 자네에게 늘 말하지만 내가 어떻게 해야 할지 난감하네. 작은아들은 아직 어리지만, 크리토불로스는 이미 장성하여 도와줄 사람이 필요하네. 자네를 만날 때면 내가 실성한 게 아닌가 하는 느낌이 든다네. 아이들이 가장 혈통 좋은 어머니에

게서 태어나도록 결혼에 관해 신경을 쓰고, 아이들이 되도록 부유하도 e
록 재물에 관해 신경을 쓰는 등 아이들을 위해 다른 일에는 여러 가지로 애를 썼으면서도 아이들의 교육에는 무관심했으니 말일세. 하지만 사람들을 가르치겠다고 공언하는 자들을 훑어보면 나는 놀라움을 금치 못하네. 그들 중 누구를 살펴보더라도 내 눈에는 솔직히 말해 부적
격자로 보이네. 그래서 나는 어떻게 해야 크리토불로스를 철학으로 향 307a
하게 할지 모르겠네.

소크라테스 친애하는 크리톤, 자네는 무슨 일이든 무능한 사람은 많지만 아무런 가치가 없고, 유능한 사람은 적지만 엄청난 가치가 있다는 것을 모르는가? 체력단련술, 재산 획득술, 연설 기술, 장군의 기술이 자네에게는 아름다워 보이지 않는가?

크리톤 물론 아름다워 보이지.

소크라테스 어떤가? 자네는 이 기술들 각각에서 대부분의 사람이 자기
기술에 우스꽝스럽게 대처하는 것이 보이지 않는가? b

크리톤 물론 보이지. 자네 말은 아주 맞는 말일세.

소크라테스 그렇다고 해서 자네 자신은 그런 일을 모두 피하고, 자네 아들은 그런 일들을 하지 못하게 할 텐가?

크리톤 그건 옳지 못하겠지, 소크라테스.

소크라테스 그렇다면 크리톤, 하지 말아야 할 일은 하지 말고, 철학에 전념하는 사람들은 그들이 훌륭하든 나쁘든 내버려두게. 그보다는 사물
자체를 진지하게 검토해보고, 만약 철학이 하찮아 보인다면 자네 아들 c
들뿐 아니라 모든 사람이 거기서 돌아서게 하게. 그러나 만약 철학이 자

네에게 내가 생각하고 있는 그런 것으로 보인다면, 속담 말처럼 '자네도 자네 자식들도' 용기를 내어 거기에 전념하고 연마하도록 하게.

메넥세노스[1]

대담자
소크라테스[2], 메넥세노스[3]

234a **소크라테스** 어디서 오는 길인가, 메넥세노스? 아고라[4]에서 오는 길인가?

메넥세노스 그렇습니다. 아고라에 있는 평의회 회의실[5]에서 오는 길입니다, 소크라테스님.

소크라테스 왜 하필 평의회 회의실인가? 자네는 분명히 교육과정과 철학 공부가 드디어 끝났다고 보고 이제는 더 중요한 일들에 주목할 준비가 되어 있다고 믿는 것 같구먼. 그래서 자네는 아직 젊지만 우리 노인들을
b 다스릴 참인가? 자네의 가문에서 우리를 돌볼 이가 계속해서 나오지 못하는 일이 없도록 말일세.

메넥세노스 소크라테스 선생님, 선생님께서 허락하시고 조언하신다면 저는 기꺼이 다스리겠습니다. 하지만 그러지 않으시면 그러고 싶지 않

습니다. 제가 오늘 회의실에 간 것은 평의회[6]가 전사자들을 위해 추도(追悼) 연설을 할 사람을 뽑으려 한다는 말을 들었기 때문입니다. 선생님께서도 아시다시피 그들은 장례를 치르려고 합니다.

소크라테스 물론 알지. 그런데 그들은 누구를 뽑았는가?

메넥세노스 그들은 아무도 뽑지 않고, 이 문제를 내일로 연기했습니다. 하지만 내 생각에는 아르키노스나 디온[7]이 뽑힐 것 같아요.

소크라테스 메넥세노스, 사실 전사하는 것은 여러 가지로 훌륭한 일인 c
것 같네. 설령 가난뱅이로 죽는다 하더라도 전사자를 위해서는 엄숙하게 장례가 치러지고, 설령 보잘것없는 사람이라 하더라도 전사자는 칭송의 대상이 된다네. 그리고 지혜로운 사람들이 찬사를 아끼지 않는데,

1 『메넥세노스』는 대화라기보다는 투퀴디데스(Thouydides)의 『펠로폰네소스전쟁사』 2권에 나오는, 전몰장병들을 위한 페리클레스(Perikles)의 추도사를 연상케 하는 연설이다.

2 Sokrates (기원전 469~399년). 아테나이의 철학자.

3 Menexenos. 메넥세노스는 플라톤의 대화편 『뤼시스』(*Lysis*)에서 친구 뤼시스와 함께 소크라테스의 주 대담자로 등장하며 13살쯤 되었을 것으로 추정된다. 대화편 『파이돈』 9b에 따르면, 그는 훗날 소크라테스가 독배를 들고 숨을 거둘 때 그의 임종을 지켜보았다고 한다.

4 agora. 도심에 있는 시장이자 집회장.

5 '평의회 회의실'(bouleuterion).

6 boule. 고전기 아테나이의 평의회는 30세 이상의 남자 시민 500명으로 구성되었는데, 이들은 아테나이의 10개 부족에서 해마다 추첨으로 선출되었으며 같은 사람이 두 번 이상 평의회 위원이 될 수 없었다. 평의회는 민회(ekklesia)에서 다룰 의제를 토의하고 준비했다.

7 Archinos, Dion.

즉흥적으로 그러는 것이 아니라 오래전부터 미리 손질한 연설문으로
그런다네. 그들의 찬사는 너무나 훌륭하여 그들이 전사자 각자에 대해
235a 사실인 것도 말하고 사실이 아닌 것도 말하지만 그들의 더없이 아름답
고 다채로운 말솜씨는 우리 얼을 빼놓는다네. 그들은 온갖 방법으로 국
가와 전사자와 우리의 모든 선조와 살아 있는 우리 자신을 칭송하니 말
일세. 그래서 메넥세노스, 그들이 칭송할 때면 나는 마음이 완전히 고
b 양된 느낌이며, 서서 그들의 말에 귀 기울일 때마다 매혹된다네. 내가
즉석에서 키가 더 커지고, 더 고매해지고, 더 아름다워진 것 같은 생각
이 드니 말일세. 또한 나는 거의 늘 외지인들과 동행하는데, 그들과 함
께 들을 때면 즉석에서 더 의기양양해진다네. 그들도 나처럼 나와 나머
지 시민을 대하는 태도가 달라지고, 연설가에게 설득된 결과 우리 나라
가 그들이 전에 생각한 것보다 더 놀랍다고 생각하니 말일세. 이런 우쭐
c 한 내 기분은 사흘 이상 지속되고, 연설가의 말과 목소리가 귀에 쟁쟁
하여 사나흘이 지나서야 겨우 내가 누구며, 세상 어디에 있는지 생각난
다네. 그때까지 내가 '축복받은 자들의 섬들'[8]에서 살고 있다고 생각할
정도지. 우리 연설가들은 그만큼 기교가 탁월하다네.

메넥세노스 소크라테스 선생님, 선생님께서는 언제나 연설가들을 조롱
하시는군요. 사실 이번에 뽑힌 연설가는 제대로 준비하지 못할 것 같아
요. 갑자기 뽑는 터라 연설가가 즉석연설을 하지 않을 수 없거든요.

d **소크라테스** 여보게, 과연 그럴까? 연설가는 저마다 연설문들을 준비해
두고 있을뿐더러 그런 것들에 대해 즉석연설을 하는 것은 어려운 일도
아닐세. 펠로폰네소스인들 앞에서 아테나이인들을 칭송하거나 아테나

이인들 앞에서 펠로폰네소스인들을 칭송하는 경우에는 훌륭한 연설가만이 성공하고 설득력이 있겠지. 하지만 연설가가 자신이 칭송하는 사람들 앞에서 연설할 경우에는 말을 잘하는 것처럼 보이는 것은 별것 아닐세.

메넥세노스 정말로 별것 아니라고 생각하세요, 소크라테스 선생님?

소크라테스 제우스에 맹세코, 나는 별것 아니라고 생각하네.

메넥세노스 그러면 선생님께서는 몸소 연설할 수 있다고 생각하세요? 그 e
럴 필요가 있고, 평의회가 선생님을 뽑는다면 말입니다.

소크라테스 메넥세노스, 사실 내가 연설을 할 수 있다고 하더라도 나는 조금도 놀라지 않을 걸세. 내게 연설의 기술을 가르쳐준 여인은 결코 하찮은 교사가 아니니까. 그녀는 훌륭한 연설가를 많이 배출했는데, 그중 한 명이 다른 헬라스[9]인들을 모두 능가하는, 크산팁포스의 아들 페리클레스[10]라네.

메넥세노스 그 여인이 누구지요? 분명히 아스파시아[11]님을 두고 그렇게 말씀하시는 거죠?

8 고대 그리스인들은 신들에게 사랑받는 일부 사람들은 죽은 뒤에 저승으로 가지 않고 대지의 서쪽 끝에 있는 '축복받은 자들의 섬들'(makaron nesoi)에서 행복한 삶을 누린다고 생각했다.

9 Hellas. 그리스의 그리스어 이름.

10 Xanthippos, Perikles (기원전 495년경~429년). 페리클레스는 아테나이의 직접민주주의를 완성한 유명 정치가이자 장군이다.

11 Aspasia. 소아시아 밀레토스(Miletos) 출신으로 정치가 페리클레스의 애첩.

소크라테스 그렇다네. 그 밖에 메트로비오스의 아들 콘노스[12]도 있지.
236a 이 둘이 나의 스승이었는데, 한 명은 시가(詩歌)의 스승이고, 다른 한 명은 수사학의 스승이었지. 나처럼 단련받은 사람이 연설을 잘한다 해도 놀랄 일은 아니지. 나보다 덜 교육받은 사람이라도, 이를테면 람프로스한테서 시가를 배우고 람누스 출신 안티폰[13]한테서 수사학을 배운 사람이라도 아테나이인들 앞에서 아테나이인들을 칭송할 때는 이름을 날릴 수 있을 테니까.

메넥세노스 선생님께서 연설을 하셔야 한다면 뭐라고 말씀하실 겁니까?

소크라테스 나 자신에 관해서는 아무 말도 하지 않겠지. 어제 아스파시
b 아님이 이들 전사자들을 위해 추도 연설을 하는 것을 들었는데, 자네 말처럼 아테나이인들이 연설을 할 사람을 뽑으려 한다는 말을 들었기 때문이지. 그녀는 말할 필요가 있는 것들을 내게 들려주었는데, 그중 어떤 것들은 즉석연설이고, 나머지는 미리 준비한 것들이었네. 내 생각에 페리클레스의 추도 연설문을 작성한 것은 그녀이고, 그래서 거기서 남은 것들을 그녀가 이어붙인 것 같았으니 말일세.

메넥세노스 아스파시아님이 말한 것들을 기억하실 수 있겠습니까?

소크라테스 기억할 수 없다면 내가 비난받아 마땅하겠지. 나는 그녀에게
c 직접 배웠고, 잊어버릴 때마다 매를 맞을 뻔했으니까.

메넥세노스 그런데 왜 들려주지 않으세요?

소크라테스 그녀의 연설을 바깥에 퍼뜨리면 여선생님께서 내게 화를 내시지 않을까 두렵네.

메넥세노스 소크라테스 선생님, 두려워하지 마시고 들려주세요. 선생님

께서 들려주시는 것이 아스파시아님의 것이든 그 밖의 다른 사람의 것이든 저는 대단히 고맙게 여길 것입니다. 들려주기만 하세요.

소크라테스 하지만 늙은이인 내가 아직도 어린아이 같은 짓을 한다 싶으면 자네는 아마 나를 비웃을 걸세.

메넥세노스 그런 일은 절대로 없을 것입니다, 소크라테스 선생님. 꼭 들려주세요.

소크라테스 정작 고마워해야 할 사람은 날세. 우리 단둘만 있으니 자네가 나더러 옷을 벗고 자네 앞에서 춤을 추라고 명령하더라도 내가 거절 d
할 수 없을 테니까. 자, 들어보게. 내 생각에 그녀는 전사자들에 대해 다음과 같이 추도 연설을 시작한 것 같네.

행동에 대해 말하자면 여기 있는 이분들[14]은 우리한테서 응분의 몫을 받았습니다. 공적으로는 국가의 호송을, 사적으로는 친족의 호송을 받으며 정해진 여행을 떠났으니까요.

말에 대해 말하자면 아직도 이분들의 응분의 몫으로 남아 있는 명예를 이분들에게 바칠 것을 법률이 요구하고 있습니다. 훌륭한 행위를 훌 e

12 메트로비오스(Metrobios)의 아들 콘노스(Konnos)에 관해서는 플라톤의 대화편 『에우튀데모스』(*Euthydemos*) 272c, 295d 참조.

13 Lampros, Rhamnous, Antiphon. 람누스는 앗티케 지방의 174개 구역(demos) 가운데 하나이다.

14 전사하고 애도한 다음 행렬을 지어 무덤으로 운구한 유골들. 추도 연설은 무덤에서 행해진다.

륭하게 말하는 것을 듣는 사람들은 훌륭한 행위를 행한 사람에게 명예와 명성을 부여하기 때문입니다. 그래서 죽은 사람들을 충분히 칭송하되 산 사람들을 따뜻하게 격려하고, 자식들과 형제들에게는 이분들의 미덕을 모방하도록 권하며, 아버지와 어머니와 살아남은 조부모를 위로하는 연설이 필요한 것이지요.

237a 그렇다면 어떤 연설이 그런 효과를 낼 수 있을까요? 살아서는 자신의 미덕으로 가족과 친구를 기쁘게 해주고, 자신의 죽음으로 살아 있는 사람들의 안전을 산 훌륭한 분들을 어떻게 칭송하기 시작해야 올바를까요? 내 생각에 그분들이 훌륭해진 순서에 따라 그분들을 칭송하는 것이 순리인 것 같습니다. 그분들이 훌륭해진 것은 훌륭한 분들에게서 태어났기 때문입니다. 그러니 우리는 먼저 그분들의 고귀한 태생을
b 칭송하고, 두 번째로 그분들의 양육과 교육을 칭송하며, 그런 다음 그분들의 행적을 검토하며 그것들이 고매하고 양육과 교육에 어울린다는 것을 보여주도록 합시다.

태생의 고귀함과 관련해 이분들의 첫 번째 주장은 이분들의 선조는 이주민이 아니며, 그분들의 후손인 이분들도 이주민에게서 태어난 외지인이 아니라는 것입니다. 이분들은 본토박이로서 자신들의 진정한 조국에서 살며 남들처럼 의붓어머니에 의해서가 아니라 어머니, 즉 이분들
c 이 거주한 모국에 의해 양육된 것입니다. 이제 이분들은 죽어서 자신들을 낳아주고 길러주고 도로 받아준 어머니의 친숙한 품에 안겨 있습니다. 먼저 어머니 자신을 찬양하는 것이 가장 올바릅니다. 그것은 이분들의 고귀한 태생을 찬양하는 것이기도 할 테니까요.

우리 나라는 우리뿐 아니라 모든 사람에게 칭찬받아 마땅합니다. 여
러 가지 이유 가운데 으뜸가는 가장 큰 이유는 우리 나라가 신들에게
사랑받고 있다는 것입니다. 우리 나라에 대한 영유권을 두고 신들이 서
로 다투다가 분쟁을 조정한 일[15]이 우리 주장이 사실임을 입증해줍니
다. 신들도 찬양하는 우리 나라를 모든 인간이 찬양하는 것을 어찌 마 d
땅하다 하지 않겠습니까?

우리 나라가 칭찬받아 마땅한 두 번째 이유는 모든 나라가 온갖 종
류의 야수와 가축을 낳아 번성하게 했을 때 우리 나라는 야수들로부
터 자유롭고 깨끗했으며, 지성에서 다른 동물을 능가하며 동물들 가운
데 유일하게 정의와 신들을 존중하는 인간을 선택하여 태어나게 했다
는 것입니다. 우리 주장이 옳다는 결정적인 증거는 우리 나라가 여기 있 e
는 이 전사자들과 우리 자신의 선조를 낳아주었다는 것입니다. 출산하
는 것은 모두 출산한 것에게 먹일 젖이 나기 마련입니다. 여자가 그런 젖
이 나면 분명 진정한 어머니이고, 나지 않으면 진정한 어머니가 아닙니
다. 그리하여 우리 어머니인 우리 나라는 자신이 인간들을 낳았음을 충
분히 입증했습니다. 그 당시에는 우리 나라가 유일하게 처음으로 인간 238a
의 먹을거리인 밀과 보리를 생산했으니까요. 밀과 보리야말로 우리 나

15 앗티케(Attike) 지방의 영유권을 두고 아테나(Athena) 여신과 해신(海神) 포세이돈(Poseidon)이 다툰 적이 있다. 이때 포세이돈은 샘을, 아테나는 올리브나무를 주겠다고 약속했는데 아테나이인들은 후자를 받아들였다. 오비디우스(Ovidius), 『변신 이야기』(*Metamorphoses*) 6권 70행 이하 참조. 이 장면은 파르테논(Parthenon) 신전의 서쪽 박공에 새겨져 있다.

라가 자신의 진정한 자식이라고 여기는 인류를 위한 가장 훌륭한 최고의 먹을거리였지요. 이런 증거들은 여자에 대해서보다는 대지에 대해서 더 진지하게 받아들여야 합니다. 임신과 출산에서는 대지가 여자를 모방하는 것이 아니라, 여자가 대지를 모방하니까요.

우리 나라는 이런 곡식을 아까워하지 않고 남들에게도 나누어주었습니다. 나중에 우리 나라는 자기 자녀들을 위해 올리브나무가 생겨나
b 게 했는데, 올리브기름은 힘들게 일할 때 도움이 되었지요. 그러고 나서 자기 자녀들을 성년으로 양육하고 기를 때 우리 나라는 신들을 그들의 통치자와 교사로 모셨는데, 우리는 그 신들의 이름을 잘 아는 만큼 여기서는 말하지 않고 그냥 넘어가는 것이 적절할 것입니다. 그러니 우리 삶을 챙겨주고, 생필품을 조달하는 기술을 맨 먼저 우리에게 전수하고, 나라를 지키기 위해 무기를 획득하고 사용하는 법을 가르쳐준 것은 신들입니다.

여기 있는 이분들의 선조는 그렇게 태어나서 그렇게 교육받은 다음 자신들이 만든 정체(政體)[16] 하에서 살았는데, 이 정체에 대해 간단하
c 게 언급하는 것이 옳을 것 같습니다. 정체는 인간들을 양육하는데 좋은 정체는 훌륭한 인간들을, 나쁜 정체는 나쁜 인간들을 양육하니까요. 따라서 우리 선조가 좋은 정체에서 양육되었고, 그래서 그분들 자신도, 여기 있는 전사자들을 포함하여 우리의 동시대인도 훌륭하다는 것을 보여주어야 합니다. 정체는 지금이나 그때나 똑같이 최선자정체(最善者政體)[17]이고, 우리는 지금도 그런 정체에서 살고 있고, 오래전부터 늘 그렇게 살았습니다. 어떤 사람은 그런 정체를 민주정체[18]라 부르

고, 다른 사람은 제멋대로 다르게 부릅니다. 그러나 그것은 사실은 대 d
중의 승인을 받는 최선자정체입니다. 우리에게는 늘 왕이 있었는데, 처음에는 세습되었으나 나중에는 선출되었습니다.[19] 대중이 나랏일을 대부분 관장하므로 그들이 그때그때 가장 훌륭해 보이는 사람들에게 관직과 권력을 맡깁니다. 어느 누구도 체력이 약하다거나 가난하다거나 부모가 무식하다는 이유로 배제되지 않으며, 다른 나라에서처럼 그와 반대되는 자질에 따라 존경받지도 않습니다. 하지만 한 가지 기준이 있으니, 지혜롭고 훌륭하다고 생각되는 사람이 지배하고 통치한다는 것입니다.

우리가 이런 정체를 갖는 것은 출생의 평등 덕분입니다. 다른 나라는 e
다양하고 동등하지 못한 인간 집단으로 구성되어 있으며, 그들의 정체도 참주정체와 과두정체[20] 처럼 동등하지 못합니다. 그래서 그 주민들은 다른 주민들을 노예로 여기거나 주인으로 여깁니다. 그러나 우리와
우리의 동료 시민은 모두 한 어머니에게서 태어난 형제들로 서로에게 주 239a
인 노릇을 하거나 노예 노릇을 하는 것은 옳지 않다고 생각합니다. 오히려 우리가 타고난 출생의 평등은 법적으로도 평등권을 추구하도록 강

16 politeia.

17 aristokratia. 문맥에 따라 '귀족정체'로 옮길 수도 있다.

18 demokratia.

19 아르콘 바실레우스(archon basileus)를 말한다. 아르콘에 관해서는 플라톤의 대화편『에우튀프론』주 1 참조.

20 tyrannis, oligarchia.

요합니다. 그래서 우리는 미덕과 지혜의 명성 말고는 어떤 것에서도 서
로에게 경의를 표하지 않습니다.

그런 정체에 힘입어 이분들의 선조와 우리의 선조는 물론이고 이분
들 자신도 고귀하게 태어나서 완전한 자유 속에서 성장한 덕분에 사적
인 영역에서도 공적인 영역에서도 모든 사람 앞에서 수많은 고귀한 업
b 적을 이룩했습니다. 그분들은 자유를 위해서라면 헬라스인들을 위해
헬라스인들에 맞서 싸우고, 전(全) 헬라스인을 위해 이민족[21]과 싸워
야 한다고 생각했습니다. 그분들이 어떻게 에우몰포스[22]와 아마조네스
족[23]과 그 이전의 침입자들을 물리쳤으며, 어떻게 카드모스의 자손들
에 맞서 아르고스인들을 지켜주고[24] 아르고스인들에 맞서 헤라클레스
의 자녀들을 지켜주었는지[25] 제대로 이야기하자면 시간이 너무 짧습니
다. 게다가 시인들이 노래를 지어 그분들의 미덕을 이미 충분히 찬양하
c 여 세상에 널리 알렸습니다. 그러니 같은 주제들을 산문으로 장식하려
한다면 우리는 2등밖에 차지하지 못하겠지요.

그러니 그런 업적들은 이미 충분히 칭찬받은 만큼 그냥 넘어가는 것
이 좋을 것 같습니다. 그러나 아직 어떤 시인도 적절하게 찬양하지 않
아 망각 속에 묻혀 있는 공적들은 내가 언급하지 않으면 안 될 것 같습
니다. 그것들을 나 자신이 칭송하거나, 그런 공적을 이룩한 분들에게 합
당하게끔 노래나 그 밖의 다른 시 형식으로 칭송하도록 남들에게 권유
함으로써 말입니다.

d 그분들의 공적 가운데 내가 맨 먼저 말하려는 것은 아시아의 패자
(霸者)인 페르시아인들이 에우로페[26]를 노예로 만들려 했을 때, 이 나

라의 아들들인 우리 아버지들이 이를 막아냈다는 것입니다. 그래서 우리는 당연히 먼저 그분들의 미덕을 상기하고 칭송해야 합니다. 이를 제대로 칭송하려면 우리는 마음속으로 아시아 전체가 이미 페르시아의 세 번째 왕에게 예속되었던 시대로 옮겨가야 합니다. 첫 번째 왕인 퀴로스[27]는 자신의 용기로 동료 시민들인 페르시아인들을 해방하고 주인 e
이었던 메디아인들을 노예로 삼았으며 아이귑토스[28]의 경계에 이르기까지 아시아의 나머지 지역도 통치했습니다. 그의 아들[29]은 아이귑토스와 리뷔에[30]를 자기가 쳐들어갈 수 있는 데까지 쳐들어가 지배했습니다. 세 번째 왕인 다레이오스[31]는 육지로는 스퀴티아[32]의 경계에 이르

21 barbaros. 대개 페르시아인들을 가리킨다.

22 Eumolpos. 트라케(Thraike)인으로, 앗티케 지방을 침공한 엘레우시스(Eleusis)인들을 돕다가 아테나이의 전설적인 왕 에렉테우스(Erechtheus)에게 살해되었다.

23 Amazones. 흑해 남쪽 기슭에 살았다는 전설적인 여인 전사 부족으로 아테나이를 침공하다가 테세우스(Theseus)가 이끄는 아테나이군에 패퇴한다.

24 아르고스(Argos)의 일곱 장수가 카드모스(Kadmos)가 세운 테바이(Thebai)성을 공격하던 중 그중 여섯 장수가 전사한다. 테바이인들이 이들의 시신을 넘겨주기를 거부하지만 테세우스가 시신들을 넘겨주도록 테바이인들에게 요구한다.

25 영웅 헤라클레스(Herakles)의 유족이 아르고스 왕 에우뤼스테우스(Eurystheus)의 박해를 피해 앗티케 지방으로 피신하자 테세우스가 이들을 적극적으로 보호해준다.

26 Europe. 유럽 대륙의 그리스어 이름.

27 Kyros. 기원전 559년 종주국인 메디아(Media)를 정복하고 기원전 529년까지 통치했다.

28 Aigyptos. 이집트의 그리스어 이름.

29 캄뷔세스(Kambyses, 재위 기간 기원전 529~522년).

30 Lybie. 북아프리카의 해안지대.

240a 기까지 제국을 확장하고, 해군력으로는 바다와 섬들을 지배했으며, 그래서 아무도 그에게 대항할 엄두를 못 냈습니다. 그리하여 모든 사람이 마음으로 노예였습니다. 그만큼 많은 강력하고 호전적인 부족들에게 페르시아제국이 멍에를 씌운 것입니다.

그런데 다레이오스가 우리와 에레트리아[33]인들이 사르데이스[34]의 반란을 부추겼다고 나무라며 수송선과 함선에 태운 50만 대군과 300척의 함선을 보냈고, 지휘관인 다티스[35]에게 목이 달아나고 싶지 않으면 에레트리아인들과 아테나이인들을 끌고 오라고 명령했습니다.

b 다티스는 당시 헬라스인들 가운데 전투에서 가장 명성이 높고 수도
적지 않은 전사(戰士)들을 공략하기 위해 에레트리아로 배를 타고 가서
c 3일 안에 그들을 정복했으며, 아무도 도망치지 못하도록 온 나라를 다
음과 같은 방법으로 샅샅이 뒤졌습니다. 말하자면 그의 군사들은 에레트리아 국경에 도착한 뒤 이쪽 바다에서 저쪽 바다까지 늘어선 다음 손에 손을 잡고 온 나라를 훑었습니다. 아무도 도망치지 못했다고 왕에게 보고할 수 있도록 말입니다.

다티스와 그의 군사들은 같은 의도를 갖고 에레트리아를 뒤로하고 마라톤의 해안에 상륙했고,[36] 에레트리아인들에게 씌운 것과 같은 멍에를 씌워 아테나이인들을 끌고 가는 것은 쉬운 일이라고 생각했습니다.

첫 번째 작전이 수행되었고 두 번째 작전이 수행 중에 있었지만 에레트리아인들이나 아테나이인들을 구원하러 온 헬라스인은 아무도 없었습니다. 라케다이몬[37]인들 말고는. 하지만 이들은 전투가 벌어진 다음 날 도착했습니다. 나머지 헬라스인들은 모두 겁에 질려 당장의 안전을

다행으로 여기며 침묵을 지켰습니다. 그때의 이런 상황을 떠올리는 사 d
람이라야 이민족 군대에 용감하게 맞서 아시아 전체의 교만을 응징했으며 처음으로 이민족을 패퇴시키고 전승비[38]들을 세운 마라톤의 전사들이 어떤 사람들인지 알 것입니다. 그럼으로써 그분들은 남들에게 페르시아인들의 군대가 무적이 아니며, 아무리 많은 사람이나 돈도 용
기[39] 앞에서는 굴복한다는 것을 가르쳐주었습니다. 그래서 나는 이분 e
들이야말로 우리 육신뿐 아니라 우리 자유의, 그리고 이 대륙에 사는 모든 사람이 누리는 자유의 아버지들이라고 단언합니다. 나머지 헬라스인들은 마라톤 전사들의 제자가 되어 자신들의 안전을 지키기 위한 이후의 전투들에서도 그분들의 업적을 본받아 과감히 위험을 무릅썼으니까요.

따라서 우리 연설에서 최우수상은 이분들에게 바쳐야 하며, 두 번째

31 Dareios(라/Darius, 재위 기간 기원전 522~486년).

32 Skythia. 기마 유목민족인 스퀴타이족(Skythai)이 살던 지역으로 지금의 흑해 북쪽 기슭 지방과 남러시아 지방을 말한다.

33 Eretria. 에우보이아(Euboia)섬에 있는 도시.

34 Sardeis, 소아시아 뤼디아(Lydia) 지방의 수도.

35 Datis.

36 기원전 490년.

37 Lakedaimon. 스파르테(Sparte)와 그 주변 지역을 가리키며, 대개 스파르테와 동의어로 쓰인다.

38 tropaion. 적군의 투구, 방패, 가슴받이 등을 걸어둔 말뚝으로 적군이 처음 등을 돌리고 달아난 곳에 세웠다.

39 arete. 문맥에 따라 '미덕' '탁월함' '용기' 등으로 옮길 수 있다.

241a 상은 살라미스섬과 아르테미시온곶[40] 앞바다의 전투에서 싸워 이긴 분들에게 바쳐야 합니다. 확실히 이분들에 대해서는 육지와 바다에서 공격해오는 적군을 어떻게 견뎌냈으며, 어떻게 그런 적군을 물리쳤는지 많은 이야기를 할 수 있을 것입니다. 그러나 내가 그분들의 최고 업적이라고 생각하며 상기시키고 싶은 것은 그분들이 마라톤 전사들에 버금가는 업적을 이룩했다는 것입니다. 마라톤 전사들이 헬라스인들에게
b 보여준 것은 소수로 다수를 상대하더라도 육지에서는 이민족을 물리칠 수 있다는 것뿐이었습니다. 하지만 해전에서도 그럴 수 있는지는 아직 확실하지 않았고, 페르시아인들은 수와 부와 기술과 힘 덕분에 바다에서는 무적이라고 여겨졌습니다. 그래서 이들 해전에서 싸운 전사들은 칭송받아 마땅합니다. 그분들은 헬라스인들을 두 번째 두려움에서 해방해주었고, 적의 함선과 군사가 많다고 겁먹는 것에도 종지부를 찍었습니다. 그리하여 마라톤에서 싸운 전사들과 살라미스 해전에서 싸운
c 전사들은 모두 나머지 헬라스인들의 교사가 되었으니, 전자의 제자로서는 육지로 침공하는 이민족을, 후자의 제자로서는 바다로 침공하는 이민족을 두려워하는 버릇을 고친 것입니다.

나는 헬라스의 안전을 지키기 위한 공적 가운데 서열에서나 무용(武勇)에서 세 번째는 플라타이아이[41]에서의 공적이라고 주장하는데, 이것은 드디어 라케다이몬인들과 아테나이인들이 공동으로 이룩한 것입니다.

그리하여 이들 전투에 참가한 모든 분이 가장 크고 가장 어려운 위험을 물리쳤고, 그러한 공적 때문에 우리는 지금 그분들을 칭송하는 것이며, 미래에는 우리 후손이 그분들을 칭송할 것입니다.

하지만 그 뒤 헬라스인들의 많은 도시가 여전히 이민족과 동맹을 맺고 있었으며,[42] 페르시아 왕 자신도 헬라스를 다시 침공하려 한다고 전해졌습니다. 따라서 우리는 바다에서 모든 이민족을 깨끗이 쓸어버림으로써 헬라스의 안전을 위한 선인(先人)들의 작업을 마침내 완성한 분들도 당연히 상기해야 합니다. 그분들은 에우뤼메돈[43]강 앞바다에서 벌어진 전투에 참전했고, 퀴프로스섬 원정에 참가했으며, 아이겁토스와 그 밖의 여러 곳으로 항해해 갔습니다.[44] 우리는 감사하는 마음으로 그분들을 상기해야 합니다. 그분들은 페르시아 왕이 헬라스를 파괴할 음모를 꾸미는 대신 겁이 나서 자신의 안전에 유의하게 했으니까요. d e

이민족을 상대로 한 이 전쟁에서 온 나라가 자신을 위해 그리고 같은 헬라스 말을 사용하는 동포들을 위해 끝까지 버텨냈습니다. 그러나 평화가 찾아오고 우리 나라의 명예가 드높아지자 우리 나라도 성공한 사람들이 으레 당하는 것과 같은 일을 당했으니, 먼저 시샘을 샀으며 시샘 242a

40 살라미스(Salamis)는 아테나이 서남쪽에 있는 섬으로 기원전 480년 그 앞바다에서 벌어진 전투에서 아테나이 해군이 페르시아 해군을 격파한다. 아르테미시온(Artemision)은 에우보이아섬 북동부에 있는 곳으로 기원전 480년 그 앞바다에서 아테나이 해군과 페르시아 해군이 치열한 탐색전을 벌인다.

41 Plataiai 또는 Plataia. 보이오티아(Boiotia) 지방 남부에 있는 도시. 스파르테와 아테나이가 주축이 된 그리스 연합군이 기원전 479년 이곳에서 벌어진 전투에서 그리스에 남아 있던 페르시아 육군 약 30만 명을 섬멸한다.

42 특히 보이오티아 지방과 텟살리아(Thessalia) 지방의 도시들이 그랬다.

43 Eurymedon. 소아시아 남부에 있는 강으로 기원전 465년 그 앞바다에서 벌어진 해전에서 키몬(Kimon)이 이끄는 아테나이군이 페르시아군에 승리한다.

44 이 해전들은 기원전 481~458년 사이에 벌어졌다.

이 미움으로 변하며 본의 아니게 다른 헬라스인들과의 전쟁에 휘말리게 되었습니다.

전쟁이 발발하자 아테나이인들은 보이오티아인들의 자유를 위해 타
b 나그라[45]에서 라케다이몬인들과 싸웠는데, 전투에서는 승패가 가려지지 않았지만 이어진 행동이 승패를 가렸습니다. 라케다이몬인들은 자기들이 도우러 온 보이오티아인들을 버리고 철수했지만, 우리 편은 이틀 뒤 오이노퓌타[46]에서 승리를 거두고 부당하게 추방된 자들을 정당하게 복권시켜주었기 때문입니다. 그분들은 페르시아전쟁이 끝난 뒤 자유를 위해 헬라스인들에 맞서 헬라스인들을 처음으로 구원한 분들입니다. 그분들은 훌륭한 분들이며 자신들이 도운 사람들을 해방해주었습
c 니다. 그래서 그분들은 국가로부터 존경받으며 처음으로 이 무덤에 안장되었지요.

그 뒤 전쟁이 확대되어[47] 모든 헬라스인이 우리 나라를 침공해와서 우리 국토를 유린하며 은혜를 원수로 갚을 때, 우리 군사들은 바다에서 그들을 이기고 그들의 우두머리인 라케다이몬인들을 스파기아[48]섬에서 사로잡아[49] 전멸시킬 수도 있었지만 살려서 돌려보내고 강화조약
d 을 체결했습니다. 그분들은 이민족과는 총력전을 벌이는 것이 정당하지만, 동족끼리는 승리할 때까지만 싸우고 한 국가에 대한 원한 때문에 헬라스인들의 공동 이익을 훼손해서는 안 된다고 생각했습니다.

그러므로 이 전쟁에 참가했다가 지금 이곳에 누운 분들도 칭송받아 마땅합니다. 왜냐하면 이민족을 상대로 한 이전 전투에서 다른 나라들이 아테나이보다 더 훌륭했다고 주장하는 자가 있다면 그분들은 그의

주장이 사실무근임을 보여주었으니까요. 말하자면 그분들은 헬라스인 e
들끼리의 내전에서 승리함으로써, 그리고 그 전쟁에서 나머지 헬라스인들의 우두머리들을 이김으로써 전에 힘을 모아 이민족을 물리친 적이 있는 자들을 혼자서도 이길 수 있다는 것을 보여주었습니다.

그 평화가 끝나고 세 번째 전쟁[50]이 벌어지며 예상치 못한 이 처참한 전쟁에서 수많은 전사가 전사하여 이곳에 누워 있습니다. 이분들 중 다수는 레온티노이[51]의 자유를 위해 싸우다가 수많은 전승비를 세운 뒤
시켈리아[52]의 해안에 쓰러졌는데, 그분들은 동맹의 서약을 지키기 위해 243a
배를 타고 가서 레온티노이를 도운 것입니다. 그러나 뱃길이 너무 길어 우리 나라는 난관에 처하면서 그분들을 도울 수 없었고, 그분들은 악운을 만나 계획을 포기하고 말았습니다. 그분들의 절제와 용기는 다른 사람들이 친구한테서 받은 것보다 그분들과 싸운 적군한테서 더 칭송

45 Tanagra. 아소포스(Asopos)강 하류에 있는 보이오티아 지방의 도시. 기원전 457년 이곳에서 아테나이인들이 스파르테인들에 맞서 싸웠다.

46 Oinophyta. 타나그라 근처에 있는 보이오티아 지방의 도시.

47 펠로폰네소스전쟁의 첫 시기(기원전 431~421년)을 말한다.

48 정확히는 펠로폰네소스반도 남서부 퓔로스(Pylos)만에 있는 스파기아이(Sphagiai) 군도 중 하나인 스팍테리아(Sphakteria)를 말한다.

49 기원전 425년.

50 아테나이의 시칠리아 원정으로 시작된 펠로폰네소스전쟁 후반부(기원전 415~404년)를 말한다. 이 원정에서 아테나이의 대(大)함대가 전멸함으로써 전세가 기울기 시작한다. '세 번째'란 페르시아전쟁에서 시작하여 세 번째라는 뜻이다.

51 Leontinoi. 시칠리아섬 동쪽 쉬라쿠사이(Syrakousai) 시 북쪽에 있는 도시.

52 Sikelia. 시칠리아의 그리스어 이름.

받았습니다.

또한 많은 분이 헬레스폰토스[53] 해협에서 벌어진 해전[54]에 참가하여 b 단 하루에 적선을 모두 나포했을뿐더러 그 밖의 다른 많은 전투에서 승리를 거두었습니다. 내가 이 전쟁을 예상치 못한 처참한 전쟁이라고 한 것은 다른 헬라스인들이 우리 도시를 질시한 나머지 그들이 우리와 함께 공개적으로 물리친 불구대천의 원수 페르시아 왕에게 감히 조약을 맺자고 제안하여[55] 헬라스인들을 공격하도록 이민족인 그를 몰래 불러들였으며, 우리 나라를 공격하도록 헬라스인들과 이민족을 모두 끌어들였기 때문입니다.

c 바로 그때 이 나라의 힘과 미덕이 빛을 발했습니다. 우리 나라가 이미 졌다고 적들이 생각하고 우리 함선들이 뮈틸레네[56]에 봉쇄되었을 때[57] 시민들 자신이 승선하여 함선 60척을 이끌고 구원하러 갔습니다. 그분들은 누구나 인정하듯이 가장 용감한 전사들로서 적군은 물리치고 아군은 구원했습니다. 하지만 그분들은 불운을 만나 바다에서 구조되지 못하고 이곳에 누워 있습니다.[58] 우리는 이분들을 늘 기억하고 칭송해 d 야 합니다. 우리가 그날의 해전뿐 아니라 나머지 전투에서 이길 수 있었던 것은 이분들의 용기 덕분이니까요. 또한 우리 나라는 세상 사람들이 다 공격해도 결코 패배하지 않을 것이라는 확신이 생겨난 것도 이분들 덕분입니다. 그리고 그런 확신은 옳았습니다. 우리가 패배한 것은 남이 아니라 우리 자신의 불화 탓입니다. 우리는 여태껏 남에게 패한 적이 없고, 우리가 우리 자신을 이기고 우리 자신에게 패한 것입니다.

e 그 뒤 대외적으로는 평화와 안정이 찾아왔지만 우리 나라에서는 내

전이 벌어졌는데,[59] 내전을 치러야 할 운명이라면 자기 나라도 그처럼 홍역을 치르게 해달라고 기도하지 않는 사람이 없을 정도로 무난하게 치러졌습니다. 그만큼 페이라이에우스[60]의 시민들과 도성[61]의 시민들은 서로 친하고 사이좋게 지냈고, 기대 이상으로 다른 헬라스인들과도 그랬으며, 엘레우시스에 피신해 있던 '30인 참주' 잔당들과의 전쟁도 온

53 Hellespontos. 프로폰티스(Propontis)해와 에게해를 잇는, 지금의 다르다넬스(Dardanelles) 해협.

54 기원전 410년 프로폰티스해 남쪽 기슭에 있는 퀴지코스(Kyzikos) 앞바다에서 벌어진 해전을 말하는 것 같다. 이 해전에서 페르시아 전함 60척이 나포되거나 침몰했다.

55 기원전 412년 스파르테와 페르시아 사이의 조약 체결을 말한다.

56 Mytilene. 에게해 동북부에 있는 레스보스(Lesbos)섬의 도시.

57 기원전 407년.

58 여덟 장군이 이끄는 아테나이 해군은 기원전 406년 소아시아 해안과 레스보스섬 사이에 있는 아르기누사이(Arginousai)섬들 주위에서 벌어진 해전에서 스파르테 해군에게 큰 승리를 거둔다. 그러나 아테나이 장군들이 풍랑이 심하다는 핑계를 대며 물에 빠진 전우 25명을 구조하려 하지 않았고 그 시신을 거두어 오지 않았다는 이유로 아테나이 민중이 분개하자 아테나이 평의회는 귀국하지 않은 두 명을 제외한 여섯 장군에게 법에 따라 개별적으로 사형을 선고하는 대신 일괄하여 사형을 선고하고 집행한다.

59 기원전 404년 펠로폰네소스전쟁에서 이긴 스파르테가 아테나이에 '30인 참주'(hoi triakonta)라는 과두정체 정부를 세운다. 그러자 트라쉬불로스(Thrasyboulos)가 이끄는 민주파가 약 18개월간의 치열한 내전 끝에 이들을 축출하고 다시 민주정체 정부를 세운다.

60 Peiraieus. 아테나이의 구시가지에서 남서쪽으로 8킬로미터쯤 떨어져 있는 아테나이의 주(主) 항구.

61 아테나이.

건하게 끝냈습니다.

244a 그렇게 한 유일한 이유는 그분들의 진정한 혈족관계가 혈연에 기반을 둔 확고한 우애를 말이 아닌 행동으로 제공하기 때문입니다. 그러니 우리는 그 전쟁에서 서로의 손에 죽어간 분들을 기억해야 하며, 기도와 제물로써 우리가 할 수 있는 데까지 그분들을 서로 화해시켜야 합니다. 그분들을 지배하는 지하의 신들에게 기도드리면서 말입니다. 여기 있는 우리는 서로 화해했으니까요. 사실 그분들은 악의나 적의 때문이 아
b 니라 불운으로 말미암아 서로를 공격한 것입니다. 이에 대해서는 살아 있는 우리가 증인입니다. 우리는 한 핏줄인지라 우리가 행한 일도 당한 일도 서로 용서했으니까요.

그 뒤 평화가 완전히 회복되자 우리 나라도 평온해졌습니다. 우리 나라는 우리에게 당할 만큼 당했기에 완강하게 저항한 것이라고 보고 이민족은 용서했지만, 은혜를 원수로 갚는다고 생각하고 헬라스인들에게
c 는 분개했습니다. 헬라스인들은 이민족과 손을 잡았고, 한때 그들을 구해준 함선들을 압류했으며, 그들의 성벽이 허물어지는 것을 막아준 보답으로 우리의 성벽을 허물었으니까요.[62] 그래서 우리 나라는 다른 헬라스인들이 헬라스인들이나 이민족에 의해 노예가 되더라도 다시는 막지 않기로 결정했으며, 또 그에 맞게 행동했습니다. 우리가 그렇게 결정하자 라케다이몬인들은 자유의 수호자인 우리가 쓰러졌으니 이제는 다
d 른 헬라스인들을 노예로 삼을 길이 열렸다고 생각했고, 또 그런 생각을 실행에 옮겼습니다.

긴말이 왜 필요하겠어요? 지금부터 내가 말하려고 하는 것은 과거

에 이전 세대들에게 일어난 일들이 아닙니다. 아르고스인들과 보이오티아인들과 코린토스인들 같은 으뜸가는 헬라스인들이 겁에 질려 우리 나라에 도움을 청하러 왔다는 것[63]과, 가장 놀랍게도 페르시아 왕마저 궁지에 처한 나머지 자신이 파괴하려고 한 이 도시 말고는 자신의 안전을 보장해줄 나라가 아무 데도 없다고 믿었다는 것[64]은 우리 자신이 알고 있습니다. 사실 우리 나라를 정당하게 비난하려면 우리 나라가 너무 e
동정심이 많고 약자들을 지나치게 돌본다고 비난할 때에만 정당하다 할 수 있겠지요. 그럴 때에도 우리 나라는 노예가 될 위험에 처한 사람을 더는 그의 억압자에 맞서 도와주지 않겠다는 결심을 마음이 완고하지 못해 고수하지 못하고 간청에 마음이 움직여 도와주었습니다. 우리 245a
나라는 헬라스인들을 도와주었고 예속에서 구해주었습니다. 그리하여 헬라스인들은 다시 자신들이 자신들을 예속시킬 때까지 자유민으로 남았습니다. 그러나 우리 나라는 마라톤과 살라미스와 플라타이아이에 세운 전승비들을 욕되게 할까 두려워서 대왕을 감히 공개적으로 돕지는 않고, 다만 추방자들이나 지원자들이 대왕을 돕게 했습니다. 하지만 우리 나라가 대왕을 구했다는 것은 누구나 인정하는 사실입니다.[65]
성벽을 다시 쌓고 해군을 재건한 다음 우리 나라는 어쩔 수 없이 전쟁을 b

62 스파르테는 펠로폰네소스전쟁을 종결하는 평화조약에서 아테나이인들에게 그런 조건을 제시했다.

63 기원전 394~386년에 벌어진 코린토스전쟁 때.

64 스파르테가 이오니아(Ionia) 지방에서 세력을 확장하려 하자 페르시아가 아테나이에 접근하려 한 것.

했고, 파로스[66]인들을 위해 라케다이몬인들과 싸웠습니다.

그러나 대왕은 라케다이몬인들이 바다에서의 전투를 포기하는 것을 보자 우리 나라가 두려워 동맹에서 이탈하고 싶어서, 우리와 우리의 동맹군 편에서 계속해서 싸워주는 대가로 전에 라케다이몬인들이 그에게 넘긴 대륙에 사는 헬라스인들[67]에 대한 통치권을 자기에게 넘기기를 요구했습니다. 그러면 우리가 거절할 것이고, 그렇다면 그가 동맹에서 이
c 탈할 핑곗거리가 생길 것이라 생각했기 때문이지요. 그런데 다른 동맹군에 대해서는 그는 잘못 판단하고 있었습니다. 코린토스인들과 아르고스인들과 보이오티아인들을 포함한 동맹군은 그에게 그들을 넘겨주기를 원했고, 만약 대왕이 군자금을 대준다면 대륙에 사는 헬라스인들을 넘겨주겠노라고 동의하고 서약했으니 말입니다. 우리만이 감히 그들을 배신하지도, 대왕에게 서약하지도 않았습니다. 우리 나라의 고매하고 자유민다운 품성은 그만큼 뿌리가 튼튼하고, 우리는 순수 헬라스인
d 들이고 이민족과 피가 섞이지 않은 터라 본성적으로 이민족을 싫어하기 때문이지요. 펠롭스나 카드모스나 아이귑토스나 다나오스[68]의 자손들처럼 법적으로는 헬라스인이지만 태생은 이민족인 자들과는 우리는 함께 살지 않으며, 우리는 반(半)이민족이 아니라 순수 헬라스인들로서 이곳에 살고 있는 것입니다. 그래서 우리 나라는 이민족 기질을 진심으로 싫어하는 것입니다. 하지만 우리는 헬라스인들을 이민족에게 넘
e 겨주는 수치스럽고 불경한 짓을 거절한 까닭에 다시 고립되었고, 그리하여 우리는 이전에 패배했을 때와 같은 처지에 놓이게 되었지만 신의 가호로 그때보다 더 유리하게 전쟁을 종식했습니다. 전쟁을 끝냈을 때

우리는 함선과 성벽과 식민지를 유지하고 있었으니까요. 그래서 전쟁이 끝나는 것이 우리 적들에게도 다행이었습니다.[69] 그러나 그 전쟁에서도 우리는 훌륭한 전사들을 잃었는데, 그분들은 코린토스의 험난한 지형과 레카이온에서 배신당한 희생자들입니다.[70] 대왕을 어려움에서 구하 246a
고 라케다이몬인들을 바다에서 몰아낸 분들도 훌륭한 전사들입니다. 내가 그분들을 여러분에게 상기시키니, 여러분도 그분들을 칭송하고 존경해야 마땅합니다.

이상이 여기 누워 있는 분들과 아테나이를 위해 죽어간 다른 많은 분의 공적이며, 우리는 훌륭한 말로 그 공적들을 언급했습니다. 그러나 아직 언급되지 않고 남아 있는 행적들이 훨씬 더 많고 더 아름답습니다. 그것들을 다 열거하자면 며칠 낮 며칠 밤이라도 부족할 것입니다. b
따라서 우리는 모두 이분들을 기억하며 이분들의 자손들에게 전쟁이

65 예를 들어 아테나이인 코논(Konon)은 페르시아의 제독이 되어 기원전 395~390년에 대(對)스파르테 작전을 수행했다.

66 Paros. 에게해 서남부에 있는 퀴클라데스(Kyklades) 군도 가운데 하나.

67 기원전 392년 스파르테인들이 페르시아인들에게 넘긴 이오니아 지방의 그리스인들을 말한다.

68 뮈케나이(Mykenai)에 둥지를 튼 펠롭스(Pelops)는 소아시아에서 건너왔고, 테바이 성을 쌓은 카드모스(Kadmos)는 페니키아(Phoenicia)에서, 아르고스에 정착한 아이귑토스와 다나오스(Danaos) 형제는 이집트에서 건너왔다.

69 기원전 387~386년의 '안탈키다스(Antalchidas)의 평화' 또는 '왕의 평화'를 말한다.

70 레카이온(Lechaion)은 코린토스만에 있는 항구로 코린토스에서 북쪽으로 3킬로미터쯤 떨어져 있다. 기원전 383~382년 아테나이인들은 스파르테의 지원을 받는 코린토스의 과두정체 지지자들과 싸웠는데, 지형이 불리한 데다 꾐에 빠져 고전을 면치 못했다.

일어났을 때처럼 선조들의 전열에서 이탈하지도 말고 비겁하게 뒤로 물러서지도 말라고 격려해야 합니다. 훌륭한 전사들의 아들들이여, 나는 여러분을 지금도 격려하고 앞으로도 격려할 것이며, 여러분 중에 누군
c 가를 만날 때마다 여러분에게 상기시키며 최대한 훌륭한 인물이 되도록 노력하라고 계속해서 격려할 것입니다. 그리고 나는 여러분의 부친들이 목숨을 건 위험을 무릅쓰려고 할 때마다 만약 자신들이 무슨 변이라도 당하면 유가족에게 전해달라고 우리에게 신신당부한 말을 전해야 할 것 같습니다. 나는 그분들한테서 직접 들었던 것과, 그분들의 말씀을 미루어 그럴 수만 있다면 그분들이 지금 기꺼이 말씀하실 것들을 여러분에게 말할 것입니다. 내가 전하는 말을 여러분은 그분들 자신에게서 듣는 것이라고 믿어야 합니다. 그분들은 이렇게 말씀하셨습니다.

d "아들들아, 너희가 훌륭한 아버지들의 자식들이라는 것은 지금의 상황이 입증해주고 있다. 우리는 불명예스럽게 살 수 있었지만 너희와 너희 후손을 욕되게 하고 우리 아버지들과 우리 선조에게 치욕을 안기느니 차라리 명예롭게 죽기를 택했다. 우리는 자기 가족을 욕되게 하는 자의 삶은 살 가치가 없으며, 그런 자는 지상에 있을 때나 죽어 지하로 내려가서나 인간에게도 신에게도 사랑받지 못한다고 믿기 때문이다. 그러니 너희는 우리가 하는 말을 명심하고 무슨 일을 하건 미덕[71]으로
e 행해야 하며, 미덕 없이는 무엇을 소유하고 무엇을 추구하건 모두 수치스럽고 비열하다는 것을 알아야 한다. 부(富)도 겁쟁이가 소유하면 소유한 자에게 명예를 가져다주지 않으며—그런 사람은 남을 위해 부유한 것이지 자기를 위해 부유한 것이 아니니까— 신체의 아름다움과 체

력도 비겁하고 사악한 자와 동거하면 적절해 보이기는커녕 부적절해 보
이기 때문이다. 그것들은 그것들을 가진 자를 더 눈에 띄게 해 그의 비
겁함을 드러내니까. 모든 지식도 정의나 다른 미덕과 떨어져 있으면 지 247a
혜가 아니라 교활함으로 나타나는 것이다. 그러므로 너희는 명성에서
우리와 우리 조상을 능가하기 위해 시종일관 온갖 노력을 기울여야 한
다. 너희가 그러지 않는다면 잘 알아두어라. 우리가 미덕에서 너희를 이
기면 그 승리는 우리에게 치욕을 안겨주고, 우리가 지면 그 패배는 우리
에게 행복을 가져다주리라는 것을. 우리가 지고 너희가 이기는 가장 확
실한 방법은, 자존심이 있는 사람에게는 자기 자신 덕분이 아니라 조 b
상의 명성 덕분에 존경받는 것보다 더 수치스러운 것은 없다는 점을 알
고 너희 조상의 명성을 남용하거나 탕진하지 않으려고 조심하는 것이
다. 조상한테서 물려받은 명예는 후손에게는 고귀하고 엄청난 보물이
다. 그러나 부나 명예의 보물을 탕진하고 자신은 부와 명예가 없어 자식
들에게 넘겨주지 못하는 것은 수치스럽고 남자답지 못한 짓이다. 우리
가 조언하는 대로 살아간다면 정해진 운명이 너희를 이곳으로 인도할 c
때 너희는 우리에게 친구로서 친구에게 오게 될 것이다. 하지만 너희가
우리 조언을 무시하고 비열하게 행동한다면 아무도 너희를 반기지 않을
것이다. 우리 자식들에게는 그렇게 전해주시오.

우리 가운데 아직도 부모가 살아 있는 사람들은 그분들과 함께 애도

71 arete.

할 것이 아니라, 그분들에게 불상사가 일어났다면 그 불상사를 되도록
d 쉽게 견뎌내도록 격려해야 합니다. 그분들에게는 이미 일어난 불상사로도 충분하니까요. 오히려 여러분은 위로하고 달래며, 그분들의 간절한 기도는 신들이 이미 들어주었다는 것을 상기시켜 주어야 합니다. 그분들은 아들들이 영생하게 해달라고 기도한 것이 아니라 용감하고 영광스럽게 살게 해달라고 기도했고, 이런 가장 큰 선물은 그분들이 이미 받았기 때문입니다. 죽기 마련인 인간에게 생전에 모든 것이 뜻대로 이루어지기는 어렵습니다. 그러나 불행을 용감하게 참고 견디면 그분들
e 은 용감한 아들들의 용감한 아버지라고 여겨질 것입니다. 하지만 불행에 굴복하면 그분들은 우리의 아버지들이 아니라거나 우리를 칭송하는 사람이 거짓말을 했다는 의심을 받게 될 것입니다. 이 둘 중 어떤 의심도 받아서는 안 되며, 그분들은 자신들이 전사들의 전사다운 아버지임을 보여줌으로써 무엇보다도 행동으로 우리를 칭송해야 합니다. '무엇이든 지나치지 않게'[72]란 옛말은 명언인 것 같습니다. 참으로 좋은 말이니까요. 행복을 가져다주는 모든 것 또는 거의 모든 것이 자신에게
248a 달려 있게 만드는 사람의 삶은 잘 정돈되어 있습니다. 그런 사람은 다른 사람들에게 매달려 있지 않아 남이 잘되는지 못되는지에 따라 그의 삶도 부침(浮沈)을 거듭하지 않습니다. 그런 사람이야말로 절제 있는 사람이며, 용감하고 지혜로운 사람입니다. 또한 그런 사람은 재물이나 자식을 얻든 잃든 누구 못지않게 그 금언에 따를 것입니다. 그는 자신을 믿기에 지나치게 기뻐하지도 지나치게 슬퍼하지도 않는 것처럼 보일
b 테니까요. 우리는 우리 부모님들도 그런 사람들이기를 기대하며, 그런

사람들이기를 원하고 그런 사람들이라고 주장합니다. 우리 자신도 지금 당장 죽는다 하더라도 지나치게 괴로워하거나 지나치게 두려워하지 않아야 그런 사람들로 보일 것입니다. 우리는 부모님들도 이와 같은 마음으로 여생을 보내기를 간청합니다. 우리는 부모님들이 만가(挽歌)를 부르고 호곡(號哭)함으로써 우리를 그다지 기쁘게 하지 않는다는 것을 알았으면 합니다. 오히려 만약 죽은 사람들이 산 사람들을 지각할 수 있다면, 부모님들이 그렇게 자신에게 해코지를 하고 무거운 마음으로 c 슬픔을 참고 견디는 것이 우리를 가장 슬프게 할 것입니다. 반면 부모님들이 가벼운 마음으로 절제 있게 행동한다면 우리를 가장 기쁘게 할 것입니다. 우리 삶은 이미 최후를 맞았으며 그것은 인간에게 주어진 가장 아름다운 것이므로, 부모님들은 마땅히 그런 최후를 슬퍼하기보다는 칭송해야 합니다. 그러고 나서 그분들이 우리 처자들을 돌보고 양육하고 산 사람들에게 관심을 쏟게 하시오. 그러면 부모님들은 이번 불행을 잊고 더 아름답고 더 올바르고 우리를 더 기쁘게 해주는 삶을 살 d 것입니다.

우리가 우리 부모님들에게 전하고자 하는 것은 이것으로 충분합니다. 또한 국가에는 우리 부모님과 아들들을 돌봐주되 아들들은 제대로 교육해주고 부모님들은 노후에 잘 부양해주기를 당부합니다, 하지만 우

72 meden agan. 델포이(Delphoi)에 있는 아폴론 신전에 새겨져 있던 글귀. 플라톤의 『카르미데스』(*Charmides*) 164d, 『프로타고라스』(*Protagoras*) 343b, 『파이드로스』(*Phaidros*) 229e, 『필레보스』(*Philebos*) 48c, 『법률』(*Nomoi*) 923a 참조.

리가 당부하지 않더라도 국가가 잘 돌봐줄 것이라고 확신합니다."
전사들의 자녀와 부모님들이여, 이상은 이분들이 여러분에게 전해
e 달라고 당부한 말입니다. 그래서 나는 열성을 다해 여러분에게 전했습
니다. 부탁하노니 이분들을 위해 이분들의 아들들은 부모님을 본받고,
이분들의 부모님들은 자신들을 위해 안심하십시오. 우리는 사적으로
도 공적으로도 여러분을 노후에 부양할 것이며 우리 중 누가 여러분 중
누구를 만나더라도 여러분을 돌볼 테니까요. 여러분도 분명히 국가가
관심을 갖고 있다는 것을 알고 있을 것입니다. 국가는 전사자 가족에 관
249a 한 법률을 제정하여 그분들의 자녀와 부모를 돌보고 있으며, 그분들의
부모가 부당한 일을 당하지 않도록 다른 시민들보다도 그분들을 더 각
별히 보호하라고 최고 통치기관이 명령했습니다. 국가도 그분들의 자
녀를 양육하는 일에 도움을 주고 있으며, 그들이 고아라는 것을 되도록
의식하지 못하게 하려고 노력합니다. 그들이 아직 어릴 때는 국가가 아
버지 노릇을 하지만, 그들이 성년이 되면 국가는 완전무장시켜 그들 자
신의 일터로 보냅니다. 그러고 그들에게 아버지들이 추구하던 것을 보
여주고 일깨움으로써 국가는 아버지들의 미덕을 이룩할 도구를 그들의
b 손에 쥐여줍니다. 상서로운 조짐을 위해 국가는 그들이 처음부터 아버
지의 힘과 무구(武具)를 갖추고 그들 자신의 가정을 다스리게 합니다.
국가는 전사자들을 공경하기를 멈추지 않고, 해마다 각 가정에서 사적
으로 거행되는 제례를 모두를 위해 공적으로 거행하고 있습니다. 이에
더해 국가는 육상경기와 경마와 온갖 시가(詩歌) 경연을 개설했습니다.
c 간단히 말해 국가는 전사자들에게는 상속인과 아들 노릇을 하고, 그들

의 아들들에게는 아버지 노릇을 하고, 그들의 부모에게는 보호자 노릇을 하며 모두에게 언제나 온갖 도움을 베풉니다. 이 점을 명심하고 여러분은 더 참을성 있게 슬픔을 견뎌야 합니다. 그래야만 여러분은 죽은 사람에게도 산 사람에게도 가장 사랑받고, 가장 쉽게 치유하고 치유될 것이기 때문입니다. 이제 여러분과 그 밖의 다른 분들은 모두 법이 정한 대로 전사자들을 함께 추도했으니, 이곳을 떠나도록 하십시오.

메넥세노스, 이상이 밀레토스 출신 아스파시아님의 연설일세. d

메넥세노스 소크라테스 선생님, 선생님께서 말씀하시는 아스파시아님은 정말로 행복한 사람이에요. 여인이면서 그런 연설문을 작성할 수 있다면 말입니다.

소크라테스 믿기지 않는다면 나를 따라오게. 그러면 그녀가 연설하는 것을 들을 수 있을 걸세.

메넥세노스 소크라테스 선생님, 저는 아스파시아님을 여러 번 만난 적이 있어, 그녀가 어떤 분인지 알고 있답니다.

소크라테스 그렇다면 어떻던가? 자네는 그녀가 놀랍지 않은가? 그리고 지금 그녀의 연설이 고맙지 않은가?

메넥세노스 소크라테스 선생님, 저는 이 연설에 대해 그녀에게도, 그분이 누구든 이 연설을 선생님께 들려준 분에게도 대단히 고마워하고 있 e
습니다. 그리고 누구보다도 이 연설을 제게 들려주신 분에게 고마워하고 있답니다.

소크라테스 좋아, 하지만 나한테서 들었다고 발설하지는 말게. 훗날 그녀의 훌륭한 정치 연설도 내가 자네에게 많이 들려줄 수 있도록 말일세.

메넥세노스 발설하지 않을 테니 안심하십시오. 들려주기나 하세요.

소크라테스 그렇게 함세.

플라톤

(기원전 427~347)

플라톤은 그 유명한 펠로폰네소스전쟁이 시작된 지 4년째 되는 해, 그리스 아테나이에서 태어났다. 전쟁은 기원전 404년 아테나이의 패배로 끝났으므로 전쟁 속에서 태어나 전쟁의 소용돌이 속에서 성장했다. 플라톤 집안은 비교적 상류계급이었고 그러한 배경의 귀족 출신 젊은이답게 정계 진출을 꿈꾸었지만, 믿고 따르던 스승 소크라테스의 죽음에 정치적인 배경이 있음을 알고 철학을 통해 사회의 병폐를 극복하기로 결심한다. 자주 외국 여행길에 올라 이집트·남이탈리아·시칠리아 등지로 떠났던 플라톤은 기원전 4세기 초 아테나이로 돌아와 서양 대학교의 원조라 할 아카데메이아 학원을 열고 철학의 공동 연구, 교육, 강의를 시작했다. 그곳을 통해 뛰어난 수학자와 높은 교양을 갖춘 정치적 인재들, 아리스토텔레스 같은 철학자들을 배출하며 집필활동에 전념한다. 주로 스승 소크라테스가 등장해 대화를 주도하는 철학적 대화편을 집필하는데, 그러한 대화편이 무려 25편에 달한다. 『소크라테스의 변론』『크리톤』『이온』『프로타고라스』『메논』『파이돈』『파이드로스』『국가』『향연』『필레보스』『소피스트』『정치가』『티마이오스』『법률』 등을 남겼다.

천병희

서울대학교 독어독문학과를 졸업하고 같은 대학원에서 문학박사 학위를 받았다. 독일 하이델베르크 대학교에서 5년 동안 독문학과 고전문학을 수학했으며 북바덴 주정부가 시행하는 희랍어 검정시험(Graecum)과 라틴어 검정시험(Großes Latinum)에 합격했다. 지금은 단국대학교 인문학부 명예교수로, 그리스 문학과 라틴 문학을 원전에서 우리말로 옮기는 작업에 매진하고 있다. 대표적인 원전 번역으로는 호메로스의 『일리아스』와 『오뒷세이아』, 헤시오도스의 『신들의 계보』, 베르길리우스의 『아이네이스』, 오비디우스의 『변신이야기』 『로마의 축제들』, 아폴로도로스의 『원전으로 읽는 그리스 신화』, 『아이스퀼로스 비극 전집』, 『소포클레스 비극 전집』, 『에우리피데스 비극 전집』, 『아리스토파네스 희극 전집』, 『메난드로스 희극』, 『그리스 로마 에세이』, 헤로도토스의 『역사』, 투퀴디데스의 『펠로폰네소스 전쟁사』, 크세노폰의 『페르시아 원정기』, 플라톤전집, 아리스토텔레스의 『니코마코스 윤리학』 『정치학』 『수사학/시학』 등 다수가 있으며, 주요 저서로 『그리스 비극의 이해』 등이 있다.